ŒUVRES COMIQUES

GALANTES ET LITTÉRAIRES

de

CYRANO DE BERGERAC

PARIS. — IMP. SIMON RAÇON ET COMP, RUE D'ERFURTH, 1.

OEUVRES COMIQUES

GALANTES ET LITTÉRAIRES

DE

CYRANO DE BERGERAC

NOUVELLE ÉDITION

REVUE ET PUBLIÉE AVEC DES NOTES

par

P. L. JACOB

BIBLIOPHILE

PARIS

ADOLPHE DELAHAYS, LIBRAIRE-ÉDITEUR

4-6, RUE VOLTAIRE, 4-6

1858

AVERTISSEMENT DE L'ÉDITEUR.

Ce volume renferme tous les écrits en prose et en vers de Cyrano de Bergerac qui n'ont pas été compris dans la nouvelle édition que nous avons publiée de l'*Histoire comique des États et Empires de la Lune et du Soleil*; il complète ainsi le recueil des Œuvres de ce singulier et remarquable écrivain.

Nous avions espéré retrouver quelques-uns des ouvrages inédits de Cyrano, non-seulement cette philosophique *Histoire de l'Etincelle*, qu'on lui avait dérobée pendant sa dernière maladie et dont il regrettait surtout la perte, mais encore des pièces de théâtre, des poésies et des lettres, qui étaient entre les mains de ses amis au moment de sa mort.

Il est à peu près certain que Cyrano a eu la plus grande part à la composition des deux premières tragédies de Jean le Royer, sieur de Prade, et que la troisième, *Arsace, roy des Parthes*, mise au théâtre et imprimée onze ans après la mort de Cyrano, est tout entière de ce dernier, puisque le sieur de

Prade n'a pas osé la faire paraître lui-même sous son propre nom, tout en permettant tacitement à l'imprimeur de la lui attribuer.

Il est presque aussi certain que Jacques Rohault s'est approprié dans ses livres de physique et de philosophie le meilleur des notes et des fragments qu'il avait trouvés dans les papiers de l'élève de Gassendi.

Enfin, il est incontestable que Lebret et d'autres amis de Cyrano ont éparpillé dans les recueils de poésies de divers auteurs une foule de pièces de vers qui avaient été composées à différentes époques par cet enfant perdu de la littérature comique et burlesque.

Cependant, toute réflexion faite, nous nous sommes abstenu de grossir ce volume, en restituant à Cyrano des ouvrages qu'il n'a pas publiés sous son nom, et qu'il eût fallu lui rendre à l'aide de longues controverses sur la question de paternité littéraire. Nous avons toutefois admis pour la première fois, dans ses Œuvres, *le Ministre d'État*, cette mordante et spirituelle mazarinade que ne lui disputera du moins aucun de ses contemporains, et qu'il a signée du cachet de son génie original.

Nos recherches pour découvrir l'acte de décès ou d'inhumation de Cyrano n'ont pas été plus heureuses: le plus ancien registre mortuaire du couvent des Filles de la Croix est de l'année 1661. Le savant

M. Jal, qui a fait de si curieuses découvertes dans les vieux registres de l'état civil des anciennes paroisses de Paris, nous a cependant assuré y avoir rencontré plus d'une fois le nom de Cyrano de Bergerac ; mais, selon toute apparence, l'acte de décès, que nous avons cherché inutilement, n'existe pas, Cyrano étant mort à la campagne chez son cousin M. de Cyrano, comme comme le dit expressément Lebret, et son corps ayant été depuis apporté au couvent des Filles de la Croix par les soins de sa pieuse cousine la baronne de Neuvillette et de la révérende mère Marguerite de Jésus.

Tous les ouvrages que contient ce volume ont été revus avec soin sur les éditions originales, ce qui nous a permis de rétablir plusieurs passages importants qu'on avait supprimés dans les éditions suivantes, car, ainsi que La Monnoye l'a reconnu dans ses additions au *Menagiana* : « Cyrano, en qualité d'esprit fort, se donnoit de grandes libertés de sentiments et de paroles ; cela le mettoit en mauvaise réputation. » Nous avons éclairci par des notes les endroits difficiles à comprendre.

Le plus grand éloge que nous puissions faire des Œuvres de Cyrano, c'est de les réimprimer, quoique La Monnoye ait dit de lui : « Généralement on méprise fort ses ouvrages, surtout ses lettres ; leur style cependant a dans son extravagance je ne sais quoi d'original qui divertit. » Les défauts des ouvrages et des lettres de Cyrano sont ceux du temps où il les faisait paraître aux applaudissements de tous les beaux-esprits; leurs qualités sont celles qui caractérisent le talent littéraire de l'auteur. En dépit du mauvais goût qui règne dans tous ses écrits, on y admirera toujours des éclairs de génie, des beautés de style et des hardiesses de pensée : il y a des passages excellents dans les Lettres; il y a de superbes vers dans la *Mort d'Agrippine;* il y a, dans le *Pédant joué,* un remarquable prélude de la comédie de Molière.

Nota. Nous avons dit, dans une note, p. 219, que Cardelin était un farceur et baladin qui avait ses tréteaux sur la place Dauphine; mais il paraît que son agilité et ses tours de force le firent quelquefois enrôler dans la troupe de ballet qui dansait à la cour; car il figura, en 1641, dans le *Ballet de la Prospérité des armes de la France,* représenté devant Leurs Majestés, au Palais-Cardinal. Montglat, dans ses Mémoires, cite avec admiration « les sauts périlleux d'un certain Italien, nommé Cardelin, qui représentoit la Victoire, en dansant sur une corde cachée d'un nuage, et parut s'envoler au ciel. »

LETTRES DIVERSES

SATIRIQUES ET AMOUREUSES

A MONSEIGNEUR

LE DUC D'ARPAJON[1]

Monseigneur,

Ce livre ne contient presque qu'un ramas confus des premiers caprices, ou, pour mieux dire, des premières folies de ma jeunesse ; j'avoue même que j'ai quelque honte de l'avouer dans un âge plus avancé : et cependant, Monseigneur, je ne laisse pas de vous le dédier avec tous ses défauts, et de vous supplier de trouver bon qu'il voie le monde sous votre glorieuse protection. Que direz-vous, Monseigneur d'un procédé si étrange ? Vous croirez peut-être que c'est manquer de respect pour vous, que de vous offrir une chose que je méprise moi-même, et de mettre votre Nom illustre

---

[1] Cette dédicace se trouve en tête des *OEuvres diverses* de M. de Cyrano Bergerac (Paris, Ch. de Sercy, 1654, in-4°). Le privilége du roi, pour cette édition, accordé au *sieur de Bergerac*, sous la date du 30 décembre 1653, avait été cédé par l'auteur au libraire, suivant l'accord fait entre eux. Achevé d'imprimer, pour la première fois, le 12 mai 1654. — Le duc d'Arpajon, dont Cyrano était alors le *domestique*, dans le sens honorable de ce mot, qui signifie attaché à la maison, n'avait été fait duc qu'en 1651. Il était auparavant vicomte d'Arpajon, marquis de Sévérac, comte de Rhodez, etc. Il se distingua par son intrépidité et ses talents militaires dans presque toutes les guerres qui eurent lieu en Europe depuis 1620. Il ne mourut qu'en 1679, âgé de plus de quatre-vingts ans. Voy. la dédicace de la tragédie d'*Agrippine*, et la Notice historique sur Cyrano

la tête d'un ouvrage, où j'ai bien de la répugnance de voir le mien? J'espère néanmoins, Monseigneur, que mon respect et mon zèle vous seront trop connus, pour attribuer la liberté que je prends à une cause qui me seroit si désavantageuse. Il y a près d'un an que je me donnai à Vous ; et depuis cet heureux moment, tenant pour perdu tout le temps de ma vie que j'ai passé ailleurs qu'à votre service, et ne me contentant pas de vous avoir dévoué tout ce qui m'en reste, j'ai tâché de réparer cette perte, en vous en consacrant encore les commencemens; et, parce que le passé ne se peut rappeler pour vous être offert, vous présenter au moins tout ce qui m'en demeure, et faire en sorte, par ce moyen, que, n'ayant pas eu l'honneur d'être à Vous toute ma vie, toute ma vie ne laisse pas en quelque façon d'avoir été pour Vous. D'ailleurs, Monseigneur, vous savez que de toutes les offrandes qui se présentoient à Dieu dans l'ancienne Loi, il n'en avoit point de si agréables que celles qui se faisoient des premiers fruits, quoiqu'ils ne soient point ordinairement les meilleurs ; et, s'il est permis d'ajouter une chose profane en suite d'une si sainte, vous n'ignorez pas non plus que les Athéniens ne pensoient pas pouvoir faire de présent plus agréable à Apollon, qu'en envoyant leur première chevelure à son temple de Delphes, et lui présentant ces premières productions de leur cerveau. C'est ce qui me fait espérer, Monseigneur, que vous ne refuserez pas l'offrande que je vous fais de cet ouvrage, et que vous ne trouverez pas mauvais que je me die, aussi bien au commencement de ces Lettres, qu'au commencement de l'Agrippine,

Monseigneur,

Votre très-humble, très-obéissant et très-obligé serviteur,

DE CYRANO BERGERAC.

LETTRES DIVERSES

I

A MONSIEUR LEBRET

Avocat au conseil [1]

CONTRE L'HIVER

Monsieur,

C'est à ce coup que l'Hiver a noué l'éguillette à la Terre; il a rendu la matière impuissante; et l'esprit même, pour être incorporel, n'est pas en sûreté contre sa tyrannie. Mon âme a tellement reculé sur elle-même, qu'en quelque endroit aujourd'hui que je me touche, il s'en faut plus de quatre doigts que je n'atteigne où je suis : je me tâte sans me sentir, et le fer auroit ouvert cent portes à ma vie, avant que de frapper à celle de la dou-

[1] Henri Lebret, qui était l'ami particulier de Cyrano et qui fut son exécuteur testamentaire et son premier éditeur, n'avait pas encore publié d'ouvrage sous son nom; mais on trouve beaucoup de vers de lui dans le recueil de Sercy et dans d'autres recueils du même genre publiés depuis 1648 jusqu'en 1656, ce qui prouve qu'il vivait alors à Paris dans le commerce des gens de lettres. Il devait être fils du jurisconsulte Cardin Lebret, mort doyen des conseillers d'État, en 1655. Il avait commencé par servir comme volontaire dans les armées du roi, avant de devenir avocat au Conseil; puis ensuite prévôt de l'Église de Montauban, sa ville natale, dont il a

leur. Enfin, nous voilà presque paralytiques, et cependant, pour creuser sur nous une plaie dans une blessure, Dieu n'a créé qu'un baume à notre mal; encore, le Médecin qui le porte ne sauroit arriver chez nous, qu'après avoir délogé de six maisons. Ce paresseux est le Soleil. Vous voyez comme il marche à petites journées : il se met en chemin à huit heures, et prend gîte à quatre. Je crois qu'à mon exemple il trouve qu'il fait trop froid pour se lever si matin; mais Dieu veuille que ce soit seulement la paresse qui le retienne, et non pas le dépit; car il me semble que depuis plusieurs mois il nous regarde de travers. Pour moi, je n'en puis deviner la cause, si ce n'est qu'ayant vu la terre endurcie par la gelée, il n'ose plus monter si haut, de peur de blesser ses rayons en les précipitant. Ainsi, nous ne sommes pas près de nous venger des outrages que la saison nous fait; il ne sert quasi rien au feu de s'échauffer contre elle : sa rage n'aboutit (après avoir bien petillé) qu'à le contraindre à se dévorer soi-même plus vite. Nous avons beau prendre le bouclier, l'Hiver est une mort de six mois, répandue sur tout un côté de cette boule, que nous ne saurions éviter; c'est une courte vieillesse des choses animées; c'est un être qui n'a point d'action, et qui, cependant (tout braves que nous soyons), ne nous approche jamais sans nous faire trembler. Notre corps, poreux, délicat, étendu, se ramasse, s'endurcit, et s'empresse à fermer ses avenues, à barricader un million d'invisibles portes, et à les couvrir de petites montagnes : il se meut, s'agite, se débat, et dit pour excuse, en rougissant, que ces frémissemens sont des sorties qu'il fait, à dessein de repousser l'ennemi qui gagne ses dehors. Enfin, ce n'est pas merveille que nous subissions le destin de tous les vivans. Mais le barbare ne s'est pas contenté d'avoir ôté la langue à nos

écrit l'Histoire, imprimée en 1668, in-4°. Il a laissé un recueil de *Lettres*, dont nous avons fait un fréquent usage dans cette édition. Voy. la notice historique sur Cyrano.

oiseaux, d'avoir déshabillé nos arbres, d'avoir coupé les cheveux à Cérès, et d'avoir mis notre grand'mère[1] toute nue ; afin que nous ne puissions nous sauver par eau dans un climat plus doux, il les a toutes renfermées sous des murailles de diamant ; et, de peur même que les rivières n'excitassent par leur mouvement quelque chaleur qui nous pût soulager, il les a clouées contre leur lit. Mais il fait encore bien pis ; car, pour nous effrayer par l'image même des prodiges qu'il invente à notre destruction, il nous fait prendre la glace pour une lumière endurcie, un jour pétrifié, un solide néant, ou quelque monstre épouvantable, dont le corps n'est qu'un œil. La Seine, au commencement effrayée des larmes du ciel, s'en troubla, et, appréhendant une suite funeste à la fortune de ses habitans, elle s'est roidie contre le poids qui l'entraîne, s'est suspendue et s'est liée elle-même pour s'arrêter [2], afin d'être toujours présente aux besoins que nous pourrions avoir d'elle. Les hommes, épouvantés à leur tour des prodiges de cette effroyable saison, en tirent des présages proportionnés à leur crainte : s'il neige, ils s'imaginent que c'est peut-être au firmament le chemin de lait[3] qui se dissout ; que cette perte fait de rage écumer le ciel, et que la terre, tremblant pour ses enfans, en blanchit de frayeur. Ils se figurent que l'univers est une tarte que l'Hiver, ce grand monstre, sucre pour l'avaler ; que peut-être la neige est l'écume des plantes qui meurent enragées, et que les vents, qui soufflent tant de froid, sont les derniers soupirs de la Nature agonisante. Moi-même, qui n'explique guère les choses qu'en ma faveur, et qui dans une autre saison me serois persuadé que la neige est le lait végétatif que les

[1] La Terre, du limon de laquelle est sorti le premier homme.
[2] L'année du *grand hiver*, où la Seine fut gelée à Paris (le vin gelait bien dans les caves), était 1638 : cette Lettre fut certainement composée plus tard.
[3] La voie lactée.

astres font teter aux plantes, ou les miettes qui tombent, après Grâces, de la table des Dieux, me laissant emporter au torrent de l'exemple, s'il grêle, je m'écrie : « Quels maux nous sont réservés, puisque le ciel innocent est réduit à pisser la gravelle? » Si je veux définir ces vents glacés, tellement solides, qu'ils renversent des tours, et tellement déliés, qu'on ne les voit point, je ne saurois soupçonner ce que c'est, sinon une bruine [1] de diables échappés, qui, s'étant morfondus sous terre, courent ici pour s'échauffer. Tout ce qui me représente l'Hiver me fait peur : je ne saurois supporter un miroir, à cause de sa glace; je fuis les petits Médecins, parce qu'on les nomme des *Médecins de neige* [2]; et je puis convaincre le froid de quantité de meurtres, sur ce que dans toutes les maisons de Paris où rencontre fort peu de gelée, qu'on n'y trouve un malade auprès. En vérité, Monsieur, je ne pense pas que la Saint-Jean me guérisse entièrement des maux de Noël, quand je songe qu'il me faudra voir encore, aux fenêtres, de grandes vitres qui ne seront autre chose que des tapisseries de glaçons endurcis au feu. Oui, cet impitoyable m'a mis en si mauvaise humeur, que le hâle du mois d'août ne me purgera peut-être pas du flegme de janvier; la moindre chaleur me fera dire que l'Hiver est le frisson de la Nature, et que l'Été en est la fièvre; car, jugez si je me plains à tort, et si les morfondus, malgré l'humeur libérale de cette saison qui leur donne autant de perles que de roupies, ne me prendront pas pour un Hercule qui poursuit ce monstre leur ennemi? Quelles rigueurs n'exerce-t-il point en tous lieux? Là, sous le robinet d'une fontaine, le gelé porteur d'eau contraint son cœur, en soufflant,

---

[1] La première édition porte *brottine.*

[2] C'est un terme de mépris, comme si l'on disait *médecins de rien.* Il y a, d'ailleurs, une sorte de corrélation étymologique entre *neige*, qu'on prononçait *nije*, et *nihil*, qu'on a rendu d'abord par *nique*, qui s'emploie encore trivialement.

de rendre à ses mains la vie qu'il leur avoit dérobée! Là, contre le pavé, le soulier du marcheur fait plus de bruit qu'à l'ordinaire, parce qu'il a des cloches aux pieds! Là, l'écolier fripon, une pelote de neige entre les doigts, attend au passage son compagnon, pour lui noyer le visage dans un morceau de rivière; enfin, de quelque côté que je me tourne, la gelée est si grande, que tout se prend, jusques aux manteaux. A dix heures du soir, le filou morfondu, sous un auvent, grelotte, et se console, lorsqu'il regarde le premier passant, comme un tailleur qui lui apporte son habit. Lorsqu'il prendra fantaisie à l'Hiver, ce vieil endurci, d'aller à confesse, voilà, Monsieur, l'examen de sa conscience, à un péché près, car c'est un cas réservé, dont il n'aura jamais l'absolution. Vous-même jugez s'il est pardonnable : il me vient d'engourdir les doigts, afin de vous persuader que je suis un froid ami, puisque je tremble, quand il est question de me dire,

Monsieur,

Votre serviteur,

B.

II

AU MÊME

POUR LE PRINTEMPS

Monsieur,

Ne pleurez plus, le beau temps est revenu, le soleil s'est réconcilié avec les hommes, et sa chaleur a fait trouver des jambes à l'Hiver, tout engourdi qu'il fût; il ne lui a prêté de mouvement que ce qu'il en falloit pour fuir, et cependant ces longues nuits, qui sembloient ne faire qu'un pas en une heure (à cause que, pour être dans l'obscurité, elles n'osoient courir à tâtons), sont aussi loin de nous que la première qui fit dormir Adam[1]; l'air, naguère si condensé par la gelée, que les oiseaux n'y trouvoient point de place, semble n'être aujourd'hui qu'un grand espace imaginaire, où ces musiciens, à peine soutenus de notre pensée, paroissent au ciel de petits mondes balancés par leur propre centre : le serin n'enrhumoit pas au pays d'où ils viennent, car ils font ici beau bruit. O Dieux, quel tintamarre! Sans doute ils sont en procès pour le partage des terres, dont l'Hiver, par sa mort, les a faits héritiers. Ce vieux jaloux, non content d'avoir bouclé presque tous les animaux, avoit gelé jusques aux rivières, afin qu'elles ne produisissent pas même des images. Il avoit malicieusement tourné la glace de ses miroirs qui coulent, du côté du vif-argent, et ils y seroient encore, si le Printemps à son retour ne les eût renversés. Aujourd'hui le bétail s'y regarde nager, en courant; la linotte et le pinson s'y reproduisent, sans perdre leur unité; s'y ressuscitent, sans mourir, et s'étonnent qu'un lit si froid leur fasse éclore, en un moment, des petits aussi grands qu'eux-mêmes. Enfin, nous tenons la Terre en bonne humeur, nous n'avons dorénavant qu'à bien ménager[2] ses bonnes grâces. A la vérité, dépitée de s'être vue au pillage de l'Automne, elle s'étoit tellement endurcie contre nous avec les forces que lui prêta l'Hiver, que si le Ciel n'eût pleuré deux mois sur son sein, elle ne se fût jamais attendrie; mais, Dieu merci, elle ne se souvient plus de nos larcins; toute son attention n'est aujourd'hui qu'à méditer quelque fruit nouveau; elle se couvre d'herbe molle, afin d'être plus douce à nos pieds; elle n'envoie rien sur nos tables, qui

[1] La *Genèse* dit que l'Éternel fit tomber un profond sommeil sur Adam, qu'il venait de créer, et lui enleva une côte avec laquelle il créa la femme.
[2] Il y a *choyer* dans la première édition.

ne regorge de son lait; si elle nous offre des chenilles, c'est en guise de vers à soie sauvages, et les hannetons sont de petits oiseaux, qui montrent qu'elle a eu soin d'inventer jusqu'à des jouets à nos enfans : elle s'étonne elle-même de sa richesse, elle s'imagine à peine être la mère de tout ce qu'elle produit ; et, grosse de quinze jours, elle avorte de mille sortes d'insectes, parce que, ne pouvant toute seule goûter tant de plaisirs, elle ébauche des enfans à la hâte, pour avoir à qui faire du bien. Ne semble-t-il pas, en attachant aux branches de nos forêts des feuilles si touffues, que, pour nous faire rire, elle se soit engagée à porter un pré sur un arbre? Mais, parce qu'elle sait que les contentemens excessifs sont préjudiciables, elle force en cette saison les fèves de fleurir pour modérer notre joie, par la crainte de devenir fous [1] ; c'est le seul mauvais présage qu'elle n'ait point chassé de dessus l'hémisphère. Partout on voit la Nature accoucher, et ses enfans, à mesure qu'ils naissent, jouer dans leur berceau. Considérez le zéphyr qui n'ose quasi respirer qu'en tremblant : comme il agite les blés et les caresse ! Ne diriez-vous pas que l'herbe est le poil de la Terre, et que ce vent est le peigne qui a soin de le démêler? Je pense même que le Soleil fait l'amour à cette saison, car j'ai remarqué qu'en quelque lieu qu'elle se retire, il s'en approche toujours. Ces insolens aquilons qui nous bravoient en l'absence de ce Dieu de tranquillité, surpris de sa venue, s'unissent à ses rayons pour obtenir la paix par leurs caresses; et les plus coupables se cachent dans les atomes et se tiennent cois sans bouger, de peur d'en être reconnus : tout ce qui ne peut nuire par sa vie, est en pleine liberté. Il n'est pas jusqu'à notre âme qui ne se répande plus loin que sa prison, afin de montrer qu'elle n'en est pas contenue. Je pense que la Nature est aux noces : on ne voit que danses, que con-

---

[1] C'est un préjugé populaire très-ancien, qui rattache la folie à la floraison des fèves.

certs, que festins, et qui voudroit chercher dispute, n'auroit pas le contentement d'en trouver, sinon de celles qui pour la beauté surviennent entre les fleurs. Là, possible, au sortir du combat, un œillet tout sanglant tombe de lassitude : là, un bouton de rose, enflé du mauvais succès de son antagoniste, s'épanouit de joie : là, le lis, ce colosse entre les fleurs, ce géant de lait caillé, glorieux de voir ses images triompher au Louvre [1], s'élève sur ses compagnes, les regarde du haut en bas, et fait devant soi prosterner la violette, qui, jalouse et fâchée de ne pas monter aussi haut, redouble ses odeurs, afin d'obtenir de notre nez la préférence que nos yeux lui refusent; là, le gazon de thym s'agenouille humblement devant la tulipe, à cause qu'elle porte un calice; là, d'un autre côté, la terre, dépitée que les arbres portent si haut et si loin d'elle les bouquets dont elle les a couronnés, refuse de leur envoyer des fruits, qu'ils ne lui aient redonné ses fleurs. Cependant je ne trouve pas, pour ces disputes, que le printemps en soit moins agréable; Mathieu Gareau [2] saute de tout son cœur au brouet de sa tante [3]; le plus mauvais garçon du village jure, par sa fi, qu'il fera cette année grand'peur au pagegai [4]; le vigneron, appuyé sur son échalas, rit dans sa barbe, à mesure qu'il voit pleurer sa vigne. Enfin, l'exemple de la Nature me persuade si bien le plaisir, que, toute sujétion étant douloureuse, je suis presque à regret,

    Monsieur,

        Votre Serviteur.

[1] Allusion aux trois fleurs de lis des armes de France.
[2] On voit que déjà le nom du paysan, personnifié dans le *Pédant joué*, était devenu synonyme de *bon gars, bon compagnon*.
[3] Cette phrase nous paraît très-obscure. Cyrano veut-il dire qu'au printemps le jeune paysan a plus d'appétit, et qu'il avale de tout cœur le potage que lui prépare sa tante? ou bien, qu'il essaye les premières ardeurs de sa puberté sur le *brouet* (*erotice*) de sa propre tante?
[4] Oiseau de carton ou de bois, qui servait de but au tir de l'arc ou de l'arquebuse.

III

AU MÊME

POUR L'ÉTÉ

Monsieur,

Que ne diriez-vous point du Soleil, s'il vous avoit rôti vous-même, puisque vous vous plaignez de lui, lorsqu'il hâte l'assaisonnement de vos viandes? De toute la terre, il n'a fait qu'une grande marmite; il a dessous attisé l'enfer, pour la faire bouillir; il a disposé les vents tout autour, comme des soufflets, afin de l'empêcher de s'éteindre, et, lorsqu'il rallume le feu de votre cuisine, vous vous en formalisez! Il échauffe les eaux, il les distille, il les rectifie, de peur que leur crudité ne vous nuise, et vous lui chantez pouille, pendant même qu'il boit à votre santé! Pour moi, je ne sais pas en quelle posture dorénavant se pourra mettre ce pauvre Dieu, pour être à notre gré. Il envoie à notre lever les oiseaux nous donner la musique; il échauffe nos bains, et ne nous y invite point, qu'il n'en ait essayé le péril en s'y plongeant le premier. Que pouvoit-il ajouter à tant d'honneur, sinon de manger à notre table? Mais jugez ce qu'il demande, quand il n'est jamais plus proche de nos maisons, qu'à midi. Plaignez-vous, Monsieur, après cela, qu'il dessèche l'humeur des rivières! Hélas! sans cette attraction, que serions-nous devenus? les fleuves, les lacs, les fontaines, ont sucé toute l'eau qui rendoit la terre féconde, et l'on se fâche qu'au hasard d'en faire gagner l'hydropisie à la moyenne région, il prenne la charge de la repuiser, et de promener par le Ciel les nues, ces grands arrosoirs [1], dont il éteint la soif de nos campagnes altérées, encore dans une saison où il est si fort épris de notre beauté, qu'il nous veut voir tout nus. J'ai bien de la peine à m'imaginer, s'il n'attiroit à soi beaucoup d'eau pour y mouiller et rafraîchir ses rayons, comme il nous baiseroit sans nous brûler; mais, quoi qu'on dise, nous en avons toujours de reste; car, au temps même que la canicule, par son ardeur, ne nous en laisse précisément que pour la nécessité, n'a-t-il pas soin de faire enrager les chiens, de peur qu'ils n'en boivent? Vous fulminez encore contre lui, sur ce qu'il dérobe, dites-vous, jusqu'à nos ombres : il nous les ôte, je l'avoue, et il n'a garde de les laisser auprès de nous, voyant qu'à toute heure elles se divertissent à nous effrayer; voyez comme il monte au plus haut de notre horizon, pour les mettre à nos pieds, et pour les recogner sous terre, d'où elles sont parties! Quelque haine cependant qu'il leur porte, quelque proche de leur fin qu'elles se trouvent, il leur donne la vie, quand nous nous mettons entre deux; c'est pourquoi ces filles de la nuit courent tout à l'entour de nous, pour se tenir à couvert des armes du Soleil; sachant bien qu'il aimera mieux s'abstenir de la victoire, que de se résoudre à les tuer au travers de nos corps. Ce n'est pas que durant toute l'année il ne soit pour nous tout en feu; et il le montre assez, n'en reposant ni nuit ni jour. Mais, en été, toutefois, sa passion devient bien autre : il brûle, il court, il semble devaler de son cercle; et, se voulant jeter à notre cou, il en tombe si près, que, pour légère que soit l'essence d'un Dieu, la moitié des hommes dégoutte de sueur en le portant. Nous ne laissons pas toutefois de nous affliger, quand il nous quitte; les nuits mêmes, sympathisant à sa complexion,

---

[1] *Arrousoirs*, dans la première édition. On disait *arrouser* dans la langue du seizième siècle.

deviennent claires et chaudes, à cause qu'à son départ il a laissé sur l'horizon une partie de son équipage, comme ayant à y revenir bientôt. Le mois de Mai véritablement germe les fruits, les noue et les grossit; mais il leur laisse une âpreté mortelle qui nous étrangleroit, si celui de Juin n'y passoit du sucre. Possible, m'objectera-t-on, que, par ses chaleurs excessives, il met les herbes en cendres, et qu'ensuite il fait couler dessus des orages de pluie ; mais pensez-vous qu'il ait grand tort, nous voyant tout salis du hâle, de nous mettre à la lessive? Et je veux qu'il fût brûlant, jusqu'à nous consumer, ce seroit au moins une marque de notre paix avec Dieu, puisque autrefois chez son peuple il ne faisoit descendre le feu du Ciel que sur les victimes purifiées. Encore, s'il nous vouloit brûler, il n'enverroit pas la rosée pour nous rafraîchir, cette belle rosée qui nous fait croire par ses infinies gouttes de lumière, que le flambeau du monde est en poudre dedans nos prés ; qu'un million de petits Cieux sont tombés sur la terre, ou que c'est l'âme de l'Univers, qui, ne sachant quel honneur rendre à son père, sort au-devant de lui, et le va recevoir jusque sur la pointe des herbes. Les villageois s'imaginent, tantôt que ce sont des poux d'argent tombés au matin de la tête du Soleil qui se peigne; tantôt la sueur de l'air corrompue par le chaud, où des vers luisans se sont mis; tantôt la salive des astres qui leur tombe de la bouche en dormant; mais enfin, quoi que ce puisse être, il n'importe : fût-ce les larmes de l'Aurore, elle s'afflige de trop bonne grâce pour ne nous en pas réjouir; et puis, c'est le temps où la Nature nous met à même ses trésors. Le Soleil en personne assiste aux couches de Cérès, et chaque épi de blé paroît une boulangerie de petits pains de lait, qu'il a pris la peine de cuire. Que si quelques-uns se plaignent que sa trop longue demeure avec nous jaunit les feuilles après les fruits, qu'ils sachent que ce Monarque des étoiles en use ainsi pour composer de notre climat le jardin des Hespérides, en attachant aux arbres des feuilles d'or aussi bien que des fruits. Toutefois, il a beau dans son zodiaque s'échauffer avec le Lion, il n'aura pas demeuré vingt-quatre heures chez la Vierge, qu'il lui fera les doux yeux; il deviendra tous les jours plus froid, et enfin, quelque nom de pucelle qu'il laisse à la pauvre fille, il sortira de son lit tellement énervé, que six mois à peine le guériront de cette impuissance. Oh! que j'ai cependant peur de voir croître l'Été, parce que j'ai peur de le voir diminuer! C'est lui qui débarrasse l'eau, le bois, le métal, l'herbe, la pierre, et tous les corps différens, que la gelée avoit fait venir aux prises; il apaise leurs froideurs, il démêle leurs antipathies, il moyenne entre eux un échange de prisonniers, il reconduit paisiblement chacun chez soi; et, pour vous montrer qu'il sépare les natures les plus jointes, c'est que, n'étant vous et moi qu'une même chose, je ne laisse pas aujourd'hui de me considérer séparément de vous, pour éviter l'impertinence qu'il y auroit de me mander à moi-même : Je suis,

Monsieur,

Votre serviteur.

IV

AU MÊME

CONTRE L'AUTOMNE

Monsieur,

Il me semble que j'aurois maintenant bien du plaisir à pester contre l'Automne, si je ne craignois de fâcher le tonnerre, lui qui, non content de nous tuer, n'est pas satisfait s'il n'assemble trois bourreaux différens dans une mort, et s'il ne nous massacre tout à la fois par les yeux, par les oreilles et par le toucher; c'est-à-dire par l'éclair, le tonnerre et le carreau. L'éclair s'allume pour éteindre notre vue à force de lumière, et, précipitant nos paupières sur nos prunelles, il nous fait passer, de deux petites nuits, de la largeur d'un double [1], dans une autre aussi grande que l'Univers. L'air, en s'agitant, enflamme ses apostumes; en quelque part que nous tournions la vue, un nuage sanglant semble avoir déplié, entre nous et le jour, une tenture de gris brun, doublée de taffetas cramoisi; le foudre, engendré dans la nue, crève le ventre de sa mère, et la nue grosse, en travail, s'en délivre avec tant de bruit, que les roches les plus sauvages s'ouvrent aux cris de cet accouchement. Il ne sera pourtant pas dit que cette orgueilleuse saison me parle si haut, et que je n'ose lui répondre : cette insolente, aux crimes de laquelle il ne manquoit plus que de faire imputer à son

---

[1] Petite monnaie de cuivre, valant six deniers.

Créateur les vices de la Nature. Mais quand l'injustice de cent mille coups de tonnerre seroit une production de la Sagesse inscrutable de Dieu, il ne s'ensuit pas, pour cela, que la saison du tonnerre, c'est-à-dire la saison destinée à châtier les coupables, soit plus agréable que les autres, ou bien il faut conclure que le temps le plus doux de la vie d'un criminel est celui de son exécution. Je crois qu'en suite de ce funeste météore, nous pouvons passer au vin, puisque c'est un tonnerre liquide, un courroux potable, et un trépas qui fait mourir les ivrognes de santé. Il est cause, le furieux, que la définition qu'Aristote a donnée pour l'homme, d'animal raisonnable, est fausse, au moins pour ceux qui en boivent trop; mais ne vous semble-t-il pas qu'on peut dire du cabaret, que c'est un lieu où l'on vend la folie par bouteilles, et je doute même s'il n'est point allé jusque dans les Cieux faire sentir ses fumées au Soleil, voyant comme il se couche tous les jours de si bonne heure. Quelques Philosophes de ce siècle en ont tant avalé, qu'ils en ont fait pirouetter la Terre dessous eux; et, si véritablement elle se meut [1], je pense que ce sont des SS que l'ivrognerie lui fait faire. Pour moi, je porte tant de haine à ce poison, qu'encore que l'eau-de-vie soit un venin beaucoup plus furieux, je ne laisse pas de lui pardonner, à cause que ce m'est un témoignage qu'elle lui a fait rendre l'esprit. Nous voilà donc en ce temps condamnés à mourir de soif, puisque notre breuvage est empoisonné : voyons si notre manger, que l'Automne nous étend sur la terre, comme sur une table, est moins dangereux que la boisson. Hélas! pour un seul fruit qu'Adam mangea, cent mille personnes moururent qui n'étoient pas encore; l'arbre même est forcé par la Na-

---

[1] La théorie de Galilée sur le mouvement de la Terre, théorie condamnée par l'Inquisition, en 1633, n'était pas encore acceptée dans les écoles, parce qu'elle contrariait les principes d'Aristote. Aussi l'élève de Gassendi ne la présente-t-il ici que sous la forme dubitative.

ture de commencer le supplice de ses enfans criminels.
il les jette contre terre, la tête en bas, le vent les secoue,
et le Soleil les précipite. Après cela, Monsieur, ne trouvez pas mauvais que je désapprouve qu'on dise : « Voilà
du fruit en bon état. » Comment y pourroit-il être, lui
qui s'est pendu soi-même? Aussi, à considérer comme les
cailloux y vont à l'offrande, n'est-ce pas une occasion de
douter de leur innocence, puisqu'ils sont lapidés à chaque
bout de champ? Ne voyez-vous pas même que les arbres,
en produisant les fruits, ont soin de les envelopper de
feuilles pour les cacher, comme s'ils n'avoient pas assez
d'effronterie pour montrer à nu leurs parties honteuses?
Mais admirez encore comment cette horrible saison traite
les arbres en leur disant adieu : elle les charge de vers,
d'araignées et de chenilles, et, tout chauves qu'elle les a
rendus, elle ne laisse pas de leur mettre de la vermine à
la tête. Nommez-vous cela des présens d'une bonne mère
à ses enfans? et mérite-t-elle que nous la remerciions,
après nous avoir ôté presque tous les alimens utiles? Mais
son dépit passe encore plus outre, car elle tâche d'empoisonner ceux qui ne sont pas morts de faim, et je n'avance rien que je ne prouve. N'est-il pas vrai que, ne
nous restant plus rien de pur entre tant de choses dont
l'usage nous est nécessaire, sinon l'air, la marâtre l'a suffoqué de contagion? Ne voyez-vous pas comment elle
traîne la peste, cette maladie sans queue, qui tient la
mort pendue à la sienne en toutes les villes de ce Royaume?
comment elle renverse toute l'économie de l'Univers et
de la société des hommes, jusqu'à couvrir de pourpre des
misérables sur un fumier[1] ; et jugez si le feu dont elle
s'allume contre nous est ardent, quand il suffit d'un charbon sur un homme pour le consumer.

Voilà, Monsieur, les trésors et l'utilité de cette adorable saison, par qui vous pensiez avoir trouvé le secret de

---

[1] Allusion à Job couvert d'ulcères.

la corne d'abondance. En vérité, ne mérite-t-elle pas bien mieux des satires que des éloges, et ne devrions-nous pas même détester les autres, à cause qu'elles sont en sa compagnie, et qu'elles la suivent toujours et la précèdent? Pour moi, je ne doute point qu'un jour cette enragée ne pervertisse toutes ses compagnes; et, en effet, nous observons qu'elles ont déjà toutes, à son exemple, leur façon particulière d'estropier, et que, pour les maux dont elle nous accable, l'Hiver nous contraint de réclamer saint Jean; le Printemps, saint Mathurin; l'Été, saint Hubert, et l'Automne, saint Roch, puisque l'un cause le mal caduc, l'autre la folie, l'autre la rage, l'autre la peste[1]. Pour moi, je ne sais qui me tient que je ne me procure la mort, de dépit que j'ai de ne pouvoir vivre que dessous leur règne, mais principalement de ce que la maudite Automne me passe tous les ans sur la tête pour me faire enrager : il semble qu'elle tâche d'embarrasser ses sœurs dans ses crimes; car enfin, Monsieur, grosse de foudre comme nous la voyons, n'induit-elle pas à croire que toutes ensemble elles composent un monstre qui aboie par les pieds; que, pour elle, elle est une harpie affamée qui mord de la glace, pendant que sa queue est au feu; qui se sauve d'un embrasement par un déluge, et qui, vieille à quatre-vingts jours, est si passionnée d'amour pour l'hiver, à cause qu'il nous tue, qu'elle expire en le baisant. Mais ce qui me semble encore plus étrange, est que je me sois abstenu de lui reprocher son plus grand crime, je veux dire le sang, dont elle souille depuis tant d'années la face de toute l'Europe[2], car je le devois faire pour la punir de ce qu'ayant prodigué des fruits à tout le monde, elle

[1] Lorsque les maladies étaient placées spécialement sous l'invocation des saints, saint Jean guérissait du mal caduc; saint Mathurin, de la folie; saint Hubert, de la rage, et saint Roch, de la peste.

[2] Autrefois les armées n'entraient en campagne qu'à la fin de l'été, de sorte que l'automne était toujours la saison des guerres.

ne m'en a pas donné un, qui puisse vous dire après ma
mort, je suis,

  Monsieur,

       Votre Serviteur.

V

A MES AMIS LES BUVEURS D'EAU

DESCRIPTION DE L'AQUEDUC

OU LA FONTAINE D'ARCUEIL [1]

Cette lettre d'Arcueil ayant été perdue, l'auteur, longtemps après, en fit une autre; mais, comme il ne se souvenoit presque plus de la première, il ne rencontra pas les mêmes pensées. Depuis, il retrouva la perdue; et comme il étoit assez ennemi du travail, il ne crut pas que le sujet fût digne d'épurer chaque lettre, en ôtant de chacune les imaginations qui se pourroient rencontrer dans l'autre.

Messieurs,

Pied-là, pied-là : ma tête sert de pont [2] à une rivière; je suis dessous tout au fond sans nager, et toutefois j'y

---

[1] L'aqueduc romain d'Arcueil (*Arcus Juliani*), qui conduisait les eaux du Rungis à l'ancien palais des Thermes et dans toute la partie méridionale de Paris, était tombé en ruines, lorsque Marie de Médicis en fit construire un nouveau par son architecte Jean de Brosse. Cet aqueduc monumental, dont Louis XIII posa la première pierre, en 1613, et qui fut achevé en 1624, subsiste encore.

[2] L'édition in-4° porte ici *poinct*, au lieu de *pont*, qui a été mis, peut-être mal à propos, dans l'édition publiée par Lebret.

respire à mon aise. Vous jugez bien que c'est d'Arcueil que je vous écris. Ici, l'eau, conduite en triomphe, marche en haie d'un régiment de pierres : on lui a dressé cent portiques [1] pour la recevoir ; et le Roi, la jugeant fatiguée d'être venue à pied de si loin, envoya l'appuyer, de peur qu'elle ne tombât. Ces excès d'honneur l'ont rendue si glorieuse, qu'elle n'iroit pas à Paris, si l'on ne l'y portoit ; s'étant morfondue d'avoir si longtemps couché contre terre, elle s'est fait dresser un lit plus haut ; et l'on tient, par tradition, que cet aqueduc lui sembla si pompeux et si beau, qu'elle vint d'elle-même s'y promener pour son plaisir. Cependant elle est renfermée entre quatre murailles. Seroit-ce qu'on l'eût convaincue de s'être jadis trouvée en la compagnie de celle de la mer, pendant quelque naufrage ? Il le faut bien, car la justice est ici tellement sévère, qu'on y contraint jusqu'aux fontaines de marcher droit ; et l'air de la ville est si contagieux, qu'elles n'en sauroient approcher sans gagner la pierre : ces obstacles toutefois n'ont point empêché qu'il n'ait pris à celle-ci une telle démangeaison de la voir, qu'elle s'en gratte, demi-lieue durant, contre des roches. Il lui tarde qu'elle ne contrefasse l'Hippocrène entre les muses de l'Université [2] : elle n'en peut tenir son eau. Voyez comme des montagnes de Rungis [3] elle pisse en l'air jusqu'au faubourg Saint-Germain ; elle va recevoir de Son Altesse Royale [4] l'ordre des visites qu'elle a à faire ; et, quelques sourdes menaces qu'elle murmure en chemin, quelque

[1] L'aqueduc n'a pas cent portiques, mais vingt arcades de 6^m,20 de largeur.

[2] Les eaux d'Arcueil arrosaient alors comme aujourd'hui la partie méridionale de Paris, qu'on appelait le quartier de l'Université.

[3] Cyrano écrit *Rongy* dans sa première édition. Le ruisseau de Rungis (*Rungiacum*) est formé de plusieurs sources très-pures et très-abondantes.

[4] Cyrano veut parler de Gaston, duc d'Orléans, frère du roi, qui occupait le palais du Luxembourg, où était le principal réservoir des eaux d'Arcueil.

formidable qu'elle paroisse, Luxembourg [1] ne l'a pas plutôt aperçue, que d'un seul regard il la disperse de tous côtés. En vérité, l'amour pouvoit-il joindre Arcueil et Paris par un lien plus fort que celui de la vie? Ce reptile est un morceau pour la bouche du Roi : c'est une grande épée qui va faire mettre, par les Porteurs d'eau, des bouts de bois à son fourreau ; c'est une couleuvre immortelle, qui s'enfonce dans son écaille, à mesure qu'elle en sort ; c'est une apostème artificielle, qu'on ne sauroit crever, sans mettre Paris en danger de mort; c'est un pâté, dont la sauce est vive ; c'est un os, dont la moelle chemine ; c'est un serpent liquide, dont la queue va devant la tête. Enfin, je pense qu'elle a résolu de ne rien faire ici que des choses impossibles à croire : elle ne va droit qu'à cause qu'elle est voûtée; elle ne se corrompt point, encore qu'elle soit au tombeau ; elle est vive, depuis qu'elle est en terre ; elle passe par-dessus des murs, dont les portes sont ouvertes [2]; elle marche droit à tâtons, et court de toute sa force sans tomber. Eh bien, Messieurs, après tant de miracles, ne mériteroit-elle pas bien d'être canonisée à Paris, sous le nom de Saint-Cosme, Saint-Benoît, Saint-Michel et Saint-Severin [3]? Qui diroit cependant que la largeur de deux pieds mesure le destin de tout un peuple? Connoissez par là quel honneur ce vous est, que moi, qui puis, quand bon me semble, arrêter la liqueur qui désaltère tant d'honnêtes gens à Paris, et qui tous les jours me fais servir devant le Roi [4], je m'abaisse jusqu'à me dire,

Messieurs,
    Votre Serviteur,

---

[1] C'était, sans doute, au Regard du palais du Luxembourg que se trouvait alors le point de départ des prises d'eau, qui alimentaient les fontaines de l'Université.

[2] Ce sont les arches de l'aqueduc.

[3] Noms des fontaines publiques que l'aqueduc d'Arcueil alimentait.

[4] Suivant un ancien cérémonial, l'eau d'Arcueil était la seule dont on fît usage pour la *bouche du roi*.

VI

SUR LE MÊME SUJET

Messieurs,

Miracle, miracle ! je suis au fond de l'eau, et je n'ai pas de quoi boire; j'ai un fleuve sur la tête, et je n'ai point perdu pied; et enfin je me trouve en un pays où les fontaines volent, et où les rivières sont si délicates, qu'elles passent par-dessus des ponts, de peur de se mouiller. Ce n'est point hyperbole, car, à considérer les grands portiques sur lesquels celle-ci va comme en triomphe, il semble qu'elle soit montée sur des échasses pour voir de plus loin, et pour remarquer dans Paris les lieux où elle est nécessaire; ce sont comme des arcs avec lesquels elle décoche un million de flèches d'argent liquide contre la soif. Tout à l'heure, elle étoit assise à cul nu contre terre; mais la voilà maintenant qui se promène dans des galeries; elle porte sa tête à l'égal des montagnes; et croyez toutefois qu'elle n'est pas de moins belle taille, pour être voûtée. Je ne sais pas si nos bourgeois prennent cette arche pour l'arche d'alliance; je sais seulement que sans elle ils seroient du vieux Testament[1]; elle enchérit en leur faveur au-dessus des forces de la Nature; elle fait pour eux l'impossible, jusqu'à courir deux lieues durant avec des jambes mortes qu'elle ne peut remuer. On diroit,

---

[1] C'est-à-dire : ils seraient déjà morts et enterrés comme les patriarches. Dans le style burlesque, *être du vieux Testament* équivaut à *être défunt*.

à la voir jaillir en haut comme elle fait, qu'après avoir longtemps poussé contre le globe de la Terre qui pesoit sur elle, s'en trouvant tout à coup déchargée, elle ne se puisse plus retenir, et continue en l'air malgré soi la secousse qu'elle s'étoit donnée. Mais d'où vient qu'à Rungis, pour un peu de sable qu'elle a dans les reins, elle n'urine que goutte à goutte; et que, dans Arcueil, où elle est atteinte de la pierre, elle pisse par-dessus des montagnes? Encore, ce ne sont là que de ses coups d'essai : elle fait bien d'autres miracles : elle se glisse éternellement hors de sa peau, sans jamais achever d'en sortir; et, plus savante que les Docteurs de la faculté d'Hippocrate, tous les jours à Paris, elle guérit d'un regard plus de quatre cent mille altérés; elle se morfond à force de courir; elle s'enterre toute vive dans un tombeau pour vivre plus longtemps. N'est-ce point que sa beauté l'oblige à se cacher du Soleil, de peur d'être enlevée? ou que, pour s'être entendue cajoler au village, elle devienne si glorieuse, qu'elle ne veuille plus marcher si on ne la porte? Je sais bien que dans ce long bocal de pierre (où ne sauroit même entrer un filet de lumière) on ne peut pas dire qu'elle soit éventée; et je sais bien pourtant qu'elle n'est pas sage de passer par-dessus les portes ouvertes. Cependant peut-être que je la blâme à tort, car je parle de ce môle d'architecture, sans savoir encore au vrai ce que c'est; c'est, possible, une nue pétrifiée; un grand os dont la moelle chemine, un Arc-en-Ciel solide, qui puise de l'eau dans Arcueil pour la verser en cette Ville; un pâté de poisson qui a trop de sauce; une naïade au lit, qui a le cours de ventre; un Apothicaire de l'Université, qui lui donne des clystères; enfin, la mère nourrice de toute une ville, dont les robinets sont les mamelles qu'elle lui présente à teter. Puis donc qu'une si longue prison la rend méconnoissable, allons un peu plus loin la voir au sortir du ventre de sa mère! O Dieux! quelle est gentille, qu'elle a l'air frais, et la face unie! Je l'entends qui gazouille avec le gravier, et qui semble, par ses bégayemens, vouloir étudier la langue du pays. Considérez-la de près, ne la voyez-vous pas qui se couche tout de son long dans cette coupe de marbre? Elle repose et ne laisse pas de s'enfler sous l'égout de sa source, comme si elle tâchoit de sucer en dormant le tetin de sa nourrice ; au reste, vous ne trouveriez pas auprès d'elle le moindre poisson, car la pauvre petite est encore trop jeune pour avoir des enfans. Ce n'est pas toutefois manque de connoissance : elle a reçu avec le jour une lumière naturelle et du bien et du mal; et, pour vous le montrer, c'est qu'on ne l'approche jamais, qu'elle ne fasse voir à l'œil la laideur ou la beauté de celui qui la consulte. A son âge pourtant, à cause que ses traits sont encore informes, on a de la peine à discerner si ce n'est point un jour de quatre pieds en carré, ou bien un œil de la terre, qui pleure : mais non, je me trompe, elle est trop vive pour ressembler à des choses mortes; c'est, sans doute, la reine des fontaines de ce pays, et son humeur royale se remarque en ce que, par une libéralité tout extraordinaire, elle ne reçoit visite de personne, qu'elle ne lui donne son portrait ; en récompense, elle a reçu du Ciel le don de faire des miracles : ce n'est pas une chose que j'avance pour aider à son panégyrique, approchez-vous du bord, et vous verrez qu'à l'exemple de cette fontaine sacrée qui déifioit ceux qui s'y baignoient [1], elle fait des corps sans matière, les plonge dans l'eau sans les mouiller, nous montre chez soi des hommes qui vivent sans aucun usage de respiration. Encore, ne sont-ce là que des coups qu'elle fait en dormant; à peine a-t-elle reposé autant de temps qu'il en faut pour mesurer quatre enjambées, qu'elle part de son hôtellerie, et ne s'arrête point qu'elle n'ait reçu de Paris

---

[1] Nous pensons que Cyrano désigne ainsi une des fontaines consacrées aux Muses, Hippocrène, Aganippe, ou Castalie, parce que la poésie déifie les hommes.

un favorable regard. Sa première visite, c'est à Luxembourg : sitôt qu'elle est arrivée, elle se jette en terre, et va tomber aux pieds de Son Altesse Royale [1], à qui, par son murmure, elle semble demander en langage de ruisseau les maisons où il lui plaît qu'elle s'aille loger. Elle est venue avec tant de hâte, qu'elle en est encore toute en eau, et, pour n'avoir pas eu le loisir, sur les chemins, de mettre pied à terre, elle est contrainte jusque dans le Palais d'Orléans d'aller au bassin en présence de tout le monde. Cependant elle a beau gronder à nos robinets, et verser des torrens de larmes pour nous exciter à compassion de sa peine, l'ingratitude en ce temps est si prodigieuse, que les altérés lui font la moue ; quantité de coquins lui donnent les seaux, et tout le monde est ravi de la voir pisser sous elle; l'un dit qu'elle est bien mal-apprise de venir avec tant de hâte se loger parmi des bourgeois pour leur pisser dans la bouche; l'autre, que c'est en vain qu'elle marche avec tant de pompe, pour ne faire à Paris que de l'eau toute claire ; ceux-ci disent que son impudence est bien grande, d'allonger le cou de si loin, à dessein de nous cracher au nez; ceux-là, qu'elle est bien malade de ne pouvoir tenir son eau ; enfin, il n'est pas jusqu'à ceux qui font semblant de la baiser, qui ne lui montrent les dents. Pour moi, je m'en lave les mains, car j'ai devant les yeux trop d'exemples de la punition des ivrognes qui la méprisent. La Nature même, qui est la mère de cette belle fille, a, ce semble, eu si peur que quelque chose ne manquât aux pompes de sa réception, qu'elle a donné à tous les hommes un palais pour la recevoir, mais cette belle n'abuse point des honneurs qu'on lui fait; au contraire, à peine est-elle arrivée à Paris, que, pour les fatigues d'une trop longue course, se sentant à

---

[1] Gaston, duc d'Orléans, qui résidait au palais du Luxembourg, que sa mère lui avait légué et qui portait alors le nom de *palais d'Orléans*.

l'extrémité, et prévoyant sa fin, elle court à Saint-Cosme, Saint-Benoît et Saint-Severin, pour obtenir leur bénédiction. Voilà tout ce que je puis dire à la louange de ce bel Aqueduc et de son hôtesse ma belle [1] amie. Ça donc, qui veut de l'eau? En voulez-vous, Messieurs? Je vous la garantis de fontaine, sur la vie; et puis, vous savez que je suis

Votre Serviteur.

VII

SUR L'OMBRE QUE FAISOIENT DES ARBRES DANS L'EAU

Monsieur,

Le ventre couché sur le gazon d'une rivière et le dos étendu sous les branches d'un saule, qui se mire dedans, je vois renouveler aux arbres l'histoire de Narcisse : cent peupliers précipitent dans l'onde cent autres peupliers, et ces aquatiques ont été tellement épouvantés de leur chute, qu'ils tremblent encore tous les jours du vent qui ne les touche pas. Je m'imagine que, la nuit ayant noirci toutes choses, le Soleil les plonge dans l'eau pour les laver. Mais que dirai-je de ce miroir fluide, de ce petit monde renversé, qui place les chênes au-dessous de la mousse, et le Ciel plus bas que les chênes? Ne sont-ce point de ces Vierges de jadis métamorphosées en arbres, qui, désespérées de sentir violer leur pudeur par les bai-

---

[1] Première édition, *bonne*.

sers d'Apollon[1], se précipitent dans ce fleuve la tête en bas? Ou n'est-ce point qu'Apollon lui-même, offensé qu'elles aient osé protéger contre lui la fraîcheur, les ait ainsi pendues par les pieds? Aujourd'hui, le poisson se promène dans les bois, et des forêts entières sont au milieu des eaux sans se mouiller; un vieil orme, entre autres, vous feroit rire, qui s'est quasi couché jusque dessus l'autre bord, afin que, son image prenant la même posture, il fît de son corps et de son portrait un hameçon pour la pêche. L'onde n'est pas ingrate de la visite que ces saules lui rendent : elle a percé l'Univers à jour, de peur que la vase de son lit ne souillât leurs rameaux, et, non contente d'avoir formé du cristal avec de la bourbe, elle a voûté des Cieux et des Astres par-dessous, afin qu'on ne pût dire que ceux qui l'étoient venus voir eussent perdu le jour qu'ils avoient quitté pour elle. Maintenant nous pouvons baisser les yeux au Ciel, et par elle le jour se peut vanter que, tout foible qu'il est à quatre heures du matin, il a pourtant la force de précipiter le Ciel dans les abîmes. Mais admirez l'empire que la basse région de l'âme exerce sur la haute : après avoir découvert que tout ce miracle n'est qu'une imposture des sens, je ne puis encore empêcher ma vue de prendre au moins ce Firmament imaginaire pour un grand lac sur qui la terre flotte. Le rossignol, qui du haut d'une branche se regarde dedans, croit être tombé dans la rivière : il est au sommet d'un chêne, et toutefois il a peur de se noyer; mais lorsque, après s'être affermi de l'œil et des pieds, il a dissipé la frayeur, son portrait ne lui paroissant plus qu'un rival à combattre, il gazouille, il éclate, il s'égosille, et cet autre rossignol, sans rompre le silence, s'égosille en apparence comme lui, et trompe l'âme avec tant de charmes, qu'on se figure qu'il ne chante que pour se faire ouïr de nos yeux; je pense même qu'il gazouille du geste, et ne

---

[1]. Allusion à la fable de Daphné poursuivie par Apollon et changée en laurier.

pousse aucun son dans l'oreille, afin de répondre en même temps à son ennemi, et pour n'enfreindre pas les lois du pays, dont le peuple est muet; la perche, la dorade et la truite qui le voient ne savent si c'est un poisson vêtu de plumes, ou si c'est un oiseau dépouillé de son corps : elles s'amassent autour de lui, le considèrent comme un monstre ; et le brochet, ce tyran des rivières, jaloux de rencontrer un étranger sur son trône, le cherche en le trouvant, le touche et ne le peut sentir, court après lui, au milieu de lui-même, et s'étonne de l'avoir tant de fois traversé sans le blesser. Moi-même, j'en demeure tellement consterné, que je suis contraint de quitter ce tableau. Je vous prie de suspendre sa condamnation, puisqu'il est malaisé de juger d'une ombre: car, quand mes enthousiasmes auroient la réputation d'être fort éclairés, il n'est pas impossible que la lumière de celui-ci soit petite, ayant été prise à l'ombre ; et puis, quelle autre chose pourrois-je ajouter à la description de cette image enluminée, sinon que c'est un rien visible, un caméléon spirituel, une nuit que la nuit fait mourir, un procès des yeux et de la raison, une privation de clarté, que la clarté met au jour ; enfin que c'est un esclave qui ne manque non plus à la matière, qu'à la fin de mes lettres,

Votre Serviteur, etc.

VIII

DESCRIPTION D'UN CYPRÈS

Monsieur,

J'avois envie de vous envoyer la description d'un Cyprès, mais je ne l'ai qu'ébauchée, à cause qu'il est si pointu, que l'esprit même ne sauroit s'y asseoir : sa couleur et sa figure me font souvenir d'un lézard renversé, qui pique le Ciel en mordant la terre. Si entre les arbres il y a, comme entre les hommes, différence de métiers ; à voir celui-ci chargé d'alènes au lieu de feuilles, je crois qu'il est le cordonnier des arbres. Je n'ose quasi pas même approcher mon imagination de ses aiguilles, de peur de me piquer de trop écrire : de vingt mille lances, il n'en fait qu'une sans les unir ; on diroit d'une flèche que l'Univers révolté darde contre le Ciel, ou d'un grand clou dont la Nature attache l'empire des vivans à celui des morts. Cet obélisque, cet arbre dragon, dont la queue est à la tête, me semble une pyramide bien plus commode que celle de Mausolée[1] ; car, au lieu qu'on portoit les trépassés dans celle-là, on porte celle-ci à l'enterrement des trépassés. Mais je profane l'aventure du jeune Cyparisse, et les amours d'Apollon[2], de lui faire jouer des personnages indignes de lui dans le monument : ce pauvre métamorphosé se souvient encore du Soleil ; il crève sa sépulture et s'aiguise en montant, afin de percer le Ciel pour se joindre plus tôt à son ami ; il y seroit déjà, sans la terre sa mère, qui le retient par le pied. Phœbus en fait, en récompense, un de ses végétaux, à qui toutes les saisons portent respect. Les chaleurs de l'été n'osent l'incommoder, comme étant le mignon de leur maître ; les gelées de l'hiver l'appréhendent comme la chose du monde la plus funeste ; de sorte que, sans couronner le front des Amans ni des Vainqueurs, il n'est non plus obligé que le laurier ou le myrte de se décoiffer, quand l'année lui dit adieu. Les Anciens mêmes, qui connoissoient cet arbre pour le siége de la Parque, le traînoient aux funérailles, afin d'intimider la

---

[1] La pyramide du roi Mausole, qui l'avait fait construire pour servir de sépulture à lui et à ses descendants.
[2] Cyparissus, qui ne se consolait pas d'avoir tué un enfant qu'il aimait, fut changé en cyprès par Apollon. *Voy.* Ovide, *Métam.* X.

mort, par la crainte de perdre ses meubles. Voilà ce que je vous puis mander du tronc et des bras de cet arbre : je voudrois bien achever par le sommet, afin de finir par une pointe; mais je suis si malheureux, que je ne trouverois pas de l'eau dans la mer. Je suis dessus une pointe et je ne la puis voir, à cause, possible, qu'elle m'a crevé les yeux. Considérez, je vous prie, comme, pour échapper à ma pensée, elle s'anéantit en se formant, elle diminue à force de croître, et je dirois que c'est une rivière fixe qui coule dans l'air, si elle ne s'étrécissoit à mesure qu'elle chemine, et s'il n'étoit plus probable de penser que c'est une pique allumée dont la flamme est verte. Ainsi je force le Cyprès, cet arbre fatal qui ne se plaît qu'à l'ombre des tombeaux, de représenter du feu, car c'est bien la raison qu'il soit au moins une fois de bon présage, et que, par lui, je me souvienne tous les jours, quand je le verrai, qu'il a été cause, en me fournissant matière d'une Lettre, que j'ai eu l'honneur de me dire, pour finir,

Monsieur,

Votre Serviteur.

IX

DESCRIPTION D'UNE TEMPÊTE.

Monsieur,

Quoique je sois ici couché fort mollement, je n'y suis pas fort à mon aise : plus on me berce, moins je dors. Tout autour de nous, les côtes gémissent du choc de la tourmente; la mer blanchit de courroux; le vent siffle contre nos câbles; l'eau seringue du sel sur notre tillac, et cependant l'ancre et les voiles sont levées. Déjà, les Litanies des passagers se mèlent aux blasphèmes des matelots; nos vœux sont entrecoupés de hoquets, ambassadeurs très-certains d'un dégobillis très-pénible. Bon Dieu! nous sommes attaqués de toute la Nature : il n'est pas jusqu'à notre cœur qui ne se soulève contre nous : la mer vomit sur nous, et nous vomissons sur elle. Une seule vague quelquefois nous enveloppe si généralement, que qui nous contempleroit du rivage prendroit notre Vaisseau pour une maison de verre où nous sommes enchâssés; l'eau semble exprès se bossuer pour nous faire un tableau du cimetière; et quand je prête un peu d'attention, je m'imagine discerner, comme s'il partoit de dessous l'Océan, parmi les effroyables mugissemens de l'onde, quelques versets de l'Office des Morts. Encore, l'eau n'est pas notre seule partie : le Ciel a si peur que nous n'échappions, qu'il assemble contre nous un bataillon de météores; il ne laisse pas un atome de l'air qui ne soit occupé d'un boulet de grêle; les comètes servent de torches à célébrer nos funérailles; tout l'horizon n'est plus qu'un grand morceau de fer rouge; les tonnerres tenaillent l'ouïe par l'aigre imagination d'une pièce de camelot qu'on déchire, et l'on diroit à voir la nue, sanglante et grosse comme elle est, qu'elle va ébouler sur nous, non la foudre, mais le mont Etna tout entier. O Dieu! sommes-nous tant de chose, pour avoir excité de la jalousie entre les élémens, à qui nous perdra le premier! C'est donc à dessein que l'eau va, jusqu'aux mains de Jupiter, éteindre la flamme des éclairs, pour arracher au feu l'honneur de nous avoir brûlés; mais, non contente de cela, nous faisant engloutir aux abîmes qu'elle creuse dans son sein, comme elle voit notre vaisseau tout proche de se casser contre un écueil, elle se jette vitement dessous, et nous relève, de peur que cet autre élément ne participe à la gloire qu'elle prétend toute seule : ainsi nous avons le crève-cœur de voir disputer à nos ennemis l'honneur d'une défaite où nos vies seront les dépouilles ; elle prend bien quelquefois la hardiesse, l'insolente, de souiller avec son écume l'azur du Firmament, et de nous porter si haut entre les Astres, que Jason peut penser que c'est le Navire Argo qui commence un second voyage : puis, dardés que nous sommes jusqu'au sablon de son lit, nous rejaillissons à la lumière, d'un tour de main si prompt, qu'il n'y en a pas un de nous qui ne croie, quand notre nef est remontée, qu'elle a passé à travers la masse du monde, sur la mer de l'autre côté. Hélas ! où sommes-nous ? L'impudence de l'orage ne pardonne pas même au nid des alcyons : les baleines sont étouffées dans leur propre élément ; la mer essaye à nous faire un couvre-chef de notre chaloupe. Il n'y a que le Soleil qui ne se mêle point de cet assassinat : la Nature l'a bandé d'un torchon de grosses nuées, de peur qu'il ne le vît ; ou bien c'est que, ne voulant pas participer à cette lâcheté, et ne la pouvant empêcher, il est au bord de ces rivières volantes, qui s'en lave les mains. O vous toutefois à qui j'écris, sachez qu'en me noyant je bois ma faute, car je serois encore à Paris plein de santé, si, quand vous me commandâtes de suivre toujours le plancher des vaches, j'eusse été,

    Monsieur,

               Votre obéissant Serviteur.

X

POUR UNE DAME ROUSSE

Madame,

Je sais bien que nous vivons dans un pays, où les sentimens du vulgaire sont si déraisonnables, que la couleur rousse, dont les plus belles chevelures sont honorées, ne reçoit que du mépris [1]; mais je sais bien aussi que ces stupides, qui ne sont animés que de l'écume des âmes raisonnables, ne sauroient juger comme il faut des choses excellentes, à cause de la distance qui se trouve entre la bassesse de leur esprit et la sublimité des ouvrages dont ils portent jugement sans les connoître; mais, quelle que soit l'opinion malsaine de ce monstre à cent têtes, permettez que je parle de vos divins cheveux comme un homme d'esprit. Lumineux dégorgement de l'essence du plus beau des êtres visibles, intelligente réflexion du feu radical de la Nature, image du Soleil la mieux travaillée, je ne suis point si brutal de méconnoître, pour ma reine, la fille de celui que mes pères ont connu pour leur Dieu. Athènes pleura sa couronne tombée sous les temples abattus d'Apollon; Rome cessa de commander à la terre, quand elle refusa de l'encens à la lumière; et Byzance est entrée en possession de mettre aux fers le genre humain, aussitôt qu'elle a pris pour ses armes celles de la sœur du Soleil [2]. Tant qu'à cet esprit universel, le

[1] Il y a, dans les poésies de ce temps-là, une foule d'invectives contre les femmes rousses.

[2] Allusion au croissant, qui est l'emblème héraldique de la Turquie.

Perse fit hommage du rayon qu'il tenoit de lui, quatre mille ans n'ont pu vieillir la jeunesse de sa Monarchie; mais, sur le point de voir briser ses simulacres, il se sauva dans Pékin des outrages de Babylone. Il semble maintenant échauffer à regret d'autres terres que celles des Chinois. Et j'appréhende qu'il ne se fixe dessus leur hémisphère, s'il peut un jour, sans venir à nous, leur donner les quatre saisons. La France toutefois, Madame, a des mains en votre visage, qui ne sont pas moins fortes que les mains de Josué pour l'enchaîner; vos triomphes, ainsi que les victoires de ce héros, sont trop illustres pour être cachés de la nuit : il manquera plutôt de promesse à l'homme, qu'il ne se tienne toujours en lieu, d'où il puisse contempler à son aise l'ouvrage, de ses ouvrages le plus parfait. Voyez comme par son amour, l'été dernier, il échauffa les signes[1], d'une ardeur si longue et si véhémente, qu'il en pensa brûler la moitié de ses maisons; et, sans consulter l'almanach, nous n'avons pu jamais distinguer l'Hiver de l'Automne pour sa bénignité, à cause qu'impatient de vous revoir, il n'a pu se résoudre à continuer son voyage jusqu'au tropique. Ne pensez pas que ce discours soit une hyperbole. Si jadis la beauté de Clymène[2] l'a fait descendre du Ciel, la beauté de M...., est assez considérable pour le faire un peu détourner de son chemin : l'égalité de vos âges, la conformité de vos corps, la ressemblance peut-être de vos humeurs, peuvent bien rallumer en lui ce beau feu. Mais si vous êtes fille du Soleil, adorable Alexie, j'ai tort de dire que votre père soit amoureux de vous; il vous aime véritablement, et la passion, dont il s'inquiète pour vous, est celle qui lui fit soupirer le malheur de son Phaéton et de ses sœurs, non pas celle qui lui fit répandre des larmes à la mort de sa Daphné. Cette ardeur, dont il brûle pour vous, est l'ardeur dont il brûla jadis tout le

[1] Les signes du zodiaque.
[2] Nymphe de l'Océan, qu'Apollon rendit mère de Phaéton.

monde, non pas celle dont il fut lui-même brûlé. Il vous regarde tous les jours avec les frissons et les tendresses que lui donne la mémoire du désastre de son fils aîné : il ne voit sur la terre que vous où il se reconnoisse. S'il vous considère marcher : « Voilà, dit-il, la généreuse insolence dont je marchois contre le serpent Python ! » S'il vous entend discourir sur des matières délicates : « C'est ainsi que je parle, dit-il, sur le Parnasse avec mes sœurs. » Enfin, ce pauvre père ne sait en quelle façon exprimer la joie que lui cause l'imagination de vous avoir engendrée. Il est jeune comme vous, vous êtes belle comme lui; son tempérament et le vôtre sont tout de feu ; il donne la vie et la mort aux hommes, et vos yeux comme les siens font la même chose; comme lui, vous avez les cheveux roux..... J'en étois là de ma lettre, adorable M....., lorsqu'un censeur à contre-sens m'arracha la plume, et me dit que c'étoit mal se prendre au panégyrique de louer une jeune personne de beauté, parce qu'elle étoit rousse. Moi, ne pouvant punir cet orgueilleux plus sensiblement que par le silence, je pris une autre plume, et continuai ainsi : Une belle tête, sous une perruque rousse, n'est autre chose que le Soleil au milieu de ses rayons; ou le Soleil lui-même n'est autre chose qu'un grand œil sous la perruque d'une rousse; cependant tout le monde en médit, à cause que peu de monde a la gloire de l'être : et cent femmes à peine en fournissent une, parce qu'étant envoyées du Ciel pour commander, il est besoin qu'il y ait plus de sujets que de seigneurs. Ne voyons-nous pas que toutes choses en la Nature sont plus ou moins nobles, selon qu'elles sont plus ou moins rousses ? Entre les élémens, celui qui contient le plus d'essence et le moins de matière, c'est le feu, à cause de sa rousse couleur : l'or a reçu, de la beauté de sa teinture, la gloire de régner sur les métaux ; et, de tous les astres, le Soleil n'est le plus considérable, que parce qu'il est le plus roux. Les comètes chevelues qu'on voit voltiger au Ciel à la mort des grands hommes, sont-ce pas les rousses moustaches des Dieux, qu'ils s'arrachent de regret? Castor et Pollux, ces petits feux qui font prédire aux matelots la fin de la tempête, peuvent-ils être autre chose que les cheveux roux de Junon qu'elle envoie à Neptune en signe d'amour? Enfin, sans le désir qu'eurent les hommes de posséder la toison d'une brebis rousse[1], la gloire de trente demi-Dieux seroit au berceau des choses qui ne sont pas nées; et (un navire[2] n'étant encore qu'un être de raison) Améric[3] ne nous auroit pas conté que la Terre a quatre parties. Apollon, Vénus et l'Amour, les plus belles divinités du Panthéon, sont rousses en cramoisi; et Jupiter n'est brun que par accident, à cause de la fumée de son foudre qui l'a noirci. Mais si les exemples de la mythologie ne satisfont pas les aheurtés[4], qu'ils confrontent l'histoire. Samson, qui tenoit toute sa force pendue à ses cheveux, n'avoit-il pas reçu l'énergie de son miraculeux être dans le roux coloris de sa perruque? Les destins n'avoient-ils pas attaché la conservation de l'empire d'Athènes à un seul cheveu rouge de Nisus? Et Dieu n'eût-il pas envoyé aux Éthiopiens la lumière de la foi, s'il eût trouvé parmi eux seulement un rousseau? On ne douteroit point de l'éminente dignité de ces personnes-là, si l'on considéroit que tous les hommes qui n'ont point été faits d'hommes, et pour l'ouvrage de qui Dieu lui-même a choisi et pétri la matière, ont toujours été rousseaux. Adam, qui, étant créé par la main de Dieu même, doit être le plus accompli des hommes, fut rousseau; et toute philosophie bien correcte doit apprendre que la Nature, qui tend au plus

[1] La conquête de la Toison d'or.
[2] Le navire *Argo*, sur lequel s'embarqua Jason, rendait des oracles.
[3] Americ Vespuccio, qui donna son nom à l'Amérique, découverte par Christophe Colomb.
[4] Les entêtés, les esprits de contradiction.

parfait, essaye toujours, en formant un homme, de former un rousseau, de même qu'elle aspire à faire de l'or en faisant du mercure; car, quoi qu'elle rencontre, un Archer n'est pas estimé maladroit, qui, lâchant trente flèches, en adresse cinq ou six au but; comme le tempérament le mieux balancé est celui qui fait le milieu du flegme et de la mélancolie, il faut être bien heureux pour frapper justement un point indivisible : au deçà sont les blonds, au delà sont les noirs; c'est la raison qui fait que les rousseaux blanchissent plus tard que les noirs, comme si la Nature se fâchoit de détruire ce qu'elle a pris plaisir à faire. En vérité, je ne vois jamais de perruque blonde, que je ne me souvienne d'une touffe de filasse mal habillée; mais je veux que les femmes blondes, quand elles sont jeunes, soient agréables : ne semble-t-il pas, sitôt que leurs joues commencent à cotonner, que leur chair se divise par filamens pour leur faire une barbe. Je ne parle point des barbes noires, car on sait bien que, si le diable en porte, elle ne peut être que fort brune. Puis donc que nous avons tous à devenir esclaves de la beauté, ne vaut-il pas bien mieux que nous perdions notre franchise dessous des chaînes d'or, que sous des cordes de chanvre ou des entraves de fer? Pour moi, tout ce que je souhaite, ô ma belle M....., est qu'à force de promener ma liberté dedans ces petits labyrinthes d'or, qui vous servent de cheveux, je l'y perde bientôt; et tout ce que je souhaite, c'est de ne la jamais recouvrer quand je l'aurai perdue. Voudriez-vous bien me promettre que ma vie ne sera point plus longue que ma servitude? et que vous ne serez point fâchée que je me die jusqu'à la mort,

Madame,
      Votre je ne sais quoi?

XI

D'UNE MAISON DE CAMPAGNE

Monsieur,

J'ai trouvé le paradis d'Éden, j'ai trouvé l'âge d'or, j'ai trouvé la jeunesse perpétuelle; enfin j'ai trouvé la Nature au maillot. On rit ici de tout son cœur; nous sommes grands cousins, le Porcher du village et moi, et toute la paroisse m'assure que j'ai la mine, avec un peu de travail, de bien chanter un jour au lutrin. O Dieux! un Philosophe comme vous peut-il préférer, au repos d'une si agréable retraite, la vanité, les chagrins et les embarras de la Cour? Ah! Monsieur, si vous saviez qu'un Gentilhomme champêtre est un prince inconnu, qui n'entend parler du roi qu'une fois l'année, et ne le connoît que par quelque vieux cousinage; et si, de la Cour où vous êtes, vous aviez des yeux assez bons pour apercevoir jusques ici ce gros garçon, qui garde vos coqs d'Inde[1], le ventre couché sur l'herbe, ronfler paisiblement un somme de dix heures tout d'une pièce, se guérir d'une fièvre ardente en dévorant un quartier de lard jaune; vous confesseriez que la douceur d'un repos tranquille ne se goûte point sous les lambris dorés. Revenez donc, je vous prie, à votre solitude. Pour moi, je pense que vous en avez perdu la mémoire; oui, sans doute vous l'avez perdue: mais, en vérité, reste-t-il encore quelque sombre idée dans votre souvenir de ce palais enchanté dont vous vous

---

[1] *Codindes*, dans l'édition originale.

êtes banni? Ah! je vois bien que non? Il faut que je vous
en envoie le tableau dans ma lettre. Écoutez-le donc, le
voici, car c'est un tableau qui parle. On rencontre, à la
porte de la maison, une étoile de cinq avenues ; tous
les chênes qui la composent font admirer avec extase
l'énorme hauteur de leurs cimes, en élevant les yeux de la
racine jusqu'au faîte ; puis, les précipitant du sommet
jusques aux pieds, on doute si la terre les porte, ou si
eux-mêmes ne portent point la terre pendue à leurs racines ; vous diriez que leur front orgueilleux plie comme
par force sous la pesanteur des globes célestes, dont ils
ne soutiennent la charge qu'en gémissant. Leurs bras,
étendus vers le Ciel, semblent en l'embrassant demander
aux étoiles la bénignité toute pure de leurs influences, et
les recevoir, auparavant qu'elles aient rien perdu de leur
innocence au lit des élémens. Là, de tous côtés, les fleurs,
sans avoir eu d'autre Jardinier que la Nature, respirent
une haleine sauvage qui réveille et satisfait l'odorat ; la
simplicité d'une rose sur l'églantier, et l'azur éclatant
d'une violette sous des ronces, ne laissant point de liberté
pour le choix, font juger qu'elles sont toutes deux plus
belles l'une que l'autre. Là, le printemps compose toutes
les saisons ; là, ne germe point de plante venimeuse, que
sa naissance aussitôt ne trahisse sa conservation ; là, les
ruisseaux racontent leurs voyages aux cailloux ; là, mille
petites voix emplumées font retentir la forêt au bruit de
leurs chansons, et la trémoussante assemblée de ces gorges
mélodieuses est si générale, qu'il semble que chaque
feuille dans les bois ait pris la figure et la langue du rossignol ; tantôt, vous leur oyez chatouiller un concert, tantôt traîner et faire languir leur musique, tantôt passionner
une élégie par des soupirs entrecoupés, et puis amollir
l'éclat de leurs sons pour exciter plus tendrement la pitié ;
tantôt aussi ressusciter leur harmonie ; et, parmi les rou-
lades, les fugues, les crochets et les éclats, rendre l'âme
et la voix tout ensemble. Écho même y prend tant de

plaisir, qu'elle semble ne répéter leurs airs que pour les apprendre, et les ruisseaux jaloux grondent en fuyant, irrités de ne les pouvoir égaler. A côté du château se découvrent deux promenoirs, dont le gazon vert et continu forme une émeraude à perte de vue ; le mélange confus des couleurs que le printemps attache à cent petites fleurs égale les nuances l'une de l'autre, et leur teint est si pur, qu'on juge bien qu'elles ne courent ainsi après elles-mêmes, que pour échapper aux amoureux baisers des vents qui les caressent. On prendroit maintenant cette prairie pour une mer fort calme, mais, aux moindres zéphyrs qui se présentent pour y folâtrer, ce n'est plus qu'un superbe océan, coupé de vagues et de flots, dont le visage orgueilleusement renfrogné menace d'engloutir ces petits téméraires ; mais, parce que cette mer n'offre point de rivage, l'œil, comme épouvanté d'avoir couru si loin sans découvrir le bord, y envoie vitement la pensée, et la pensée, doutant encore que ce terme qui finit ses regards ne soit celui du monde, veut quasi nous persuader que des lieux si charmans auront forcé le Ciel de se joindre à la Terre. Au milieu d'un tapis si vaste et si parfait, court à bouillons d'argent une fontaine rustique, qui voit les bords de son lit émaillés de jasmins, d'orangers et de myrtes ; et ces petites fleurs qui se pressent tout alentour font croire qu'elles disputent à qui se mirera la première. A considérer sa face, jeune et polie comme elle est, qui ne montre pas la moindre ride, il est bien aisé de juger qu'elle est encore dans le sein de sa mère ; et les grands cercles dont elle se lie et s'entortille en revenant tant de fois sur soi-même, témoignent que c'est à regret qu'elle se sent obligée de sortir de sa maison natale ; mais j'admire sur toutes choses sa pudeur, quand je vois que, comme si elle étoit honteuse de se voir caresser si proche de sa mère, elle repousse avec murmure les mains audacieuses qui la touchent. Le voyageur qui s'y vient rafraîchir, courbant sa tête dessous l'onde, s'étonne qu'il soit grand jour sur son horizon, pendant qu'il voit le Soleil aux antipodes, et ne se penche jamais sur le bord, qu'il n'ait peur de tomber au firmament. Je me laisserois choir avec cette fontaine au ventre de l'étang qui la dévore, mais il est si vaste et si profond, que je doute si mon imagination s'en pourroit sauver à la nage. J'omettrai les autres particularités de votre petit Fontainebleau, puisque autrefois elles vous ont charmé comme moi, et que vous le connoissez encore mieux; mais sachez cependant que je vous y montrerai quelque chose qui sera nouveau, même aux inventions de votre peintre. Résolvez-vous donc une bonne fois à vous dépêtrer des embarras de Paris; votre concierge vous aime tant, qu'il jure de ne point tuer son grand cochon que vous ne soyez de retour; il se promet bien de vous faire dépouiller cette gravité dont vous morguez les gens avec vos illustres emplois. Hier au soir il nous disoit à table, après avoir un peu trinqué, que, si vous lui parliez par *tu*, il vous répondroit par *toi*; et n'en doutez point, puisqu'il eut la hardiesse de me soutenir que j'étois un sot, de ce que, moi qui ne suis point à vos gages, je me disois,

  Monsieur,

    Votre obéissant Serviteur.

XII

POUR LES SORCIERS

Monsieur,

Il m'est arrivé une si étrange aventure depuis que je n'ai eu l'honneur de vous voir, que, pour y ajouter foi, il en faut avoir beaucoup plus que ce personnage, qui, par la force de la sienne, transporta des montagnes. Afin donc de commencer mon histoire, vous saurez qu'hier, lassé sur mon lit de l'attention que j'avois prêtée à ce sot livre que vous m'ayiez autrefois tant vanté, je sortis à la promenade pour dissiper les sombres et ridicules imaginations dont le noir galimatias de la science m'avoit rempli; et comme je m'efforçois à déprendre ma pensée de la mémoire de ces contes obscurs, m'étant enfoncé dans votre petit bois, après un quart d'heure, ce me semble, de chemin, j'aperçus un manche de balai, qui se vint mettre entre mes jambes, et à califourchon, bon gré mal gré que j'en eusse, et je me sentis envoler par le vague de l'air. Or, sans me souvenir de la route de mon enlèvement, je me trouvai sur mes pieds au milieu d'un désert où ne se rencontroit aucun sentier; je repassai cent fois sur mes brisées; mais cette solitude m'étoit un nouveau monde. Je résolus de pénétrer plus loin; mais, sans apercevoir aucun obstacle, j'avois beau pousser contre l'air, mes efforts ne me faisoient rencontrer partout que l'impossibilité de passer outre. A la fin, fort harassé, je tombai sur mes genoux; et ce qui m'étonna davantage, ce fut d'avoir passé en un moment de midi à minuit. Je voyois les étoiles luire au ciel avec un feu bluettant; la lune étoit en son plein, mais beaucoup plus pâle qu'à l'ordinaire : elle éclipsa trois fois, et trois fois dévala de son cercle; les vents étoient paralytiques, les fontaines étoient muettes; les oiseaux avoient oublié leur ramage; les poissons se croyoient enchâssés dans du verre; tous les animaux n'avoient de mouvement que ce qu'il leur en falloit pour trembler; l'horreur d'un silence effroyable régnoit partout, et partout la Nature sembloit être en suspens de quelque grande aventure. Je mêlois ma frayeur à celle dont la face de l'horizon paroissoit agitée, quand, au clair de la lune, je vis sortir du fond d'une caverne, un grand et vénérable Vieillard, vêtu de blanc, le visage basané, les sourcils touffus et relevés, l'œil effrayant, la barbe renversée par-dessus les épaules; il avoit sur sa tête un chapeau de verveine, et sur le dos une ceinture tissue de fougère de mai, faite en tresses. A l'endroit du cœur, étoit attachée sur sa robe une chauve-souris à demi morte, et autour du col un carcan chargé de sept différentes pierres précieuses, dont chacune portoit le caractère de planète qui la dominoit. Ainsi mystérieusement habillé, portant à la main gauche un vase fait en triangle, plein de rosée, et de la droite une houssine de sureau en séve, dont l'un des bouts étant ferré d'un mélange de tous les métaux, l'autre servoit de manche à un petit encensoir, il baisa le pied de sa grotte; puis, après s'être déchaussé, et arraché en grommelant certains mots du creux de sa poitrine, il aborda le couvert d'un vieux chêne, à reculons, à quatre pas duquel il creusa trois cernes [1] l'un dans l'autre, et la terre, obéissant aux ordres du Négromancien, prenoit elle-même en frémissant les figures qu'il vouloit y tracer. Il y grava les noms des intelligences, tant du siècle que de l'année, de la saison, du mois, de la semaine, du jour et de l'heure; de même ceux de leurs rois avec leurs chiffres différens, chacun en sa place propre, et les encensa tous chacun avec leurs cérémonies particulières. Ceci achevé, il posa son vase au milieu des cercles, le découvrit, mit le bout pointu de sa baguette entre ses dents, se coucha la face tournée vers l'Orient, puis il s'endormit. Environ au milieu de son sommeil, j'aperçus tomber dans le vase cinq graines de fougère. Il les prit toutes, quand il fut éveillé, en mit deux dans ses oreilles, une dans sa bouche, l'autre qu'il replongea dans l'eau, et la cinquième il la jeta hors des cercles. Mais à peine celle-là fut-elle partie de sa main, que je le vis environné de plus d'un million d'animaux de mauvais augure, tant d'insectes que de parfaits.

---

[1] Cercles, ronds tracés à terre avec un bâton; de *circinus*, compas.

Il toucha de sa baguette un chat-huant, un renard et une taupe, qui aussitôt entrèrent dans les cernes, en jetant un formidable cri. Avec un couteau d'airain, il leur fendit l'estomac; puis, leur ayant arraché le cœur, et enveloppé chacun dans trois feuilles de laurier, il les avala. Il sépara le foie, qu'il épreignit [1] dans un vaisseau de figure hexagone. Cela fini, il recommença les suffumigations; il mêla la rosée et le sang dans un bassin, y trempa un gant de parchemin vierge, qu'il mit à sa main droite, et, après quatre ou cinq hurlemens horribles, il ferma les yeux et commença les invocations.

Il ne remuoit presque point les lèvres; j'entendois néanmoins dans sa gorge un brouissement, comme de plusieurs voix entremêlées. Il fut élevé de terre à la hauteur d'une palme, et, de fois à autre, il attachoit fort attentivement la vue sur l'ongle indice de sa main gauche. Il avoit le visage enflammé, et se tourmentoit fort. En suite de plusieurs contorsions épouvantables, il chut en gémissant sur ses genoux; mais, aussitôt qu'il eut articulé trois paroles d'une certaine oraison, devenu plus fort qu'un homme, il soutint sans vaciller les monstrueuses secousses d'un vent épouvantable qui souffloit contre lui, tantôt par bouffées, tantôt par tourbillons; ce vent sembloit tâcher à le faire sortir des cernes. Après ce signe, les trois ronds tournèrent sous lui. Cet autre fut suivi d'une grêle rouge comme du sang, et celui-ci fit encore place à un quatrième beaucoup plus effroyable. C'étoit un torrent de feu, qui brouissoit en tournant, et se divisoit par globes, dont chacun se fendoit en éclats avec un grand coup de tonnerre.

Il fut le dernier, car une belle lumière, blanche et claire, dissipa ces tristes météores. Tout au milieu, parut un jeune homme, la jambe droite sur un aigle, l'autre

---

[1] Il en fit sortir le suc en le pressant; *épreindre* vient d'*exprimere*, dont le bas latin avait tiré *exspringere* et *expreudere*.

sur un lynx, qui donna au Magicien trois fioles pleines
de je ne sais quelle liqueur. Le Magicien lui présenta
trois cheveux, l'un pris au devant de sa tête, les deux
autres aux tempes ; il fut frappé sur l'épaule, d'un petit
bâton que tenoit le Fantôme, et puis tout disparut. Ce fut
alors que les étoiles, blêmies à la venue du Soleil, s'unirent à la couleur des cieux. Je m'allois remettre en chemin pour trouver mon village, mais, sur ces entrefaites,
le sorcier, m'ayant envisagé, s'approcha du lieu où j'étois.
Encore qu'il cheminât à pas lents, il fut plus tôt à moi,
que je ne l'aperçus bouger. Il étendit sous ma main une
main si froide, que la mienne en demeura fort longtemps
engourdie. Il n'ouvrit ni la bouche ni les yeux, et dans
ce profond silence, il me conduisit à travers des masures,
sous les effroyables ruines d'un vieux château déshabité,
où les siècles depuis mille ans travailloient à mettre les
chambres dans les caves.

Aussitôt que nous fûmes entrés : « Vante-toi, me dit-il, en se tournant vers moi, d'avoir contemplé face à face
le sorcier Agrippa[1], et dont l'âme, par métempsycose,
est celle qui jadis animoit le savant Zoroastre, prince des
Bactriens. Depuis près d'un siècle que je disparus d'entre
les hommes, je me conserve ici par le moyen de l'or potable, dans une santé qu'aucune maladie n'a jamais interrompue. De vingt ans en vingt ans, j'avale une prise
de cette médecine universelle, qui me rajeunit, restituant
à mon corps ce qu'il a perdu de ses forces. Si tu as considéré trois fioles que m'a présentées le Roi des Démons
ignés, la première en est pleine ; la seconde, de poudre
de projection, et la troisième, d'huile de talc. Au reste,
tu m'es bien obligé, puisque, entre tous les mortels, je t'ai

---

[1] Le savant Henri Corneille Agrippa de Nettesheim, né à Cologne
en 1486, et mort à Grenoble ou à Lyon en 1535, se donnait pour
magicien, quoiqu'il eût tourné en ridicule la magie dans son célèbre traité : *De incertitudine et vanitate scientiarum*. Il mourut à
l'hôpital, malgré ses relations familières avec les démons.

choisi pour assister à des mystères que je ne célèbre qu'une fois en vingt ans. C'est par mes charmes que sont envoyées, quand il me plaît, les stérilités ou les abondances. Je suscite les guerres, en les allumant entre les génies qui gouvernent les Rois. J'enseigne aux bergers la Patenôtre du loup [1]. J'apprends aux devins la façon de tourner le sas. Je fais courir les ardens sur les marais et sur les fleuves, pour noyer les voyageurs. J'excite les Fées à danser au clair de la lune. Je pousse les Joueurs à chercher le trèfle à quatre, sous les gibets. J'envoie à minuit les Esprits hors du cimetière, entortillés d'un drap, demander à leurs héritiers l'accomplissement des vœux qu'ils ont faits à la mort. Je commande aux Démons d'habiter les châteaux abandonnés, d'égorger les passans qui y viendront loger, jusqu'à ce que quelque résolu les contraigne de lui montrer le trésor. Je fais trouver des mains de gloire [2] aux misérables que je veux enrichir. Je fais brûler, aux voleurs, des chandelles de graisse de pendu, pour endormir les hôtes, pendant qu'ils exécutent leurs vols. Je donne la pistole volante, qui vient ressauter dans la poche, quand on l'a employée. Je donne aux laquais ces bagues, qui les font aller et revenir de Paris à Orléans en un jour. Je fais tout renverser dans une maison, par des Esprits, qui font culbuter les bouteilles, les verres, les plats, quoique rien ne casse, rien ne se répande, et qu'on ne voie personne. Je montre aux vieilles à guérir la fièvre avec des paroles. Je réveille les villageois la veille de Saint-Jean pour cueillir son herbe à jeun et sans parler. J'enseigne aux sorciers à devenir

---

[1] La curieuse nomenclature de superstitions populaires, que Cyrano met ici dans la bouche du sorcier Agrippa, reparaît en abrégé dans le *Pédant joué*, acte IV°. La plupart de ces superstitions sont expliquées en détail dans le *Dictionnaire infernal* de Collin de Plancy, deuxième édition de 1825, 4 volumes in 8°.

[2] Racine de mandragore (d'où *main de gloire*, par corruption) ayant la forme d'un fœtus humain, très-estimée en sorcellerie.

loups-garous. Je les force à manger les enfans sur le chemin, et puis les abandonne, quand, quelque cavalier leur coupant une patte (qui se trouve la main d'un homme), ils sont reconnus et mis au pouvoir de la justice. J'envoie aux personnes affligées un grand Homme noir, qui promet de les faire riches, s'ils se veulent donner à lui. J'aveugle ceux qui prennent des cédules [1], en sorte que, quand ils demandent trente ans de terme, je leur fais voir le 3 devant le zéro, que j'ai mis après. Je tors le col à ceux qui, lisant dans le grimoire sans le savoir, me font venir et ne me donnent rien. Je m'en retourne paisiblement d'avec ceux qui, m'ayant appelé, me donnent seulement une savate, un cheveu, ou une paille. J'emporte, des Églises qu'on dédie, les pierres qui n'ont pas été payées. Je ne fais paroître, aux personnes ennuitées [2] qui rencontrent les sorciers allant au sabbat, qu'une troupe de chats, dont le prince est Marcou. J'envoie tous les confédérés à l'offrande, et leur présente à baiser le cul du Bouc, assis dessus une escabelle. Je les traite splendidement, mais avec des viandes sans sel. Je fais tout évanouir, si quelque étranger, ignorant des coutumes, fait la bénédiction ; et je le laisse dans un désert, au milieu des épines, à trois cents lieues de son pays. Je fais trouver, dans le lit des ribauds, aux femmes, des incubes; aux hommes, des succubes. J'envoie dormir le cauchemar [3], en forme d'une longue pièce de marbre, avec ceux qui ne se sont pas signés en se couchant. J'enseigne aux Négromanciens à se défaire de leurs ennemis, faisant une image de cire, et la piquant ou la jetant au feu, pour faire sentir à l'original ce qu'ils font souffrir à la copie. J'ôte, sur les Sorciers, le sentiment aux endroits où le Bélier [4]

---

[1] Ceux qui se donnaient au diable signaient de leur sang un billet (ou *cédule*), dans lequel ils s'engageaient à lui livrer leur âme à trente ans de terme.

[2] Ou plutôt *anuitées*, surprises par la nuit en plein champ.

[3] Cyrano écrit *cochemard*.

[4] Le diable sous la forme d'un bélier ou bouc noir au sabbat.

les a marqués de son sceau. J'imprime une vertu secrète à *Nolite fieri*, quand il est récité à rebours, qui empêche que le beurre ne se fasse [1] J'instruis les paysans à mettre, sous le seuil de la bergerie qu'ils veulent ruiner, une toupe [2] de cheveux, ou un crapaud, avec maudissons, pour faire mourir étiques les moutons qui passent dessus. Je montre aux bergers à nouer l'éguillette le jour des noces, lorsque le prêtre dit *Conjungo vos*. Je donne de l'argent, qui se trouve, après, des feuilles de chêne. Je prête aux Magiciens un démon familier, qui les accompagne, et leur défend de rien entreprendre sans le congé de maître Martinet [3]. J'enseigne, pour rompre le sort d'une personne charmée, à faire pétrir le gâteau triangulaire de Saint-Loup, et le donner, par aumône, au premier pauvre qu'il trouvera. Je guéris les malades du loup-garou, leur donnant un coup de fourche, justement entre les deux yeux. Je fais sentir les coups aux Sorciers, pourvu qu'on les batte avec un bâton de sureau. Je délie le Moine Bourru aux avens de Noël : je lui commande de rouler comme un tonneau, ou traîner à minuit les chaînes dans les rues, afin de tordre le cou à ceux qui mettront la tête aux fenêtres. J'enseigne la composition des brevets [4], des sorts, des charmes, des sigilles, des talismans, des miroirs magiques, et des figures constellées. Je leur apprends à trouver le gui de l'an neuf [5], l'herbe de fourvoiement [6], les gamahés [7], l'emplâtre magnétique. J'envoie le gobe-

---

[1] Voy. le *Traité des superstitions contre les sacrements de l'Église*, par J. B. Thiers (Paris, 1704, 4 vol. in-12).

[2] Pour *touffe*. On dit encore *toupet*.

[3] Le démon s'attribuait le surnom de *maître Martin*, ou *maître Martinet*.

[4] Contrats magiques.

[5] Gui de chêne, coupé sur l'arbre, au clair de lune, dans les premières nuits du solstice du printemps.

[6] Herbe magique qui a la propriété d'égarer les gens qui la portent sur eux.

[7] Pierres magiques, portant des figures et des signes naturels.

n[1], la Mule ferrée[2], le Filourdi[3], le roi Hugon[4], le
onnétable[5] les hommes noirs, les femmes blanches, les
emures, les farfadets, les larves, les lamies, les ombres,
s mânes, les spectres, les fantômes; enfin, je suis le
iable Vauvert[6], le Juif Errant[7], et le Grand Veneur de la
rêt de Fontainebleau[8]. » Avec ces dernières paroles,
 Magicien disparut, les couleurs des objets s'éloignè-
ent, une large et noire fumée couvrit la face du climat,
t je me trouvai sur mon lit, le cœur encore tout palpi-
ant, et le corps tout froissé du travail de l'âme; mais

[1] Le farfadet, démon familier.
[2] La nuit, on croyait entendre le pas lourd de la mule qui portait
 diable au sabbat; on voyait, dans les ténèbres, des étincelles que
es pieds ferrés faisaient jaillir du pavé. De là est venue l'expres-
ion proverbiale : *ferrer la mule.* L'argent que les servantes vo-
aient à leurs maîtres était censé servir à ferrer la mule du diable,
ui devait les emporter en enfer.
[3] Cet esprit malin, que nous n'avons pas rencontré dans les meil-
eurs démonologues, était, sans doute, celui qui embrouillait les
iseaux des fileuses et le chanvre des cordiers.
[4] C'est à Tours que ce fantôme couronné avait le siége de son
mpire : « Cæsaroduni, dit de Thou dans l'*Histoire de son temps*
(iv. XXIV), Hugo rex celebratur, qui noctu pomœria civitatis ob-
quitare et obvios homines pulsare ac rapere dicitur. »
[5] Le Connétable, qu'on nommait aussi le *porte-épée*, et, par cor-
uption, le *porte-épaule*, est une variante du roi Hugon, qui devait,
it-on, son origine aux terribles souvenirs qu'avait laissés Hugues,
omte de Tours, un des douze pairs de Charlemagne.
[6] On appelait ainsi à Paris le démon qui avait envahi le château
e Vauvert, sous le règne du roi Robert, et qui eut pour successeurs
es Chartreux du couvent de la rue d'Enfer.
[7] Le Juif Errant reparaissait en France à des intervalles de temps
négaux; sa dernière visite avait été signalée à Beauvais en 1604;
ais on l'avait vu passer aux environs de Bruxelles en 1640, et à
eipsick en 1642. Voy. notre notice sur la légende du Juif Errant,
vec des dessins de Gustave Doré, 1855, in-fol.
[8] Le Grand Veneur, qui parcourait la forêt de Fontainebleau avec
a meute infernale, ne se montrait plus depuis sa fameuse appari-
ion du temps de Henri IV, auquel il adressa cette interpellation :
Attends-moi! Mais on entendait souvent au loin les sons de ses
ors et les cris de ses chiens.

avec une si grande lassitude, qu'alors que je m'en souviens, je ne crois pas avoir la force d'écrire au bas de ma lettre : Je suis,

Monsieur,

Votre Serviteur.

XIII

CONTRE LES SORCIERS

Monsieur,

En bonne foi, ma dernière Lettre ne vous a-t-elle point épouvanté? Quoi que vous en disiez, je pense que le grand Homme noir aura pu faire quelque émotion, sinon dans votre âme, au moins dans quelqu'un de vos sens. Voilà ce que c'est de m'avoir autrefois voulu faire peur des Esprits : ils ont eu leur revanche, et je me suis vengé malicieusement de l'importunité, dont tant de fois j'ai été persécuté de reconnoître les vérités de la magie. Je suis pourtant fâché de la fièvre, qu'on m'a écrit que cet horrible tableau vous a causée ; mais, pour effacer ma faute, je le veux effacer à son tour, et vous faire voir, sur la même toile, la tromperie de ses couleurs, de ses traits, et de ses ombres. Imaginez-vous donc, qu'encore que par tout le monde on ait tant brûlé de Sorciers, convaincus d'avoir fait pacte avec le Diable ; que tant de misérables aient avoué sur le bûcher d'avoir été au sabbat, et que même quelques-uns, dans l'interrogatoire, aient confessé aux Juges qu'ils avoient mangé à leurs festins des enfans, qu'on a, depuis la mort des condamnés, trouvés pleins de vie, et qui ne savoient ce qu'on leur vouloit dire, quand on leur en parloit ; on ne doit pas croire toutes choses d'un homme, parce qu'un homme peut dire toutes choses ; car, quand même, par une permission particulière de Dieu, une âme pourroit revenir sur la terre, demander à quelqu'un le secours de ses prières, est-ce à dire que des Esprits ou des Intelligences, s'il y en a, soient si badines, que de s'obliger, aux quintes écervelées d'un Villageois ignorant ; s'apparoître à chaque bout de champ, selon que l'humeur noire sera plus ou moins forte dans la tête mal timbrée d'un ridicule Berger ; venir au leurre, comme un faucon, sur le poing du Giboyeur qui le réclame, et, selon le caprice de ce maraud, danser la guimbarde ou les matassins? Non, je ne crois point de Sorciers, encore que plusieurs grands Personnages n'aient pas été de mon avis, et je ne défère à l'autorité de personne, si elle n'est accompagnée de raison, ou si elle ne vient de Dieu, Dieu qui tout seul doit être cru de ce qu'il dit, à cause qu'il le dit. Ni le nom d'Aristote plus savant que moi, ni celui de Platon, ni celui de Socrate, ne me persuadent point, si mon jugement n'est convaincu, par raison, de ce qu'ils disent. La raison seule est ma reine, à qui je donne volontairement les mains ; et puis, je sais par expérience que les esprits les plus sublimes ont chopé le plus lourdement : comme ils tombent de plus haut, ils font de plus grandes chutes ; enfin nos pères se sont trompés jadis, leurs neveux se trompent maintenant ; les nôtres se tromperont quelque jour. N'embrassons donc point une opinion, à cause que beaucoup la tiennent, ou parce que c'est la pensée d'un grand Philosophe ; mais seulement à cause que nous voyons plus d'apparence qu'il soit ainsi, que d'être autrement. Pour moi, je me moque des Pédans qui n'ont point de plus forts argumens pour prouver ce qu'ils disent, sinon d'alléguer que c'est une maxime, comme si leurs maximes étoient bien plus certaines que leurs autres propositions. Je les en croirai pourtant, s'ils me montrent une Philosophie, dont les principes ne puissent être révoqués en doute, desquels toute la Nature soit d'accord, ou qui nous aient été révélés d'en haut ; autrement, je m'en moque, car il est aisé de prouver tout ce qu'on veut, quand on ajuste les principes aux opinions, et non pas les opinions aux principes. Outre cela, quand il seroit juste de déférer à l'autorité de ces grands Hommes, et quand je serois contraint d'avouer que les premiers Philosophes ont établi ces principes, je les forcerois bien d'avouer à leur tour que ces Anciens-là, non plus que nous, n'ont pas toujours écrit ce qu'ils ont cru. Souvent les Lois et la Religion de leur pays les ont contraints d'accommoder leurs préceptes à l'intérêt et au besoin de la politique. C'est pourquoi on ne doit croire d'un homme, que ce qui est humain, c'est-à-dire, possible et ordinaire ; enfin, je n'admets point de Sorciers, à moins qu'on ne me le prouve. Si quelqu'un par des raisonnemens plus forts et plus pressans que les miens me le peut démontrer, ne doutez point que je ne lui dise : « Soyez, Monsieur, le bienvenu ; c'est vous que j'attendois, je renonce à mes opinions, et j'embrasse les vôtres ! » Autrement, qu'auroit l'habile par dessus le sot, s'il pensoit ce que pense le sot ? Il doit suffire au peuple qu'une grande âme fasse semblant d'acquiescer aux sentimens du plus grand nombre pour ne pas résister au torrent, sans entreprendre de donner des menottes à sa raison ; au contraire, un Philosophe doit juger le vulgaire, et non pas juger comme le vulgaire. Je ne suis point pourtant si déraisonnable, qu'après m'être soustrait à la tyrannie de l'autorité, je veuille établir la mienne sans preuve ; c'est pourquoi vous trouverez bon que je vous apprenne les motifs que j'ai eu de douter de tant d'effets étranges qu'on raconte des Esprits ; il me semble avoir observé beaucoup de choses bien considérables pour me débarrasser de cette chimère. Premièrement, on ne m'a jamais récité aucune histoire des Sorciers, que je n'aie pris garde qu'elle étoit ordinairement arrivée à trois ou quatre cents lieues de là. Cet éloignement me fit soupçonner qu'on avoit voulu dérober aux curieux l'envie et le pouvoir de s'en informer. Joignez à cela, que cette bande d'hommes habillés en chats s'est trouvée au milieu de la campagne, sans témoins. La foi d'une personne seule doit être suspecte en chose si miraculeuse ; près d'un village, il en a été plus facile de tromper des idiots. C'étoit une pauvre vieille, elle étoit pauvre : la nécessité l'a pu contraindre à mentir pour de l'argent ; elle étoit vieille : l'âge affoiblit la raison ; l'âge rend babillard : elle a inventé ce conte pour entretenir ses voisines ; l'âge affoiblit la vue : elle a pris un lièvre pour un chat ; l'âge rend timide : elle en a cru voir cinquante au lieu d'un. Car, enfin, il est plus facile qu'une de ces choses soit arrivée, qu'on voit tous les jours arriver, qu'une aventure surnaturelle, sans raison et sans exemple. Mais, de grâce, examinons ces Sorciers pris : vous trouverez que c'est un Paysan fort grossier, qui n'a pas l'esprit de se démêler des filets dont on l'embarrasse ; à qui la grandeur du péril assomme l'entendement en telle sorte, qu'il n'a plus l'âme assez présente, pour se justifier ; qui n'oseroit même répondre pertinemment, de peur de donner à conclure aux préoccupés que c'est le Diable qui parle par sa bouche. Si cependant il ne dit mot, chacun crie qu'il est convaincu de sa conscience, et aussitôt le voilà jeté au feu. Mais le Diable est-il si fou, lui qui a bien pu autrefois le changer en chat, de ne le pas maintenant changer en mouche, afin qu'il s'envole ? Les Sorciers, disent-ils, n'ont aucune puissance, dès qu'ils sont entre les mains de la Justice. Oh ! par ma foi ! cela est bien trouvé ; donc, Maître Jean Guillot, de qui le père a volé les biens de son pupille, s'est acquis par le moyen de vingt mille écus dérobés, que lui coûta son office de Juge, le pouvoir de commander aux Diables.

Vraiment, les Diables portent grand respect aux larrons. Mais ces Diables au moins devoient éloigner ce pauvre malheureux leur très-humble serviteur, quand ils surent qu'on étoit en campagne pour le prendre : car ce n'est pas donner courage à personne de le servir, d'abandonner ainsi les siens ; pour des natures qui ne sont qu'esprits, elles font de grands pas de clerc. J'ai aussi remarqué que tous ces Magiciens prétendus sont gueux comme des Diogènes. O Ciel ! est-il donc vraisemblable qu'un homme s'exposât à brûler éternellement, sous l'espérance de demeurer pauvre, haï, affamé, et en crainte continuelle de se voir griller en place publique ? Satan lui donneroit, non des feuilles de chêne, mais des pistoles de poids, pour acheter des charges qui le mettroient à couvert de la Justice. Mais vous verrez que les démons de ce temps-ci sont extrêmement niais, et qu'ils n'ont pas l'esprit d'imaginer tant de finesses. Ce malotru Berger, que vous tenez dans vos prisons, à la veille d'être bouilli, sur quelles convictions le condamnez-vous ? On l'a surpris, récitant la Patenôtre du loup. Ah ! de grâce, qu'il la répète ; vous n'y remarquerez que de grandes sottises, et moins de mal qu'il n'y en a dedans une mort-diable¹, pour laquelle cependant on ne fait mourir personne. Outre cela, dit-on, il a ensorcelé des troupeaux. Ou ce fut par paroles, ou par la vertu cachée de quelques poisons naturels. Par paroles, je ne crois pas que les vingt-quatre lettres de l'alphabet couvent dans la grammaire la malignité occulte d'un venin si présent, ni que d'ouvrir la bouche, serrer les dents, appuyer la langue au palais, de telle ou telle façon, ait la force d'empester les moutons, ou de les guérir ; car, si vous répondez que c'est à cause du pacte, je n'ai point encore lu, dans la Chronologie, le temps auquel le Diable accorda avec le genre humain, que, quand on articuleroit de certains

---

¹ Phylactère, amulette préservatrice contre le diable.

mots qui doivent avoir été spécifiés au contrat, il tueroit ; qu'à d'autres il guériroit, et qu'à d'autres il viendroit nous parler ; et je veux qu'il en eût passé le concordat avec un particulier, ce particulier-là n'auroit pas le consentement de tous les hommes, pour nous obliger à cet accord. A quelques syllabes toutefois, qu'un lourdaud sans y penser aura proférées, il avolera incontinent pour l'effrayer, et ne rendra pas la moindre visite à une personne puissante, dépravée, illustre, spirituelle, qui se donne à lui de tout son cœur, et qui par son exemple seroit cause de la perte de cent mille âmes ! Vous m'avouerez peut-être que les paroles magiques n'ont aucun pouvoir, mais qu'elles couvrent sous des mots barbares la maligne vertu des simples, dont tous les enchanteurs empoisonnent le bétail ? Eh bien, pourquoi donc ne les faites-vous mourir en qualité d'empoisonneurs et non pas de sorciers ? Ils confessent, répliquez-vous, d'avoir été au sabbat, d'avoir envoyé des diables dans les corps de quelques personnes, qui se sont trouvées démoniaques. Pour les voyages du sabbat, voici ma créance : c'est qu'avec des huiles assoupissantes, dont ils se graissent, comme alors qu'ils veillent, ils se figurent être bientôt emportés à califourchon sur un balai par la cheminée, dans une salle où l'on doit festiner, danser, faire l'amour, baiser le cul au bouc. L'imagination, fortement frappée de ces fantômes, leur représente dans le sommeil ces mêmes choses, comme un balai entre les jambes, une campagne qu'ils passent en volant, un bouc, un festin, des Dames ; c'est pourquoi, quand ils se réveillent, ils croient avoir vu ce qu'ils ont songé. Quant à ce qui concerne la possession, je vous en dirai aussi ma pensée, avec la même franchise. Je trouve, en premier lieu, qu'il se rencontre dix mille femmes pour un homme. Le Diable seroit-il un ribaud, de chercher avec tant d'ardeur l'accouplement des femmes ? Non, non, mais j'en devine la cause : une femme a l'esprit plus léger qu'un homme, et

plus hardi, par conséquent, à résoudre des Comédies de
cette nature ; elle espère que, pour peu de latin qu'elle
écorchera, pour peu qu'elle fera de grimaces, de sauts,
de caprioles¹, et de postures, on les croira toujours beaucoup au-dessus de la pudeur et de la force d'une fille ;
et, enfin, elle pense être si forte de sa foiblesse, que,
l'imposture étant découverte, on attribuera ses extravagances à quelques suffocations de matrice, ou qu'au pis
aller on pardonnera à l'infirmité de son sexe. Vous répondrez peut-être que, pour y en avoir de fourbes, cela
ne conclut rien contre celles qui sont véritablement possédées. Mais si c'est là votre nœud gordien, j'en serai
bientôt l'Alexandre. Examinons donc, sans qu'il nous
importe de choquer les opinions du vulgaire, s'il y a
autrefois eu des Démoniaques, et s'il y en a aujourd'hui.
Qu'il y en ait eu autrefois, je n'en doute point, puisque
les Livres sacrés assurent qu'une Chaldéenne, par art
magique, envoya un démon dans le cadavre du Prophète
Samuel, et le fit parler ; que David conjuroit avec sa
harpe celui dont Saül étoit obsédé ; et que notre Sauveur
Jésus-Christ chassa les diables des corps de certains
Hébreux, et les envoya dans des corps de pourceaux. Mais
nous sommes obligés de croire que l'empire du Diable
cessa, quand Dieu vint au monde ; que les Oracles furent
étouffés sous le berceau du Messie, et que Satan perdit la
parole en Bethléem, l'influence altérée de l'Étoile des
trois Rois lui ayant sans doute causé la pépie. C'est
pourquoi je me moque de tous les énergumènes d'aujourd'hui, et m'en moquerai jusqu'à ce que l'Église me
commande de les croire ; car, de m'imaginer que cette
pénitente de Goffridi², cette Religieuse de Lou-

---

¹ Ce mot est écrit à la gasconne, mais suivant son étymologie :
capra ; en bas latin, diminutif, *capriola*.

² Louis Goffridi, ou Gaufridis, curé de l'église des Acoules, à
Marseille, fut brûlé comme sorcier en 1611, pour avoir séduit, par
l'intermédiaire du diable, auquel il s'était donné, une fille de seize

dun¹, cette Fille d'Évreux², soient endiablées, parce qu'elles font des culbutes, des grimaces et des gambades; Scaramouche, Colle et Cardelin³ les mettront à *quia*. Comment? elles ne savent pas seulement parler latin ! Lucifer a bien peu de soin de ses Diables, de ne les pas envoyer au collége. Quelques-unes répondent assez pertinemment, quand l'Exorciste déclame une oraison de bréviaire, dont en quelque façon elles écorchent le sens, à force de le réciter; à moins que cela, vous les voyez contrefaire les enragées, feindre, à tout ce qu'on leur prêche, une distraction d'esprit perpétuelle; cependant j'en ai surpris d'attentives à guetter au passage quelque verset de leur office⁴, pour répondre à propos, comme ceux qui veulent chanter à vêpres, et ne les savent pas, attendent à l'affût

ans, sa pénitente, nommée Madeleine de Mandols. Le parlement d'Aix l'avait condamné pour crimes de magie, de sorcellerie et d'impiété.

¹ Cyrano se prononce ici avec énergie contre le tribunal qui fit brûler, en 1634, le curé Urbain Grandier, pour avoir jeté un maléfice sur les Ursulines de Loudun. On peut supposer que, dans ses entretiens avec Gassendi, il avait examiné et discuté les faits et les témoignages sur lesquels on avait établi judiciairement la possession de ces religieuses, qui n'étaient qu'hystériques.

² La possession de cette religieuse, nommée Madeleine Bavent, était un fait plus récent encore, qui avait eu lieu dans le couvent de Saint-Louis de Louviers. Mathurin Picard, curé du Mesnil-Jourdain, et son complice Thomas Boullé, accusés d'avoir ensorcelé cette religieuse et ses compagnes, furent condamnés au bûcher avec elle, par arrêt du parlement de Rouen du 21 août 1647. Cette affaire avait préoccupé l'opinion publique pendant plus de cinq ans; car, en 1643, Jean Le Breton publiait à Évreux un mémoire intitulé : *Défense de la vérité touchant la possession des religieuses de Louviers*, et le sieur Le Gauffre racontait ses exorcismes sous le titre de : *Procès-verbal du pénitencier d'Évreux*.

³ De ces trois acteurs de la troupe italienne de Paris, Scaramouche est le seul qui nous soit connu et qui ait eu de son temps une véritable célébrité comme pantomime. Il était né à Naples, en 1608, et se nommait Tiberio Fiorilli; son nom de théâtre était Mezetin. La tradition assure qu'il donna des conseils et même des leçons à Molière.

⁴ Ce passage nous permet de supposer que Cyrano avait été lui-même témoin de l'exorcisme des religieuses d'Évreux.

le *Gloria Patri*, etc., pour s'y égosiller. Ce que je trouve encore de bien divertissant, sont les méprises, où elles s'embarrassent, quand il faut obéir ou n'obéir pas. Le Conjurateur commandoit à une de baiser la terre toutes les fois qu'il articuleroit le sacré nom de Dieu : ce Diable d'obéissance le faisoit fort dévotement; mais, comme il vint encore un coup à lui ordonner la même chose en autres termes que ceux dont il usoit ordinairement, car il lui commanda par le Fils coéternel du Souverain Être, ce novice démoniaque, qui n'étoit pas théologien, demeura plat, rougit, et se jeta aux injures, jusqu'à ce que, l'Exorciste l'ayant apaisé par des mots plus ordinaires, il se remit à raisonner. J'observe, outre cela, que, selon que le Prêtre haussoit sa voix, le Diable augmentoit sa colère, bien souvent à des paroles de nul poids, à cause qu'il les avoit prononcées avec plus d'éclat, et qu'au contraire il avaloit, doux comme lait, des exorcismes qui faisoient trembler, à cause qu'étant las de crier, il les avoit prononcés d'une voix basse. Mais ce fut bien pis quelque temps après, quand un Abbé les conjura ; elles n'étoient point faites à son style, et cela fut cause que celles qui voulurent répondre répondirent si fort à contre-sens, que ces pauvres Diables, au front de qui restoit encore quelque pudeur, devinrent tout honteux, et depuis, en toute la journée, il ne fut pas possible de tirer un méchant mot de leur bouche. Ils crièrent, à la vérité, fort longtemps qu'ils sentoient là des incrédules ; qu'à cause d'eux ils ne vouloient rien faire de miraculeux, de peur de les convertir. Mais la feinte me sembla bien grossière ; car, s'il étoit vrai, pourquoi les en avertir ? Ils devoient, au contraire, pour nous endurcir en notre incrédulité, se cacher dans ce corps, et ne pas faire des choses qui pussent nous désaveugler. Vous répondez que Dieu les force à cela pour manifester la Foi. Oui, mais je ne suis point convaincu, ni obligé de croire que ce soit le Diable qui fasse toutes ces singeries, puisqu'un homme les peut faire naturellement. De se contourner le visage vers les épaules ; je l'ai vu pratiquer aux Bohémiens. De sauter ; qui ne le fait point hors les Paralytiques ? De jurer ; il ne s'en rencontre que trop ! De marquer sur la peau certains caractères ; ou des os ou des pierres colorent ainsi sans prodige notre chair. Si les Diables sont forcés, comme vous dites, de faire des miracles afin de nous illuminer : qu'ils en fassent de convaincans, qu'ils prennent les tours de Notre-Dame de Paris, où il y a tant d'incrédules, et les portent sans fraction dans la campagne Saint-Denis danser une sarabande espagnole. Alors nous serons convaincus. J'ai pris garde encore que le Diable, qu'on dit être si médisant, n'induit jamais ces personnes démoniaques, au milieu de leurs grandes fougues, à médire l'une de l'autre : au contraire, elles s'entre-portent un très-grand respect, et n'ont garde d'agir autrement, parce que la première offensée découvriroit le mystère. Pourquoi, mon révérend Père, n'instruit-on votre procès, en conséquence des crimes dont le Diable vous accuse ? Le Diable, dites-vous, est père de mensonge. Pourquoi donc l'autre jour fîtes-vous brûler ce Magicien, qui ne fut accusé que par le Diable ? Car je réponds comme vous : « Le Diable est père de mensonge. » Avouez, avouez, mon Révérendissime, que le Diable dit vrai, ou faux, selon qu'il est utile à votre malicieuse paternité. Mais, bons Dieux ! je vois tressaillir ce Diable, quand on lui jette de l'eau bénite ; est-ce donc une chose si sainte, qu'il ne la puisse souffrir sans horreur ? Certes, cela fait que je m'étonne qu'il ait osé s'enfermer dans un corps humain, que Dieu a fait à son image, capable de la vision du Très-Haut, reconnu son enfant par la régénération baptismale, marqué des saintes huiles, le Temple du Saint-Esprit, et le Tabernacle de la Sainte Hostie. Comment a-t-il eu l'impudence d'entrer dans un lieu qui lui doit être bien plus vénérable que de l'eau, sur laquelle on a simplement récité quelques prières? Mais nous en aurons bonne issue ; je vois le Démoniaque qui se tempête fort à la vue d'une croix qu'on lui présente. O Monsieur l'Exorciste, que vous êtes bon ! Ne savez-vous pas qu'il n'y a aucun endroit dans la Nature, où il n'y ait des croix, puisque, par toute la matière, il y a longueur et largeur, et que la croix n'est autre chose qu'une longueur considérée avec une largeur. Qu'ainsi ne soit, cette croix que vous tenez, n'est pas une croix, à cause qu'elle est d'ébène ; cette autre n'est pas une croix, à cause qu'elle est d'argent ; mais l'une et l'autre sont des croix, à cause que, sur une longueur, on a mis une largeur qui la traverse. Si donc cette énergumène a cent mille longueurs et cent mille largeurs, qui sont tout autant de croix ; pourquoi lui en présenter de nouvelles? Cependant vous voyez cette femme, qui, pour en avoir approché les lèvres par force, contrefait l'interdite. O quelle piperie ! Prenez, prenez une bonne poignée de verges, et me la fouettez en ami ; car je vous engage ma parole, que, si on condamnoit d'être jetés à l'eau tous les énergumènes, que cent coups d'étrivières par jour n'auroient pu guérir, il ne s'en noieroit point. Ce n'est pas, comme je vous ai dit, que je doute de la puissance du Créateur sur ses créatures ; mais, à moins d'être convaincu par l'autorité de l'Église, à qui nous devons donner aveuglément les mains, je nommerai tous ces grands effets de magie, la Gazette des sots, ou le *Credo* de ceux qui ont trop de foi. Je m'aperçois bien que ma lettre est un peu trop longue. C'est le sujet qui m'a poussé au delà de mon dessein ; mais vous pardonnerez cette importunité à une personne qui fait vœu d'être, jusqu'à la mort, de vous et de vos contes d'esprit,

Monsieur,

Le serviteur très-humble.

XIV

A MONSIEUR GERZAN

SUR SON *TRIOMPHE DES DAMES*[1]

Monsieur,

Après les éloges que vous donnez aux Dames, résolûment je ne veux plus être homme[2]. Je m'en vais tout à

---

[1] François du Soucy, écuyer, sieur de Gerzan, avait près de quatre-vingts ans, quand il publia, en 1643, son *Triomphe des Dames*, volume in 4°, qui ne se vendait pas, et dont les exemplaires furent distribués par l'auteur aux personnes de la Cour. Ce panégyrique du sexe féminin était mêlé de chimie médicale et même d'alchimie; car le sieur de Gerzan, qui se vantait de posséder l'élixir de longue vie pour lui-même, enseignait aux dames l'art de ne pas vieillir, sinon de ne pas mourir. Il vivait encore en 1653, puisqu'il publia, cette année-là, le *Projet du plan de la Création du monde*, 2 vol. in-8°, et le *Grand or potable des-philosophes*, in-8°. Il ne voulait pas s'exposer à quitter ce monde sans y laisser sa recette d'immortalité.

[2] Le passage qui suit a paru sans doute renfermer le caractère d'impiété qu'on reprochait aux ouvrages de l'auteur, car il a été remplacé ainsi dans les éditions qui ont suivi la première de 1654: « Je m'en vais tout à l'heure tâcher d'obtenir, de la dextérité des Chirurgiens, ce que l'empereur Héliogabale impétra du rasoir de ses Empiriques. Si vous vous donnez patience encore huit jours, vous allez voir en moi un miracle tout contraire à celui qui se passe dans la fable d'Iphis et Ianthe. Résolûment je vais me faire tronçonner, d'un coup de serpe, ce qui m'oblige à porter un caleçon et m'empêche de me masquer en autre temps qu'au carnaval. Que je porte envie au bonheur de Tirésias, qui, sans souffrir tous les maux où je me prépare, eut l'avantage de changer d'espèce, pour avoir frappé sur un serpent! La sagesse de Dieu, qui d'ordinaire agit par progrès, et monte par degré des choses les moins nobles

l'heure porter ma chandelle au père Bernard [1], afin d'obtenir de ce pitoyable saint ce qu'impétra l'empereur Héliogabale du rasoir de ses Empiriques ; puisque les miracles qu'exhale tous les jours cette précieuse momie sont si nombreux, qu'ils regorgent par-dessus les murs de la Charité jusque dans votre Parnasse. Il n'est pas impossible qu'un bienheureux fasse pour moi ce que la plume d'un malheureux poëte a bien fait pour Tirésias ; mais, en tous cas, c'est à faire à me tronçonner, d'un coup de serpe, le morceau qui me fait porter un caleçon. La sotte chose, en effet, de ne se masquer qu'au carnaval ! Je ne l'eusse, par ma foi, pas cru, si vous ne m'eussiez envoyé votre livre. Oh ! que Notre-Seigneur savoit bien ce que vous diriez là-dessus, quand, à la confusion de l'homme, il voulut naître d'une femme : sans doute il connoissoit la dignité de leur sexe. C'est aussi une marque évidente de l'estime particulière qu'il en a faite, de les avoir choisies pour nous porter, ne s'étant pas voulu fier de notre jeunesse à nous-mêmes ; mais la Nature aussi nous fait connoître, au partage de ses biens, qu'elle a voulu avantager la cadette au préjudice de l'aînée, lui donnant la beauté, dont chaque trait est une armée, qui va, quand il lui plaît, bouleverser des trônes, déchirer des diadèmes et traîner en servitude les orgueilleuses puissances de la Terre. Que si, comme nous, elles ne vaquent pas à massacrer des hommes, si elles ont horreur de porter au côté ce qui nous fait détester un bourreau ; c'est à cause qu'il seroit

aux plus hautes, a bien fait voir la prééminence que les femmes ont au-dessus des hommes, quand elle n'a pas voulu faire Ève, qu'elle n'eût fait Adam auparavant : aussi, est-ce une marque évidente de l'estime que la Nature a toujours faite des femmes, de dire qu'elle les a choisies pour nous porter...

[1] Le tombeau de Claude Bernard, dit le *pauvre prêtre*, mort en odeur de sainteté en 1641, faisait alors des miracles et attirait beaucoup d'offrandes à l'hôpital de la Charité des Hommes, fondé en 1602, dans le faubourg Saint-Germain, par la reine Marie de Médicis.

honteux que celles qui nous donnent la lumière, portassent de quoi nous la ravir; et parce aussi qu'il est beaucoup plus honnête de suer à la construction, qu'à la destruction de son espèce. Donc, en matière de visage, nous sommes de grands gueux; et, sur ma foi, de tous les biens de la terre en général, je les vois plus riches que nous, puisque si le poil fait la principale distinction de la brute et du raisonnable, les hommes sont, au moins par l'estomac, les joues et le menton, plus bêtes que les femmes. Malgré toutefois ces muettes, mais convaincantes prédications de Dieu et de la Nature, sans vous, Monsieur, ce déplorable sexe alloit tomber sous le nôtre; vous, qui tout caduc, et prêt à choir de cette vie, avez relevé cent mille Dames qui n'avoient point d'appui! Qu'elles se vantent, après cela, de vous avoir donné le jour! Quand elles vous auroient enfanté plus douloureusement que la mère d'Hercule, elles vous devroient encore beaucoup à vous, qui, non content de les avoir enfantées toutes ensemble, les avez fait triompher en naissant. Une femme, à la vérité, vous a porté neuf mois, mais vous les avez toutes portées sur la tête de leurs ennemis. Pendant vingt siècles, elles avoient combattu, elles avoient vaincu pendant vingt autres; et vous, depuis quatre mois seulement, leur avez décerné le triomphe : oui, Monsieur, chaque période de votre livre est un char de victoire, où elles triomphent plus superbement que les Scipions, ni les Césars n'ont jamais fait dans Rome. Vous avez fait de toute la Terre un pays d'Amazone, et vous nous avez réduits à la quenouille; enfin, l'on peut dire qu'avant vous toutes les femmes n'étoient que des pions, que vous avez mis à dames. Nous voyons cependant que vous nous trahissez, que vous tournez casaque au genre masculin, pour vous ranger de l'autre. Mais comment vous punir de cette faute? Comment se résoudre à diffamer une personne qui a fait entrer nos mères et nos sœurs dans son parti? Et puis, on ne sauroit vous accuser de poltronnerie, vous

4.

étant rangé du côté le plus foible, ni votre plume, d'être intéressée, ayant commencé l'éloge des Dames en un âge où vous êtes incapable d'en recevoir des faveurs. Confessez pourtant, après les avoir fait triompher, et avoir triomphé de leur triomphe même, que leur sexe n'eût jamais vaincu, sans le secours du nôtre. Ce qui m'étonne, à la vérité, c'est que vous ne leur avez point mis en main, pour nous détruire, les armes ordinaires; vous n'avez point cloué des étoiles dans leurs yeux; vous n'avez point dressé des montagnes de neige à la place de leur sein; l'or, l'ivoire, l'azur, le corail, les roses et les lis n'ont point été les matériaux de votre bâtiment, ainsi que tous nos Écrivains modernes, qui, malgré la diligence que fait le Soleil pour se retirer de bonne heure, ont l'impudence de le dérober en plein jour, et des étoiles aussi, que je ne plains pas pour leur apprendre à ne pas tant aller la nuit; mais ni le feu, ni la flamme, ne vous ont point donné de froides imaginations : vous nous avez porté des bottes, dont nous ignorons la parade ; jamais homme n'a monté si haut sur des femmes[1]. Enfin, je rencontre dans ce livre des choses si divinement conçues, que j'ai de la peine à croire que le Saint-Esprit fût à Rome, quand vous le composâtes. Jamais les Dames n'ont sorti de la presse en meilleure posture, ni moi mieux résolu de ne pas aller au tombeau du Père Bernard, pour voir un miracle, puisque Monsieur de Gerzan loge à la porte de l'Église. O Dieux ! encore une fois, la belle chose que vos Dames ! Ah ! Monsieur, vous avez tellement obligé le sexe par ce Panégyrique, que pour mériter aujourd'hui l'affection d'une Reine, il ne faut être,

Monsieur,

Que votre Serviteur.

---

[1] Cette équivoque ne se trouve que dans l'édition in-4°.

XV

LE DUELLISTE

Monsieur,

Quoique je me porte en homme qui crève de santé, je ne laisse pas d'être malade depuis trois semaines, que ma philosophie est tombée à la merci des Gladiateurs. Je suis incessamment travaillé de la tierce et de la quarte : j'aurois perdu la connoissance du papier, si les cartels s'écrivoient sur autre chose : je ne discerne déjà plus l'encre d'avec le noir à noircir; et enfin, pour vous faire réponse, j'ai presque été forcé de vous écrire avec mon épée, tant il est glorieux d'écrire mal, parmi des personnes dont les plumes ne se taillent point. Il faudroit, je pense, que Dieu accomplît quelque chose d'aussi miraculeux que le souhait de Caligula [1], s'il vouloit finir mes querelles. Quand tout le genre humain seroit érigé en une tête, quand de tous les vivans il n'en resteroit qu'un, ce seroit encore un duel qui me resteroit à faire. Vraiment, vous auriez grand tort de m'appeler maintenant le premier des hommes; car je vous proteste qu'il y a plus d'un mois que je suis le second de tout le monde. Il faut bien que votre départ ayant déserté [2] Paris, l'herbe ait crû par toutes les rues; puisqu'en quelque lieu que j'aille, je me trouve toujours sur le pré. Cepen-

---

[1] Cet empereur romain souhaitait que le genre humain n'eût qu'une seule tête, pour la pouvoir abattre d'un seul coup.

[2] C'est-à-dire : changé en désert. L'usage n'a pas sanctionné cette extension donnée au sens du verbe *déserter*.

dant, ce n'est pas sans risque. Mon portrait que vous fîtes faire a été trouvé si beau, qu'il a pris possible envie à la Mort d'en avoir l'original : elle me fait à ce dessein mille querelles d'Allemand. Je m'imagine quelquefois être devenu porc-épic, voyant que personne ne m'approche sans se piquer ; et l'on n'ignore plus, quand quelqu'un dit à son ennemi, *qu'il s'aille faire piquer*, que ce ne soit de la besogne que l'on me taille. Ne voyez-vous pas aussi qu'il y a maintenant plus d'ombres sur notre horizon, qu'à votre départ ? C'est à cause que depuis ce temps-là ma main en a tellement peuplé l'Enfer, qu'elles regorgent sur la Terre. A la vérité, ce m'est une consolation bien grande d'être haï, parce que je suis aimé ; de trouver partout des ennemis, à cause que j'ai des amis partout, et de voir que mon malheur vient de ma bonne fortune ; mais j'ai peur que cette démangeaison de gloire ne m'invite à porter mon nom jusqu'en Paradis. C'est pourquoi, pour éviter de dangereuses prophéties, je vous conjure de venir promptement remettre mon âme en son assiette de philosophe ; car il me fâcheroit fort qu'à votre retour, au lieu de me trouver dans mon cabinet, vous trouvassiez dans une église : Ci-gît,

Monsieur,

Votre Serviteur.

XVI

SUR UN RECOUVREMENT DE SANTÉ

Monsieur,

Vous me permettrez bien de railler maintenant avec votre fièvre, puisqu'elle vous a tourné les talons. Par ma foi, je m'étonne qu'elle ait osé jeter le gant à un hardi Chevalier comme vous ; aussi, quelques bravoures dont elle ait triomphé entrant dans la carrière, j'ai prévu la honte de sa défaite. Cependant tout le monde vous croit parti pour les Champs-Élysées ; et déjà quelques-uns, qui ne sont pas les plus chers de vos amis, vous publient arrivé dans l'affreuse cité, dont vous n'étiez pas encore aux faubourgs. J'admire, en vérité, comment, vous, qui choisissiez toujours les choses les plus faciles, n'y ayant qu'une ajambée à faire de votre chambre à la chapelle, où dorment vos Ancêtres, vous avez tourné bride avec tant de précipitation. Cependant je soutiendrai, à la barbe de votre grand cœur, que vous avez agi en habile homme : le gîte n'est pas bon, l'Hôte n'y change pas de draps, et quoique le lit soit appuyé si ferme, qu'il ne puisse trembler que par un tremblement de terre, la chambre est froide et caterreuse ; les jeûnes s'y observent perpétuels, et, quoiqu'à la Flamande ont ait de la bière jusque par-dessus les yeux, on n'y boit que de l'eau bénite. Au reste, vous n'y eussiez pas trouvé une personne raisonnable, ni de l'un, ni de l'autre sexe ; car on n'y reçoit point d'hommes, à moins qu'ils n'aient perdu l'esprit ; et pour les femmes, encore qu'elles aient là une bonne qualité qu'elles n'ont pas ici, qui est de se taire, elles y sont si laides en récompense, que la plus belle est camuse. Ne vous repentez donc point, quelque généreux que nous vous croyions, d'avoir usé si à propos du privilége de Normandie : les ombres de là-bas ne sont pas si charmantes que celles de vos allées couvertes ; et je vous proteste qu'en moins d'un clin d'œil, vous alliez faire un voyage si éloigné, que vous n'eussiez pas été de retour avant la Résurrection ; et moi-même, en ce pays, je n'aurois pas trouvé un homme qui eût voulu se charger de vous aller dire de ma part, que je suis,

Monsieur,
Votre Serviteur.

XVII

D'UN SONGE

Monsieur,

Cette Vision de Quevedo[1], que nous lûmes hier ensemble, laissa de si fortes impressions en ma pensée, du plaisant tableau qu'il dépeint, que, cette nuit, je me suis trouvé en songe aux Enfers ; mais ces Enfers-là m'ont paru bien différens du nôtre ; leur diversité m'a fait croire

---

[1] Nous ne voyons nulle part que Cyrano sût l'espagnol, qui était pourtant une langue presque usuelle à Paris en ce temps-là. Il faut donc supposer qu'il lisait les *Visions* de Quevedo, non dans l'original, mais dans la traduction française du sjeur de La Geneste, publiée à Paris en 1644.

que c'étoient les Champs-Élysées, et, en effet, je n'eus pas avancé fort peu de chemin, que je reconnus l'Averne, comme les Grecs et les Romains l'ont décrite; j'y vis l'Achéron, le Fleuve de l'Oubli, le vigilant Cerbère, les Gorgones, les Furies et les Parques, Ixion sur la roue, Titie dévoré par un vautour, et beaucoup d'autres choses qui sont plus au long dans la Mythologie. Ayant passé plus avant, je rencontrai force gens vêtus à la Grecque et à la Romaine, dont les uns parloient Grec, et les autres Latin, et j'en aperçus d'autres occupés à les conduire dans divers appartemens. Ils me semblèrent tous bien sociables; c'est pourquoi je me mêlai à leur compagnie. Il me souvient que j'en accostai un, et qu'après quelques autres discours, lui ayant fait savoir que j'étois étranger, il me répondit que j'étois donc venu à la bonne heure, parce qu'on changeoit ce jour-là de maison tous les morts, qui s'étoient plaints d'avoir été mal associés, et que, si j'étois curieux, je pouvois m'en donner le plaisir. Il me tendit ensuite la main fort courtoisement; je lui prêtai la mienne : « Et nous allons, continua-t-il, dans la salle où l'on ordonne des départemens de ceux qui se veulent quitter pour se loger avec d'autres. Nous aurons le plaisir de voir, à notre aise et sans nous lasser, comme chacun s'y prendra pour faire sa cause bonne. » Nous marchâmes donc ensemble jusqu'au lieu, où enfin nous arrivâmes. Mon Conducteur me donna place auprès de lui, et, par bonheur, elle se rencontra si proche de la chaire du Juge, que nous ouïmes intelligiblement les querelles de toutes les parties. A mesure donc qu'ils sortoient de leur ancienne demeure, je remarquai qu'on les plaçoit, si je ne me trompe, non pas comme vous le penseriez, les Rois toujours avec les Rois, mais bien souvent des Rois avec des Pâtres, des Philosophes avec des Villageois, de belles Personnes avec d'autres fort laides, et des Vieux avec des Jeunes. Mais, pour commencer, j'aperçus Pythagore très-ennuyé de sa compagnie : c'étoit une troupe de Comédiens, qui, par leur caquet continuel, le détournoient de ses hautes spéculations. Le Juge, qui présidoit, lui dit que, l'estimant homme de grande mémoire, puisque après pour le moins quinze cents ans, il s'étoit souvenu d'avoir été au siége de Troie [1], on l'avoit aparié avec des personnages qui n'en sont pas dépourvus : « Oh ! si ce n'est, s'écria-t-il, qu'à cause de cela, que vous me logez avec ces Bateleurs, vous me pouvez mettre indifféremment avec tous les autres Morts; car il n'y a céans presque pas un Défunt (si vous en voulez croire son épitaphe) qui ne soit d'heureuse mémoire. Puis donc qu'ils ne sont pas les seuls avec qui je sympathise en mémoire, pour Dieu ! délivrez-moi du caquet importun de ces Rois et de ces Reines, dont le règne ne dure que deux heures. » La justice de ses raisons entendue, je sais bien qu'on le fit marcher ailleurs; mais il ne me souvient pas où. Aristote, Pline, Élien, et beaucoup d'autres Naturalistes, furent mis, parce qu'ils ont connu les bêtes, avec les Maures; et le Peintre Zeuxis fut pareillement logé avec eux, parce que son tableau de raisins, que les oiseaux venoient becqueter, l'a convaincu d'en avoir abusé. Dioscoride ne demandoit pas mieux que d'être planté avec des Lorrains, disant qu'il s'accorderoit bien avec eux, parce qu'il connoissoit parfaitement le naturel des simples; mais on s'avisa de l'envoyer vers les Filles de Pélias, à la charge de leur apprendre à discerner la vertu des herbes mieux qu'elles ne firent, quand elles voulurent rajeunir leur père [2]. Raimond Lulle [3], qui juroit d'avoir

---

[1] Pythagore, qui enseignait la métempsycose, disait, à l'appui de ce système, qu'il se souvenait d'avoir animé d'autres corps et de s'être trouvé au siége de Troie, non pas, comme le dit Cyrano, quinze cents ans avant d'être Pythagore, mais seulement six siècles auparavant.

[2] Médée leur avait conseillé de découper par morceaux le vieux Pélias et de faire bouillir ces débris sanglants avec des herbes magiques qu'elle avait cueillies elle-même. Ces herbes-là ne rendirent pas la vie à Pélias.

[3] Célèbre philosophe, qui avait trouvé, dit-on, le secret de la

rendu l'or potable, fut placé avec certains riches Ivrognes qui avoient fait la même chose. Lucain, que Néron fit tuer pour la jalousie qu'il conçut de son poëme des guerres de Pharsale, s'associa de quelques petits enfans que les vers ont fait mourir. Il échut à Virgile l'appartement des Maquereaux, pour avoir débauché Didon, qui, sans lui, eût été une dame fort sage [1]. Ovide et Actéon [2], criminels par hasard, furent logés ensemble comme gens qu'avoit rendus misérables le mal des yeux. Ils choisirent pour retraite un logement fort obscur, d'autant, disoient-ils, qu'ils craignoient de trop voir. Je vis loger Orphée avec les Chantres du pont Neuf [3], parce qu'ils ont su l'un et l'autre attirer les bêtes. Ésope et Apulée ne firent qu'un ménage, à cause de la conformité de leurs miracles; car Ésope, d'un âne, a fait un homme, en le faisant parler, et Apu'ée, d'un homme, en a fait un âne en le faisant braire. Romulus se rangea avec les Fauconniers, parce qu'il a dressé des oiseaux à voler, non pas une perdrix, mais l'Empire de Rome. On parloit de mettre César avec les bons joueurs ; j'en demandai la cause, et l'on me répondit que d'un seul coup de dé, qu'il jeta sur le Rubicon, il avoit gagné l'empire du monde [4]. Toute-

pierre philosophale et de l'élixir de longue vie; il n'en mourut pas moins en 1315; il était né en 1235 dans l'île de Majorque.

[1] L'amour de Didon pour Énée est, en effet, une licence poétique de Virgile; la reine de Carthage aurait eu au moins soixante ans à l'époque où le chantre de l'*Énéide* la rend éprise d'Énée.

[2] Actéon fut changé en cerf pour avoir vu Diane au bain; Ovide fut exilé en Tauride, si l'on en croit ses biographes. pour avoir été par hasard témoin des amours incestueux d'Auguste avec sa fille.

[3] On appelait ainsi certains chanteurs, vendeurs d'orviétan, qui avaient élevé leurs tréteaux sur le pont Neuf, autour de la statue de Henri IV et à l'entrée de la place Dauphine : ils attiraient les passants par des lazzi obscènes, des grimaces, et surtout par des chansons burlesques qu'ils composaient et chantaient eux-mêmes. Le plus connu des successeurs de Tabarin était alors le *Savoyard*, qui a eu l'honneur d'être cité par Boileau.

[4] Allusion proverbiale au passage du Rubicon par César.

fois, il fut trouvé plus à propos de fouler son orgueil, le rangeant avec des Esclaves, qu'on estimoit jadis avoir des caractères pour courir : « Vous pourrez, lui cria le Maître des Cérémonies, essayer encore une fois votre *Veni, vidi, vici.* » On mit Brutus avec ceux qui ont monté sur l'ours[1], parce qu'il n'a point eu peur des esprits[2]. Cassius, à qui sa mauvaise vue cause la mort, avec les femmes grosses qui ont la vue dangereuse[3]. Caligula voulut être mis dans un appartement plus magnifique que celui de Darius, comme ayant couru des aventures incomparablement plus glorieuses : « Car, dit-il, moi Caligula, j'ai fait mon cheval Empereur, et Darius a été fait Empereur par le sien. » Néron parut ensuite : on l'associa d'une compagnie de Bateleurs, pour se perfectionner; on l'eût bien attelé avec Timon l'ennemi des hommes, mais on craignoit que, si quelque jour la Nature, sympathisant à leurs souhaits, ne faisoit qu'une tête de tout le genre humain, il n'y eût dispute entre eux à qui la couperoit. Je vis le Roi Numa présenter un placet, à ce qu'on lui octroyât d'établir son domicile en la maison d'un certain fameux Hydraulique[4], qui avoit jadis fait faire des miracles à l'eau, comme étant aussi capable que l'autre, puisqu'il avoit fait parler la fontaine Égérie, et l'avoit rendue si clairvoyante en matière d'État, qu'au lieu qu'un autre Ingénieur l'auroit conduite, il s'en laissoit conduire. Na-

---

[1] On disait proverbialement d'un homme qui avait eu peur : « Il a monté sur l'ours. »

[2] Allusion au spectre qui apparut plusieurs fois à Brutus, pour lui apporter de mauvais présages.

[3] C'est-à-dire, que les objets qui frappent leur vue ont une influence bonne ou mauvaise sur l'enfant qu'elles portent.

[4] N'est-ce pas le fameux Salomon de Caus, qui avait publié en 1615, à Francfort, les *Raisons des forces mouvantes avec diverses machines et plusieurs dessins de grottes et fontaines*, et qui réimprima ce volume in-folio, à Paris, en 1624, lorsqu'il revint en France avec l'espoir d'appliquer quelques-unes de ses découvertes en hydraulique et en mécanique?

buchodonosor fut livré entre les mains d'un Charlatan, qui se promettoit de gagner beaucoup à le montrer, parce qu'on n'avoit point encore jamais vu de tels animaux. Patrocle s'estomaqua de se voir assorti avec des gens guéris de maux incurables; mais il se paya de raison, quand on lui eut appris que c'étoit à cause qu'il avoit comme eux trompé la mort [1]. Jason demeura fort décontenancé de se trouver au milieu d'une cohue de Courtisans d'Espagne, parce qu'il n'entendoit pas leur langue, car il ne put s'imaginer ce qu'on vouloit dire, quand on lui prêcha que toutes les entreprises de ces Chevaliers en herbe, aussi bien que les siennes, n'avoient butté qu'à la Toison. Considérez ce que c'est de s'appliquer à la lecture des choses fabuleuses, dans un âge, dont la foiblesse accompagne de foi toutes ses connoissances. Je n'ai rien parcouru dans la fable des Païens, qui ne repassât tumultuairement à ma fantaisie. Il me semble que je vis ranger Jupiter avec les fous, sur ce que Momus avoit représenté qu'il avoit un coup de hache [2]; Jupiter, offensé, demanda, ce me semble, à ce bouffon, quel coup de hache il entendoit : « C'est celui-là, répondit le plaisant, dont Vulcain, de sa grâce, vous fendit le cerveau, pour vous faire accoucher de Minerve. » Le vieux Saturne, qui n'y entendoit point de finesse, reçut, sans murmurer, la compagnie d'une troupe de Faucheurs, à cause de la conformité du Sceptre. On obligea Phœbus à suivre quelques expérimentés Joueurs de palet, avec défenses de les abandonner, qu'il n'eût appris à ne plus prendre la tête de son ami pour un but [3]. J'ouïs, ce me semble, commander à Sisyphe d'accoster des Casseurs de grès, qui étoient

---

[1] C'est-à-dire, qu'Hector tua Patrocle, en croyant tuer Achille, dont ce jeune guerrier avait pris les armes.

[2] On disait alors : *avoir un coup de hache*, comme on dit aujourd'hui : *avoir le cerveau fêlé*.

[3] Dans la fable, Apollon tue le jeune Hyacinthe, en lui lançant, par mégarde, un palet à la tête.

là, pour se défaire de sa roche entre leurs mains. Je ne sais pas s'il obéit, parce que la curiosité détourna ma vue sur Thétis, qui disputoit pour choisir un associé; on la mit à la rengette [1] à côté d'un certain Hypocondre, qui, pensant être de brique, ne vouloit pas boire, de peur de se détremper; car, comme si elle eût autrefois appréhendé la même chose, elle n'osa, pour immortaliser entièrement son fils Achille, lui tremper dans l'Océan le talon qu'elle tenoit. Hécate se fourra dans la presse, pour joindre la mère de Gargantua [2]; « car, disoit-elle, si j'ai trois faces, celle-ci en a une si large, qu'elle en vaut bien trois. » On proposa de loger Io avec Poppée, la femme de Néron, pour certaines raisons dont je ne me souviens pas : cette Princesse en fut contente, à la charge que l'autre se garderoit de ruer, d'autant qu'elle craignoit les coups de pied [3]. Dédale, ce grand artisan, ne fit aucune résistance, encore qu'on lui donnât pour confrères des Sergens, des Greffiers, des Procureurs et autres gens de cornet [4], parce qu'il ouït dire que c'étoient des personnes qui, comme lui, n'avoient pas volé sans plumes; qui, comme lui, voloient pour se sauver; et lesquels, vu le temps, auroient été contraints, s'ils n'eussent joué de la harpe, de jouer de la vielle. Dalila, maîtresse de Samson, fut mise avec les chauves, à cause qu'on craignoit que, la logeant avec d'autres, elle ne les prît aux cheveux, comme Samson. Porcie fut rangée avec des malades de pâles couleurs, les Juges d'Enfer l'en soupçonnant atteinte, depuis qu'elle avoit avalé des charbons [5]. Jocaste et Sémiramis

---

[1] Mot de la langue du seizième siècle, qui signifie *sur-le-champ*. Il paraît tiré de l'italien.

[2] Elle se nomme *Gargamelle* dans le roman de Rabelais; son mari est *Grandgousier*.

[3] Elle mourut des suites d'un coup de pied que lui donna Néron pendant sa grossesse.

[4] Gens d'écritoire.

[5] Les femmes hystériques et malades des pâles couleurs ont la fureur de manger du charbon de bois.

ne firent qu'un ménage, pour ce qu'elles avoient été l'une
et l'autre mères et femmes de leurs fils, et grosses deux
fois d'un même enfant. Je vis tout le monde bien empêché pour accompagner Arthémise; les uns la vouloient
rejoindre à son mari, à cause de leur amour tant vanté;
les autres la porter à l'hôpital des femmes enceintes, alléguant que d'avaler de la cendre, comme elle avoit fait,
étoit une envie de femme grosse; mais elle apaisa tous
leurs contrastes, se logeant d'elle-même avec des Blan-
chisseuses qu'elle aperçut : « A la charge, leur cria-t-elle,
que, pour la peine de vous aider à vos lessives, j'aurai les
cendres à ma disposition. » Thésée demandoit à loger
avec des Tisserands, se promettant de leur apprendre à
conduire le fil. Persée, le brave d'Andromède, se trouvoit
également bien avec tous les Instituteurs d'Ordres¹, parce
qu'ils ont tous, comme lui, défendu les femmes. Néron,
pour la place duquel il avoit été tant débattu, choisit enfin de lui-même l'appartement d'Érostrate, ce fameux
insensé, qui brûla le Temple de Diane : « Car je suis,
dit cet Empereur en marchant, personne qui aime autant
que lui à me chauffer de gros bois. » Juvénal, Perse,
Horace, Martial, et presque tous les Épigrammatistes et
Satiriques, furent envoyés au manége, avec les Écuyers
d'Académie, pour ce qu'ils ont réputation d'avoir su bien
piquer². On mit pareillement avec ces Poëtes force Es-
pingliers, Éguilletiers, Fourbisseurs et autres, dont la
besogne ainsi que les ouvrages ne valent rien sans pointes. Le Duc de Clarence, qui se noya volontairement
dans un tonneau de malvoisie³, alloit cherchant Diogène,
sur l'espérance d'avoir pour gîte la moitié de son tonneau; mais, comme il ne se rencontra pas, et qu'on aper-

---

¹ Les fondateurs d'ordres religieux.
² On disait *piquer*, au neutre, dans le sens de *monter* à cheval.
³ Georges, duc de Clarence, frère du roi d'Angleterre Édouard IV, choisit ce genre de suicide en 1478, pour se soustraire à l'exécution d'une sentence de mort.

eut le grand Socrate qui n'étoit pas encore attelé : « Voici justement votre fait, lui dit-on, car, vous et ce Philosophe, êtes tous deux morts de trop boire. » Socrate fit une profonde révérence à ses Juges, et leur montra du doigt le vieux Héraclite, qui attendoit un Collègue; on donna ordre aux Héros de Romans de l'emmener avec eux : « C'est un personnage, leur dit le Fourrier qui les aparia, dont vous aurez toute sorte de contentement; il a un cœur de chair. Vous ne lui raconterez point vos aventures, comme c'est entre vous une chose inévitable, sans lui tirer des larmes, car il n'est pas moins que vous tendre à pleurer. » Eurydice prit la main d'Achille : « Marchons, lui dit-elle, marchons! Aussi bien, ne nous sauroit-on mieux assortir, puisque nous avons tous deux l'âme au talon [1]. » Je vis placer Curtius, ce fameux Romain, qui se précipita dans un gouffre pour sauver Rome, avec un certain Brutal, qui s'étoit fait tuer en protégeant une femme débauchée. Je m'étonnai aussi de voir assortir des personnes si dissemblables; mais on me répondit qu'ils étoient tous deux morts pour la Chose publique. Ensuite, on associa Icare avec Prométhée, pour avoir été l'un et l'autre trop âpres à voler. Écho fut logée avec nos Auteurs modernes, d'autant qu'ils ne disent, comme elle, que ce que les autres ont dit; le Triumvirat de Rome avec celui d'Enfer, c'est-à-dire Antoine, Auguste et Lépide, avec Radamante, Éaque et Minos, sur ce qu'on représenta que ceux-là, de même que ceux-ci, avoient été juges de mort. On pensa mettre Flamel, qui se vantoit d'avoir la pierre [2], avec les défunts de cette maladie; mais il s'en offensa, disant que la sienne étoit la Pierre Phi-

---

[1] Achille n'était vulnérable qu'au talon : c'est au talon que le frappa la flèche de Pâris. Eurydice, femme d'Orphée, fut mordue au talon par un serpent.
[2] Nicolas Flamel, écrivain juré de l'Université de Paris, au commencement du quatorzième siècle, passait pour s'être enrichi à l'aide de la pierre philosophale.

losophale, et qu'il y avoit une différence presque infinie entre les vertus de ces deux sortes de Pierres : « Car les Graveleux, continua-t-il, ne sont tourmentés de la leur, qu'après qu'elle est formée, au contraire de nous qui n'en sommes travaillés que durant sa conception, outre que nous ne nous faisons jamais tailler de la nôtre. » Ses raisons ouïes, on l'envoya trouver Josué, parce que quelques-uns se vantèrent d'avoir aussi bien que lui fixé le Soleil [1]. Quantité d'autres Chimistes suivoient celui-ci avec grand respect, et recueilloient, comme des oracles, des sottises qu'il leur débitoit, dans lesquelles ces pauvres fous s'imaginoient être enveloppé le secret du grand Œuvre. On les mi-partit, les uns avec les Charbonniers, comme des gens de fourneau; les autres, avec ceux qui ont donné des soufflets aux Princes[2]. On mit Hécube avec Cerbère, pour augmenter le nombre des Portiers infernaux. Elle aboya fort contre les Maréchaux des logis, à cause de cet affront; mais on la satisfit, lui remontrant qu'elle étoit un monstre à trois têtes aussi bien que l'autre, puisque comme chienne elle en avoit une, comme femme deux, et qu'un et deux font trois. Je me souviens qu'on en mit quelques-uns à part, entre lesquels fut Midas, parce qu'il est le seul au monde qui se soit plaint d'avoir été trop riche. Phocion fut de même séparé des autres, s'étant trouvé le seul qui jamais ait donné de l'argent pour mourir; et Pygmalion pareillement ne fut associé de personne, à cause qu'il n'y a jamais eu que lui qui ait épousé une femme muette. Après cette distribution, par laquelle chacun fut mis dans sa chacunière, les images de mon Songe, n'étant plus si distinctes, ne me laissèrent apercevoir que des peintures générales; par exemple, je vis le corps entier des Filous s'associer avec les Chasseurs d'aujourd'hui, parce qu'ils tirent en vo-

---

[1] L'or est désigné sous le nom de *soleil* dans les livres d'alchimie.
[2] On appeloit par dérision les alchimistes *souffleurs*.

lant¹; nos Auteurs de Romans avec Esculape, parce qu'ils font en un moment des cures miraculeuses ; les Bourreaux avec les Médecins, à cause qu'ils sont payés pour tuer. Une grande troupe de Tireurs d'armes demandoient aussi d'être logés avec Messieurs de la Faculté, parce que l'art d'escrime leur donne, aussi bien qu'à eux, la connoissance de la tierce et de la quarte; mais on les mit avec les Cordonniers : d'autant que la perfection du métier consiste à bien faire une botte. Parmi le vacarme confus d'une quantité de mécontens, je distinguai la voix de Bouteville², qui fulminoit de ce que tout le monde refusoit sa compagnie; mais sa colère ne lui servit de rien : personne ne l'osoit accoster, de peur de prendre querelle. Cet homme portoit la solitude avec lui; et je vis l'heure qu'il alloit être réduit à se faire Ermite, s'il ne se fût enfin accommodé avec les Grammairiens Grecs, qui ont inventé le duel³. Un Opérateur, qui distribuoit les remèdes, augmentoit la presse, à cause du grand nombre de sots dont il étoit environné; plusieurs le consultoient, et j'aperçus, entre autres, la femme d'Orphée, qui demandoit un cataplasme pour la démangeaison des yeux. Priam vint aussi lui demander de l'onguent pour la brûlure, mais l'Opérateur n'en eut pas assez, car la Ville de ce pauvre Prince étoit toute brûlée⁴. Je vis là quantité d'Avocats condamnés au feu, afin qu'ils vissent clair à certaines affaires trop obscures. Quant aux sages, ils furent mis avec les Architectes, comme gens qui doivent user de règle et de

---

¹ *Tirer* était, à cette époque, synonyme de *voler*. On disait d'abord *tireurs de laine*, pour désigner les voleurs de nuit dont les rues de Paris étaient infestées. On dit encore *voler à la tire*, pour qualifier un certain art de voler que pratiquent les filous en plein jour.

² François de Montmorency, comte de Bouteville, le plus fameux duelliste de son temps, condamné à mort pour s'être battu en duel sur la place Royale, à Paris, et exécuté en 1627.

³ Nombre particulier à la grammaire grecque.

⁴ La ville de Troie, incendiée par les Grecs, qui l'avaient assiégée pendant dix ans.

compas. Il ne fut jamais possible de séparer les Furies des Épiciers, tant elles avoient peur de manquer de flambeaux. Je fus bien étonné de rencontrer Tibère, lequel, en attendant qu'on le plaçât, se reposoit, couché sur des cailloux. Je lui demandai s'il ne reposeroit pas mieux sur un lit : « Eh! je craindrois, me répliqua-t-il, que la chaleur de la plume ne me causât quelque chose de pire que la pierre [1]. » Sur ces entrefaites, Agrippine, la mère de Néron, le conjura de la venger de ce que Sénèque avoit publié qu'elle avoit eu quatre enfans depuis son mariage; elle paroissoit furieuse et toute hors de soi, mais Néron l'apaisa par ces paroles : « Madame, il ne faut croire d'un médisant, que la moitié de ce qu'il dit. » Les Parques se contentèrent de demeurer avec de pauvres Villageoises, qui nourrissent leurs maris de leurs quenouilles, quand on leur eut appris, que, aussi bien qu'elles, ces Paysannes avoient filé la vie des hommes. Il vint là certains Batteurs en Grange, et parce qu'ils manquoient de fléau, on leur fit prendre Attila pour s'en servir, à faute d'autres [2]. Les Effrontés s'associèrent des Gardeurs de lions, afin d'apprendre d'eux à ne point changer de couleur. J'en aurois encore bien vu d'autres, si onze heures, qui sonnèrent à ma montre, ne m'eussent éveillé et rappelé, dans ma mémoire, qu'à toute heure de jour et de nuit, je suis et serai, jusqu'au dernier somme,

Monsieur,

Votre très-affectionné Serviteur.

---

[1] Il entend peut-être par là que les tyrans tels que Tibère ont à redouter plus que tout la *plume* de la satire et de l'histoire.
[2] Attila s'était baptisé lui-même *Fléau de Dieu*.

XVIII

A MONSIEUR D. L. M. L. V. L. F.

CONTRE LES FRONDEURS [1]

Le lecteur doit être averti, que cette Lettre fut envoyée pendant le Siége de Paris, et durant la plus violente animosité des Peuples contre Monseigneur le Cardinal : on ne s'étonnera donc pas d'y voir des choses un peu moins ajustées à l'état présent des Affaires, qui ont beaucoup changé depuis ce temps-là.

MESSIEURS,

Il est vrai, je suis Mazarin ; ce n'est ni la crainte, ni l'espérance qui me le font dire avec tant d'ingénuité ; c'est le plaisir que me donne une vérité, quand je la prononce. J'aime à la faire éclater, sinon autant que je le puis, du moins autant que je l'ose ; et suis tellement

---

[1] Cette mazarinade, qui fut probablement écrite à l'instigation des chefs du parti mazariniste, sinon sous l'inspiration du cardinal lui-même, après la guerre de Paris, à la fin de 1651, sans doute (car on y parle du Siége de Paris comme d'un fait dès longtemps accompli), a été certainement imprimée en province, pour être distribuée, non pas pendant le Siége de Paris, comme le dit la note préliminaire de l'auteur, qui reculait à dessein la date de cette pièce, mais bien au moment où le cardinal, banni par arrêt du Parlement, rentrait en France à la tête d'une armée et retournait auprès du jeune roi. Nous n'avons pas réussi à la reconnaître parmi les innombrables mazarinades que M. Moreau a classées et cataloguées avec tant de patience et de soin. Cyrano, qui a mis beaucoup de bon sens et de sagesse dans son factum contre les Frondeurs, oubliait sans doute qu'il avait lui-même, dans la première effervescence de la Fronde, fort maltraité le cardinal en vers burlesques, s'il est, comme nous le pensons, l'auteur du *Ministre d'État flambé*.

antipathique avec son adversaire, que, pour donner un
juste démenti, je reviendrois de bon cœur de l'autre
monde. La Nature s'est si peu souciée de me faire bon
Courtisan, qu'elle ne m'a donné qu'une langue pour mon
cœur et pour ma fortune. Si j'avois brigué les applaudissemens de Paris, ou prétendu à la réputation d'éloquent,
j'aurois écrit en faveur de la Fronde, à cause qu'il n'y a
rien qu'on persuade plus aisément au Peuple, que ce
qu'il est bien aise de croire ; mais, comme il n'y a rien
aussi qui marque davantage une âme vulgaire, que de
penser comme le vulgaire, je fais tout mon possible pour
résister à la rapidité du torrent, et ne me pas laisser emporter à la foule ; et, pour commencer, je vous déclare
encore une fois que je suis Mazarin. Je ne suis pourtant
pas si déraisonnable, que je ne vous veuille apprendre la
cause pourquoi je me suis rangé de votre parti. Vous saurez donc que c'est parce que je l'ai trouvé le plus juste, et
parce qu'il est vrai que rien ne nous peut dispenser de
l'obéissance que nous devons à notre légitime Souverain ;
car, bien que les Frondeurs nous en jettent des pierres,
je prétends les refronder contre eux si vertement, que je
les délogerai de tous les endroits, où leur calomnie a fait
fort contre son Éminence. Les premiers coups qu'ont en
vain tentés les Poëtes du pont Neuf[1], contre la réputation
de ce grand Homme, ont été d'alléguer qu'il étoit Italien ; à cela je réponds (non point à ces héros de papier
brouillard, mais aux personnes raisonnables qui méritent
d'être désabusées) qu'un honnête homme n'est ni François, ni Allemand, ni Espagnol ; il est Citoyen du Monde,

---

[1] Cyrano qualifie ainsi tous les poëtes burlesques qui s'étaient
mis à la solde de la duchesse de Longueville et des princes chefs
de la Fronde, et qui, sous le voile de l'anonyme ou sous des noms
déguisés tels que le sieur de La Valise, Nacar, etc., publiaient une
multitude de vers satiriques contre le cardinal de Mazarin. On
criait ces feuilles volantes dans les rues, et principalement sur le
pont Neuf, devant l'horloge de la Samaritaine, qui était le rendez-
vous des badauds et des aigrefins.

et sa patrie est partout. Mais je veux que Monsieur le Cardinal soit Étranger; ne lui sommes-nous pas d'autant plus obligés, de ce qu'il abandonne ses Dieux domestiques pour défendre les nôtres? Et puis, quand il seroit naturel Sicilien, comme ils le croient, ce n'est pas à dire, pour cela, qu'il soit vassal du roi d'Espagne; car l'Histoire est témoin que nos lis ont plus de droit à la souveraineté de cet État, que les châteaux de Castille [1].

Mais ils sont très-mal informés de son berceau; car, encore que la Maison des Mazarins fût originaire de Sicile, Monsieur le Cardinal est né dans Rome; et, puisqu'il est citoyen d'une ville neutre, il a pu, par conséquent, s'attacher aux intérêts de la Nation qu'il a voulu choisir. On sait bien que le Peuple de Rome, et les Nobles et les Cardinaux, s'attachent ainsi à la protection particulière, ou d'un Roi, ou d'un Prince, ou d'une République. Il y en a qui tiennent pour la France; d'autres, pour l'Espagne, d'autres, pour d'autres Souverains, et Son Éminence, embrassant le bon droit de notre cause, a voulu suivre l'exemple de Dieu, qui se range toujours du parti le plus juste. Certes, l'heureux succès de nos Armes a bien fait voir et l'excellence de son choix et la justice de notre cause; et notre État, agrandi sous son Ministère, a bien témoigné qu'en sa faveur le Ciel avoit fait sa querelle de la nôtre. Aussi, presque tous ceux qui ont demandé sa sortie, se sont depuis trouvés Pensionnaires des Ennemis de cette couronne; et la gloire des belles actions de notre grand Cardinal, qui multiplie ses rayons, a bien fait voir que, son éclat leur faisant mal aux yeux, ils ont imité les loups de la Fable, qui promettoient aux brebis de les laisser en paix, pourvu qu'elles éloignassent le chien de leur Bergerie.

Enfin, ces réformateurs d'État, qui couvrent leurs noirs desseins sous le masque du bien public, n'ont autre

---

[1] Allusion aux trois châteaux qui sont dans les armes de Castille.

chose à rechanter, sinon que Monsieur le Cardinal est Italien. Oui, mais de quoi se peuvent-ils plaindre? il n'avance que des François, et ceux dont la grandeur ne sauroit faire d'ombre. Il n'a fait aucune créature, et nous voyons à la Cour trente Seigneurs Italiens, de fort grande Maison, dont les uns, attirés, par la proximité du sang avec lui, les autres, par sa renommée, sont ici depuis dix ans à se morfondre, d'autant qu'il ne les a pas jugés utiles au service du Roi. Cependant, quelque sagesse qu'il emploie à la conduite du Gouvernement, elle déplaît à nos politiques Bourgeois ; ils décrient son Ministère, mais ce n'est pas d'aujourd'hui, que les malheureux imputent à la bonne fortune des autres les mauvais offices de la leur. Dans le chagrin qui les ronge, ils se plaindroient de n'avoir pas de quoi se plaindre. Parce que Son Éminence n'a point fait de créatures, ils l'appellent ingrat ; s'il en eût fait, ils l'auroient accusé d'ambition. A cause qu'il a poussé nos frontières en Italie, il est traître à son Pays ; et, s'il n'eût point porté nos Armes de ce côté-là, il se seroit entendu contre nous avec ses compatriotes. Enfin, de quelque biais qu'on avance la gloire de ce Royaume, Son Éminence aura toujours grand tort, à moins qu'elle ne fasse ses envieux assez grands pour ne lui plus porter d'envie. Que le feu des calomnies pousse donc tant qu'il voudra sa violence contre elle, sa réputation est un rocher au milieu des flots, que la tempête lave au lieu d'ébranler, et cette même force, qui le rend capable de supporter le faix d'un Empire, ne l'abandonnera pas, quand il sera question de supporter des injures.

La seconde batterie, dressée contre lui, attaque sa naissance. Eh quoi ! sommes-nous obligés d'instruire des ignorans volontaires? Leur devons-nous apprendre, à cause qu'ils font semblant de ne le pas savoir, que la famille des Mazarins, de laquelle est sorti le père de Monsieur le Cardinal, est non-seulement des plus nobles, mais encore des mieux alliées de toute l'Italie, et que les armes de son illustre race sont des plus anciennes entre toutes celles dont la vieille Rome a conservé le nom? L'ignorance des sots auroit un grand privilége, si nous étions obligés d'écouter patiemment le rebours de toutes les vérités qui ne sont pas de sa connoissance.

Le Peuple de la Place Maubert et des Halles ne veut pas tomber d'accord de ces vérités, qui sont manifestes ; mais ce Peuple ne seroit pas de la lie, s'il pouvoit être sainement informé de quelque chose ; outre que c'est la coutume, quand il aperçoit des vertus élevées d'une hauteur où sa bassesse ne peut atteindre, de s'en venger, à force d'en médire. Quoique Monsieur le Cardinal de Richelieu fût très-connu, qu'il sortît d'une des plus anciennes Maisons de Poitou, qu'il touchât de parenté aux Seigneurs François de la plus grande marque, et que nos Princes mêmes partageassent avec lui le sang de leurs Aïeux, sa Noblesse ne laissa pas de lui être contestée. De semblables contes ne tarissent jamais dans la bouche des Séditieux, qui cherchent partout un prétexte de refuser l'obéissance qu'ils doivent à ceux que le Ciel leur a donnés pour Maîtres.

Ils le poursuivent encore, et l'accusent d'avoir protégé les Cardinaux Barberins. Eût-il été honorable à la France d'abandonner des personnes sacrées qui réclamoient son secours, les neveux d'un Pape, qui avoit été durant tout son règne le fidèle ami de la France? Les autres Nations n'auroient-elles pas attribué ce délaissement à l'impuissance de les maintenir? Et ce témoignage de foiblesse n'auroit-il pas porté grand coup à Sa Majesté Très-Chrétienne, de qui l'empire se soutient autant sur sa réputation que sur sa force ?

Quand nos calomniateurs se sentent pressés en cet endroit, ils changent de terrain, et crient qu'il a fait sur les Peuples des extorsions épouvantables. Pour moi, je ne sais pas si la canaille entretient des intelligences dans les Royaumes étrangers, qui l'informent plus au vrai du maniement des Finances, que n'en sont instruits le Conseil, l'Épargne et la Chambre des Comptes. Je sais bien que la Cour de Parlement de Paris, qui l'accusoit du transport et du mauvais emploi de tant de comptant, après avoir examiné dans un si long loisir les traités et les négociations de Cantarini[1], ne lui a pas même imputé la diversion d'un quart d'écu ; et je pense que ses ennemis n'eussent pas oublié de le charger de Péculat, s'il s'en fût trouvé convaincu, plutôt que de faux crimes, dont ils ont en cela essayé de le noircir, manque de véritables. Outre cela, le Royaume est-il chargé d'aucun impôt qui ne fût établi dès l'autre règne ? Encore, il me semble qu'on ne les exige point avec tant de rigueur, qu'il se pratiquoit alors, quoique le fonds avancé par les Traitans eût été consommé, dès le vivant de Monsieur le Cardinal de Richelieu, et qu'il ne faille pas laisser maintenant de continuer la guerre contre les mêmes Ennemis. Croient-ils donc qu'avec des feuilles de chêne, on paye cinq ou six Armées ; qu'on lève, toutes les Campagnes, de nouveaux gens de guerre ; qu'on entretienne les correspondances qu'il faut avoir et dedans et dehors ; qu'on fasse révolter des Provinces et des Royaumes entiers contre nos Ennemis ; enfin, qu'un seul Ministre domine au sort de tous les Potentats de la Terre, sans de prodigieuses sommes d'argent, qui seules sont capables de nous acheter la Paix ? Oui, car Monsieur le Drapier se figure qu'il en va du Gouvernement d'une Monarchie, comme des gages de sa Chambrière, ou de la pension de son fils Pierrot.

Ils ajoutent à leurs ridicules contes et hors de saison, que les choses ont réussi très-souvent au rebours de ce qu'il avoit conseillé. Je le crois, car il est maître de son raisonnement, non pas des caprices de la Fortune. Nous

---

[1] Ce personnage devait être l'intendant ou le trésorier du cardinal, mais nous n'avons pas trouvé son nom dans les mémoires historiques ni dans les pamphlets du temps.

voyons si souvent de bons succès autoriser de mauvais[es] conduites! Et je m'étonnerois bien davantage, qu'à t[ra]vers les ténèbres de l'avenir, un homme pût, avec les ye[ux] de sa pensée, fixer un ordre aux événemens hasardeux, par son attention conduire les allures de la fatalité.

Quand ces causeurs ont été repoussés à cette attaqu[e] ils lui reprochent un Palais qu'il a fait bâtir à Rom[e]. Mais qu'ils apprennent qu'en cette Cour-là le moindre d[es] Cardinaux y a le sien. Étant Cardinal François, la pom[pe] d'un Palais dans Rome tourne à la gloire de la Franc[e], comme sa bassesse iroit dans l'esprit des Italiens à [la] honte de notre Nation. Il y a eu de nos Rois (je dis d[es] plus augustes) qui ont fourni librement à des Cardina[ux] des sommes très-considérables pour bâtir leurs palais, [à] condition que sur le portail ils feroient arborer [les] Fleurs de Lis; et, malgré tant de motifs spécieux, un m[i]sérable petit Mercier, en roulant ses rubans, ne trou[ve] pas à propos que Monsieur le Cardinal fasse bâtir à s[es] dépens une maison!

La canaille murmure encore, et crie qu'il n'a auc[un] lieu de retraite, si la France l'abandonnoit. Eh! quoi don[c,] Messieurs les aveugles, à cause que, pour vous protég[er] et conserver, il s'est fait des ennemis par toute la ter[re,] c'est un homme détestable et abominable, et vous le jug[ez] indigne de pardon? Sa faute, en effet, n'est pas pardo[n]nable, d'avoir si fidèlement servi des ingrats! Et Di[eu,] qui le vouloit donner en exemple à ceux qui s'expose[nt] pour le peuple, a permis que, s'étant comporté aussi g[é]néreusement que Phocion, Périclès et Socrate, il ait ren[]contré d'aussi méchans citoyens, que ceux qui condam[]nèrent jadis ces grands hommes.

On le blâme ensuite de ce qu'il a refusé la paix, et m[a] Blanchisseuse m'a juré que l'Espagne l'offroit à des co[n]ditions très-utiles et très-honorables pour ce Royaume[.] J'exhorte les Sages qui ne doivent pas juger sur des app[a]rences, de se ressouvenir que le temps auquel nos Plén[i] potentiaires ont refusé de la conclure, est lorsque commencèrent les plus violens accès de la révolte de Naples, et que la fortune sembloit alors nous offrir la restitution d'un État qui nous appartient[1]. Il eût été contre toutes les règles de la prudence humaine, d'en négliger la conquête qui nous étoit comme assurée ; outre que le Roi Catholique ayant toujours insisté que nous abandonnassions les intérêts du Roi de Portugal, il ne nous étoit pas licite, à moins de passer pour la plus perfide des Nations, de signer la paix, sans qu'il fût compris dans le traité, puisqu'il n'avoit hasardé que sur notre parole de remettre la Couronne sur la tête de sa Race.

Mais voici le dernier choc et le plus violent, dont ils prétendent obscurcir la splendeur de sa gloire. « Il est, disent-ils, auteur du Siége de Paris. » Je leur réponds en premier lieu, qu'il l'a dû conseiller, la Reine Régente ayant été avertie de plusieurs complots qui se brassoient contre la personne du Roi. Cependant, le bruit même commun tombe d'accord qu'il n'a pas été le premier à prêter sa voix pour la résolution de cette entreprise, et qu'au contraire on l'a toujours blâmé d'avoir pris des voies trop portées à la douceur. De plus, pourquoi vouloir qu'il ait ordonné lui seul l'enlèvement de notre jeune monarque ? Les gens du métier savent qu'il n'est pas seul dans le Conseil, et qu'il n'y porte son opinion que comme un autre. Bien loin donc d'avoir été le seul auteur de ce dessein, il n'a pas même souffert qu'on exécutât contre la Ville les choses qui sans doute eussent hâté sa réduction, parce qu'elles semblèrent à son naturel humain un peu trop cruelles. Et si les Parisiens me demandent quelles sont ces choses, je leur ferai connoître

---

[1] La révolte de Masaniello (1647), qui amena l'entreprise aventureuse et romanesque du duc de Guise (Henri de Lorraine), que la fortune fit presque roi de Naples et que le cardinal Mazarin eut le tort de ne pas soutenir ouvertement, au nom des droits du roi de France, avec une armée et une flotte françaises.

qu'il pouvoit, par exemple, avec beaucoup de justice, faire punir de mort les prisonniers de guerre en qualité de traîtres et de rebelles à leur Roi. Il pouvoit, d'ailleurs, en une nuit, s'il l'eût voulu, avec l'intelligence qu'il avoit au dedans, faire saccager et brûler les Faubourgs, qui n'étoient que fort foiblement gardés ; chasser les fuyards dans la Ville pour l'affamer, ou bien les passer au fil de l'épée, à l'exemple de Henri IV, qui fit des veuves, en moins d'un jour, de la moitié des femmes de Paris, et diminuer par cette saignée la fièvre des habitans. Mais, au lieu de ces actes d'hostilité, il défendit même d'abattre les moulins qui sont autour de la Ville, quoiqu'il sût que par leur moyen elle recevoit continuellement force blés ; et, encore qu'il eût avis de toutes les marches de leurs gens de guerre, il faisoit souvent détourner les troupes Royales, des routes de nos convois, pour n'être point obligé de nous affamer et nous battre en même temps.

Il a donc assiégé Paris. Mais de quelle façon ? Comme celui qui sembloit avoir peur de le prendre ; comme un bon père à ses enfans, il s'est contenté de leur montrer les verges et les a longtemps menacés, afin qu'ils eussent le loisir de se repentir ; et puis, à parler franchement, leur maladie étant un effet de leur débauche, il étoit du devoir d'un bon Médecin, de les obliger à faire une diète[1]. En vérité, s'il étoit permis de se dispenser à la raillerie sur une matière de cette importance, je dirois que, la veille des Rois, le nôtre voyant dans sa Capitale tant d'autres Rois arrivés de nuit, il sortit contre eux, et voulut essayer de vaincre cinquante mille Monarques.

Voilà, je pense, tous les chefs, par qui la canaille a

---

[1] Lorsque les armées du roi assiégeaient ou plutôt bloquaient Paris après les barricades de 1649, le cardinal de Mazarin, qui s'était retiré au château de Saint-Germain avec la reine régente et le jeune roi, laissa croire aux Parisiens qu'il voulait prendre la ville par famine. Il y eut alors dans la capitale un moment de disette et de panique, qui a donné naissance à plusieurs mazarinades. La

tâché de rendre odieuse la personne de son Éminence, sans avoir jamais eu aucun légitime sujet de s'en plaindre. Cependant ils ne laissent pas de décrier ses plus éclatantes vertus, de blâmer son Ministère, et lui préférer son prédécesseur. Mais par quelle raison? Je n'en sais aucune, si ce n'est peut-être, parce que Monsieur le Cardinal Mazarin n'envoie personne à la mort, sans connoissance de cause; parce qu'il n'a point une Cour grasse du sang des Peuples; parce qu'il ne fait point trancher la tête à des Comtes, à des Maréchaux, et à des Ducs et Pairs; parce qu'il n'éloigne pas les Princes de la connoissance des affaires; parce qu'il n'est pas d'humeur de se venger; enfin, parce que même ils le voient si modéré, qu'ils en prévoient l'impunité de leurs attentats. Voilà pourquoi ces Factieux ne le jugent pas grand Politique. Ô stupide Vulgaire! un Ministre bénin te déplaît; prends garde de tomber dans le malheur des oiseaux de la Fable, qui, ayant demandé un Chef, ne se contentèrent pas du gouvernement de la Colombe que Jupiter leur donna, qui les gouvernoit paisiblement, et crièrent tant après un autre, qu'ils obtinrent un Aigle qui les dévora tous. Défunt Monsieur le Cardinal[1] étoit un grand Homme aussi bien que son Successeur; mais, n'ayant pas assez de hardiesse pour décider de leurs mérites, je me contenterai de faire souvenir tout le monde, que Monsieur le Cardinal de Richelieu eut l'honneur d'être choisi par le feu Roi Louis XIII, le plus juste Monarque de l'Europe, pour être son Ministre; et Monsieur le Cardinal Mazarin, par le Cardinal de Richelieu même, le plus grand Génie de son siècle.

Au reste, on a tort d'alléguer que nous sommes dans

---

plus rare est intitulée la *Famine, ou les Putains à cul*, par le sieur de La Valise; la plus plaisante, le *Rabais du pain*, en vers burlesques; mais déjà une autre mazarinade annonçait le *Retour de l'abondance dans les ports et places publiques de Paris*.

[1] Le cardinal de Richelieu.

un Gouvernement où les Armes, les Lettres et la Piété sont méprisées. Je soutiens, au contraire, qu'elles n'ont jamais été si bien reconnues. Les Armes, témoin Messieurs de Gassion et de Rantzau [1], qui, par son crédit et son conseil, ont été faits Maréchaux de France, sans parler de Monsieur le Prince [2], qui, des bienfaits de la Reine, possède plus, lui seul, que quelques Rois de l'Europe. La Piété, témoin le Père Vincent [3], qu'elle a commis pour juger des mœurs, de la conscience, et de la capacité de ceux qui prétendent aux Bénéfices. Les Lettres, témoin le judicieux choix qu'il a fait d'un des premiers Philosophes de notre temps [4], pour l'éducation de Monsieur le frère du Roi. Témoin le docte Naudé [5], qu'il honore de son estime, de sa table et de ses présens ; et bref, témoin cette grande bibliothèque, bâtie pour le public, à laquelle, par son argent et ses soins, tous les Savans de l'Europe contribuent. Qu'ajouter, Messieurs,

---

[1] Gassion fut fait maréchal de France en 1645 ; Rantzau en 1645. Ce dernier mourut en 1650, après avoir perdu à la guerre un bras, une jambe, un œil et une oreille.

[2] C'était le prince de Condé, Henri II du nom, qu'on appelait *M. le Prince*, comme étant le premier prince du sang.

[3] C'est Vincent de Paul, qui fut canonisé en 1737, soixante-dix-sept ans après sa mort. Il fut l'instituteur et le premier supérieur de la congrégation de la Mission. Il était alors (1651) en grande faveur à la cour ; il avait la haute main dans le Conseil des affaires ecclésiastiques, qu'il dirigeait avec autant de prudence que de charité. Il mourut en 1660, âgé de quatre-vingt-cinq ans.

[4] Pierre de Lamothe Le Vayer, ami de Gassendi, s'était fait connaître par de nombreux traités de philosophie et de morale.

[5] Le célèbre Gabriel Naudé, médecin de Louis XIII et bibliothécaire de Mazarin, fut le créateur et l'organisateur de cette admirable bibliothèque que le cardinal avait formée à grands frais dans le local même qu'occupe aujourd'hui la Bibliothèque impériale. Les livres qui composaient la bibliothèque de l'hôtel Mazarin ayant été en partie vendus et dispersés pendant la Fronde, Naudé travaillait avec ardeur à en rassembler d'autres, pour refaire la même collection en l'augmentant, lorsqu'il mourut en 1653. Voy. dans son *Mascurat* tout ce qu'il rapporte des intentions libérales de Mazarin à l'égard de cette bibliothèque offerte aux études du public lettré.

après cela? Rien, sinon que la gloire de ce Royaume ne sauroit monter plus haut, puisqu'elle est dans Son Éminence. Ne trouvez-vous pas à propos que le Peuple cesse enfin de lasser la patience de son Prince, par les outrages qu'il a faits à son Favori ; qu'il accepte avec respect le pardon qu'on lui présente sans le mériter? Non, Monsieur, il ne le mérite pas, car est-ce une faute pardonnable, de se rebeller contre son Roi, l'image vivante de Dieu; tourner ses armes contre celui qu'il nous a donné pour exercer et sur nos biens et sur nos vies les fonctions de sa Toute-Puissance? N'est-ce pas accuser d'erreur la Majesté Divine, de contrôler les volontés du Maître qu'elle nous a choisi? Je sais bien qu'on peut m'objecter que les particuliers d'une République ne sont pas hors la voie de salut ; mais il est très-vrai, néanmoins, que comme Dieu n'est qu'un à dominer tout l'Univers, et que comme le Gouvernement du Royaume Céleste est monarchique, celui de la Terre le doit être aussi. La Sainte Eucharistie fait foi que Dieu n'a jamais ordonné un seul État populaire, et quelques rabbins assurent que le péché des Anges[1] fut d'avoir fait dessein de se mettre en République. Ne voyons-nous pas même qu'il a, longtemps avant sa venue, donné David pour roi au peuple d'Israël, et que depuis notre Rédemption, il a fait descendre du Ciel la sainte Ampoule, dont il a voulu que nos Rois fussent sacrés, afin de les distinguer par un caractère surnaturel de tous ceux qui naîtroient pour leur obéir? L'Église militante, qui est l'image de la triomphante, est conduite monarchiquement par les Papes ; nous voyons que jusqu'aux maisons particulières, il faut qu'elles soient gouvernées par une espèce de Roi, qui est le père de famille. C'est comme un premier ressort dans la société, qui meut nos actions avec ordre ; et c'est cet instinct secret, qui nécessite tout le monde à se soumettre aux Rois. Ce peu-

---

[1] La chute des anges rebelles.

ple a beau tâcher d'éteindre en son âme cette lumière qui le guide à la soumission ; il est, à la fin, emporté malgré lui par la force de ce premier mobile, contraint de rendre l'obéissance qu'il doit. Mais cependant celui de Paris a bien eu la témérité de lever ses mains sur l'Oint du Seigneur, alléguant pour prétexte que ce n'est pas au Roi qu'il s'attaque, mais à son Favori; comme si, de même qu'un Prince est l'image de Dieu, un Favori n'étoit pas l'image du Prince ! Mais c'est encore trop peu de dire l'image, il est son fils. Quand il engendre selon la chair, il engendre un Favori : en tant qu'homme, il fait un Successeur; en tant que Roi, il fait une Créature ; et s'il est vrai que la création, soit quelque chose de plus noble que la génération, parce que la création est miraculeuse, nous devons adorer un Favori, comme étant le miracle d'un Roi. Ainsi, quand même ce ne seroit que contre Son Éminence qu'il prend les armes, pense-t-il être Chrétien, lorsqu'il attente aux jours d'un Prince de l'Église? Non, Monsieur, il est Apostat; il offense le Saint-Esprit qui préside à la promotion de tous les Cardinaux ; et vous ne devez point douter qu'il ne punisse leur sacrilége aussi rigoureusement qu'il a puni le massacre du Cardinal de Guise[1], dont la mort, quoique juste, saigna durant vingt ans par les gorges de quatre cent mille François. Mais encore quel fruit peut-il se promettre d'une rébellion qui ne peut jamais réussir ? Et quand même elle réussiroit jusqu'à renverser la Monarchie de fond en comble, quel avantage en recueilleroit-il? Tel qui ne possède aujourd'hui qu'un manteau, n'en seroit pas alors le maître. Il seroit auteur d'une désolation épouvantable ; dont les petits-fils de ses arrière-neveux ne verroient[2] pas la fin. Encore, est-il

[1] Louis de Lorraine, cardinal de Guise, tué au château de Blois, en 1588, le lendemain de l'assassinat de son frère Henri, duc de Guise. Ce double meurtre politique fut, en effet, la principale cause des troubles sanglants de la Ligue.

[2] Cyrano écrit *voiroient*.

bien grossier, s'il se persuade que la Chrétienté puisse voir, sans y prendre intérêt, la perte du Fils aîné de l'Église. Tous les Rois de l'Europe n'ont-ils pas intérêt à la conservation d'un Roi qui les peut remonter un jour sur leurs trônes, si leurs Sujets rebelles les en avoient fait trébucher? Et je veux que cette révolution arrivât, sans un plus grand bouleversement que celui dont saigne encore aujourd'hui la Hollande. Je soutiens que le Gouvernement populaire est le pire fléau dont Dieu afflige un État, quand il le veut châtier. N'est-il pas contre l'ordre de la Nature, qu'un Batelier ou un Crocheteur soient en puissance de condamner à mort un Général d'Armée, et que la vie d'un plus grand personnage soit à la discrétion des poumons du plus sot, qui à perte d'haleine demandera qu'il meure? Mais, grâce à Dieu, nous sommes éloignés d'un tel chaos. On se cache déjà pour dire *le Cardinal*, sans *Monseigneur*, et chacun commence à se persuader qu'il est malaisé de parler comme les marauds, et de ne le pas être. Aussi, quand tout le Royaume se seroit ligué contre lui, j'étois certain de sa victoire, car il est fatal aux Jules de surmonter les Gaules [1]. J'espère donc que nous verrons bientôt une réunion générale dans les esprits, et une harmonie parfaite entre les divers membres du corps de cet État. Comme M. de Beaufort [2] n'est animé que du Sang de France, il n'est pas croyable que ce Sang ne le retienne, quand il voudra rougir son fer dans le sein de sa Mère; et, de même que les ruisseaux, après s'être quittés et égarés quelque temps, reviennent enfin se réunir à l'Océan d'où ils s'étoient échappés, je ne doute pas que cet illustre Sang ne se rejoigne bientôt à sa source qui est le Roi. Pour les autres Chefs de Parti, je n'ai garde de si mal penser d'eux, que de croire qu'ils refusent de mar-

---

[1] C'est-à-dire: c'est la destinée des Jules de vaincre les Gaules; allusion à la guerre des Gaules par Jules César.

[2] Le duc de Beaufort, fils du duc de Vendôme et petit-fils d'Henri IV, dut à sa popularité d'être un des principaux instruments de la Fronde.

cher sur les pas d'un exemple si héroïque. Il me semble que je les vois déjà s'incliner de respect devant l'image du Prince : ils sont trop justes, faisant réflexion sur ce que les premiers de leurs races ont reçu de la faveur des Rois précédens, pour vouloir empêcher que le sort d'une autre Maison soit regardé à son tour d'un aspect aussi favorable.

M. le Coadjuteur [1] sait bien que le Duc de Retz, son grand-père, fut Favori d'Henri III. M. de Brissac [2] peut avoir lu que son aïeul fut élevé aux charges et aux dignités par le Roi Henri IV. M. de Luynes [3] a vu son père être le tout-puissant sur le cœur et la fortune du Roi Louis XIII. Et M. de La Mothe-Houdancourt [4] se souvient peut-être encore du temps qu'il étoit en faveur sous le Favori même du Roi défunt. Ils n'ont donc pas sujet de se plaindre que M. le Cardinal soit, dans son règne, ce qu'étoient leurs aïeux, où ce qu'ils ont été eux-mêmes dans un autre.

Mais quand toutes ces considérations seroient trop foibles pour les rappeler à leur devoir, ils sont généreux, et l'appréhension de paroître ingrats aux bienfaits qu'ils ont reçus de Sa Majesté, fera qu'ils aimeront mieux oublier leur mécontentement, que de passer pour méconnoissans; et l'exemple de mille traîtres, qui ont payé les faveurs de la Cour par des injures, ne portera aucun coup

---

[1] Le cardinal de Retz, qui était l'âme de la Fronde à Paris, faisait agir les ducs de Brissac et de Luynes.

[2] Le duc de Cossé-Brissac (Charles II du nom), gouverneur de Paris pour la Ligue, vendit cette ville à Henri IV, qui le nomma successivement maréchal de France, chevalier de ses ordres, duc et pair, etc. Il mourut en 1621.

[3] Louis-Charles d'Albert, duc de Luynes, fils du favori de Louis XIII, fut, comme son père, grand-fauconnier de France, mais non connétable.

[4] Ce maréchal de France, qui s'occupait plus volontiers de guerre que d'intrigues politiques, ne fut qu'un moment dans la Fronde, et, malgré ses sympathies pour le prince de Condé, se rattacha bientôt au parti du roi. Il avait été d'abord poussé à la cour par le connétable duc de Luynes, favori de Louis XIII.

sur leur esprit, qui sait trop que l'ingratitude est un vice
de coquin, dont la Noblesse est incapable. Il n'appartient
qu'à des Poëtes du pont Neuf, comme Scarron, de vomir
de l'écume sur la pourpre des Rois et des Cardinaux, et
d'employer les libéralités qu'ils reçoivent continuellement
de la Cour, en papier qu'ils barbouillent contre elle. Il a
bien eu l'effronterie (après s'être vanté d'avoir reçu de la
Reine mille francs de sa pension) de dire, que, si on ne
lui en envoyoit encore mille, il n'étoit pas en sa puissance
de retenir une nouvelle satire, qui le pressoit pour sortir
au jour, et qu'il conjuroit ses amis d'en avertir au plus
tôt[1]. Eh bien, en vérité, a-t-on vu, dans la suite de tous
les siècles, quelque exemple d'une ingratitude aussi effrontée? Ah ! Monsieur, c'est sans doute à cause de cela,
que Dieu, qui en a prévu la grandeur et le nombre, pour
le punir assez, a avancé, il y a déjà vingt ans, par une
mort continue, le châtiment des crimes qu'il n'avoit pas
commis encore, mais qu'il devoit commettre. Permettez-moi, je vous supplie, de détourner un peu mon discours, pour parler à ces Rebelles. Peuple séditieux, accou-
rez pour voir un spectacle digne de la Justice de Dieu !
C'est l'épouvantable Scarron, qui vous est donné pour
exemple de la peine que souffriront aux Enfers tous les
Ingrats, les Traîtres et les Calomniateurs de leurs Princes. Considérez en lui de quelles verges le Ciel châtie la
calomnie, la sédition et la médisance ! Venez, Écrivains
Burlesques, voir un hôpital tout entier dans le corps de

---

[1] « De tous les écrits que l'on fit contre le cardinal Mazarin, dit
le *Segraisiana* (édit. de la Haye, 1722, in-8), la *Mazarinade* de
Paul Scarron est celui qui lui fut le plus sensible. » Scarron publia d'abord, à Paris, en 1651, une satire en vers burlesques de huit
syllabes, sous ce titre: la *Juniade, ou Discours de l'Europe à M. le
duc d'Orléans, sur l'éloignement du cardinal Mazarin et le retour
des Princes*; avec une suite intitulée les *Adieux à Mazarin*. Cette satire, qui eut une vogue extraordinaire, encouragea Scarron à en
composer une autre, plus insolente encore, qui circula manuscrite
avant d'être imprimée sous le nom de la *Mazarinade*.

votre Apollon ; confessez, en regardant les écrouelles qui le mangent, qu'il n'est pas seulement le *malade de la Reine*, comme il se le dit, mais encore le *malade du Roi*. Il meurt chaque jour par quelque membre, et sa langue reste la dernière, afin que ses cris vous apprennent la douleur qu'il ressent. Vous le voyez, ce n'est point un conte à plaisir : depuis que je vous parle, il a peut-être perdu le nez ou le menton. Un tel spectacle ne vous excite-t-il point à pénitence ? Admirez, Endurcis, admirez les secrets jugemens du Très-Haut ; écoutez d'une oreille de contrition cette parlante Momie : elle se plaint qu'elle n'est pas assez d'une, pour suffire à l'espace de toutes les peines qu'elle endure. Il n'est pas jusqu'aux Bienheureux, qui, en punition de son sacrilége, n'enseignent à la Nature de nouvelles infirmités pour l'accabler : déjà, par leur ministère, il est accablé du mal de saint Roch, de saint Fiacre, de saint Cloud, de sainte Reine[1] ; et, afin que nous comprissions par un seul mot tous les ennemis qu'il a dans le Ciel, le Ciel lui-même a ordonné qu'il seroit *malade de Saint*. Admirez donc, admirez combien sont grands et profonds les secrets de la Providence ; elle connoissoit l'ingratitude des Parisiens envers leur Roi, qui devoit éclater en mil six cent quarante-neuf[2] ; mais, ne souhaitant pas tant de victimes, elle a fait naître quarante ans auparavant un homme assez ingrat, pour expier lui seul tous les fléaux qu'une ville entière avoit mérités. Profitez donc, ô Peuple ! de ce miracle épouvantable ; et, si la considération des flammes éternelles est un foible motif pour vous rendre sage, et pour vous empêcher de répandre votre fiel sur l'écarlate du Tabernacle, qu'au

---

[1] Les maladies prenaient les noms des saints qui les guérissaient. C'est ainsi qu'on appelait la peste ou la vérole, le *mal de saint Roch* ; le fic au fondement ou les hémorroïdes, le *mal de saint Fiacre* ; les abcès, le *mal de saint Cloud* ; et la sciatique, le *mal de sainte Reine*.

[2] C'est en 1649 que la Fronde commença par les Barricades de Paris.

moins chacun de vous se retienne par la peur de devenir Scarron. Vous excuserez, s'il vous plaît, Monsieur, ce petit tour de promenade, puisque vous n'ignorez pas que la charité chrétienne nous oblige de courir au secours de nos semblables, qui, sans l'apercevoir, ont les pieds sur le bord d'un précipice, prêts à tomber dedans. Vous n'en avez pas besoin, vous qui vous êtes toujours tenu, pendant les secousses de cet État, fortement attaché au gros de l'arbre ; aussi, est-ce un des motifs le plus considérable pour lequel je suis, et je serai toute ma vie,

Monsieur,

Votre très-humble, très-obéissant et très-affectionné Serviteur,

De Cyrano Bergerac.

XIX

THÉSÉE A HERCULE [1].

Comme c'est de l'autre monde que je vous écris, ô mon cher Hercule ! ne vous étonnez-vous point qu'au delà du fleuve d'Oubli, je me souvienne encore de notre amitié, et que j'en conserve le souvenir en des lieux où vient faire naufrage la mémoire des hommes ? Ah ! je prévois

[1] Cette lettre, qui se trouva dans les papiers de Cyrano après sa mort, est une allégorie, probablement historique, dont il ne nous a pas été possible de découvrir le véritable sens. Peut-être serait-elle relative à la retraite du cardinal Mazarin hors de France ? Dans cette hypothèse, c'est lui que Cyrano aurait représenté sous le nom de *Thésée*. Quant à *Hercule*, n'est-ce pas le maréchal de Turenne ? Rien n'était plus ordinaire alors que l'usage de ces allégories épistolaires.

que non. Vous savez trop que cette communauté, dont l'estime l'un de l'autre avoit lié nos âmes, n'est point un nœud que la Mort puisse débarrasser; et les Enfers même inaccessibles, où je suis retenu ne sont pas assez loin pour empêcher que mes soupirs n'aillent jusqu'à vous. Je sais qu'on vous a vu frémir, et trembler de courroux contre le Tyran de la nuit, dont je souffre le rigoureux empire, et que le grand Hercule, après avoir écorné des Taureaux, déchiré des Lions, étranglé des Géans, et porté sur ses épaules la machine du Monde, qu'Atlas n'avoit pu soutenir, il n'est pas homme à craindre les abois d'un Chien qui veille à la porte de ma prison : c'est un Monstre qui n'a que trois têtes, et l'Hydre qu'il sut dompter en avoit sept, dont chacune renaissoit en sept autres. Donc, ô vous triomphant protecteur du Ciel! venez achever sur vos ennemis la dernière victoire; venez en ces cavernes obscures ravir à la Mort même le privilége de l'immortalité; et enfin résolvez-vous une fois de satisfaire au suspens, où la terreur de votre bras tient toute la Nature. Vous avez assez fait voler votre nom sur les montagnes de la Terre, et les étoiles du Firmament : songez à ceux qui, au centre du monde, languissent accablés du poids de la Terre, pour avoir combattu sous vos enseignes. Vous imaginerez-vous bien l'état auquel est réduit l'infortuné Thésée : aujourd'hui que ses plaintes font retentir ses malheurs jusqu'aux climats que le Soleil éclaire, il est au quartier le plus triste et le plus funeste des Champs-Élysées, assis sur la souche d'un cyprès éclaté du tonnerre, incertain s'il doit vous envoyer une requête, ou son épitaphe. L'oreille assiégée et la vue offensée du croassement des corbeaux, et du cri continu d'un nuage d'orfraies; la tête appuyée sur le marbre noir d'un monument, au milieu d'un cimetière épouvantable qu'environnent des rivières de sang, où flottent des corps morts, et dont la course pesante n'est excitée que par le son lugubre des sanglots, qu'expriment les âmes qui la traversent;

voilà, ô Héros invincible! le fatal emploi qui moissonne les années que je devrois passer plus glorieusement à votre service. Mais encore, afin qu'aucune circonstance fâcheuse ne manque à ma douleur, je suis tourmenté non-seulement par le mal même, mais par son éternelle vue. Je vous dirai que l'autre jour (excusez-moi si je parle de cette façon dans un lieu rempli de ténèbres, où l'aveuglement règne partout, et chez qui toutes sortes d'objets portent le deuil perpétuel), l'autre jour donc, pendant la rigueur des aspects les plus infortunés dont un maudit climat puisse être regardé mortellement, je reconnus, tout interdit, l'horrible manoir des Parques qui détournoient leurs regards sur les miens. Je fus longtemps occupé à contempler ces mères homicides du Genre humain, qui tenoient pendus à leurs fuseaux les superbes Arbitres de la liberté des peuples, et dévidoient aussi négligemment la soie d'un glorieux Tyran, que le fil d'un simple Berger. Je les conjurai, par mes larmes, de fi er plus promptement ma vie, ou d'en rompre la trame; et, puisque la peur de la Mort me tourmentoit davantage que la Mort même, qu'elles eussent la bonté de me sauver de cent mille par une seule. Mais je lus dans leurs yeux qu'elles avoient décrété de ne me pas accorder sitôt ma prière. Cette compagnie épouvantable m'obligea de quitter ma demeure; mais, hélas! je tombai dans une autre, encore plus affreuse; c'étoit un vaste marais flottant, où, le hasard m'ayant engagé, je me vis à la discrétion de cent mille vipères, qui n'en ont point elles-mêmes, et qui, de leurs langues toutes brûlantes de venin, ayant sucé sur mes joues le douloureux dégorgement de mon cœur, me rendoient, à la place, l'air de leurs sifflemens pour respirer. Là, je vis ces fameux Coupables, que leurs crimes ont condamnés à d'extrêmes supplices, se produire au feu qui les consumoit, supporter dans la flamme tous les tourmens insupportables de la gelée, et, sous l'impitoyable empire d'une éternité violente, n'avoir plus rien de leur être, que la

6.

puissance de souffrir. J'y rencontrai Sisyphe au coupeau [1] d'une montagne, pleurant la perte de la roche qui lui venoit d'échapper ; Titie ressusciter sans cesse à l'insatiable faim du Vautour qui le becquetoit; Ixion perdre, à chaque tour de la roue qu'il faisoit tourner, la mémoire du précédent; Tantale dévoré par les viandes mêmes qu'il tâchoit en vain de dévorer : et les Danaïdes occupées à remplir éternellement un vaisseau percé, qu'elles ne pouvoient emplir. Il y avoit là tout proche un buisson fort épais, sous lequel j'aperçus, au travers des fortifications de ce labyrinthe végétatif, la maigre Envie, qui, les regards fichés affreusement contre terre, les mains jaunes et sèches, les cuisses tremblantes et décharnées, l'estomac collé sur les cotes, l'haleine contagieuse, la peau corroyée par la chaleur de la bile noire, mâchoit, en vomissant, la moitié d'un crapaud, à demi digéré. J'eus ensuite la conversation des Furies, occupées à des actions si brutales, que je les abandonne à l'imagination, de peur que le récit n'éloigne, de votre courage, par son horreur, le dessein de me secourir. Voilà quelle est mon infortune, ô généreux Prince! L'expression que je vous en ai faite n'est point pour appeler votre bras vengeur à mon secours, car je flétrirois la gloire du grand Alcide, si je donnois quelque jour à penser qu'il eût été besoin d'employer des paroles pour l'exciter à produire une action vertueuse : et je suis assuré que le temps qu'il emploiera pour la lecture de ma lettre, est le seul qui retardera le premier pas du voyage, dont je dois attendre ma liberté ; mais cependant je ne trouve pas lieu de la finir, car avec quelle apparence, moi qui suis nécessiteux du service de tout le monde, m'oserois-je dire, ô grand Hercule,

Votre Serviteur,
Thésée?

---

[1] Ce mot, qui était déjà vieux en prose du temps de Cyrano, a été remplacé par *sommet* dans les éditions publiées après sa mort.

XX

SUR UNE ÉNIGME

QUE L'AUTEUR ENVOYOIT A M. DE *****.

MONSIEUR,

Pour reconnoître le présent dont m'enrichit ces jours passés votre belle Énigme, j'ai cru être obligé de m'acquitter envers vous par une autre semblable, je dis semblable à l'égard du nom d'Énigme qu'elle porte; car, quant à la sublimité du caractère de la vôtre, je reconnois le mien si fort au-dessous, que je serois un téméraire d'oser suivre son vol seulement des yeux de la pensée. Si pourtant elle est assez heureuse pour se voir reçue en qualité de suivante auprès de la vôtre, son père sera trop honoré. Je vous avoue qu'elle est en impatience de vous entretenir. Si donc votre bonté lui veut accorder cette grâce, vous n'avez qu'à continuer la lecture de cette lettre.

ÉNIGME SUR LE SOMMEIL.

Je naquis neuf cents ans avant ma Sœur, et toutefois elle passe pour mon aînée; je crois que sa laideur et sa difformité sont cause de cette méprise. Il n'y a personne qui n'abhorre sa compagnie et sa conversation; il ne sort jamais de sa bouche une bonne nouvelle; et, quoiqu'elle ait plus d'autels sur la Terre qu'aucune des autres Divinités, elle ne reçoit point de sacrifices agréables que les vœux des désespérés. Mais moi, qui charme tout ce que j'approche, je ne passe aucun jour sans voir tomber à mes pieds ce qui respire dans l'air, sur la mer et sur la terre. Je trouve mon berceau dans le cercueil du Soleil, et dans mon cercueil le Soleil trouve son berceau. Ce que l'homme n'a jamais vu de plus aimable et de plus parfait, se forma le premier jour de mon règne. La Nature a fondé mon trône et dressé ma couche au sommet d'un palais superbe, dont elle a soin, quand je repose, de tenir la porte fermée ; et l'ouvrage de cet édifice est élabouré avec tant d'art, que personne jamais n'a connu l'ordre et la symétrie de son Architecture. Enfin, je fais ma demeure au centre d'un labyrinthe inexplicable[1], où la raison du sage et du fou, du savant et de l'idiot, s'égarent de compagnie. Je n'ai point d'hôte que mon père ; et, quoiqu'il soit pourvu de facultés beaucoup plus raisonnables que ne sont les miennes, je le fais pourtant marcher où je veux, et je dispose de sa conduite ; cependant, j'ai beau le tromper, peu d'heures le désabusent si clairement, qu'il se promet, quoique en vain, de ne se plus fier à mes mensonges ; car, j'attache aux fers malgré lui les cinq Esclaves[2] qui le servent ; aussitôt qu'ils sont fatigués, je les contrains bon gré mal gré de s'abandonner à mes caprices. Ce n'est pas qu'il n'essaye de fuir ma rencontre ; mais je me cache, pour le guetter, en des lieux si noirs et si sombres, qu'il ne manque jamais de tomber dans mon embûche ; il se rend aussitôt à la force du caractère, dont ma divinité l'étonne, en sorte qu'il n'a plus d'yeux que pour moi. Ce n'est pas que je n'aie d'autres puissans adversaires, entre lesquels le plus considérable est l'ennemi juré du silence, qui m'auroit déjà chassé des confins de son État, si la plus grande partie de ses sujets ne s'étoient révoltés, et ces Révoltés-là, que la cause de

---

[1] Le cerveau.
[2] Les cinq sens.

la raison soulève contre leur Tyran, sont les mieux réglés, et les seuls qui vivent sous une juste harmonie. Ils protégent mon innocence, font taire les vacarmes et les clameurs qui conspirent à ma ruine, m'introduisent peu à peu dans leur royaume, et à la fin m'aident eux-mêmes à m'en rendre le Maître. Mais je pousse mes conquêtes encore bien plus loin; je partage, avec le Dieu du jour, l'étendue et la durée de son empire : que si la moitié que je possède n'est pas la plus éclatante, elle est au moins la plus douce et la plus tranquille. J'ai encore au-dessus de lui cet avantage, que j'empiète, quand bon me semble, sur ses terres, et qu'il ne peut empiéter sur les miennes. L'Astre, dont l'Univers est éclairé, ne descend point de l'horizon, que je n'attache au joug de mon char la moitié du Genre humain. Je suscite et je conserve le trouble parmi les peuples, pour les maintenir en repos. Ils n'ont garde qu'ils ne m'aiment, car je les traite tous selon leurs humeurs Les gais, je les mène aux festins, aux promenades, au bal, à la comédie et à tous les autres spectacles de divertissemens; les colériques, je les mène à la guerre, je les poste à la tête d'une puissante Armée, leur fais ouvrir trente escadrons à coups d'épée, gagner des batailles et prendre des Rois prisonniers. Pour les mélancoliques, je les enfonce aux plus noires horreurs d'une solitude épouvantable; je les monte aux faîtes de cent rochers affreux et inaccessibles, pour faire paroître à leur vue des abîmes encore plus profonds. Enfin, j'accorde à toutes sortes de gens des occupations de leur goût. Je comble de biens les plus misérables, et, quelquefois, en dépit de la Fortune, je prends plaisir à précipiter ses mignons jusqu'au plus bas de sa roue. J'élève aussi, quand il me plaît, un coquin sur le trône, comme autrefois j'ai prostitué une Impératrice Romaine aux embrassemens d'un cuisinier [1]. C'est moi qui, de peur que

---

[1] Voilà un cuisinier que nous avons cherché inutilement dans

les amans ne s'aillent vanter de leurs bonnes fortunes; j'ai soin de leur clore les yeux, avant qu'ils soient aux ruelles. C'est aussi par mon art qu'on vole sans plumes, qu'on marche sans mouvoir les pieds; et c'est moi seul enfin par qui l'on meurt sans perdre la vie. Je passe la moitié du temps à réparer l'embonpoint; je recolore les joues, et je fais épanouir sur les visages et la rose et le lis. Je suis deux choses ensemble bien dissemblables, le truchement des Dieux et l'interprète des Sots. Quand on me voit de près, on ne sait qui je suis, et l'on ne commence à me connoître qu'alors qu'on m'a perdu de vue; l'aigle, qui regarde le Soleil fixement, sille[1] la paupière devant moi. Je ne sais pas si, parmi mes ancêtres, on a compté quelque lion, mais, à la campagne, le chant du coq me met en fuite; et, à parler franchement[2], j'ai de la peine moi-même à vous expliquer mon être, à moins que vous ne vous figuriez que ce que fait faire à son sabot un petit garçon, quand il le fouette, je le fais faire à tout le monde.

Eh bien, Monsieur, c'est là parler bien clair, et si je gage que vous n'y entendez goutte. Oh! bien, sur ma foi, je ne vous l'expliquerai pas, à moins que vous ne me le commandiez; car, en ce cas-là, je vous confesserai ingénument que le mot que vous cherchez est le *Sommeil*; et je ne saurois m'en défendre, car je suis, et je serai toute ma vie,

  Monsieur,

     Votre très-obéissant.

---

l'histoire secrète des impératrices romaines ; nous n'avons trouvé que Messaline qui se prostituait aux passants dans la loge de la courtisane Lycisca.

[1] On donnerait au mot *siller* une étymologie naturelle, en écrivant *ciller*; ce n'est pas seulement clore la paupière, c'est abaisser les cils dont elle est armée.

[2] Un préjugé populaire, qui remonte à la plus haute antiquité, veut que le chant du coq mette en fuite le lion.

XXI

AU SOT LECTEUR ET NON AU SAGE[1].

Vulgaire, n'approche pas de cet ouvrage! Cet Avis au Lecteur est un chasse-coquin; je l'aurois écrit en quatre langues, si je les avois sues, pour te dire en quatre langues, Monstre sans tête et sans cœur, que tu es de toutes les choses du monde la plus abjecte, et que je serois même fâché de t'avoir chanté de trop bonnes injures, de peur de te donner du plaisir. Je sais bien que tu t'attends, par dépit, de donner la torture à cet ouvrage. Mais, si tu l'as payé au Libraire, on ne te permet pas seulement d'en médire, mais encore de t'en chauffer. Aussi bien, quelque jugement que tu en fasses, il est impossible qu'on ne soit vengé de ton ignorance, puisque, de le blâmer, tu seras estimé stupide, et stupide aussi, de le louer, ne sachant pas pourquoi. Encore suis-je certain que tu en jugeras favorablement, de peur qu'on ne croie que cet Avis au sot Lecteur n'ait été fait pour toi; et ce qui est cause que je te berne avec plus d'assurance, c'est qu'il n'est point en ta bassesse d'en empêcher le débit; car quand ce seroit ton arrêt de mort, ou Nostradamus en syriaque, deux belles grandes images, par où sa prudence a su débuter, triompheront si bien de ton économie, que tu ne seras plus maître de ta bourse. Cependant,

---

[1] C'est la préface du *Jugement de Pâris en vers burlesques*, de M. Dassoucy, dédié à monseigneur de Lionne. (Paris, Toussainct-Quinet, 1648, in-4; orné de gravures par Fr. Chauveau.)

ô Vulgaire! j'estime si fort la clarté de ton beau génie, que j'appréhende qu'après la lecture de cet ouvrage, tu ne saches pas encore de quoi l'Auteur a parlé. Sache donc que c'est d'une Pomme, qui n'est ni de reinette ni de capendu, mais d'un fruit qui a trop de solidité pour tes dents, bien qu'elles soient capables de tout mordre; que si par hasard il te choque, je demande au Ciel que ce soit si rudement, que ta tête dure n'en soit pas à l'épreuve. L'Auteur ne m'en dédira pas, car il est l'antipode du fat, comme je souhaiterois, si tous les ignorans ne faisoient qu'un monstre, d'être au monde le seul

HERCULE DE BERGERAC.

XXII

A MONSIEUR ***

SUR LE FAUX BRUIT QUI COURUT DE LA MORT D'UN GRAND GUERRIER [1].

MONSIEUR,

ET puis, tous les Royaumes ont des intelligences qui les gouvernent? Non, non, le Hasard joue nos entreprises, le Sort entraîne aveuglément tout ce qui vit sous

---

[1] Cette lettre, dont le texte est altéré en plusieurs endroits, a été publiée dans les œuvres posthumes de l'auteur; elle doit avoir été écrite en 1654, pendant la seconde Fronde. Le *grand guerrier* dont Cyrano fait ici l'oraison funèbre, de son vivant, nous paraît être le maréchal de Turenne, qui commandait alors l'armée du roi contre le prince de Condé, les Espagnols et l'archiduc Léopold. Tous les faits indiqués dans cette lettre se rapportent bien à lui.

les étoiles; et les Monarques, qui comptent leurs Esclaves en comptant leurs Sujets, sont eux-mêmes les plus gourmandés Esclaves de la Fortune. Donc, ce grand Guerrier, de qui les victoires ont marché plus vite que les desseins; qui, en un même jour, a fait croître des lis sur le Rhin et sur le Danube; qui, dans les combats, tenoit à sa solde la Parque des Allemands [1]; et qui, sentant pendue à son épée la liberté du Genre humain, en a pu dédaigner la conquête, auroit été la victime d'un grain de plomb échappé des mains d'un Soldat, si timide, que l'amorce peut-être l'a fait tressaillir en le tirant! Donc, tant d'Astres, qui se nourrissent de feu pour venger les Bourbons, n'auroient pas fait de ce jour-là celui de la fin du Monde? Non, Monsieur, dis-je encore un coup, la Nature agonisante nous l'eût fait ou voir ou sentir. C'est un Soleil, qui ne peut éclipser qu'aux yeux de toute la Terre; car, qu'il ait reçu (comme disent les envieux du nom François) une plaie entre les deux aines, je ne puis croire que les Parques, qui sont filles vierges, aient osé prendre un jeune homme par les parties honteuses. Mais j'ai tort de l'appeler homme : c'est notre Alcide, comme aux Grecs le fameux Hercule. N'a-t-il pas dompté les monstres aussi bien que cet antique demi-Dieu? Encore l'année passée, il défit un Aigle à deux têtes [2]; et l'Univers entier, surpris extraordinairement de la témérité prudente d'un si vieil Enfant, se plaignoit déjà que la Nature manquoit de promesse aux Nations, permettant qu'on vît le Soleil se lever en Occident. Ainsi, nous pouvons protester sans mensonge, que, s'il n'est plus homme depuis un jour, il est Dieu depuis vingt-quatre heures; quoique ce soit une pauvre consolation de dire qu'il soit allé prendre place auprès d'Hercule, d'Achille, ou de

---

[1] Campagnes d'Allemagne et de Bavière en 1647.
[2] La campagne de 1655 contre le prince de Condé et l'archiduc Léopold, qui commandaient ensemble les Espagnols et les Allemands.

César. Hélas! nous avons plus besoin de Héros que de Dieux : les Dieux ne s'étudient qu'à persécuter la conscience de nos Héros, et nos Héros, à sauver les Dieux de la moquerie des Savans. Admirez un peu cependant la malicieuse injustice du Ciel! Ce Phénix des batailles étoit allé fouetter le Lion d'Ibère, pour avoir autrefois trépigné sur nos fleurs [1], à la tête de quatre mille Gentilshommes; afin de faire, en dépit des hyperboles Castillanes, confesser à toute l'Europe, qu'il vaut mieux mener des lions armés, que de porter des armes lionnées [2]. Lorsque le Démon d'Espagne, au garant des prémices qu'il nous donne, que, si cet autre Démon continuoit, il feroit vomir au Roi de Castille tout ce qu'il avoit mal avalé chez nous, il l'alloit bientôt réduire à se faire Moine ou gentilhomme Verrier : il vint se mêler furieusement, comme les Sorciers font à la foudre, à la balle homicide qui le frappa [3]. C'est en vain, petit Démon, que tu prétends échapper à la domination du grand Pan [4]; il est d'un étage où ta tête fait son marchepied, et d'une race qui tant de fois a fait rougir sur nos frontières les basanés Rodomont, que le sang, à force de leur monter souvent au visage, leur a tout fait noircir le teint. Déjà, par le bras du Fils et la tête du Père [5], le Portugal est échoué, le Roussillon en-

---

[1] Fleurs de lis des armes de France.
[2] Allusion aux armes d'Espagne, où figurent les lions d'Aragon avec les taureaux de Castille.
[3] Cette phrase, très-entortillée et très-incorrecte, est évidemment altérée.
[4] On qualifiait ainsi tout personnage dont on voulait constater l'autorité politique, qu'il fût roi, prince ou ministre. On lit dans une *lettre à un ami*, publiée en 1660 (*Rec. de pieces en prose*, Paris, Sercy, in-12) : « C'estoit alors la mode en France pour ceux qui estoient le plus du monde d'avoir tousjours leurs poches pleines de libelles et de vaudevilles, spécialement depuis qu'on avoit crié sans feinte: *Le grand Pan est mort.* » Dans cette citation, il est question du cardinal de Richelieu; dans la lettre de Cyrano, le *grand Pan* et le *grand Guerrier*, c'est tout un.
[5] Nous ne savons pas trop si le *fils* et le *père* désignent Louis XIII

glouti, la Catalogne arrachée, la Navarre recousse, la
Galice mâchonnée, l'Aragon égratigné, les Indes dispa-
rues, la Flandre à l'agonie; enfin, la gangrène des armes
Françoises a tant rongé leur écusson, qu'il ne leur restera bientôt que l'écu, j'entends la Castille seule, si ce
n'est que ce généreux Capitaine leur laisse encore la Grenade, pour subvenir aux maux de cœur[1], que leur doit
vraisemblablement engendrer une si longue maladie.
Pardonnez-moi, Monsieur, si je me suis si fort éloigné
des légitimes mesures d'une lettre; je louois cet Invincible : on a de la peine à se lever, quand on est couché
dessus des fleurs; et, d'ailleurs, je pleurois sa mort. Il
est malaisé de ne se pas plaindre, quand on a tout perdu.
En vérité, ce désastre a si bien désordonné l'harmonie de
mon tempérament, que je meurs aujourd'hui de ce qui me
faisoit vivre hier. Je vais tomber malade, si l'on ne me
donne du poison. Oui, Monsieur, si vous ne m'envoyez
tout à l'heure assurer que le voyage de ce vaillant Homme
en l'autre monde est aussi faux que celui de Mahomet
en Paradis, je m'en vais profaner un temple, trahir
mon ami, violer ma sœur, étrangler mon père; et même,
ce qui ne tombera jamais en aucune pensée, je m'en vais
n'être plus,

    Monsieur,
          Votre affectionné Serviteur.

et Henri IV, ou bien le vieux duc de Bouillon, père du vicomte de
Bouillon, mort en 1625, et le vicomte de Turenne lui-même. Dans
tous les cas, les prodiges de gloire que Cyrano leur attribue ne sont
que des hyperboles de sa façon.

[1] L'odeur des *pommes de grenade* était employée alors comme un
excellent cordial contre les défaillances et les nausées. Le suc de
la grenade est stomachique et cardiaque.

XXIII

POUR SOUCIDAS [1]

CONTRE UN PARTISAN QUI AVOIT REFUSÉ DE LUI PRÊTER DE L'ARGENT.

Monsieur,

Vous me le deviez, l'argent que je vous demandois; car ne pensez pas qu'à moins de quarante pistoles, j'eusse voulu salir ma réputation, en prostituant ma compagnie à vos promenades; et que je me fusse tant de fois donné la peine de protester, contre ma conscience, que vous étiez le plus honnête homme du monde. Enfin, je n'eusse pas risqué, sans cela, comme j'ai fait, les avives ou le farcin [2]. Je vois bien maintenant que le symptôme de toutes les fièvres n'est pas semblable, puisque, devant ni après celle de saint Mathurin [3], on ne bâille pas. Mais ce que je trouve de plus pernicieux en vos émotions, c'est que, pour un homme qui n'est pas fort en garde, vous êtes un peu trop bilieux. Si le jour que je reçus votre lettre je n'eusse pris de la rhubarbe, peut-être aurois-je fait ma plume

---

[1] Dassoucy. Cyrano étoit encore en bonne intelligence avec l'auteur de l'*Ovide en belle humeur*, lorsqu'il prit la peine de se faire son *second* poétique dans une querelle contre un financier peu prêteur de son naturel. Cette lettre, qui ne fut publiée qu'après sa mort, est donc antérieure à l'année 1654.

[2] Ce sont deux maladies de cheval : sorte d'esquinancie ou enflure de la gorge, *vivulæ*; ulcérations intérieures ou extérieures, *farcimen*.

[3] C'est-à-dire, la folie, que saint Mathurin avait le privilége de guérir.

d'un bâton; mais la République est trop intéressée à votre conservation; car on ne sauroit vous entamer, sans répandre le sang du Peuple, dont vous êtes plein. Observez toutefois dorénavant un procédé moins furieux. Je me figurois jadis (parce que, votre père et vous, aviez fait dégénérer la chaude-pisse de nos bourses en gonorrhée) que chaque coffre de votre maison fût une apostume d'or; mais je connois aujourd'hui que de vos pièces la plus pesante est votre tête. Volez donc mieux désormais, si vous me croyez; car, si vous ne prenez l'essor un peu plus haut, vous courez hasard d'être arrêté à quatre pieds de terre; et, à votre physionomie, je connois que la filasse est plus antipathique à votre tempérament, que l'arsenic. Si donc vous avez peur d'être léger, évitez au moins de vous faire peser en Grève[1]. C'est l'avis seul que peut donner à vos maux de tête,

Votre Médecin.

XXIV

SUR LE BLOCUS D'UNE VILLE [2].

Monsieur,

Le blocus de notre Ville est si étroit, que le passage n'y est ouvert qu'aux Gardes seulement : le menu peuple

---

[1] Les exécutions se faisaient sur la place de Grève, où la potence était même en permanence. Cyrano semble se rappeler ici l'épitaphe que Villon avait faite pour son propre compte :

Or d'une corde d'une toise
Sçaura mon col que mon cul poise.

[2] Nous n'hésitons pas à reconnaître ici le blocus de la ville de

qui vit encore, quoiqu'on l'ait déjà mangé depuis longtemps, n'a plus lieu de faire entendre ses plaintes, puisqu'on a mis entre deux l'Allemagne et la Pologne [1]. Nous sommes la proie de ces Nations barbares; et sans doute on les emploie, afin que, nous ôtant le moyen de nous faire entendre, nous ne puissions émouvoir leur compassion. Nous n'avons pas toutefois lieu de nous plaindre, puisque nous sommes en un autre Ciel, car on n'y boit, ni on n'y mange; on veut que nous emportions le Paradis par famine; et, de peur que nous ne prenions même quelque nourriture par les oreilles, on nous défend jusqu'aux paroles grasses. Les malavisés qu'ils sont, ne prévoyant pas que, en nous demeurant dans le corps, elles nous pourroient faire vivre! Oh! qu'il est fâcheux de jeûner! chose sans doute que vous n'avez jamais connue, puisque vous êtes si gras. Le Carême est un rude supplice, et particulièrement lorsqu'il cesse d'être volontaire, car vous savez que le siége de notre Ville en est un que l'on ne peut rompre. Nous n'avons plus rien de gras, et si nous étions en Automne, je vous pourrois bien dire ce qu'on disoit de cet Empereur : « Il n'y a pas même une mouche [2]. »

Mouzon, dans laquelle Cyrano se trouvait enfermé, en 1639, avec le régiment de M. de Castel-Jaloux, puisqu'il parle des *Gardes* que le blocus n'empêchait pas de sortir de la place assiégée. Ce fut pendant ce blocus rigoureux qu'il reçut une blessure grave et qu'il souffrit de grandes privations. *Voy.* la Notice historique sur Cyrano.

[1] Ce sont sans doute les Croates, que Cyrano traite de Polonais, à cause de leur costume. Ces Croates étaient des troupes auxiliaires, très-braves, mais très-indisciplinées, qui se mettaient à la solde de tout le monde, comme les Albanais et les Lansquenets du seizième siècle.

[2] Cette lettre, publiée après la mort de l'auteur, n'est qu'un fragment, et contient différents traits que Cyrano a employés ailleurs.

FIN DES LETTRES DIVERSES.

LETTRES SATIRIQUES

I

CONTRE UN POLTRON.

Monsieur,

Je sais que vous êtes trop sage pour conseiller jamais un duel; c'est pourquoi je vous demande votre avis sur celui que j'ai résolu de faire; car enfin, comme vous savez, l'honneur sali ne se lave qu'avec du sang. Hier, je fus appelé *sot*, et l'on s'émancipa de me donner un soufflet en ma présence. Il est vrai que ce fut en une compagnie fort honorable. Certains Stupides en matière de démêlés, disent qu'il faut que je périsse ou que je me venge. Vous, Monsieur, dites-moi, vous, mon plus cher ami, et que j'estime trop sage pour m'exciter à aucune action cruelle : ne suis-je pas assez maltraité de la langue et de la main de ce poltron, sans irriter encore son épée? Car, quoique je sois marri d'être appelé *sot*, je serois bien plus fâché qu'on me reprochât d'être défunt. Si j'étois enfermé dans un sépulcre, il pourroit, à son aise et en sûreté, mal parler de mon courage. Ne ferois-je donc pas mieux de demeurer au monde, afin d'être toujours présent pour le châtier, quand sa témérité m'en donnera sujet? Infailliblement, ceux qui me conseillent la tragédie, ne jugent pas que, si j'en suis la catastrophe, il se moquera de ma valeur : si je le tue, on croira que je l'ai chassé du monde, parce que je n'osois y demeurer, tant qu'il y seroit; si je lui ôte la rapière, on dira que j'appréhendois qu'il demeurât armé ; si nous demeurons égaux, à quoi bon se mettre au hasard du plus grand de tous les malheurs, qui est la mort, pour ne rien décider? Et puis, quand j'aurois lettre du Dieu Mars, de sortir de ce combat à mon honneur, il pourroit au moins se vanter de m'avoir contraint à commettre une insigne folie. Non, non, je ne dégaine point; c'est craindre son ennemi, de vouloir, par le moyen de la mort, ou l'éloigner de soi, ou s'éloigner de lui. Pour moi, je n'appréhende pas qu'il soit où je serai. Il tient à gloire de n'avoir jamais redouté les Parques; s'il veut que je le croie, qu'il se tue ! J'irai consulter tous les Sages pendant soixante ou quatre-vingts ans, pour savoir s'il a bien fait ; et si l'on me répond que oui, alors je tâcherai d'en vivre encore autant pour faire le reste de mes jours pénitence de ma poltronnerie. Vous trouverez peut-être ce procédé fort étrange dans un homme de cœur comme moi? Mais, Monsieur, à parler franc, je trouve que j'aime mieux me tenir à ma carte, que de me mettre au hasard, en les brouillant, d'en avoir une pire. Ce Monsieur le matamore veut peut-être mourir bientôt, afin d'en être quitte de bonne heure; mais, moi, qui suis plus généreux, je tâche de vivre plus longtemps, au risque d'être longtemps en état de pouvoir mourir. Pense-t-il se rendre plus recommandable, pour témoigner qu'il s'ennuie de ne pas retourner à la nuit de sa première maison? Est-ce qu'il a peur du Soleil? Hélas! le pauvre buffle, s'il savoit quelle vilaine chose c'est que d'être trépassé, rien ne le presseroit. Un homme ne fait rien d'illustre, qui devant trente ans met sa vie en danger, parce qu'il expose ce qu'il ne connoît pas ; mais, lorsqu'il

la hasarde depuis cet âge-là, je soutiens qu'il est enragé
de la risquer, l'ayant connue. Quant à moi, je trouve le
jour très-beau, et je n'aime point à dormir sous terre, à
cause qu'on n'y voit goutte. Qu'il ne s'enfle point pourtant de ce refus, car je veux bien qu'il sache que je sais
une botte à tuer même un Géant charmé, et qu'à cause de
cela je ne veux point me battre, de peur qu'on ne l'apprenne. Il y a encore cent autres raisons qui me font
abhorrer le duel. Moi, j'irois sur le pré, et là, fauché
parmi l'herbe, m'embarquer possible pour l'autre monde !
Hélas ! mes créanciers n'attendent que cela pour m'accuser
de banqueroute ! Mais penseroit-il même m'avoir mis à
jubé[1], quand il m'auroit ôté la vie ? Au contraire, j'en deviendrois plus terrible, et je suis assuré qu'il ne pourroit
me regarder quinze jours après, sans que je lui fisse peur.
S'il aspire à la gloire de m'avoir égorgé, pourvu que je
me porte bien, je lui permets de se vanter partout d'être
mon bourreau ; aussi bien, quand il m'auroit tué, la
gloire ne seroit pas grande ; une poignée de ciguë en
feroit bien autant. Il va s'imaginer peut-être que la Nature m'a fort mal traité en me refusant du courage ; mais,
qu'il apprenne que la Nature ne sauroit nous jouer un
plus vilain trait, que de se servir contre nous de celui
du Sort ; que la moindre puce en vie vaut mieux que le
grand Alexandre décédé[2] ; et qu'enfin je me sens indigne
d'obliger des torches bénites à pleurer sur mes armoiries.
J'aime véritablement qu'on me flatte de toutes les qualités
d'un bel esprit, hormis de celle d'heureuse mémoire, qui
m'est insupportable, et pour cause. Une autre raison me
défend encore les batailles. J'ai composé mon Épitaphe,
dont la pointe est fort bonne, pourvu que je vive cent ans ;

---

[1] Forcé de se soumettre, réduit à dire : *Jube* (ordonnez). Expression proverbiale.

[2] La Fontaine a dit dans la *Matrone d'Éphèse* :

> Mieux vaut goujat debout qu'empereur enterré.

7.

et j'en ruinerois la rencontre heureuse, si je me hasardois à mourir plus jeune. Ajoutez à cela que j'abhorre sur toutes choses les maladies, et qu'il n'y a rien plus nuisible à la santé que la mort. Ne vaut-il donc pas mieux s'encourager à devenir poltron, que de se rendre la cause de tant de désastres? Ainsi, forts de notre foiblesse, on ne nous verra jamais ni pâlir, ni trembler, que d'appréhension d'avoir trop de cœur. Et toi, ô salutaire poltronnerie! je te voue un autel, et je promets de te servir avec un culte si dévot, que, pour commencer dès aujourd'hui, je dédie cette Épître au Lâche le plus confirmé de tes enfans, de peur que quelque Brave, à qui je l'eusse envoyée, ne se fût imaginé que j'étois homme à le servir, pour ces quatre méchans mots qu'on est obligé d'écrire à la fin de toutes les lettres : Je suis,

Monsieur,

Votre Serviteur.

II

CONTRE UN MÉDISANT[1]

Monsieur,

Je sais bien qu'une âme basse comme la vôtre ne sauroit naturellement s'empêcher de médire; aussi, n'est-ce

---

[1] Nous avions pensé d'abord que ce Médisant était l'auteur de la *Gazette burlesque*, Jean Loret, avec qui se brouilla Cyrano (*voy.* notre Notice historique); mais, en relisant cette lettre avec plus de soin, nous ne doutons pas que ce ne soit plutôt un professeur de philosophie, qui avait attaqué en pleine école Cyrano au sujet de ses opinions philosophiques, ou bien à cause de certains passages hardis de ses deux pièces de théâtre

pas une abstinence où je vous veuille condamner. La seule courtoisie que je veux de vous, c'est de me déchirer si doucement, que je puisse faire semblant de ne le pas sentir. Vous pouvez connoître par là qu'on m'envoie la *Gazette* du Pays Latin [1]. Remerciez Dieu de ce qu'il m'a donné une âme assez raisonnable, pour ne croire pas tout le monde de toutes choses, à cause que tout le monde peut dire toutes choses; autrement, j'aurois appliqué à vos maux de rate un plus solide et plus puissant antidote que le discours. Ce n'est pas que j'aie jamais attendu des actions fort humaines d'une personne qui sortoit de l'Humanité; mais je ne pouvois croire que votre cervelle eût si généralement échoué contre les bancs de la Rhétorique, que vous eussiez porté en Philosophie un homme sans tête. On auroit, à la vérité, trouvé fort étrange, que dans un corps si vaste, votre petit esprit ne se fût pas perdu; aussi, ne l'a-t-il pas fait longue, et j'ai ouï dire qu'il y a de bonnes années, que vous ne sauriez plus abandonner la vie, que votre trépas, accompagné de miracle, ne vous fasse canoniser. Oui, prenez congé du Soleil, quand il vous plaira, vous êtes assuré d'une ligne dans nos litanies, quand le Consistoire apprendra que vous serez mort sans avoir rendu l'esprit. Mais consolez-vous, vous n'en durerez pas moins pour cela; les cerfs et les corbeaux, dont l'esprit est taillé à la mesure du vôtre, vivent quatre cents ans; et si le manque de génie est la cause de leur durée, vous devez être celui qui fera l'épitaphe du Genre humain. C'est sans doute en conséquence de ce brutal instinct de votre nature, que vous choisissez l'or et les pierres précieuses, pour répandre dessus votre venin. Souffrez donc, encore que vous prétendiez vous soustraire de l'empire que Dieu a donné aux hommes sur les bêtes, que je vous commande de vomir sur quelque chose de plus sale que

---

[1] Par opposition aux Gazettes en vers burlesques de Loret, qu'on appelait *Gazettes de mademoiselle de Longueville* et *Gazettes du Palais-Royal*.

mon nom, et de vous ressouvenir (car je crois que les animaux comme vous ont quelque réminiscence) que le Créateur n'a donné à ceux de votre espèce une langue que pour avaler, et non pas pour parler. Souvenez-vous-en donc, c'est le meilleur conseil que vous puissiez prendre ; car, quoique votre foiblesse fasse pitié, celle des poux et des puces qui nous importunent ne nous oblige pas à leur pardonner. Enfin, cessez de mordre, simulacre de l'envie ; car, quoique je sois peu sensible à l'injure, je suis sévère à la punir ; rien n'empêcheroit la vertu d'un ellébore, qu'on appelle en François *tricot*[1], duquel, pour vous montrer que je suis Philosophe (ce que vous ne croyez pas), je vous châtierois avec si peu d'animosité, que, le chapeau dans une main, et dans l'autre un bâton, je vous dirois, en vous brisant les os : Je suis,

Monsieur,

Votre très-humble.

III

A MADEMOISELLE ***** [2]

Mademoiselle,

Si tout le monde étoit obligé comme moi, pour faciliter la lecture de ses lettres, d'envoyer de l'argent, les Bal-

[1] Qu'on devrait écrire *triquot*, puisqu'on écrit *trique*. Ce mot, qui signifiait, alors comme à présent, un bâton court en bois solide, dérive du bas latin *trica*, parce qu'il désignait d'abord une *tresse* d'osier ou de jonc.

[2] Dans les éditions posthumes, cette lettre est intitulée : *Contre une demoiselle avare*.

zac n'auroient jamais écrit, et les aveugles sauroient lire. Mais, quoi? si les miennes ne sont éclairées par la réflexion de l'or de quelques louis, vous n'y voyez que du noir de grimoire ; et, quand même je les aurois prises dans *Polexandre* [1], je suis assuré d'avoir pour vous écrit en Hébreu. Ouvrir la bouche et mouvoir les lèvres en toutes les façons nécessaires à l'expression de notre langue, ne vous fait entendre que de l'Arabe. Pour vous parler François, il faut ouvrir la main. Ainsi, ma bourse devient chez moi le seul organe, par lequel je vous puis éclaircir les difficultés de la Bible, et vous rendre les Centuries de Nostradamus aussi faciles que le *Pater*. Enfin, Mademoiselle, c'est de vous seule que l'on peut dire avec vérité : *Point d'argent, point de Suisse*. Je me console toutefois aisément de votre humeur, parce que, tant que vous ne changerez point, je suis assuré d'être en puissance, avec la croix de quelques pistoles, de chasser, plus facilement qu'avec l'eau bénite et l'exorcisme, le Démon d'avarice; mais j'ai tort de vous reprocher une si grande bassesse : ce sont, au contraire, des motifs de vertu qui vous font agir de la sorte; car, si vous tombez plus souvent sous la Croix que les malfaiteurs de Judée, c'est parce que vous croyez pieusement que les justes ne vous sauroient rien demander injustement, et que l'or, ce symbole de la pureté, ne vous sauroit être donné qu'avec des intentions très-pures. Je pense même, comme vous êtes, aussi bien que bonne chrétienne, encore meilleure Françoise, que vous vous abaissez devant tous ceux qui vous présentent les images de nos Rois [2]; et que même, comme vous êtes d'une probité exemplaire, qui ne veut faire tort à personne, vous êtes tellement scrupuleuse à

---

[1] Le roman de *Polexandre*, par Marin Le Roy de Gomberville, qui parut pour la première fois de 1632 à 1637, et qui forme 5 vol, in-4, eut un tel succès à la cour et dans la société polie, qu'on le réimprima au moins trois fois en moins de dix ans.

[2] C'est-à-dire les *testons* ou pièces de monnaie à l'effigie royale.

la distribution de vos faveurs, que vous appuyez davantage sur les baisers de dix pistoles, que sur ceux de neuf. Cette économie ne me déplaît pas, car je suis assuré, tenant ma bourse dans une main, de tenir votre cœur dans l'autre. Tout ce qui me fâche, c'est de ce que cette chère image, que vous juriez autrefois avoir imprimée fort avant dans votre cœur, vous la mettez hors de chez vous par les épaules, sitôt qu'elle y a demeuré trois jours, sans payer son gîte. Pour moi, je pense que vous avez oublié la définition de l'homme, car toutes vos actions me prouvent que vous ne me prenez que pour un animal donnant; cependant je croyois être, par l'opinion d'Aristote, un animal raisonnable; mais je vois bien qu'il me faut résoudre à cesser d'être ce que je suis, du moment que je cesse de fouiller dans ma poche. Corrigez, je vous prie, cette humeur qui convient fort mal à votre jeunesse et à cette générosité dont vous vous faites toute blanche; car il vous est honteux d'être à mes gages, moi qui suis,

Mademoiselle,

Votre Serviteur.

IV

CONTRE UN INGRAT [1]

Monsieur,

Par l'affection que je vous ai portée dont vous êtes indigne, je vous ai fait mériter d'être mon ennemi. Si

[1] Cette lettre est incontestablement dirigée contre Dassoucy.

les Philistins autrefois n'eussent laissé leurs vies sous le bras de Samson, nous ne saurions pas aujourd'hui que la terre eût porté des Philistins. Ils doivent leur vie à leur mort, et, s'ils eussent vécu dix ans plus tard, ils fussent morts trente siècles plus tôt. Ainsi vous moissonnez malgré moi cette gloire de votre lâcheté, de m'avoir contraint de vous en punir. On me dira, je le sais bien, que, pour avoir détruit un Pygmée, je n'attacherai pas à mon sort la matière d'une illustre épitaphe. Mais, à regarder sans intérêt le revers du paradoxe, ce Marius qui fit en trois combats un cimetière à trois nations, ne fut pas censé poltron, lorsqu'il frappoit les grenouilles du marais où il s'étoit jeté; et Socrate ne cessa pas d'être le premier homme de l'Univers, quand il eut écrasé les poux qui le mordoient dans son cachot. Non, non, petit Nain, ne pensez pas être quelque autre chose; essayez de vous humilier en votre néant, et croyez, comme un article de Foi, que, si vous êtes encore aussi petit qu'au jour de votre naissance, le Ciel l'a permis ainsi, pour empêcher un petit mal de devenir grand. Enfin, vous n'êtes pas homme; et que Diable êtes-vous donc? Vous êtes peut-être une momie, que quelque farfadet aura volée à l'École de Médecine, pour en effrayer le monde; encore, cela n'est-il pas trop éloigné du vraisemblable, puisque, si les yeux sont les miroirs de l'âme, votre âme est quelque chose de bien laid. Cependant vous vous vantez de mon amitié! O Ciel! punisseur des hérésies, châtiez celle-ci du tonnerre! Je vous ai donc aimé? Je vous ai donc porté mon cœur en offrande? Donc, vous m'estimiez sot, au point d'avoir par charité donné mon âme au Diable. Mais ce n'est pas de moi seul que vous avez médit; les plus chatouillans éloges qui partent de vous sont des satires, et Dieu ne vous eût point échappé, si vous l'eussiez connu. Tout ce qui respire, intéressé à la perte des monstres, auroit déjà tenté mes bonnes grâces par votre mort, mais il la néglige comme un coup sûr, sachant que vous aviez, en moi seul,

Votre Partie, votre Juge,
Et votre Bourreau.

V

CONTRE SOUCIDAS[1]

Eu! par la mort, Monsieur le Coquin, je trouve que vous êtes bien impudent de demeurer en vie, après m'avoir offensé! Vous qui ne tenez lieu de rien au monde, ou qui n'êtes au plus qu'un clou aux fesses de la Nature; vous qui tomberez si bas, si je cesse de vous soutenir, qu'une puce, en léchant la terre, ne vous distinguera pas du pavé; vous enfin, si sale et si puant, qu'on doute, en vous voyant, si votre mère n'a point accouché de vous par le derrière! Encore, si vous m'eussiez envoyé demander le temps d'un *peccavi!* Mais, sans vous enquêter si je trouve bon que vous viviez encore demain, ou que vous mouriez dès aujourd'hui, vous avez l'impudence de boire et de manger, comme si vous n'étiez pas mort. Ah! je vous

---

[1] Anagramme de *Dassoucy*. Cette lettre paraît être la déclaration de guerre que Cyrano adressa au créateur de la poésie burlesque, en rompant avec lui, probablement vers la fin de l'année 1653, car la seconde édition de l'*Ovide en belle humeur*, publiée en 1653, est précédée d'un madrigal élogieux, signé du nom de *Bergerac*, lequel a disparu dans les éditions suivantes. Le sobriquet de *Soucidas* était attribué depuis longtemps à Dassoucy, car il figure déjà dans les Œuvres poétiques du sieur de P. (Prade), publiées en 1650; *voy*. l'épigramme *à un mauvais poëte burlesque*.

proteste de renverser sur vous un si long anéantissement, qu'il ne sera pas vrai de dire que vous ayez jamais vécu. Vous espérez sans doute m'attendrir par la dédicace de quelque ennuyeux Burlesque[1]? Point, point, je suis inexorable; je veux que vous mouriez tout présentement; puis, selon que ma belle humeur me rendra miséricordieux, je vous ressusciterai pour lire ma Lettre. Aussi bien, quand pour regagner mes bonnes grâces, vous me dédierez une farce, je sais que tout ce qui est sot ne fait pas rire, et qu'encore que, pour faire quelque chose de bien ridicule, vous n'ayez qu'à parler sérieusement, votre poésie est trop des Halles; et je pense que c'est la raison pourquoi votre *Jugement de Pâris*[2] n'a point de débit. Donc, si vous m'en croyez, sauvez-vous, au Barreau des ruades de Pégase; vous y serez sans doute un juge incorruptible, puisque votre jugement ne se peut acheter. Au reste, ce n'est point de votre Libraire seul que j'ai appris que vous rimassiez : je m'en doutois déjà bien, parce que c'eût été un grand miracle, si les vers ne s'étoient pas mis dans un homme si corrompu[3]. Votre haleine seule suffit à faire croire que vous

---

[1] Dassoucy n'a dédié aucune pièce de vers burlesques à Cyrano, qui ne lui eût pas payé les frais de la dédicace. On peut croire aussi qu'il a effacé le nom de son ancien ami dans tous les endroits où il l'avait mis, quand il publia, après leur brouille, ses *Poésies et lettres*, en 1653, chez Louis Champhoudry, qu'il prit pour libraire à la place de Guillaume de Luynes.

[2] Cyrano oublie qu'il avait lui-même composé et signé la préface burlesque, *Au sot lecteur*, imprimée en tête du *Jugement de Pâris*, qui fut publié en 1648, chez Toussaint Quinet, avec une brillante escorte préliminaire de vers apologétiques. *Voy.* ci-dessus, p. 107.

[3] Les vilaines habitudes de Dassoucy, qui avait à son service deux *pages de musique* destinés à ses ignobles plaisirs, le firent chasser de la cour, et ensuite de la société des poëtes. Il fut obligé de quitter Paris, et il se vit arrêté à Montpellier par un procès qui mit en évidence ses mauvaises mœurs, et qui faillit le conduire au bûcher. Il alla chercher à Rome un procès de même nature, et plus tard, de retour à Paris, il eut encore des démêlés avec la justice, à cause de ses goûts antichrétiens.

êtes d'intelligence avec la mort, pour ne respirer que la peste; et les muscadins[1] ne sauroient empêcher que vous ne soyez, par tout le monde, en fort mauvaise odeur. Je ne m'irrite point contre cette putréfaction, c'est un crime de vos pères ladres : votre chair même n'est autre chose que la terre crevassée par le Soleil, et tellement fumée, que, si tout ce qu'on y a semé avoit pris racine, vous auriez maintenant sur les épaules un grand bois de haute futaie. Après cela, je ne m'étonne plus de ce que vous prouvez qu'on ne vous a point encore connu. Il s'en faut, en effet, plus de quatre pieds de crotte, qu'on ne vous puisse voir. Vous êtes enseveli sous le fumier avec tant de grâce, que, s'il ne vous manquoit un pot cassé pour vous gratter, vous seriez un Job accompli[2]. Ma foi! vous donnez un beau démenti à ces Philosophes qui se moquent de la Création. S'il s'en trouve encore, je souhaite qu'ils vous rencontrent; car je suis assuré qu'après votre vue, ils croiront aisément que l'homme peut avoir été fait de boue. Ils vous prêcheront, et se serviront de vous-même, pour vous retirer de ce malheureux athéisme où vous croupissez. Vous savez que je ne parle point par cœur, et que je ne suis pas le seul qui vous a entendu prier Dieu, qu'il vous fit la grâce de ne point croire en lui? Comment! petit Impie, Dieu n'oseroit avoir laissé fermer une porte, quand vous fuyez le bâton, qu'il ne soit par vous anéanti; et vous ne commencez à le recroire, que pour avoir contre qui jurer, quand vos dés escamotés répondent mal à votre avarice? J'avoue que votre sort n'est pas de ceux qui puissent patiemment porter la perte, car vous êtes gueux comme un Diogène, et à peine le Chaos entier

---

[1] Bonbons musqués pour parfumer l'haleine.
[2] Dassoucy s'est fait représenter, par son ami François Chauveau, en tête de son *Jugement de Pâris* et de son *Ovide en belle humeur*, avec une figure et un costume qui ne donnent pas une idée trop avantageuse de sa personne au point de vue physique et moral. Il est permis de supposer que ce portrait est une caricature de fantaisie.

suffiroit-il à vous rassasier : c'est ce qui vous a obligé d'affronter [1] tant de monde. Il n'y a plus moyen que vous trouviez, pour marcher en cette Ville, une rue non créancière, à moins que le Roi fasse bâtir un Paris en l'air. L'autre jour, au Conseil de guerre, on donna avis à Monsieur de Turenne de vous mettre dans un mortier, pour vous faire sauter comme une bombe dans Sainte-Ménehould [2], pour contraindre, en moins de trois jours, par la faim, les Habitans de se rendre. Je pense, en vérité, que ce stratagème-là réussiroit, puisque votre nez, qui n'a pas l'usage de raison, ce pauvre nez, le reposoir et le paradis des chiquenaudes, semble ne s'être retroussé que pour s'éloigner de votre bouche affamée. Vos dents? Mais bons Dieux! où m'embarrassé-je! elles sont plus à craindre que vos bras; leur chancre et leur longueur m'épouvantent. Aussi bien, quelqu'un me reprocheroit que c'est trop berner un homme, qui dit m'estimer beaucoup. Donc, ô plaisant petit singe! ô marionnette incarnée! cela seroit-il possible? Mais je vois que vous vous cabrez de ce glorieux sobriquet! Hélas! demandez ce que vous êtes à tout le monde, et vous verrez si tout le monde ne dit pas que vous n'avez rien d'homme que la ressemblance d'un magot. Ce n'est pas pourtant, quoique je vous compare à ce petit homme à quatre pattes, que je pense que vous raisonniez aussi bien qu'un singe. Non, non, messer Gambade : car, quand je vous contemple si décharné, je m'imagine que vos nerfs sont assez secs et assez préparés, pour exciter, en vous remuant, ce bruit que vous appelez parole. C'est infailliblement ce qui est cause que vous jasez et frétillez sans intervalle. Mais, puisque parler y a, apprenez-moi de grâce, si vous parlez à force de

[1] Tromper, duper audacieusement.
[2] Sainte-Ménehould, dont les Espagnols s'étaient emparés en 1652, fut reprise d'assaut, le 27 novembre 1653, par l'armée royale, que commandait le vicomte de Turenne. Ce fait historique fixe d'une manière précise la date de cette lettre.

remuer, ou si vous remuez à force de parler? Ce qui fait soupçonner que tout le tintamarre que vous faites ne vient pas de votre langue, c'est qu'une langue seule ne sauroit dire le quart de ce que vous dites, et que la plupart de vos discours sont tellement éloignés de la raison, qu'on voit bien que vous parlez par un endroit qui n'est pas fort près du cerveau. Enfin, mon petit gentil Godenot[1], il est si vrai que vous êtes tout langue, que, s'il n'y avoit point d'impiété d'adapter les choses saintes aux profanes, je croirois que saint Jean prophétisoit de vous, quand il écrivit que la parole s'étoit faite chair. Et, en effet, s'il me falloit écrire autant que vous parlez, j'aurois besoin de devenir plume; mais, puisque cela ne se peut, vous me permettrez de vous dire adieu. Adieu donc, mon camarade, sans compliment; aussi bien, seriez-vous trop mal obéi, si j'étois

Votre serviteur.

VI

CONTRE M. DE V.....[2]

Monsieur,

Tant de caresses de la Fortune, que j'ai perdues, en perdant votre amitié, me persuadent enfin de me repentir d'avoir si fort contribué à sa perte; et, si je suis en disgrâce, je confesse que je la mérite, pour ne m'être pas conservé plus soigneusement, et l'estime et la vue d'une

---

[1] Marmouset, grotesque; dans le sens de Priape, phallus. Suivant un ancien étymologiste, l'origine du mot est italienne, de même que celle de *godemichi;* il y aurait, dans *godenot: gode notte.*

[2] Nous croyons reconnaître sous cette initiale le baron de Vau-

personne, qui fait passer les moindres, dont il est visité, sous le titre de *Comtes* et de *Marquis.* Certes, Monsieur, vous vous faites le père de force grands Seigneurs qui ne croyoient pas l'être, et je commence à m'apercevoir que j'ai tort d'avoir ainsi négligé ma fortune, car j'aurois possible gagné à ce jeu-là une Principauté. Quelques-uns blâment cette humeur prodigue; mais ils ne savent pas que ce qui vous engage à ces magnificences, c'est le passionné désir qui vous emporte pour la multiplication de la Noblesse, et c'est pour cela que, ne pouvant mettre au jour des gentilshommes selon la chair, vous en voulez du moins produire spirituellement. Les Auteurs romanesques, que vous connoissez, donnent bien des empires, à tel qui souvent n'avoit pas possédé deux arpens de terre; mais votre talent est égal au leur, puisqu'il vous met en droit d'user des mêmes priviléges. On sait assez que tous ces grands Auteurs ne parlent pas mieux que vous, puisque vous parlez tout comme eux, et qu'à chaque moment vous vomissez et *Cassandre*[1] et *Polexandre*[2] si crus, qu'on

---

vert, Pierre d'Auteuille, conseiller à la Cour des comptes de Languedoc, auteur d'une foule de poésies éparses dans les recueils du temps. Il se disait l'ami des gens de lettres, et se mêlait de les protéger. Il était lié avec Molière, qui lui donna un rôle dans le Ballet des *Incompatibles*, dansé à Montpellier, en 1655, devant le prince de Conti. Le baron de Vauvert représentait un charlatan, et Molière semble avoir voulu faire allusion à son insupportable bavardage, dans ces vers qu'il lui fait dire:

> Les œuvres que je fais étonnent les humains;
> Je m'arrête aux effets et je fuis les paroles.

Dassoucy, dans une de ses Lettres, se plaint amèrement des procédés du baron de Vauvert, qui ne lui avait pas offert une place dans son carrosse, au sortir de Montpellier.

[1] Célèbre roman de La Calprenède, publié de 1642 à 1644, en 10 volumes, et réimprimé plus de six fois.

[2] Voy. plus haut, p. 121, une note sur ce roman, où l'on cherchait alors des allusions aux personnages et aux événements contemporains.

pense voir dans votre bouche le papier dessous les paroles. Ces Critiques murmurent que le grand bruit dont vous éclatez n'est pas la marque d'un grand esprit; que les vaisseaux vides en excitent plus que ceux qui sont pleins, et que, peut-être à cause du concave de votre cerveau rempli de rien, votre bouche, à l'exemple des cavernes, fait un écho mal distinct de tous les sons qui la frappent; mais, quoi! il se faut consoler; celui-là est encore à naître, qui a su le moyen d'empêcher l'envie de mordre la vertu; car je veux même, comme ils le disent, que vous ne fussiez pas un grand génie, vous êtes toutefois un grand homme. Comment! vous êtes capable, par votre ombre seule, de noircir un jeu de paume tout entier; personne n'entend parler de votre taille, qu'il ne croie qu'on fait l'histoire d'un cèdre ou d'un sapin; et d'autres, qui vous connoissent un peu plus particulièrement, prouvant que vous n'avez rien d'homme que le son de la voix, assurent qu'ils ont appris par tradition, que vous êtes un chêne transplanté de la forêt de Dodone[1]. Ce n'est pas de mon avis qu'ils portent ce jugement; au contraire, je leur ai dit cent fois qu'il n'y avoit point d'apparence que vous fussiez un chêne, puisque les plus sensés tombent d'accord que vous n'êtes qu'une bûche. Pour moi, qui pense vous connoître de plus longue main, je leur soutiens qu'il est tout à fait éloigné du vraisemblable, d'imaginer que vous soyez un arbre, car, encore que cette partie supérieure de votre tout (qu'à cause du lieu de sa situation, on appelle votre tête) ne fasse aucune fonction raisonnable, ni même sensitive, je ne me persuade pas pourtant qu'elle soit de bois, mais je m'imagine qu'elle a été privée de l'usage des sens, à cause qu'une âme humaine n'étant pas assez grande pour animer de bout en bout un si vaste colosse, la Nature a été contrainte de laisser en friche la région d'en haut. Et, en effet, y a-

---

[1] Dans la Fable, les chênes de la forêt de Dodone parlaient et rendaient les oracles.

t-il quelqu'un qui ne sache que, quand elle logea ce qu'en
d'autres on nomme l'*esprit,* dans votre corps démesuré,
elle eut beau le tirer et l'allonger, elle ne put jamais le
faire arriver jusqu'à votre cervelle? Vos membres mêmes
sont si prodigieux, qu'à les considérer, on croit que vous
avez deux géants pendus au bas du ventre, à la place de
vos cuisses; et vous avez la bouche si large, que je crains
quelquefois que votre tête ne tombe dedans. En vérité,
s'il étoit de la foi de croire que vous fussiez homme, j'aurois un grand motif à soupçonner qu'il a donc fallu mettre dans votre corps, pour lui donner la vie, l'âme universelle du monde. Il faut, en effet, que vous soyez quelque
chose de bien ample, puisque toute la Communauté des
Fripiers est occupée à vous vêtir, ou bien que ces gens-là
qui cherchent le débit, ne pouvant amener toutes les rues
de Paris à la Halle, aient chargé sur vous leurs guenilles,
afin de promener la Halle par tout Paris. Au reste, ce
reproche ne vous doit point offenser; au contraire, il vous
est avantageux, il fait connoître que vous êtes une personne publique, puisque le public vous habille à ses dépens, et puis assez d'autres choses vous rendent considérable. Je dis même, sans mettre en ligne de compte,
que, comme de l'épaisseur de la vase du Nil, en suite de
son débordement, les Égyptiens jugent de leur abondance,
on peut supputer, par l'épaisseur de votre embonpoint,
le nombre des embrassemens illégitimes qui se sont faits
en votre Faubourg. Et, enfin, à propos d'arbre à qui je
vous comparois tantôt, on dit que vous en êtes un si
fertile, qu'il n'y a point de jour que vous ne produisiez;
mais je sais bien que ces sortes d'injures passent fort
loin de vous, et que vos calomniateurs n'eussent osé vous
soutenir en face tant d'injures, du temps que la troisième
peinture des Cartes[1] étoit votre portrait : vous traîniez
alors une brette, qui vous auroit vengé d'eux; ils ne vous

---

[1] Cyrano veut sans doute désigner par là le *valet,* qui est dans
le jeu de cartes la troisième figure.

eussent pas accusé, comme aujourd'hui, d'effronterie en un état de condition, où vous changiez si souvent de couleur. Voilà, Monsieur, les peaux d'ânes [1] à peu près, dont ils persécutent votre déplorable renommée. J'en ferois l'apologie un peu plus longue, mais la fin du papier m'oblige de finir. Permettez donc que je prenne congé de vous, sans les cérémonies accoutumées, parce que ces Messieurs qui vous méprisent fort, et dont je fais beaucoup d'estime, penseroient que je fusse le valet du valet des tambourineux [2], si j'avois au bas de cette lettre, que je suis,

Monsieur,

Votre Serviteur.

VII

CONSOLATION A UN AMI

SUR L'ÉTERNITÉ DE SON BEAU-PÈRE

Monsieur,

La Faculté, bien mieux que moi, vous mettra quelque jour à couvert de la vie de ce personnage : laissez-la donc faire; elle a des bras dont personne ne pare les coups. Vous me répondrez sans doute qu'il a passé déjà plus de dix fois le temps de mourir; que la Parque ne s'est pas souvenue de lui, et que, maintenant qu'elle a tant marché depuis, elle sera honteuse et paresseuse de revenir le prendre si loin? Non, non, Monsieur, espérez toujours, jusqu'à ce qu'il ait passé neuf cents ans, l'âge

---

[1] Sont-ce les lanières d'un fouet ou bien des contes de Peau-d'Ane, c'est-à-dire des contes ridicules ?

[2] C'est-à-dire : que j'étais de la plus méprisable condition. Le *tambourineux* est le crieur public, qui fait tambouriner les objets perdus.

de Mathusalem; mais enfin parlez-lui sans cesse en grondant, criez, pestez, tonnez dans sa maison, croissez partout à ses yeux, et faites en sorte qu'il se dépite contre le jour. N'est-il pas temps, aussi bien, qu'il fasse place à d'autres? Comment! Arthéphius[1] et la Sibylle Cumée[2] auprès de lui, n'ont fait que semblant de vivre. Il naquit auparavant que la Mort fût faite, et la Mort, à cause de cela, n'oseroit tirer sur lui, parce qu'elle craint de tuer son père; et puis même, quand cette considération ne l'empêcheroit pas, elle le voit si foible de vieillesse, qu'il n'auroit pas la force de marcher jusqu'en l'autre monde. Et je pense qu'une autre raison encore le fait demeurer debout, c'est que la Mort, qui ne lui voit faire aucune action de vie, le prenant plutôt pour une statue que pour un vivant, pense qu'il est du devoir, ou du Temps, ou de la Fortune, de le faire tomber. Après cela, Monsieur, je m'étonne fort que vous me disiez qu'étant prêt de fermer le cercle de ses jours, et arrivant au premier point, dont il est parti, il redevienne enfant. Ah! vous vous moquez, et pour moi, je ne saurois pas même m'imaginer qu'il l'ait jamais été. Quoi! lui, petit garçon? Non, non, il ne le fut jamais, ou Moïse s'est trompé, au calcul qu'il a fait de la création du Monde. S'il est permis toutefois de nommer ainsi tout ce qui peut à peine faire les fonctions d'un enfant, je vous donne les mains; car il faut, en effet, qu'il soit plus ignorant qu'une plante même, de ne savoir pas mourir, chose que tout ce qui a vie sait faire sans précepteur. Oh! que n'a-t-il été connu d'Aristote! Ce Philosophe n'eût pas défini l'homme animal raisonnable. Ceux de la secte d'Épicure, qui démontrent que les bêtes usent de la raison, en doivent excepter celle-là encore, s'il étoit bien vrai qu'il fût bête; mais, hélas! dans l'ordre des

[1] Philosophe hermétique, juif ou arabe, qui vivait au douzième siècle, et qui passait pour avoir vécu bien longtemps auparavant, grâce à la pierre philosophale.

[2] La sibylle de Cumes avait obtenu des dieux le privilège de vivre autant d'années que sa main pourrait contenir de grains de sable.

êtres animaux, il est un peu plus qu'un artichaut, et un peu moins qu'une huître à l'écaille; de sorte que j'aurois cru, si ce n'étoit que vous le soupçonnez de ladrerie [1], qu'il est ce qu'on appelle la plante sensitive. Avouez donc que vous avez tort de vous ennuyer de sa vie. Il n'a pas encore vécu, il n'a que dormi; attendez au moins qu'il ait achevé un somme. Êtes-vous assuré qu'on ne lui ait pas dit que le Sommeil et la Mort sont frères? Il fait peut-être scrupule (ayant bonne conscience), après avoir joui de l'une, d'avoir affaire à l'autre? N'inférez pas cependant, en suite de cela, que je veuille prouver, par cette enfilade, que le personnage dont il est question soit un sot homme. Point du tout; il n'est rien moins qu'homme; car, outre qu'il nous ressemble par le Baptême, c'est un privilége dont jouissent aussi bien que lui les cloches de sa Paroisse. Je parlerois de cette vie jusqu'à la mort, pour soulager votre ennui; mais le sommeil commence de causer à ma main de si grandes foiblesses, que ma tête, par compagnie, tombe sur mon oreille. Ah! par ma foi! je ne sais plus ce que j'écris. Adieu, bonsoir,

Monsieur,

Votre Serviteur.

VIII

CONTRE UN PILLEUR DE PENSÉES [2]

Monsieur,

Puisque notre ami butine nos pensées, c'est une marque qu'il nous estime; il ne les prendroit pas, s'il ne les croyoit bonnes, et nous avons grand tort de nous esto-

---

[1] Le symptôme le plus caractéristique de la lèpre ou ladrerie était l'insensibilité complète de la peau.

[2] On voit, à la fin de cette lettre, que ce *pilleur de pensées* se

maquer de ce que, n'ayant point d'enfans, il adopte les
nôtres. Pour moi, ce qui m'offense en mon particulier
(car vous savez que j'ai un esprit vengeur de torts, et fort
enclin à la justice distributive), c'est de voir qu'il attribue à son ingrate imagination les bons services que lui
rend sa mémoire, et qu'il se dise le père de mille hautes
conceptions, dont il n'a été, au plus, que la Sage-Femme.
Allons, Monsieur, après cela, nous vanter d'écrire mieux
que lui, lorsqu'il écrit tout comme nous, et tournons en
ridicule qu'à son âge il ait encore un Écrivain chez lui,
puisqu'il ne nous fait, en cela, d'autre mal que de rendre
nos œuvres plus lisibles! Nous devrions, au contraire, recevoir avec respect tant de sages avertissemens moraux,
dont il tâche de réprimer les emportemens de notre
jeunesse. Oui, certes, nous devrions y ajouter plus de
foi, et n'en douter non plus que de l'Évangile; car tout
le monde sait que ce ne sont pas des choses qu'il ait inventées. A la vérité, d'avoir un ami de la sorte, c'est
entretenir une Imprimerie à bon marché. Pour moi, je
m'imagine, en dépit de tous ses grands manuscrits, que
si quelque jour, après sa mort, on inventorie le cabinet
de ses livres, c'est-à-dire de ceux qui sont sortis de son
génie, tous ces ouvrages ensemble, ôtant ce qui n'est pas
de lui, composeront une bibliothèque de papier blanc.
Il ne laisse pas de vouloir s'attribuer les dépouilles des
morts et de croire inventer ce dont il se souvient; mais,
de cette façon, il prouve mal la noble extraction de ses
pensées, de n'en tirer l'antiquité que d'un homme qui

---

nommait *Beaulieu*. C'est probablement le sieur Deroziers Beaulieu,
auteur d'une comédie intitulée le *Galimathias* (Paris, Quinet, 1659,
in-4), qui remplit parfaitement les conditions de son titre. Richelet, dans son recueil des *plus belles lettres françoises* (édit. de 1698,
t. II, p. 15), a publié cette lettre, avec des changements de sa façon,
pour se donner le plaisir d'attaquer Dassoucy. Voici le commencement de la pièce arrangée par Richelet : « Vous avez tort, Monsieur, de vous estomaquer que le bon Dassoucy pille vos sentimens;
il n'en use de la sorte, que parce qu'il vous estime, » etc.

vit encore ; mais il veut par là conclure à la Métempsycose, et montrer que, quand il se serviroit des imaginations de Socrate, il ne les voleroit point, ayant été jadis ce même Socrate qui les imagina. Et puis, n'a-t-il pas assez de mémoire pour être riche de ce bien-là seul? Comment? Il l'a si grande, qu'il se souvient de ce qu'on a dit trente siècles auparavant qu'il fût au monde. Quant à moi, qui suis un peu moins souffrant que les morts, obtenez de lui qu'il me permette de dater mes pensées, afin que ma postérité ne soit point douteuse. Il y eut jadis une Déesse Écho : celui-ci sans doute en doit être le Dieu; car, de même qu'elle, il ne dit jamais que ce que les autres ont dit, et le répète si mot à mot, que, transcrivant l'autre jour une de mes lettres (il appeloit cela *composer!*), il eut toutes les peines du monde à s'empêcher de mettre : *Votre Serviteur*, BEAULIEU, parce qu'il y avoit au bas ·

Votre Serviteur,

DE BERGERAC.

IX

SUR LE MÊME SUJET

MONSIEUR,

Après avoir échauffé contre nous cet homme qui n'est que flegme, n'appréhendons-nous point qu'un de ces jours on nous accuse d'avoir brûlé la rivière? Cet esprit aquatique murmure continuellement comme les fontaines, sans que l'on puisse entendre ce qu'il dit. Ah! Monsieur, que cet homme me fait prévoir à la fin des siècles une étrange aventure ! C'est que, s'il ne meurt qu'au bout de sa mémoire, les trompettes de la Résurrection n'auront pas de silence. Cette seule faculté dans lui ne laisse point de place aux autres, et il est un si grand persécuteur du sens commun, qu'il me fait soupçonner que le Jugement universel n'a été promis, que pour en faire avoir aux personnes comme lui, qui n'en ont point eu de particulier. Et, pour vous parler ingénument, quiconque le fera sortir du monde aura grand tort, puisqu'il l'en fera sortir sans raison; mais cependant il parle autant que tous les livres, et tous les livres semblent n'avoir parlé que pour lui. Il n'ouvre jamais la bouche, que nous n'y trouvions un larcin, et il est si accoutumé à mettre au jour son pillage, que, même quand il ne dit mot, c'est pour dérober cela aux muets. Nous sommes pourtant de faux braves, et nous partageons avec injustice les avantages du combat, notre esprit ayant trois facultés de l'opposer au sien, qui n'en a qu'une ; c'est pourquoi, s'il a dans la tête beaucoup de vide, on lui doit pardonner, puisqu'il n'a pas été possible à la Nature de la remplir avec le tiers d'une âme raisonnable. En récompense, il ne la laisse pas dormir; il la tient sans cesse occupée à dépouiller quelqu'un ; et ces grands Philosophes, qui croyoient s'être mis, par la pauvreté qu'ils professoient, à couvert d'impôts et de contributions, lui doivent par jour, chacun jusqu'au plus misérable, une rente de dix pensées, et ce Maltôtier de conceptions n'en laisse pas échapper un, qu'il ne taxe aux aisés[1], selon l'étendue de son revenu. Ils ont beau se cacher dans l'obscurité, il les sait bien trouver, et les fait bien parler français. Encore, ont-ils souvent le regret de voir confisquer leurs œuvres tout entières, quand ils n'ont pas le moyen de payer leur taxe; mais il continue ces brigan-

---

[1] La taxe aux aisés était alors un des expédients les plus ordinaires en matière de finances : on dressait les listes de capitation, d'après des renseignements fournis en général par le bruit public, et les maltôtiers se chargeaient de faire rentrer l'argent.

8.

dages en sûreté, car il sait que, la Grèce et l'Italie relevant d'autres Princes que du nôtre, il ne sera pas recherché en France des larcins qu'il aura faits chez eux. Je crois même qu'il pense, à cause que les Païens sont nos ennemis, ne pouvoir rien butiner sur eux, qui ne soit pris de bonne guerre. Voilà, Monsieur, ce qui est cause que nous voyons chaque page de ses épîtres être le cimetière des vivans et des morts. Ne doutez point, après cela, que si, au jour de la consommation des siècles, chacun reprend ce qui lui appartient, le partage de ses écrits ne soit la dernière querelle des hommes. Après avoir été dans nos conversations cinq ou six jours à l'affût aux pensées, plus chargé de pointes qu'un porc-épic, il les va ficher dans ses épigrammes et dans ses sonnets, comme des aiguilles dans un peloton. Cependant il se vante qu'il n'y a rien dans ses écrits, qui ne lui appartienne aussi justement que le papier et l'encre qu'il a payés; que les vingt-quatre lettres de l'Alphabet sont à lui comme à nous, et la disposition, par conséquent; et que, Aristote étant mort, il peut s'emparer de ses livres, puisque ses terres, qui sont des immeubles, ne sont pas aujourd'hui sans maîtres; mais, après tout cela, quelquefois, quand on lui trouve le manteau sur les épaules, il l'adopte pour sien, et proteste de n'avoir jamais logé dans sa mémoire que ses propres imaginations. Pour cela, il se peut faire : ses écrits étant l'hôpital où il retire les miennes. Si maintenant vous me demandez la définition de cet homme, je vous répondrai que c'est un écho, qui s'est fait panser de la courte haleine[1] ; et qui auroit été muet, si je n'avois jamais parlé. Pour moi, je suis un misérable père, qui pleure la perte de mes enfans. Il est vrai que, de ses richesses, il en use fort généreusement, car elles sont plus à moi qu'à lui. Et il est encore vrai que, si l'on y mettoit le feu, en y jetant de l'eau, je ne sauverois que mon bien.

---

[1] C'est l'asthme.

C'est pourquoi je me rétracte de tout ce que je lui ai reproché. De quelle faute, en effet, puis-je accuser un innocent qui n'a rien fait, ou qui, quoi qu'il ait fait, ne l'a fait enfin qu'après moi ? Je ne l'accuse donc plus, nous sommes trop bons amis, et j'ai toujours été si joint à lui, qu'on ne peut pas dire qu'il ait jamais travaillé à quelque chose où je n'aie été attentif. Ses ouvrages étoient mes seules pensées, et quand je m'occupois à imaginer, je songeois à ce qu'il devoit écrire. Tenez donc, je vous supplie, pour assuré, que tout ce que je semble avoir reproché ci-dessus à sa mendicité est seulement pour le prier qu'il épargne ses ridicules comparaisons de nos pères ; car ce n'est pas le moyen de devenir, comme il l'espère, écrivain sans comparaison, puisque c'est une marque d'avoir bien de la pente au larcin, de dérober jusqu'à des guenilles, et de n'avoir pour toute finesse de bien dire, que des *comme*, des *de même*, ou des *tout ainsi*. Comment ! la foudre n'est pas assez loin de ses mains dans la moyenne région de l'air, ni les torrens de la Thrace assez rapides, pour empêcher qu'il ne les détourne jusqu'en ce Royaume pour les marier par force à ses comparaisons ? Je ne vois pas le motif de ce mauvais butin, si ce n'est que ce flegmatique, de peur de laisser croupir ses aquatiques pensées, essaye d'en former des torrens, craignant qu'elles ne se corrompent, ou qu'il veuille échauffer ses froides rencontres avec le feu des éclairs et des tonnerres. Mais, puisque enfin, pour tout ce que je lui saurois dire, il ne vaincra pas les tyranniques malignités de sa planète ; et puisque cette inclination de Filou le gourmande avec tant d'empire, qu'il glane au moins sur les bons Auteurs ; car quel butin prétend-il faire sur un misérable comme moi ? Il ne se chargera que de vétilles. Cependant il consomme et les nuits et les jours à me dépouiller depuis les pieds jusqu'à la tête ; et cela est si vrai, que je vous ferai voir dans toutes ses lettres le commencement et la fin des miennes : Je suis,

    Monsieur,

        Votre Serviteur.

X

CONTRE UN GROS HOMME [1]

Enfin, gros homme, je vous ai vu ! Mes prunelles ont achevé sur vous de grands voyages ; et, le jour que vous éboulâtes corporellement jusqu'à moi, j'eus le temps de parcourir votre hémisphère, ou, pour parler plus véritablement, d'en découvrir quelques cantons. Mais, comme je ne suis pas tout seul les yeux de tout le monde, permettez que je donne votre portrait à la postérité, qui un jour sera bien aise de savoir comment vous étiez fait. On saura donc, en premier lieu, que la Nature, qui vous ficha une tête sur la poitrine, ne voulut pas expressément y mettre le col, afin de le dérober aux malignités de votre horoscope [2] ; que votre âme est si grosse, qu'elle serviroit bien de corps à une personne un peu délié ; que vous avez ce qu'aux hommes on appelle la face, si fort au-dessous des épaules, et ce qu'on appelle les épau-

---

[1] Cette sanglante satire est dirigée contre Antoine-Jacob de Montfleury, qui avait été page du duc de Guise avant de se faire comédien et auteur dramatique. La querelle de Cyrano avec ce *gros homme* ne datait probablement que des représentations du *Pédant joué* et d'*Agrippine*. Montfleury, qui jouait à la fois les rôles tragiques et les rôles comiques, mourut en 1667, à l'âge de soixante-sept ans.

[2] C'est-à-dire, en quelque sorte : pour ne pas laisser de quoi vous pendre.

les, si fort au-dessus de la face, que vous semblez un saint Denis portant son chef entre ses mains. Encore, je ne dis que la moitié de ce que je vois, car si je descends mes regards jusqu'à votre bedaine, je m'imagine voir aux Limbes tous les Fidèles dans le sein d'Abraham; sainte Ursule qui porte les onze mille Vierges enveloppées dans son manteau, ou le Cheval de Troie farci de quarante mille hommes. Mais je me trompe : vous êtes quelque chose de plus gros. Ma raison trouve bien plus d'apparence à croire que vous êtes une loupe aux entrailles de la Nature, qui rend la terre jumelle. Eh quoi! vous n'ouvrez jamais la bouche, qu'on ne se souvienne de la fable de Phaéton, où le globe de la Terre parle[1]; oui, le globe de la Terre. Et si la Terre est un animal, vous voyant aussi rond, et aussi large qu'elle, je soutiens que vous êtes son mâle, et qu'elle a depuis peu accouché de l'Amérique, dont vous l'aviez engrossée. Eh bien, qu'en dites-vous? le portrait est-il ressemblant, pour n'y avoir donné qu'une touche? Par la description de votre sphère de chair, dont tous les membres sont si ronds, que chacun fait un cercle, et par l'arrondissement universel de votre épaisse masse, n'ai-je pas appris à nos Neveux, que vous n'étiez point fourbe, puisque vous marchez rondement? Pourrois-je mieux convaincre de mensonge ceux qui vous menacent de pauvreté, qu'en leur faisant voir à l'œil que vous roulerez toujours? Et enfin étoit-il possible d'enseigner intelligiblement que vous êtes un miracle, puisque votre gros embonpoint vous fait prendre, par vos spectateurs, pour une longe de veau qui se promène sur les lardons? Je me doute bien que vous m'objecterez qu'une boule, qu'un globe, ni qu'un morceau de chair, ne font pas des ouvrages, et que la belle Didon vous a fait triom-

---

[1] Dans les *Métamorphoses* d'Ovide, le poëte met un long discours dans la bouche de la Terre, qui supplie Jupiter de lui venir en aide contre un embrasement général, causé par le char du soleil, que conduit Phaéton.

plier sur les théâtres de Venise[1]. Mais, entre vous et moi, vous en connoissez l'enclouure; il n'y a personne en Italie, qui ne sache que cette tragédie est la corneille d'Ésope ; que vous l'avez sue par cœur, auparavant que de l'avoir inventée (étant tirée de l'*Aminte*[2], du *Pastor fido* de Guarini[3], du Cavalier Marin[4], et de cent autres, on la peut appeler la *Pièce des pièces*), et que vous seriez non-seulement un globe, une boule et un morceau de chair, mais encore un miroir qui prend tout ce qu'on lui montre, n'étoit que vous représentez trop mal la dette. Sus donc, confessez, je n'en parlerai point ; au contraire, pour vous excuser, je dirai à tout le monde, que votre Reine de Carthage doit être un corps composé de toutes les natures ; parce qu'étant d'Afrique, c'est de là que viennent les monstres. Et j'ajouterai même que cette pièce parut si belle aux nobles de cette République, qu'à l'exemple des Acteurs qui la jouoient, tout le monde la jouoit. Quelques ignorans peut-être concluront, à cause de la stérilité de pensées qu'on y trouve, que vous ne pensiez à rien, quand vous la fîtes, mais tous les habiles savent qu'afin d'éviter l'obscurité, vous y avez mis les bonnes choses fort claires ; et quand même ils auroient prouvé que, depuis l'ortie jusqu'au sapin, c'est-à-dire depuis le Tasse jusqu'à Corneille[5], tous les

---

[1] Cette tragédie, que Montfleury avait composée et jouée pendant ses voyages dramatiques en Italie et en Espagne, ne fut représentée à Paris, par les comédiens de l'Hôtel de Bourgogne, qu'en 1672, et imprimée sous ce titre, l'*Ambigu comique, ou les Amours de Didon et d'OEnée*, trag. en trois actes, meslée de trois intermèdes comiques (Paris, H. Loyson, 1673, in-12). Il est probable que Cyrano l'avait vu représenter en province par une troupe de campagne.

[2] L'*Aminta* du Tasse, qui avait été traduite plusieurs fois en français depuis 1584, et jouée sur différents théâtres de France.

[3] Cette pastorale, qui n'eut pas moins de succès en France qu'en Italie, avait été traduite par trois ou quatre auteurs français, en vers et en prose.

[4] Cyrano veut parler du roman de J. Amb. Marini : *il Caloandro fedele*, que Scudéry avait traduit en français.

[5] Pierre Corneille avait donné au théâtre tous ses chefs-d'œuvre

Poëtes ont accouché de votre enfant, ils ne pourroient rien
inférer, sinon qu'une âme ordinaire n'étant pas assez
grande pour vivifier votre masse de bout en bout, vous
fûtes animé de celle du monde, et qu'aujourd'hui c'est
ce qui est cause que vous imaginez par le cerveau de tous
les hommes. Mais encore, ils sont bien éloignés d'avouer
que vous imaginez : ils soutiennent qu'il n'est pas possible que vous puissiez parler, ou que, si vous parlez, c'est
comme jadis l'antre de la Sibylle, qui parloit sans savoir.
Mais, encore que les fumées qui sortent de votre bouche,
je voulois dire de votre bondon, soient aussi capables
d'enivrer que celles qui s'exhaloient de cette grotte, je
n'y vois rien d'aussi prophétique ; c'est pourquoi j'estime
que vous n'êtes, au plus, que la caverne des sept Dormans,
qui ronflent par votre bouche. Mais, bons Dieux ! qu'est-ce
que je vois ? Vous me semblez encore plus enflé qu'à l'ordinaire! Est-ce donc le courroux qui vous sert de seringue?
Déjà vos jambes et votre tête se sont tellement unies par
leur extension à la circonférence de votre globe, que vous
n'êtes plus qu'un ballon. Vous vous figurez peut-être
que je me moque? Par ma foi, vous avez deviné, et le
miracle n'est pas grand, qu'une boule ait frappé au but.
Je vous puis même assurer que, si les coups de bâton
s'envoyoient par écrit, vous liriez ma lettre des épaules ;
et ne vous étonnez pas de mon procédé, car la vaste étendue de votre rondeur me fait croire si fortement que
vous êtes une terre, que de bon cœur je planterois du
bois sur vous, pour voir comment il s'y porteroit. Pensez-
vous donc qu'à cause qu'un homme ne vous sauroit battre
tout entier en vingt-quatre heures, et qu'il ne sauroit en
un jour échiner qu'une de vos omoplates, que je me veuille
reposer de votre mort sur le Bourreau? Non, non, je
serai moi-même votre Parque, et ce seroit déjà fait de

jusqu'à *Nicomède*, lorsque Cyrano lui adressait un éloge destiné
peut-être à désarmer le grand écrivain, à qui le succès d'*Agrippine*
promettait un rival redoutable.

vous, si j'étois bien délivré d'un mal de rate, pour la guérison duquel les Médecins m'ont ordonné encore quatre ou cinq prises de vos impertinences ; mais, sitôt que j'aurai fait banqueroute aux divertissemens, et que je serai las de rire, tenez pour tout assuré que je vous enverrai défendre de vous compter entre les choses qui vivent. Adieu, c'est fait! J'eusse bien fini ma lettre à l'ordinaire, mais vous n'eussiez pas cru pour cela que je fusse votre très-humble, très-obéissant, et très-affectionné : c'est pourquoi, Gros Crevé,

Serviteur à la paillasse.

XI

CONTRE SCARRON[1]

Monsieur,

Vous me demandez quel jugement je fais de ce Renard, à qui semblent trop vertes les mûres où il ne peut atteindre? Je pense que, comme on arrive à la connoissance d'une cause par ses effets, qu'ainsi pour connoître la force ou la foiblesse de l'esprit de ce personnage, il ne faut que jeter la vue sur ses productions. Mais je parle

---

[1] Dans les éditions posthumes, le nom a été anagrammatisé en *Ronscar*. Paul Scarron, né en 1610, était devenu infirme et paralysé de tout le corps à l'âge de vingt ans, ce qui ne l'empêcha pas d'épouser en 1652 Françoise d'Aubigné, qui devait être longtemps après la marquise de Maintenon et la femme de Louis XIV. Ce fut vers cette époque qu'une haine irréconciliable se déclara entre Cyrano et lui. On peut attribuer cette haine à quelque épigramme décochée par Scarron contre l'auteur du *Pédant joué*, plutôt qu'à des divergences d'opinion politique quoique, vers la fin de la Fronde, Cyrano, pour expier son *Ministre d'État flambé*, ait été aussi fidèle royaliste et mazarin que Scarron fut ingrat envers la reine mère et implacable à l'égard du cardinal.

fort mal de dire ses *productions :* il n'a jamais su que détruire, témoin le Dieu des Poëtes de Rome, qu'il fait encore aujourd'hui radoter [1]. Je vous avouerai donc, au sujet sur lequel vous désirez avoir mon sentiment, que je n'ai jamais vu de ridicule plus sérieux, ni de sérieux plus ridicule que le sien. Le peuple l'approuve : après cela, concluez. Ce n'est pas toutefois que je n'estime son jugement, d'avoir choisi, pour écrire, un style moqueur, puisque écrire comme il fait, c'est se moquer du monde. Ses Partisans ont beau crier, pour élever sa gloire, qu'il travaille d'une façon où il n'a personne pour guide, je leur confesse; mais qu'ils mettent la main sur leur conscience. En vérité, n'est-il pas plus aisé de faire l'Énéide de Virgile, comme Scarron, que de faire l'Énéide de Scarron, comme Virgile? Pour moi, je m'imagine, quand il se mêle de profaner le saint art d'Apollon, entendre une Grenouille fâchée coasser [2] au pied du Parnasse. Vous me reprocherez peut-être que je traite un peu mal cet Auteur, de le réduire à l'insecte; mais, ne l'ayant jamais vu, puisque vous m'obligez à faire son tableau, je ne saurois, pour le peindre, agir d'autre façon, que de suivre l'idée que j'en ai reçue de tous ses amis. Il n'y en a pas un qui ne tombe d'accord, que, sans mourir, il a cessé d'être homme, et n'est plus que façon. Mais, en effet, à quoi le reconnoîtrions-nous? Il marche à rebours du sens commun, et il en est venu à ce point de bestialité, que de bannir les pointes et les pensées de la composition des ouvrages. Quand, par malheur, en lisant, il tombe sur quelqu'une, on diroit, à voir l'horreur dont il est surpris, qu'il est tombé des yeux sur un basilic, ou qu'il a marché sur un aspic. Si la terre n'avoit jamais connu d'autres pointes que celles des chardons, la Nature

---

[1] Scarron continuait alors son *Virgile travesti*, dont les sept premiers livres avaient paru en 1648-1652, mais il ne fit jamais paraître les livres suivants, dont il récitait des morceaux à ses amis.
[2] Toutes les éditions portent *croasser*.

l'a formé de sorte, qu'il ne les auroit pas trouvées mauvaises ; car, entre vous et moi, lorsqu'il fait semblant de sentir qu'une pointe le pique, je ne puis m'empêcher de croire que c'est afin de nous persuader qu'il n'est pas ladre ; mais, ladre ou non, je le laisserois en patience, s'il n'érigeoit point de trophées à la stupidité, en l'appuyant de son exemple. Comment! ce bon Seigneur veut qu'on n'écrive que ce qu'on a lu, comme si nous ne parlions aujourd'hui François, qu'à cause que jadis on a parlé Latin, et comme si l'on n'étoit raisonnable que quand on est moulé. Nous sommes donc beaucoup obligés à la Nature, de ne l'avoir pas fait naître le premier homme ; car, indubitablement, il n'auroit jamais parlé, s'il avoit entendu braire auparavant. Il est vrai que, pour faire entendre ses pensées, il emploie une espèce d'idiome, qui force tout le monde à s'étonner comment les vingt-quatre lettres de l'alphabet se peuvent assembler en tant de façons sans rien dire. Après cela, vous me demanderez le jugement que je fais de cet homme, qui sans rien dire parle sans cesse ? Hélas! Monsieur, aucun, sinon qu'il faut que son mal soit bien enraciné, de n'en être pas encore guéri depuis plus de quinze ans qu'il a le flux de bouche. Mais, à propos de son infirmité, on croit comme un miracle de ce saint homme, qu'il n'a de l'esprit que depuis qu'il en est malade ; que, sans ce que la maladie a troublé l'économie de son tempérament, il étoit taillé pour être un grand sot, et que rien n'est capable d'effacer l'encre dont il a barbouillé son nom sur le front de la Mémoire[1], puisque le mercure et l'archet n'en ont pu venir à bout[2]. Les railleurs ajoutent à cela, qu'il ne vit

---

[1] Mnémosine, déesse de la mémoire.
[2] On disait que le triste état de santé dans lequel se trouvait Scarron provenait d'une maladie vénérienne invétérée, que la médecine et la chirurgie n'avaient jamais pu guérir avec l'archet et le mercure. On nommait *archet* un appareil sudorifique dans lequel on enfermait le malade condamné au *grand remède*.

qu'à force de mourir, parce que cette drogue de Naples[1], qui lui a coûté bonne, et qui l'a fait monter au nombre des Auteurs, il la revend tous les jours aux Libraires. Mais, quoi qu'ils disent, il ne mourra jamais de faim, car, pourvu que rien ne manque à sa chaire[2], je suis assuré qu'il roulera jusqu'à la mort. S'il avoit mis ses Poëmes autant à couvert de la fureur de l'oubli, ils ne seroient pas en danger, comme ils sont, d'être bientôt inhumés en papier bleu[3]. Aussi, n'y a-t-il guère d'apparence que ce pot-pourri de Peaux d'Anes et de Contes de mà Mère l'Oie[4] fasse vivre Scarron autant de siècles que l'Histoire d'Énée a fait durer Virgile. Il me semble, au contraire, qu'il feroit mieux d'obtenir un arrêt de la Cour, qui portât commandement aux Harangères de parler toujours un même jargon, de peur qu'introduisant de nouveaux rébus à la place des vieux, on ne doute avant quatre mois en quelle Langue il aura écrit. Mais, hélas! en ce terrestre séjour, qui peut répondre de son éternité dans la mémoire des hommes, quand elle dépend de la vicissitude de leurs proverbes? Je vous assure que cette pensée m'a fait juger que les chevaux qui traînent le char de sa Renommée auroient besoin qu'il se servît de pointes pour la faire avancer; autrement, elle porte la mine, si elle marche aussi lentement que lui, de ne pas faire un long voyage. Comment! les Grecs ont demeuré moins de temps au Siége de Troie, qu'il ne s'en est passé depuis qu'il est sur le sien! A le voir sans bras et sans jambes, on le

[1] Le mal de Naples.
[2] C'est-à-dire, sa chaise roulante.
[3] Les livres se vendaient tout reliés, mais les brochures couvertes seulement de papier bleu.
[4] On voit, par ce passage, qui date de 1653 environ, que le conte de *Peau d'Ane* courait de bouche en bouche ainsi que les *Contes de la mère l'Oye*, avant que Charles Perrault eût l'idée de les recueillir et de les publier quarante ans plus tard. Walckenaer, qui a cherché l'origine de ces contes populaires, la fait remonter au delà du douzième siècle.

prendroit, si sa langue étoit immobile, pour un Terme planté au parvis du temple de la Mort. Il fait bien de parler : on ne pourroit pas croire, sans cela, qu'il fût en vie; et je me trompe fort, si tout le monde ne disoit de lui, après l'avoir ouï tant crier sous l'archet[1], que c'est un bon violon. Ne vous imaginez pas, Monsieur, que je le bourre ainsi, pour m'escrimer de l'équivoque, violon ou autre. A curieusement considérer le squelette de cette momie, je vous puis assurer que, si jamais il prenoit envie à la Parque de danser une sarabande, elle prendroit à chaque main une couple de Scarrons, au lieu de Castagnettes, ou tout au moins elle se passeroit leurs langues entre ses doigts pour s'en servir, comme on se sert des cliquettes de ladre[2]. Ma foi! puisque nous en sommes arrivés jusque-là, il vaut autant achever son portrait. Je me figure donc (car il faut bien se figurer les animaux, que l'on ne montre pas pour de l'argent) que, si ses pensées se forment au moule de sa tête, il doit avoir la tête fort plate; que ses yeux sont des plus grands, si la Nature les lui a fendus de la longueur du coup de hache qui lui a fêlé le cerveau. On ajoute à sa description, qu'il y a plus de dix ans que la Parque lui a tordu le cou sans le pouvoir étrangler; et, ces jours passés, un de ses amis m'assura qu'après avoir contemplé ses bras torts et pétrifiés sur ses hanches, il avoit pris son corps pour un gibet, où le Diable avoit pendu une âme, et se persuada même qu'il pouvoit être arrivé que le Ciel, animant ce cadavre infect et pourri, avoit voulu, pour le punir des crimes qu'il n'avoit pas commis encore, jeter par avance son âme à la voirie. Au reste, Monsieur, vous l'exhorterez

---

[1] Voy. ci-dessus, p. 146, l'explication de ce mot.
[2] Les ladres, pour obéir aux ordonnances de police, annonçaient leur approche, en agitant des cliquettes entre leurs doigts, afin que tout le monde eût le temps de s'éloigner d'eux, de leur contact, de leur haleine et même de leur regard, qu'on croyait contagieux.

de ma part, s'il vous plaît, de ne se point emporter pour toutes ces galanteries, par lesquelles je tâche de dérober sa pensée aux cruelles douleurs qui le tourmentent. Ce n'est point à dessein d'augmenter son affliction. Mais quoi! il n'est pas facile de contraindre en son cœur toutes les vérités qui le pressent; et puis, pour avoir peint le tableau de son visage mal bâti, n'est-il pas manifeste à chacun, que, depuis le temps que les Médecins sont occupés à curer sa carcasse, ce doit être un homme bien vide? Outre cela, que sait-on si Dieu ne le punit point de la haine qu'il porte à ceux qui savent bien penser, quand nous voyons sa maladie incurable, pour avoir différé trop longtemps de se mettre entre les mains d'une personne qui sût bien panser? Je me persuade que c'est aussi en conséquence de cela, que ce Cerbère enragé vomit son venin sur tout le monde; car j'ai appris que quelqu'un lui dépliant un Sonnet qu'il disoit (n'en étant pas bien informé) être de moi, il tourna sur lui des yeux qui l'obligèrent de le replier sans le lire; mais son caprice ne m'étonne guère, car comment eût-il pu voir cet ouvrage de bon œil, lui qui ne sauroit même regarder le Ciel que de travers; lui qui, persécuté de trois fléaux, ne reste sur la terre que pour être aux hommes un spectacle continuel de la vengeance de Dieu; lui dont la calomnie et la rage ont osé répandre leur écume sur la pourpre d'un Prince de l'Église[1], et tâché d'en faire rejaillir la honte sur la face d'un Héros qui conduit heureusement, sous les auspices de Louis, le premier État de la Chrétienté! Enfin, tout ce qui est noble, auguste, grand et sacré, irrite à tel point ce monstre, que, semblable au coq d'Inde aussi bien en sa difformité qu'en son courroux, il ne peut supporter la vue d'un chapeau d'écarlate, sans entrer en fureur,

---

[1] Le cardinal Mazarin, qui était redevenu premier ministre après avoir triomphé de ses ennemis, lorsque Cyrano publia cette lettre satirique, dans laquelle il semblait appeler de sévères représailles contre le poëte de la Fronde.

quoique sous ce chapeau la France glorieuse repose à couvert de ses ennemis. Vous jugez donc bien à présent que son mépris m'importe comme rien, et que ç'auroit été un petit miracle, si mon Sonnet, qui passe pour assez doux, n'avoit pas semblé fade à un homme poivré. Mais je m'aperçois que je vous traite un peu trop familièrement de vous entretenir d'un sujet si bas. Au reste, je vous conseille de vous passer de l'aimable comédie que vous vous donneriez, en lui montrant ma lettre, ou bien faites-vous instruire de la langue qu'entendoit Ésope pour lui expliquer le François. Voilà une partie de ce que j'avois à mander; l'autre consiste à signer le *Je suis*, en le faisant tomber mal à propos, parce qu'il est tellement ennemi des pensées, que, si quelque jour cette lettre venoit entre ses mains, il prêcheroit partout que je l'aurois mal conclue, après qu'il auroit trouvé que je n'aurois pas mis à la fin, sans y penser[1] : Je suis,

Monsieur,

Votre Serviteur.

XII

A MESSIRE JEAN[2]

Messire Jean,

Je m'étonne fort que, sur la Chaire de vérité, vous dressiez un théâtre de Charlatan; qu'au lieu de prêcher l'Évangile à vos Paroissiens, vous repaissiez leurs oreilles de

---

[1] Cette phrase, mal imprimée dans l'édit. in-4, est encore plus défectueuse dans les édit. suivantes. Nous avons essayé de corriger la faute d'impression qui la rendait inintelligible.

[2] Nous ne savons pas quel était ce prédicateur que Cyrano nous représente comme appartenant à l'école facétieuse des Maillard et des Menot. *Voy.* la Notice historique.

cent contes pour rire; que vous ayez l'insolence de réciter des choses que Trivelin[1] rougiroit, sous son masque, de prononcer; que, profanant la dignité de votre caractère, vous décriviez les plus sales plaisirs de la débauche, sous ombre de les reprendre, avec des circonstances si particulières, que vous nous faites souvenir (quelle abomination!) des sacrifices qu'autrefois on faisoit à Priape, de qui le Prêtre étoit le maquereau. Certes, Messire Jean, vous devriez exercer votre charge avec moins de scandale, quand vous ne lui auriez aucune autre obligation que celle de vous avoir appelé du fumier, où l'on vous a vu naître, à l'état ecclésiastique; car, si vous n'avez pas assez de force pour résister à votre bouffon d'ascendant, du moins dissimulez, et, quand votre devoir vous obligera d'annoncer l'Évangile, faites semblant de le croire. Permettez que nous puissions nous tromper, et nous crever les yeux de la raison, pour ne pas voir que vous sentez le fagot; et, puisqu'en dépit du loup-garou, vous êtes résolu de débiter nos Mystères comme une farce, ne faites donc pas sonner les cloches pour appeler le monde à votre sermon : descendez de la Chaire de vérité et montez sur une borne au coin du carrefour ; servez-vous d'un tambourin de Biscaye; mettez gambader sur vos épaules une Guenon; puis, pour achever la momerie en toutes ses mesures, passez la main dans votre chemise, vous y trouverez Godenot dans sa gibecière. Alors on ne se scandalisera point que vous divertissiez le badaud : vous pourrez, comme un Bateleur, raconter les vertus de votre Mithridate, débiter des chapelets de baume, des savonnettes pour la gale et des pommades odoriférantes. Vous pourrez même faire provision d'onguent pour la brûlure; car les Sorciers du Pays m'ont juré avoir lu dans la cédule que vous avez donnée (vous savez bien à qui?), que le terme en expire à Noël. Vous avez beau même ne pas

---

[1] Fameux bouffon de la troupe italienne, qui donnait des représentations au théâtre de l'Hôtel de Bourgogne.

croire aux Possédés, on voit assez, par les contorsions dont vous agitez les pendant de votre gaine corporelle, que vous avez le diable au corps; mais vous avez beau tâcher à vous guérir du mal d'Enfer par une forte imagination et courir les lieux de débauche, il ne nous importe, pourvu que vous n'accrochiez que des vieilles ou des stériles, parce que la venue de l'Antechrist nous fait peur, et vous savez la Prophétie. Mais vous riez, Messire Jean, vous qui croyez à l'Apocalypse comme à la Mythologie, et qui dites que l'Enfer est un petit conte pour épouvanter les hommes, de même que, pour effrayer les enfans, on les menace de les faire manger à la Lune ! Avouez, avouez que vous êtes l'incomparable; car expliquez-moi, je vous conjure, comment vous pouvez être impie et bigot tout ensemble, et composer, avec les filets du tissu de votre vie, une toile mêlée de superstition et d'athéisme? Ah! Messire Jean, mon ami, vous mourrez en dansant les sonnettes ! Et, en vérité, il n'est pas besoin de consulter un oracle pour en jurer; car, aussitôt qu'on regarde les pièces de rapport qui composent l'assemblage et la symétrie de vos membres, on en demeure assez instruit : vos cheveux plus droits que votre conscience, votre front coupé de sillons, c'est-à-dire taillé sur le modèle des campagnes de Beauce, où le Soleil marque votre plage à l'ombre de vos rides, aussi juste qu'il marque l'heure sur un cadran; vos yeux, à l'abri de vos sourcils touffus, qui ressemblent à deux précipices au bord d'un bois, sont tellement enfoncés, qu'à vivre encore un mois vous nous regarderez par le derrière de la tête. On se persuade (habillés de rouge comme ils sont) voir deux comètes sanglantes, et j'y trouve du vraisemblable, puisque plus haut, dans vos sourcils, on découvre des étoiles fixes que quelques-uns n'appellent pas ainsi. Votre visage est à l'ombre d'un nez, dont l'infection est cause que vous êtes partout en fort mauvaise odeur, et mon Cordonnier m'assura, un jour, qu'il avoit pris vos

joues pour une peau de maroquin noir; même je me suis
laissé dire que les plus déliés poils de vos moustaches
fournissent charitablement de barbe au goupillon du bénitier de votre Église. Voilà, je pense, à peu près l'image
hiéroglyphique qui constitue votre horoscope. Je passerois plus loin; mais, comme j'attends visite, je craindrois
de perdre l'occasion de vous mander à la fin de ma lettre
ce que l'on n'y mande pas ordinairement ; c'est que je ne
suis et ne serai jamais,

Messire Jean,

       Votre Serviteur.

XIII

CONTRE UN PÉDANT[1]

Monsieur,

Je m'étonne qu'une bûche comme vous, qui semble,
avec votre habit, n'être devenu qu'un grand char-

---

[1] Nous ne savons pas quel était ce maître Picard, contre lequel
Cyrano exerce de cruelles représailles, mais nous croyons que
c'est le pédant, que le sieur Lebret, l'ami et l'éditeur de Cyrano,
caractérise ainsi dans une lettre adressée *à monsieur du B.*, ou plutôt
à M. de Bergerac lui-même, car ces lettres ont été imprimées très-fautivement sur des copies *tombées en main de divers endroits et de
différentes écritures* : « Vous direz ce qu'il vous plaira de vostre docteur, à moins qu'il se soit furieusement metamorphosé, j'en auré
toûjours le mesme sentiment. En effet, ses impertinences sont trop
sérieuses, et je puis vous assurer qu'au lieu de me faire rire, elles
me firent tant de dépit, que je me suis faché de ce que la Nature
m'a fait co-individu d'un si estrange animal; et, dans le vray, basti
comme il est, parlant comme il parle, mangeant comme il fait et se
produisant partout avec tant d'impudence, je croy qu'il y auroit justice de luy ordonner de ne se dire au plus que l'Hippocampelephantocamelos de Lucille, qui après Aristophane baptisa ainsi un Pedant,
à qui peut estre ce nom ne scioit (*sic*) point si bien qu'à vostre
Docteur. Son dos de chameau, sa peau d'elephant et ce qu'on luy

bon[1], n'ait encore pu rougir du feu dont vous brûlez. Pensez au moins, quand un mauvais Ange vous révolte contre moi, que mon bras n'est pas loin de ma tête, et que, jusqu'à présent, votre foiblesse et ma générosité vous ont garanti. Quoique tout votre composé soit quelque chose de fort méprisable, je m'en délivrerai, s'il me semble incommode. Ne me contraignez donc pas à me souvenir que vous êtes au monde. Et, si vous voulez vivre plus d'un jour, rappelez souvent en votre mémoire, que je vous ai défendu de ne me plus faire la matière de vos médisances. Mon nom remplit mal une période, et l'épaisseur de votre masse carrée la pourroit mieux fermer. Vous faites le César, quand du faîte de votre tribune, pédagogue et bourreau de cent Écoliers, vous regardez gémir sous un sceptre de bois votre petite monarchie. Mais prenez garde qu'un Tyran n'excite un Brutus; car, quoique vous soyez l'espace de quatre heures sur la tête des Empereurs [2], votre domination n'est point si fortement établie qu'un coup de cloche ne la détruise deux fois par jour. On dit que partout vous vous vantez d'exposer et votre conscience et votre salut. Je crois cela de votre piété; mais de risquer votre vie à cette intention, je sais que vous êtes trop lâche et que vous ne la voudriez pas jouer contre la Monarchie du Monde. Vous conseillez et concertez ma ruine, mais ce sont des morceaux que vous taillez pour d'autres. Vous seriez fort aise de contempler sûrement de la rive un naufrage en haute mer;

---

attribue de commun avec les estelons (*sic*) ne tesmoignent que trop qu'un si estrange nom ne semble convenir qu'à un si estrange homme. » *Voy.* les *Lettres diverses* de M. Lebret.

[1] Les maîtres ès arts et les professeurs ou régents étaient vêtus d'une toge de laine noire.

[2] Dans les classes des anciens colléges, tout élève qui méritait d'être mis au premier rang pour chaque composition obtenait le titre d'*empereur* (*imperator*), et le conservait pendant toute la durée de la classe, laquelle durait deux heures, comme nous l'apprend Cyrano.

et cependant je suis dévoué au pistolet par un Pédant bigot, un Pédant *in sacris*[1], qui devroit, pour l'exemple, si l'image d'un pistolet avoit pris place en sa pensée, se faire exorciser. Barbare Maître d'école, quel sujet vous ai-je donné de me tant vouloir de mal? Vous feuilletez peut-être tous les crimes dont vous êtes capable, et, pour lors, il vous souvient de m'accuser de l'impiété que vous reproche votre mémoire[2]; mais sachez que je connois une chose que vous ne connoissez point, que cette chose est Dieu, et que l'un des plus forts argumens, après ceux de la Foi, qui m'ont convaincu de sa véritable existence, c'est d'avoir considéré que, sans une première et souveraine Bonté qui règne dans l'Univers, foible et méchant comme vous êtes, vous n'auriez pas vécu si longtemps impuni. Au reste, j'ai appris que quelques petits ouvrages, un peu plus élevés que les vôtres, ont causé à votre timide courage tous les emportemens dont vous avez fulminé contre moi. Mais, Monsieur, en vérité, je suis en querelle avec ma pensée, de ce qu'elle a rendu ma satire plus piquante que la vôtre, quoique la vôtre soit le fruit de la sueur des plus beaux génies de l'Antiquité. Vous devez vous en prendre à la Nature, et non pas à moi, qui n'en puis mais; car pouvois-je deviner que d'avoir de l'esprit étoit vous offenser? Vous savez, de plus, que je n'étois pas au ventre de la jument qui vous conçut, pour disposer à l'humanité les organes et la complexion qui concouroient à vous faire cheval[3]. Je ne prétends point toutefois que les vérités que je vous prêche rejaillissent sur le corps de l'Université, cette glorieuse mère des Sciences, de laquelle, si vous composez quelques mem-

[1] Ce pédant était probablement un ecclésiastique qui avait reçu les ordres sacrés.

[2] On voit, dans cette lettre et dans la précédente, que Cyrano était dénoncé comme impie, et même comme athée, par les prédicateurs et les professeurs, en pleine classe et en pleine église.

[3] Cette phrase offre une analogie évidente avec la lettre de Lebret que nous avons citée plus haut.

bres, vous n'en êtes que les parties honteuses. Y a-t-il rien dans vous, qui ne soit très-difforme? Votre âme même est noire, à cause qu'elle porte le deuil du trépas de votre conscience, et votre habit garde la même couleur pour servir de petite-oie [1] à votre âme. A la vérité, je confesse qu'un chétif hypocondre, comme vous, ne peut obscurcir l'esprit des gens doctes de votre profession, et qu'encore qu'un ridicule orgueil vous persuade que vous êtes habile par-dessus les autres Régents de l'Université, je vous proteste, mon cher ami, que, si vous êtes le plus grand homme en l'Académie des Muses, vous ne devez cette grandeur qu'à celle de vos membres, et que vous êtes le plus grand personnage de votre Collége, par le même titre que saint Christophe est le plus grand Saint de Notre-Dame [2]. Ce n'est pas que quand la Fortune et la Justice seront bien ensemble, vous ne méritiez fort d'être le Principal de quatre cents ânes qu'on instruit à votre Collége ; oui, certes, vous le méritez, et je ne sache aucun Maître des hautes-œuvres, à qui le fouet siée bien comme à vous, ni personne à qui il appartienne plus justement. Aussi, de ce grand nombre j'en sais tel qui, pour dix pistoles, voudroit vous avoir écorché; mais, si vous m'en croyez, vous le prendrez au mot, car dix pistoles sont plus que ne sauroit valoir la peau d'une bête à cornes. De tout cela et de toutes les autres choses que je vous mandai l'autre jour, vous devez conclure, ô petit Docteur, que les Destins vous ordonnent, par une lettre, que vous vous contentiez de faire échouer l'esprit de la jeunesse de Paris contre les bancs de votre Classe, sans vouloir régenter celui qui ne reconnoît l'empire ni du Monet, ni du *Thesaurus* [3]. Cependant vous me heurtez

[1] On appelait ainsi les nœuds de ruban, plus ou moins abondants, qui accompagnaient l'habit d'un homme de qualité.

[2] Cette statue colossale de saint Christophe (28 pieds de haut), adossée au premier pilier de la nef, à l'entrée de l'église de Notre-Dame, à Paris, avait été érigée en 1413 : elle fut détruite en 1785.

[3] L'*Inventaire de la langue latine et françoise*, de Philibert Monet

à corne émoulue, et, ressuscitant en votre souvenir la mémoire de votre épouvantable aventure, vous en composez un roman dont vous me faites le héros. Ceux qui veulent vous excuser en rejettent la cause sur la Nature, qui vous a fait naître d'un Pays où la bêtise est le premier patrimoine, et d'une race dont les sept péchés mortels ont composé l'histoire. Véritablement, après cela, j'ai tort de me fâcher que vous essayiez de m'attribuer tous vos crimes, puisque vous êtes en âge de donner votre bien, et que vous paroissiez quelquefois si transporté de joie en supputant les débordés du siècle, que vous y oubliiez jusqu'à votre nom. Il n'est pas nécessaire de demander qui peut m'avoir appris cette stupide ignorance, que vous pensiez secrète, vous qui tenez à gloire de la publier, et qui la beuglez si haut dans votre Classe, que vous la faites ouïr d'Orient jusqu'en Occident. Je vous conseille toutefois, maître Picard, de changer désormais le texte de vos harangues, car je ne veux plus ni vous voir, ni vous entendre, ni vous écrire, et la raison de cela est que Dieu, qui possible est au terme de me pardonner mes fautes, ne me pardonneroit pas celle d'avoir eu affaire à une bête [1].

XIV

CONTRE LE CARÊME

Monsieur,

Vous avez beau canoniser le Carême, c'est une fête que je ne suis pas en dévotion de chômer. Je me le repré-

(Lyon, 1636, in-fol.), et le *Thesaurus linguæ latinæ* de Robert Estienne, souvent réimprimé, étaient alors en usage dans tous les collèges.

[1] Allusion au crime de bestialité.

sente comme une large ouverture dans le corps de l'année, par où la mort s'introduit, ou comme un Cannibale, qui ne vit que de chair humaine, pendant que nous ne vivons que de racines. Le cruel a si peur de manquer à nous détruire, qu'ayant su que nous devons périr par le feu, dès le premier jour de son règne, il met tout le monde en cendre ; et pour exterminer par un Déluge les restes d'un embrasement, il fait ensuite déborder la marée jusque dans nos villes. Ce Turc qui racontoit au Grand Seigneur, que tous les François devenoient fous à certain jour de l'année, et qu'un peu de certaine poudre appliquée sur le front les faisoit rentrer dans leur bon sens, n'étoit pas de mon opinion ; car je soutiens qu'ils ne sont jamais plus sages que cette journée[1]. Et si l'on m'objecte leurs mascarades, je réponds qu'ils se déguisent, afin que le Carême qui les cherche ne les puisse trouver : en effet, il ne les attrape jamais que le lendemain, au lit, lorsqu'ils sont démasqués. Les Saints, qui, pour avoir l'esprit de Dieu, sont plus prudens que nous, se déguisent aussi ; mais ils ne se démasquent que le jour de Pâques, quand l'ennemi[2] s'en est allé. Ce n'est pas que le barbare ait pitié de nous ; il se retire seulement, parce qu'alors nous sommes si changés, que, lui-même ne nous connoissant plus, il croit nous avoir pris pour d'autres. Vous voyez que déjà nos bras se décharnent, nos joues tombent, nos mentons s'aiguisent, nos yeux se creusent ; le ventru que vous connoissez commence à voir ses genoux ; la nature humaine est effroyable ; bref, jusque dans les Églises, nos Saints feroient peur, s'ils ne se cachoient. Et puis, doutez qu'il soit réchappé des Martyrs, de la roue, de la fournaise et de l'huile bouillante, lorsque dans six semaines nous verrons tant de gens se bien porter, après avoir essuyé la furie de quarante-six bourreaux[3] ! Leur présence

[1] Le mercredi des cendres, premier jour du carême.
[2] Le carême.
[3] Le carême se compose de quarante-six jours.

seule est terrible. Pour moi, je me figure Carême-Prenant[1], ce grand jour des métamorphoses, un riche Aîné qui se crève, pendant que quarante-six Cadets meurent de faim. Ce n'est pas que la Loi du jeûne ne soit un stratagème bien inventé pour exterminer les fous d'une République; mais je trouve que les jours maigres ont tort de tuer tant de veaux en une saison, où ils ne permettent pas qu'on en mange, et d'endurer que le mois de mars souffle, du côté de Rome, tant de vents de marée, si malins, qu'ils nous empêchent de manger à demi. Eh quoi! Monsieur, il n'y a pas un chrétien dont le ventre ne soit une mare à grenouilles, ou un jardin potager? Je pense que, sur le cadavre d'un homme trépassé en Carême, on voit germer des betteraves, des chervis, des navets et des carottes; mais encore il semble, à ouïr nos Prédicateurs, que nous ne devrions pas même être de chair en ce temps-là! Comment! il ne suffit pas à ce maigre impitoyable de nous ruiner le corps, s'il ne s'efforce de corrompre notre âme! Il a tellement perverti les bonnes mœurs, qu'aujourd'hui nous communiquons aux femmes nos tentations de la chair, sans qu'elles s'en offensent. Ne sont-ce pas là des crimes, pour lesquels on le devroit chasser d'un État bien policé? Mais ce n'est pas d'aujourd'hui qu'il gouverne avec insolence, puisque Notre-Seigneur mourut sous le premier an de son règne. La machine entière du monde pensa s'en évanouir, et le Soleil, qui n'étoit pas accoutumé à ces longues diètes, tomba le même jour en défaillance, et ne seroit jamais revenu de sa foiblesse, si l'on n'eût promptement cessé le Carême. O trois fois et quatre fois heureux celui qui meurt un mardi gras! Il est quasi le seul qui se puisse vanter d'avoir vécu une année sans Carême. Oui, Monsieur, si j'étois assuré d'abjurer l'hérésie tous les Samedis Saints, je me ferois huguenot tous les Mercredis des Cendres. Ma foi! nos Pères réformés[2]

---

[1] Le mardi gras.
[2] C'était l'époque de la réformation des ordres religieux ; la plu-

doivent bien demander à Dieu, que jamais le Pape ne soit mon prisonnier de guerre ; car, encore que je sois assez bon Catholique, je ne le mettrois point en liberté, qu'il n'eût restitué pour sa rançon tous les jours gras qu'il nous a pris. Je l'obligerois encore à dégrader du nombre des douze mois de l'année celui de mars, comme étant le Ganelon qui nous trahit[1]. Il ne sert à rien de répondre, qu'il n'est pas toujours tout à fait contre nous, puisque, des pieds ou de la tête, il trempe toujours dans la purée ; qu'il ne se sauve de la migraine, qu'avec la crampe ; et qu'enfin le Carême est son gibet, où tous les ans il se trouve pendu par les pieds ou par le cou. Il est donc la principale cause des maux que nos ennemis nous font, parce que c'est lui qui les loge, pendant qu'ils nous persécutent ; et ces persécutions ne sont pas imaginaires. Si la terre que les morts ont sur la bouche ne les empêchoit point de parler, ils en sauroient bien que dire. Aussi, je pense qu'on a placé Pâques tout exprès à la fin du Carême, à cause qu'il ne falloit pas moins à des personnes que le Carême a tuées, qu'une fête de la Résurrection. Ne vous étonnez donc pas que tant de monde l'extermine, car, après avoir tué tant de monde, il mérite bien d'être rompu. Cependant, Monsieur, vous faites le Panégyrique du Carême, vous louez celui qui m'empêche de vivre, et je le souffre sans murmurer ; il faut bien que je sois,

 Monsieur,

  Votre Serviteur,

   D. B.

---

part des couvents de Paris avoient été réformés, en vertu de bulles du pape.

[1] Le nom de ce traître, qui joue un si grand rôle dans les anciens romans du cycle de Charlemagne, devint synonyme de *trompeur* dans la vieille langue : il paraît dériver du bas latin *ingannare*, tromper.

XV

POUR MADEMOISELLE ***

A MONSIEUR LE COQ

Monsieur le Coq,

Votre Coquette m'a prié de vous envoyer ce poulet de sa part. Tant d'autres que vous avez reçus d'elle n'ont vécu qu'en papier ; mais celui-ci, élevé avec plus de soin, tette, rit et respire ; car la poule a demeuré, contre l'ordinaire de ses semblables, neuf mois avant que de l'éclore. On le prendroit, ce poussin, pour un petit homme sans barbe, et ceux qui ont dressé son horoscope ont prédit qu'il seroit un jour grand Seigneur à Rome, à cause que la première fois qu'il a rompu le silence, ç'a été par le mot de *papa*. Je lui ai fort recommandé de vous reprocher votre ingratitude, et de vous conjurer de venir au nid de votre aimable Poule ; mais, encore qu'il ne le fasse qu'en son langage, n'ayez pas le cœur plus dur que saint Pierre, à qui le même langage put suffire autrefois pour l'appeler à résipiscence[1]. Cessez donc, ô volage Coq ! de débaucher les femmes de vos voisins ; revenez au poulailler de celle qui depuis un si long temps vous a donné son cœur, de celle dont si souvent les caresses ont prévenu vos désirs, et de celle enfin qui m'a protesté, tout ingrat que vous êtes, de vous accabler de ses plus chères faveurs,

[1] Le coq qui chanta, après que saint Pierre eut renié trois fois Jésus-Christ.

si vous lui faites seulement paroître l'ombre d'un repentir. Mais rien ne vous émeut? Eh quoi! Coq effronté, ne voyez-vous pas que votre barbe en rougit même de honte, quand, au lieu de venir à ses pieds humblement traîner vos ailes contre terre, vous vous dressez sur vos ergots pour lui chanter des satires? Vous voyez bien peut-être que ce n'est pas là parler en terme de Poule; mais je comprends bien aussi que les airs que vous entonnez à sa louange ne sont pas des *coquericos*. Vraiment, voilà de beaux témoignages de gratitude, pour reconnoître la libéralité d'une personne qui vous envoie sa première couvée! Sans doute que, l'autre jour, quand vous le fûtes voir, vous ne le considérâtes qu'à demi; regardez-le maintenant de plus près, ce petit tableau de vous-même. Il vous ressemble fort : aussi, l'a-t-elle fait après vous, et je vous proteste que c'est le plus beau fruit de bon chrétien qu'on ait cueilli chez elle de cette automne. Mais, à propos, je me trompe, ce n'est pas un fruit, c'est un Poulet. Faites donc à ce Poulet un aussi bon accueil qu'elle l'a fait aux vôtres. Quand ce ne seroit que par rareté, vous pouvez le montrer à tout Paris, comme le premier Coq qui jamais soit né sans coquille; autrement, je désavouerai tout; et, pour excuser la coquetterie de votre Poule, je publierai que tout ce qu'elle en a fait n'a été que pour faire,

Monsieur le Coq,

Un petit Coq-à-l'âne.

XVI

A UN COMTE DE BAS ALOI

Monsieur,

Je ne sais quelle bonne humeur de la Fortune a voulu qu'au même temps que vous lisiez mes informations, on me faisoit voir les vôtres, où il est avéré, par témoins irréprochables, qu'un comte, depuis trois jours, comte fait à plaisir, comte pour rire, enfin, si petit comte qu'il ne l'est point du tout, vouloit s'ériger en brave, malgré les salutaires conseils de son tempérament pacifique; qu'il s'étoit si fort aguerri à la bataille des manchettes, que, s'étant imaginé qu'un duel n'aboutissoit au plus qu'à la consommation d'une demi-aune de toile, il croyoit avoir trouvé dans le linge de sa femme la matière de mille combats; qu'il n'avoit jamais été sur le pré que pour paître, et enfin qu'il n'avoit reçu le Baptême qu'en conséquence de celui que l'on donne aux cloches. Sus donc! efforcez-vous, beau Damoisel, aux armes fées; grincez les dents, mordez vos doigts, tapez du pied, jurez un *par la mort!* et tâchez de devenir courageux ! Je ne vous conseille pas toutefois de rien hasarder, que vous ne soyez assuré qu'il vous soit venu du cœur ; tâtez-vous bien auparavant, afin que, selon qu'il vous en dira, vous présentiez la poitrine à l'épée ou le dos au bâton; mais vous vous soumettrez au dernier, je le vois bien, car il ne tue que fort rarement; et puis, il n'est pas vraisemblable que la Reine des Perles[1], qui vous a fait l'honneur d'ériger

---

[1] Il est probable que cette *reine des perles* n'est autre qu'une Marguerite (*Margarita*), mais nous ne savons pas laquelle.

votre Fief en Comté, et qui dit tant de bien de vous, ait fait de vous un méchant Comte. Je suis fâché que vous n'entendiez mieux le François : vous jugeriez, à ce compliment, qu'on vous coupe du bois, et, par ma foi ! vous auriez deviné; car, je vous proteste, si les coups de bâton pouvoient s'envoyer par écrit, que vous liriez ma lettre des épaules; et que vous y verriez un homme, armé d'un tricot, sortir visiblement de la place où j'ai accoutumé de mettre,

Monsieur,

Votre Serviteur,

D. B.

XVII

CONTRE UN LISEUR DE ROMANS [1]

A MOI, MONSIEUR,

PARLER Roman! Eh! dites-moi, je vous supplie, *Polexandre* et *Alcidiane* [2], sont-ce des villes que Gassion [3] aille assiéger? En vérité, jusqu'ici j'avois cru être

---

[1] La lecture des romans faisait alors les délices de la société polie : les hommes les plus sérieux, les personnages les plus éminents, les femmes les plus vertueuses, se passionnaient pour cette lecture, que venait alimenter tous les jours une multitude d'ouvrages nouveaux, remplis d'aventures d'amour, de guerre et de galanterie. Le grand Condé lui-même était un infatigable liseur de romans, aussi bien que sa sœur la duchesse de Longueville.

[2] Ce sont deux romans de Marin Le Roy de Gomberville, qui avaient la vogue. Cyrano en a déjà parlé plus haut, p. 121 et 129.

[3] Le maréchal de France J. de Gassion, né en 1609, avait été tué au siège de Lens en 1647. Il fut le protecteur de Cyrano, qu'il aimait à cause de sa bravoure. *Voy.* la notice historique sur Cyrano.

à Paris, demeurant au Marais du Temple, et je vous avois cru un Soldat volontaire dans nos troupes de Flandres, quelquefois mis en faction par un Caporal ; mais, puisque vous m'assurez que je ne suis plus moi-même, ni vous celui-là, je suis obligé chrétiennement de le croire. Enfin, Monsieur, vous commandez des Armées. Oh ! rendons grâces à la fortune, qui s'est réconciliée avec la vertu ! Certes, je ne m'étonne plus de ce que, cherchant tous les samedis votre nom dans les gazettes, je ne pouvois l'y rencontrer. Vous êtes à la tête d'une Armée, dans un climat dont Renaudot[1] n'a point de connoissance. Mais, en votre conscience, mon cher Monsieur, dites-moi : est-ce agir en bon François d'abandonner ainsi votre patrie, et d'affoiblir, par l'éloignement de votre personne, le parti de notre Souverain ? Vous feriez, ce me semble, beaucoup plus pour votre gloire, d'augmenter sur la mer d'Italie notre flotte de la vôtre, que d'aspirer à la conquête d'un pays que Dieu n'a pas encore créé. Vous m'en demandez la route ? Par ma foi ! je ne la sais point, et toutefois je pense que vous devez changer celle que vous avez prise ; car ce n'est pas le plus court, pour arriver aux Canaries, de passer par les Petites-Maisons. Je m'en vais donc, pour la prospérité et le bon succès de votre voyage, faire des vœux et porter une chandelle à saint Mathurin[2], et le prier que je puisse vous voir sain quelque jour, afin que vous puissiez connoître sainement que tout ce que je vous mande dans cette lettre n'aboutit qu'à vous témoigner combien je suis,

Monsieur,
Votre affectionné Serviteur.

[1] Théophraste Renaudot, qui avait fondé le Bureau d'Adresses de Paris et la *Gazette de France* en 1634, mourut en 1653, à l'âge de soixante-dix ans. Il eut pour successeurs ses deux fils Isaac et Eusèbe, qui rédigèrent la *Gazette* après lui.

[2] C'était le saint qu'on invoquait spécialement pour la guérison de la folie. Cyrano en parle souvent.

XVIII

CONTRE LES MÉDECINS

Monsieur,

Puisque je suis condamné (mais ce n'est que du Médecin, dont j'appellerai plus aisément que d'un arrêt prévôtal), vous voulez bien que, de même que les criminels qui prêchent le peuple quand ils sont sur l'échelle, moi qui suis entre les mains du Bourreau, je fasse aussi des remontrances à la jeunesse. La Fièvre et le Drogueur me tiennent le poignard sur la gorge avec tant de rigueur, que j'espère d'eux qu'ils ne souffriront pas que mon discours vous puisse ennuyer. Il ne laisse pas, Monsieur le Gradué, de me dire que ce ne sera rien, et proteste cependant à tout le monde que, sans miracle, je n'en puis relever. Leurs présages, toutefois, encore que funestes, ne m'alarment guère ; car je connois assez que la souplesse de leur art les oblige de condamner tous leurs Malades à la mort, afin que, si quelqu'un en échappe, on attribue la guérison aux puissans remèdes qu'ils ont; et, s'il meurt, chacun s'écrie que c'est un habile homme et qu'il l'avoit bien dit. Mais admirez l'effronterie de mon Bourreau : plus je sens empirer le mal qu'il me cause par ses remèdes, et plus je me plains d'un nouvel accident, plus il témoigne s'en réjouir et ne me panse d'autre chose que d'un *Tant mieux !* Quand je lui raconte que je suis tombé dans un syncope[1] léthargique qui m'a duré près d'une heure, il répond que c'est bon signe.

---

[1] Ce mot était alors masculin.

Quand il me voit entre les ongles d'un flux de sang qui me déchire : « Bon! dit-il, cela vaudra une saignée! » Quand je m'attriste de sentir comme un glaçon qui me gagne toutes les extrémités, il rit, en m'assurant qu'il le savoit bien, que ses remèdes éteindroient ce grand feu. Quelquefois même que, semblable à la Mort, je ne puis parler, je l'entends s'écrier aux miens qui pleurent de me voir à l'extrémité : « Pauvres nigauds[1] que vous êtes, ne voyez-vous pas que c'est la fièvre qui tire aux abois? » Voilà comme ce traître me berce; et cependant, à force de me bien porter, je me meurs. Je n'ignore pas que j'ai grand tort d'avoir réclamé mes ennemis à mon secours. Mais quoi? pouvois-je deviner que ceux dont la science fait profession de guérir l'emploieroient tout entière à me tuer? car, hélas! c'est ici la première fois que je suis tombé dans la fosse; et vous le devez croire, puisque si j'y avois passé quelque autre fois, je ne serois plus en état de m'en plaindre. Pour moi, je conseille aux foibles Lutteurs[2], afin de se venger de ceux qui les ont renversés, de se faire Médecins, car je les assure qu'ils mettront en terre ceux qui les y avoient mis. En vérité, je pense que de songer seulement, quand on dort, qu'on rencontre un Médecin, est capable de donner la fièvre. A voir leurs animaux étiques, affublés d'un long drap mortuaire, soutenir immobilement leur immobile maître, ne semble-t-il pas d'une bière où la Parque s'est mise à califourchon, et ne peut-on pas prendre leur houssine pour le guidon de la Mort, puisqu'elle sert à conduire son Lieutenant? C'est pour cela sans doute que la Police leur a commandé de monter sur des mules et non pas sur des cavales, de peur que la race des gradués venant à croître, il n'y eût à la fin plus de bourreaux que de patiens. Oh! quel contentement j'aurois d'anatomiser leurs mules, ces pauvres mules qui n'ont

---

[1] Les éditions de Lebret ont mis *pauvres gens*, à la place de *pauvres nigauds*, qui furent sans doute taxés d'impiété.

[2] Cyrano écrivait *luiteurs*.

jamais senti d'aiguillon, ni dedans, ni dessus la chair, parce que les éperons et les bottes sont des superfluités que l'esprit délicat de la Faculté ne sauroit digérer! Ces Messieurs se gouvernent avec tant de scrupule, qu'ils font même observer à ces pauvres bêtes (parce qu'elles sont leurs domestiques) des jeûnes plus rigoureux que ceux des Ninivites [1], et quantité de très-longs, dont le Rituel ne s'étoit point souvenu : ils leur attachent, par les diètes, la peau tout à cru dessus les os, et ne nous traitent pas mieux, nous qui les payons bien; car ces Docteurs morfondus, ces Médecins de neige, ne nous font manger que de la gelée. Enfin, tous leurs discours sont si froids, que je ne trouve qu'une différence entre eux et les peuples du Nord, c'est que les Norvégiens ont toujours les mules [2] aux talons, et qu'eux ont toujours les talons aux mules. Ils sont tellement ennemis de la chaleur, qu'ils n'ont pas sitôt connu dans un malade quelque chose de tiède, que, comme si ce corps étoit un Mont-Gibel [3], les voilà tous occupés à saigner, à clistériser, à noyer ce pauvre estomac dans le séné, la casse, la tisane, et à débiliter la vie pour débiliter, disent-ils, ce feu qui prend nourriture, tant qu'il rencontre de la matière; de sorte que, si la main tout expresse de Dieu les fait rajamber vers le monde, ils l'attribuent aussitôt à la vertu de réfrigératifs dont ils ont assoupi cet incendie. Ils nous dérobent la chaleur et l'énergie de l'être qui est au sang : ainsi, pour avoir été trop saignés, nos Ames, en s'envolant, servent de volant aux palettes [4] de leurs chirurgiens. Eh bien, Monsieur, que

---

[1] La pénitence des Ninivites provoquée par le prophète Jonas.

[2] Engelures. Cyrano fait allusion à l'équipage ordinaire des médecins de Paris, qui allaient par les rues montés sur des mules. Guenaut, médecin de la reine, est le premier qui ait changé sa mule contre un cheval, ce qui fit dire à Boileau dans sa satire des *Embarras de Paris*, en 1660 :

Guenaut sur son cheval en passant m'éclabousse.

[3] Nom populaire de l'Etna.

[4] Cyrano joue sur le mot *palette*, qui veut dire à la fois une ra-

vous en semble? Après cela, n'avons-nous pas grand tort de nous plaindre de ce qu'ils demandent dix pistoles pour une maladie de huit jours? N'est-ce pas une cure à bon marché où il n'y a point de charge d'âmes? Mais confrontez un peu, je vous prie, la ressemblance qu'il y a entre le procédé des Drogueurs et le procédé d'un Criminel Le Médecin, ayant considéré les urines, interrogé le patient sur la selle, le condamne; le Chirurgien le bande et l'Apothicaire décharge son coup par derrière. Les affligés même, qui pensent avoir besoin de leur chicane, n'en font pas grande estime. A peine sont-ils entrés dans la chambre, qu'on tire la langue au Médecin, on tourne le cul à l'Apothicaire et l'on tend le poing au Barbier[1]. Il est vrai qu'ils s'en vengent de bonne sorte : il en coûte toujours au Railleur le cimetière. J'ai remarqué que tout ce qu'il y a de funeste aux Enfers est compris au nombre de trois : on y voit trois fleuves, trois chiens, trois juges, trois Parques, trois Gerions, trois Hécates, trois Gorgones, trois Furies. Les fléaux dont Dieu se sert à punir les hommes sont divisés aussi par trois : la peste, la guerre et la faim ; le monde, la chair et le diable; la foudre, le tonnerre et l'éclair; la saignée, la médecine et le lavement. Enfin, trois sortes de gens sont envoyés au monde tout exprès pour martyriser l'homme pendant la vie : l'Avocat tourmente la bourse, le Médecin le corps, et le Théologien l'âme. Encore ils s'en vantent, nos Écuyers à mules! car, comme un jour le mien entroit dans ma chambre, sans autre explication, je ne lui fis que dire : *Combien?* L'impudent meurtrier, qui comprit aussitôt que je lui demandois le nombre de ses homicides, empoignant sa grosse barbe, me répondit : « *Autant!*

quette de bois pour jouer au volant, et une écuelle d'étain pour recevoir le sang des saignées.

[1] Les saignées étaient faites alors par le barbier, qui remplissait les fonctions de chirurgien, et qui ordonnait au patient de tendre le bras, au coup de lancette, en fermant le poing.

Je n'en fais point, continua-t-il, la petite bouche, et, pour vous montrer que nous apprenons aussi bien que les Escrimeurs l'art de tuer, c'est que nous nous exerçons, de même qu'eux, toute notre vie, sur la tierce et sur la quarte [1]. » La réflexion que je fis sur l'innocence effrontée de ce personnage fut que si les autres disoient moins, ils en font bien autant; que celui-là se contentoit de tuer, et que ses camarades joignoient au meurtre la trahison; que, qui voudroit écrire les voyages d'un Médecin, on ne pourroit pas les compter par les épitaphes de sa Paroisse, et qu'enfin, si la fièvre nous attaque, le Médecin nous tue et le Prêtre en chante. Mais ce seroit peu à Madame la Faculté d'envoyer nos corps au sépulcre, si elle n'attentoit sur notre âme. Le Chirurgien enrageroit, plutôt qu'avec sa charpie tous les blessés qui font naufrage entre ses mains ne fussent trouvés morts couchés avec leurs tentes [2]. Concluons donc, Monsieur, que, tantôt ils envoient et la Mort et sa faux ensevelies dans un grain de mandragore, tantôt liquéfiée dans le canon d'une seringue, tantôt sur la pointe d'une lancette; que, tantôt, avec un juillet, ils nous font mourir en octobre, et qu'enfin ils sont accoutumés d'envelopper leurs venins dans de si beaux termes, que dernièrement je pensois que le mien m'eût obtenu du Roi une Abbaye commendataire, quand il m'assura qu'il m'alloit donner un Bénéfice de ventre. Oh! qu'alors j'eusse été réjoui si j'eusse pu trouver à le battre par équivoque, comme fit une Villageoise à qui un de ces Bateleurs demandant si elle avoit du pouls, elle lui répondit avec force soufflets et force égratignures, qu'il étoit un sot, et qu'en toute sa vie elle n'a-

---

[1] La *tierce* et la *quarte* sont des termes d'escrime. Cyrano fait allusion à la fièvre tierce et à la fièvre quarte, que la médecine rencontrait partout à cette époque, où les fièvres intermittentes étaient, en effet, plus nombreuses qu'aujourd'hui.

[2] Jeu de mots: *tente*, qui se prononce *tante*, est le nom de la charpie que le chirurgien met dans les plaies.

voit jamais eû ni poux ni puces! Mais leurs crimes sont trop grands pour ne les punir qu'avec des équivoques; citons-les en justice de la part des Trépassés. Entre tous les humains, ils ne trouveront pas un Avocat; il n'y aura Juge qui n'en convainque quelqu'un d'avoir tué son père; et, parmi toutes les pratiques qu'ils ont couchées au cimetière, il n'y aura pas une tête qui ne leur grince les dents. Que les pussent-elles dévorer! Il ne faudroit pas craindre que les larmes qu'on jetteroit de leur perte fissent grossir les rivières : on ne pleure, aux trépas de ces gens-là, que de ce qu'ils ont trop vécu. Ils sont tellement aimés, qu'on trouve bon tout ce qui vient d'eux même jusqu'à leur mort; comme s'ils étoient d'autres Messies, ils meurent aussi bien que Dieu pour le salut des hommes. Mais, bons Dieux! n'est-ce pas encore là mon mauvais Ange qui s'approche? Ah! c'est lui-même! je le connois à sa soutane. *Vade retro, Satanas!* Champagne, apportez-moi le bénitier. Démon gradué, je te renonce! Oh! l'effronté Satan! Ne me viens-tu pas encore donner quelque aposume[1]? Miséricorde! c'est un Diable huguenot, il ne se soucie point de l'eau bénite! Encore, si j'avois des poings assez roides pour former un casse-museau; mais, hélas! ce qu'il m'a fait avaler s'est bien tourné en ma substance, qu'à force d'user de consommés, je suis tout consommé moi-même. Venez donc vitement à mon secours, ou vous allez perdre,

Monsieur,
   Votre plus fidèle Serviteur,
     D. C. D. B.

---

[1] Ou plutôt *aposème*, décoction médicinale.

XIX

CONTRE UN FAUX BRAVE

Il a menti, le Devin ! Les Poltrons ne meurent point à votre âge; et puis, votre vie n'est-elle pas assez illustre pour être de celles dont les Astres prennent le soin de marquer la durée? Les personnes de votre étage doivent s'attendre à mourir sans comète, aussi bien que beaucoup d'autres qui vous ressemblent, dont la Nature, sans le savoir, accouche tous les jours en dormant. On m'a rapporté, de plusieurs endroits, que vous vous vantiez que j'avois fait dessein de vous assassiner. Hélas! mon grand ami, me croyez-vous si fou d'entreprendre l'impossible? Eh! de grâce, par où frapper un homme pour le tuer subitement, qui n'a ni cœur ni cervelle ? Je veux mourir, si la façon dont vous vivez, impénétrable aux injures, ne fait croire que vous avez pris la tâche d'essayer combien un homme sans cœur peut durer naturellement. Ces réflexions étoient assez considérables pour m'obliger à vous faire sentir ce que pèse un tricot; mais cette longue suite de vos ancêtres, dont vous prônez l'antiquité, m'ont retenu le bras. J'y trouve même quelque apparence, depuis qu'un fameux Généalogiste m'a fait voir aussi clair que le jour que tous vos titres de noblesse furent perdus dans le Déluge, et qu'il m'a prouvé que vous êtes gentilhomme avec autant d'évidence que le prouva ce Villageois au Roi François Ier, quand il lui dit que Noé avoit eu trois fils dans l'Arche, et qu'il n'étoit pas certain duquel il étoit sorti. Mais, sans cela même, je me serois toujours bien douté que vous êtes de bonne maison, puisque personne ne peut nier que la vôtre ne soit une des plus neuves de ce Royaume. Ainsi, quand les Blasonneurs de ce siècle s'en devroient scandaliser, prenez des armes; et, si vous m'en croyez, vous vous donnerez celles-ci : vous porterez de gueules à deux fesses chargées de clous sans nombre, à la vilenie en cœur, et un bâton brisé sur le chef. Toutefois, comme on ne remplit l'écu du Roturier qu'on veut anoblir, qu'après le fait d'armes qui l'en a rendu digne, je vous attends où ce laquais vous conduira, afin que, selon les prouesses de Chevalerie que vous aurez faites, je vous chausse les éperons : vous ne devez pas craindre d'y tomber pour victime, car si le sort vous attend en quelque lieu, c'est plutôt à l'étable qu'au lit d'honneur ou sur la brèche d'une muraille; et, pour moi qui me connois un peu en physionomie, je vous engage ma parole que votre destinée n'est pas de mourir sur le pré, ou bien ce sera pour avoir trop mangé de foin. Consultez pourtant là-dessus toutes les puissances de votre âme, afin que je m'arme vite d'une épée ou de ce qu'en François on appelle un bâton.

FIN DES LETTRES SATIRIQUES.

LETTRES AMOUREUSES

I

A MADAME ······

Madame,

Pour une personne aussi belle qu'Alcidiane[1]; il vous falloit sans doute, comme à cette Héroïne, une demeure inaccessible ; car, puisqu'on n'abordoit à celle du Roman que par hasard, et que, sans un hasard semblable, on ne peut aborder chez vous, je crois que par enchantement vos charmes ont transporté ailleurs, depuis ma sortie, la Province où j'ai eu l'honneur de vous voir. Je veux dire, Madame, qu'elle est devenue une seconde Ile flottante, que le vent trop furieux de mes soupirs pousse et fait reculer devant moi, à mesure que j'essaye d'en approcher. Mes Lettres mêmes, pleines de soumissions et de respects, malgré l'art et la routine des Messagers les mieux instruits, n'y sauroient aborder. Il ne me sert de rien que vos louanges, qu'elles publient, les fassent voler de toutes parts ; elles ne vous peuvent rencontrer ; et je crois

---

[1] *La jeune Alcidiane*, roman de Marin Le Roy de Gomberville, publié à Paris, en 1651, in-8°. C'est la suite de son *Polexandre*.

même que si par le caprice du hasard ou de la renommée qui se charge fort souvent de ce qui s'adresse à vous, il en tomboit quelqu'une du Ciel dans votre cheminée, elle seroit capable de faire évanouir votre château. Pour moi, Madame, après des aventures si surprenantes, je ne doute quasi plus que votre Comté n'ait changé de climat avec le pays qui lui est antipode ; et j'appréhende que, le cherchant dans la Carte, je ne rencontre à sa place, comme on trouve aux extrémités du Septentrion : *Ceci est une Terre où les glaces empêchent d'aborder.* Ah! Madame, le Soleil à qui vous ressemblez, et à qui l'ordre de l'Univers ne permet point de repos, s'est bien fixé dans les Cieux pour éclairer une victoire, où il n'avoit presque pas d'intérêt. Arrêtez-vous, pour éclairer la plus belle des vôtres ; car je proteste (pourvu que vous ne fassiez plus disparoître ce palais enchanté, où je vous parle tous les jours en esprit) que mon entretien muet et discret ne vous fera jamais entendre que des vœux, des hommages et des adorations. Vous savez que mes Lettres n'ont rien qui puisse être suspect ; pourquoi donc appréhendez-vous la conversation d'une chose qui n'a jamais parlé? Ah! Madame, s'il m'est permis d'expliquer mes soupçons, je pense que vous me refusez votre vue pour ne pas communiquer avec un profane un miracle plus d'une fois. Cependant, vous savez que la conversion d'un incrédule comme moi (c'est une qualité que vous m'avez jadis reprochée) demanderoit que je visse un tel miracle plus d'une fois. Soyez donc accessible aux témoignages de vénération que j'ai dessein de vous rendre. Vous savez que les Dieux reçoivent favorablement la fumée de l'encens que nous leur brûlons ici-bas, et qu'il manqueroit quelque chose à leur gloire, s'ils n'étoient adorés. Ne refusez donc pas de l'être, car, si tous vos attributs sont adorables, puisque vous possédez très-éminemment les deux principaux, la sagesse et la beauté, vous me feriez faire un crime, m'empêchant d'adorer en votre personne le divin caractère que les Dieux y ont imprimé, Moi principalement, qui suis et serai toute ma vie,

Madame,

Votre très-humble et très-passionné Serviteur.

II

Madame,

Le feu dont vous me brûlez a si peu de fumée, que je défie le plus sévère Capuchon d'y noircir sa conscience et son humeur. Cette chaleur céleste, pour qui tant de fois saint Xavier[1] pensa crever son pourpoint, n'étoit pas plus pure que la mienne, puisque je vous aime comme il aimoit Dieu, sans vous avoir jamais vue. Il est vrai que la personne qui me parla de vous fit de vos charmes un tableau si achevé, que, tant que dura le travail de son chef-d'œuvre, je ne pus m'imaginer qu'elle vous peignoit, mais qu'elle vous produisoit. Ç'a été sur sa caution que j'ai capitulé de me rendre; ma Lettre en est l'otage. Traitez-la, je vous prie, humainement, et agissez avec elle de bonne guerre; car, quand le Droit des gens ne vous y obligeroit pas, la prise n'est pas si peu considérable, qu'elle en puisse faire rougir le Conquérant. Je ne nie pas, à la vérité, que la seule imagination des puissans traits de vos yeux ne m'ait fait tomber les armes de la main, et ne m'ait contraint de vous demander la vie. Mais, aussi, en vérité, je pense avoir beaucoup aidé à votre victoire. Je combattois, comme qui vouloit être vaincu; je présentois à vos assauts toujours le côté le plus foible; et tandis que j'encoura-

---

[1] Saint François Xavier, surnommé l'apôtre des Indes, ami et compagnon d'Ignace de Loyola.

geois ma raison au triomphe, je formois en mon âme des vœux pour sa défaite. Moi-même, contre moi, je vou prêtois main-forte, et si le repentir d'un dessein si téméraire me forçoit d'en pleurer, je me persuadois que vous tiriez ces larmes de mon cœur, pour le rendre plus combustible, ayant ôté l'eau d'une maison où vous vouliez mettre le feu; et je me confirmois dans cette pensée, lorsqu'il me venoit en mémoire que le cœur est une place au contraire des autres, qu'on ne peut garder, si l'on ne la brûle. Vous ne croyez peut-être pas que je parle sérieusement? Si fait, en vérité; et je vous proteste, si je ne vous vois bientôt, que la bile et l'amour me vont rôtir d'une si belle sorte, que je laisserai aux vers du cimetière l'espérance d'un maigre déjeuner. Quoi! vous vous en riez? Non, non, je ne me moque point, et je prévois, par tant de sonnets, de madrigaux et d'élégies, que vous avez reçus ces jours-ci de moi (qui ne sais ce que c'est que la Poésie), que l'amour me destine au voyage du Royaume des Dieux, puisqu'il m'a enseigné la langue du pays. Si toutefois quelque pitié vous émeut à différer ma mort, mandez-moi que vous me permettez de vous aller offrir ma servitude, car, si vous ne le faites, et bientôt, on vous reprochera que vous avez, sans connoissance de cause, inhumainement tué de tous vos Serviteurs le plus passionné, le plus humble et le plus obéissant Serviteur,

DE BERGERAC.

III

MADAME,

Vous me voulez du bien! Ah! dès la première ligne, je suis votre très-humble, très-obéissant et très-passionné

Serviteur ; car je sens déjà mon âme, par l'excès de sa joie, se répandre si loin de moi, qu'elle aura passé sur mes lèvres auparavant que j'aie le temps de finir ainsi ma Lettre. Toutefois, la voilà conclue, et je puis, si je veux, la fermer. Aussi bien, puisque vous m'assurez de votre affection, tant de lignes ne sont pas nécessaires contre une place prise ; et n'étoit que c'est la coutume qu'un Héros meure debout et un Amoureux en se plaignant, j'aurois pris congé de vous et du Soleil, sans vous le faire savoir ; mais je suis obligé d'employer ces derniers soupirs de ma vie à publier, en vous disant adieu, que j'expire d'amour, vous saurez bien pour qui ? Vous croirez peut-être que le mourir des Amans n'est autre chose qu'une façon de parler, et qu'à cause de la conformité des noms de l'amour et de la mort, ils prennent souvent l'un pour l'autre ; mais je suis fort assuré que vous ne douterez pas de la possibilité du mien, quand vous aurez considéré la violence et la longueur de ma maladie, et moins encore quand, après avoir lu ce discours, vous trouverez à l'extrémité,

  Madame,

      Votre Serviteur.

IV

Madame,

Bien loin d'avoir perdu le cœur, quand je vous fis hommage de ma liberté, je me trouve, au contraire, depuis ce jour-là, le cœur beaucoup plus grand. Je pense qu'il s'est multiplié, et que, comme s'il n'étoit pas assez d'un pour tous vos coups, il s'est efforcé de se reproduire en toutes mes artères, où je le sens palpiter, afin d'être présent en plus de lieux, et de devenir, lui seul, le seul objet de tous vos traits. Cependant, Madame, la franchise, ce trésor précieux pour qui Rome autrefois a risqué l'Empire du monde, cette charmante liberté, vous me l'avez ravie, et rien de ce qui, chez l'âme, se glisse par les sens, n'en a fait la conquête. Votre esprit seul méritoit cette gloire; sa vivacité, sa douceur, son étendue et sa force valoient bien que je l'abandonnasse à de si nobles fers : cette belle et grande âme, élevée dans un Ciel si fort au-dessus de celui de la raisonnable, et si proche de l'intelligible, qu'elle en possède éminemment tout le beau, et je dirois même beaucoup du Souverain Créateur qui l'a formée, si, de tous les attributs qui sont essentiels à sa perfection, il ne manquoit en elle celui de miséricordieuse. Oui, si l'on peut imaginer dans une Divinité quelque défaut, je vous accuse de celui-là. Ne vous souvient-il pas de ma dernière visite, où, me plaignant de vos rigueurs, vous me promîtes, au sortir de chez vous, que je vous retrouverois plus humaine, si vous me trouviez plus discret, et que je vinsse, en me disant adieu, le lendemain, parce que vous aviez résolu d'en faire l'épreuve? Mais, hélas! demander l'espace d'un jour pour appliquer le remède à des blessures qui sont au cœur! N'est-ce pas attendre, pour secourir un malade, qu'il ait cessé de vivre? Et, ce qui m'étonne encore davantage, c'est que, vous défiant que ce miracle ne puisse arriver, vous fuyez de chez vous pour éviter ma rencontre funeste. Eh bien, Madame, eh bien, fuyez-moi, cachez-vous, même de mon souvenir. On doit prendre la fuite et l'on se doit cacher, quand on a fait un meurtre. Que dis-je? grands Dieux! Ah! Madame, excusez la fureur d'un désespéré; non, non, paroissez! c'est une loi pour les hommes, qui n'est pas faite pour vous; car il est inouï que les Souverains aient jamais rendu compte de la mort de leurs esclaves. Oui, je dois estimer mon sort trop glorieux d'avoir mérité que vous prissiez la peine de causer sa ruine; car, du moins, puisque vous avez daigné me haïr, ce sera un témoignage à la postérité, que je ne vous étois pas indifférent. Aussi, la mort, dont vous avez cru me punir, me cause de la joie! Et si vous avez de la peine à comprendre quelle peut être cette joie, c'est la satisfaction secrète que je ressens d'être mort pour vous, en vous faisant ingrate. Oui, Madame, je suis mort, et je prévois que vous aurez bien de la difficulté à concevoir comment il se peut faire, si ma mort est véritable, que moi-même je vous en mande la nouvelle. Cependant il n'est rien de plus vrai; mais apprenez que l'homme a deux trépas à souffrir sur la terre : l'un violent, qui est l'amour, et l'autre naturel, qui nous rejoint à l'indolence de la matière. Et cette mort, qu'on appelle *amour*, est d'autant plus cruelle, qu'en commençant d'aimer on commence aussitôt à mourir. C'est le passage réciproque de deux âmes qui se cherchent pour animer en commun ce qu'elles aiment, et dont une moitié ne peut être séparée de sa moitié, sans mourir, comme il est arrivé,

Madame, à

Votre fidèle Serviteur.

V

MADAME,

Suis-je condamné de pleurer encore bien longtemps? Eh! je vous prie, ma belle Maîtresse, au nom de votre bon Ange, faites-moi cette amitié de me découvrir là-dessus votre intention, afin que j'aille de bonne heure retenir place aux Quinze-Vingts, parce que je prévois que, de votre courtoisie, je suis prédestiné à mourir aveugle. Oui, aveugle, car votre ambition ne se contenteroit pas que je fusse simplement borgne. N'avez-vous pas fait deux alambics de mes deux yeux, par où vous avez trouvé l'invention de distiller ma vie et de la convertir en eau toute claire? En vérité, je soupçonnerois (si ma mort vous étoit utile, et si ce n'étoit la seule chose que je ne puis obtenir de votre pitié) que vous n'épuisez ces sources d'eau, qui sont chez moi, que pour me brûler plus facilement; et je commence d'en croire quelque chose, depuis que j'ai pris garde que, plus mes yeux tirent d'humide de mon cœur, plus il brûle. Il faut bien dire que mon Père ne forma pas mon corps du même argile, dont celui du premier Homme fut composé, mais qu'il le tailla sans doute d'une pierre de chaux, puisque l'humidité des larmes que je répands m'a tantôt consommé. Mais consommé, croiriez-vous bien, Madame, de quelle façon? Je n'oserois plus marcher dans les rues, embrasé comme je suis, que les enfans ne m'environnent de fusées, parce que je leur semble une figure échappée d'un feu d'artifice; ni à la campagne, qu'on ne me prenne pour un de ces ardens qui trainent les gens à la rivière. Enfin, vous pouvez connoître tout ce que cela veut dire; c'est, Madame, que, si vous ne revenez, et bientôt, vous entendrez dire, à votre retour, quand vous demanderez où je demeure, que je demeure aux Tuileries[1], et que mon nom, c'est la bête à feu[2] qu'on fait voir aux Badauds pour de l'argent. Alors vous serez bien honteuse d'avoir un Amant salamandre[3], et le regret de voir brûler, dès ce monde,

  Madame,

    Votre Serviteur.

---

[1] Équivoque; Cyrano compare son amour au feu allumé des tuileries.

[2] On appelait *bête à feu* la salamandre, sur laquelle on a débité tant de fables, en disant qu'elle vit dans le feu et qu'elle ne se nourrit que de flammes.

[3] Cyrano écrit *salemandre*.

VI

Mademoiselle,

J'ai reçu vos magnifiques bracelets, qui m'ont semblé tout glorieux de porter vos chiffres ; ne craignez plus, après cela, qu'un prisonnier, arrêté par les bras et par le cœur, vous puisse échapper. Je confesse cependant que votre don m'eût été suspect, à cause qu'il entre presque toujours des cheveux et des caractères dans la composition des charmes; mais, comme vous avez tant d'autres moyens plus nobles pour causer la mort, je n'ai garde de vous soupçonner de sortilége; et puis, j'aurois tort de me dérober aux secrets de votre magie, ne m'étant pas possible de me soustraire à mon horoscope, qui s'est accordée avec la vôtre [1], de ma triste aventure. Ajoutez à cette considération, qu'elle sera beaucoup plus recommandable si elle arrive par des moyens surnaturels et s'il faut un miracle pour la causer. Je m'imagine, Mademoiselle, que vous prenez ceci pour une raillerie? Eh bien, parlons sérieusement. Dites-moi donc en conscience : N'est-ce pas acquérir un cœur à bon marché, qui ne vous coûte que cinq ou six coups de brosse? Par ma foi, si vous en trouvez d'autres à ce prix-là, je vous conseille de les prendre; car il peut revenir plus facilement des cheveux à la tête, que des cœurs à la poitrine. Mais n'auriez-vous point choisi, par malice, des cheveux à me faire présent, pour m'expliquer en hiéroglyphe l'insensibilité de votre cœur? Non, je vous tiens plus généreuse; mais, quelque mal intentionnée que vous soyez, je confonds tellement dans

---

[1] Ce mot était masculin ou féminin, selon l'étymologie qu'on m attribuait : *horoscopa* ou *horoscopium*.

ma joie toutes les choses qui me viennent de votre part, que les mains qui m'outragent ou qui me caressent me sont également souhaitables, pourvu qu'elles soient les vôtres, et la Lettre que je vous envoie en est une preuve, puisqu'elle ne tend qu'à vous remercier de m'avoir lié les bras, de m'avoir tiré par les cheveux ; et par toutes ces violences, m'avoir fait,

Mademoiselle,

Votre Serviteur.

VII.

Madame,

Je ne me plains pas seulement du mal que vos beaux yeux ont eu la bonté de me faire, je me plains encore d'un plus cruel que leur absence me fait souffrir. Vous laissâtes en mon cœur, lorsque je pris congé de vous, une insolente, qui, sous prétexte qu'elle se dit votre idée, se vante d'avoir sur moi puissance de vie et de mort. Encore, elle enchérit tyranniquement sur votre empire et passe à cet excès d'inhumanité de déchirer les plaies que vous aviez fermées, et d'en creuser de nouvelles dans les vieilles qu'elle sait ne pouvoir guérir. Mandez-moi, je vous prie, quand cet astre, qui semble n'avoir éclipsé que pour moi, reviendra dissiper les nuages de mes inquiétudes. N'est-ce pas assez donner d'exercice à cette constance, à qui vous promettiez le triomphe ? Ne m'avez-vous pas juré, en partant pour votre voyage, que toutes mes fautes étoient effacées, que vous les oubliiez pour jamais, et que jamais vous ne m'oublieriez ? Oh ! belles espérances qui se sont évanouies avec l'air qui les a formées ! A peine eûtes-vous achevé ces paroles trompeuses, répandu quel=

ques larmes perfides et poussé des soupirs artificieux, dont votre bouche et vos yeux démentoient votre cœur, que, fortifiant en votre âme un reste de cruauté cachée, vous redoublâtes vos caresses, afin d'éterniser en ma mémoire le cruel souvenir de vos faveurs que j'avois perdues; mais vous fîtes encore davantage : vous vous éloignâtes des lieux où ma vue auroit été capable de vous toucher de pitié, et vous vous absentâtes de moi pendant mon supplice, comme le Roi s'éloigne de la place où l'on exécute les Criminels, de peur d'être importuné de leur grâce. Mais à quoi bon, Madame, tant de précautions? Vous connoissez trop bien la puissance de vos coups, pour en appréhender la guérison. La Médecine, qui parle de toutes les maladies, n'a rien écrit de celle qui me tue, à cause qu'elle en parle comme les pouvant traiter; mais celle qu'a produite en moi votre amour est une maladie incurable; car le moyen de vivre, quand on a donné son cœur, qui est la cause de la vie? Rendez-le-moi donc, ou me donnez le vôtre en la place du mien; autrement, dans la résolution où je suis de terminer par une mort sanglante ma pitoyable destinée, vous allez attacher, aux conquêtes que méditent vos yeux, un trop funeste augure, si la victime, que je vous dois immoler, se rencontre sans cœur. Je vous conjure donc encore une fois, puisque pour vivre vous n'avez pas besoin de deux cœurs, de m'envoyer le vôtre, afin que, vous sacrifiant une hostie entière, elle vous rende et l'Amour et la Fortune propices, et m'empêche de faire une mauvaise fin, quand même je ferois tomber, au bas de ma Lettre mal à propos, que je suis et serai, jusque dans l'autre monde,

  Madame,

    Votre fidèle Esclave.

VIII

Madame,

Vous vous plaignez d'avoir reconnu ma passion dès le premier moment que la Fortune m'obligea de votre rencontre ! Mais, vous, à qui votre miroir fait connoître, quand il vous montre votre image, que le Soleil a toute sa lumière et toute son ardeur, dès l'instant qu'il paroît ; quel motif avez-vous de vous plaindre d'une chose à qui ni vous ni moi ne pouvons apporter d'obstacle ? Il est essentiel, à la splendeur des rayons de votre beauté, d'illuminer les corps, comme il est naturel au mien de réfléchir vers vous cette lumière que vous jetez sur moi ; et, de même qu'il est de la puissance du feu de vos brûlans regards d'allumer une matière disposée, il est de celle de mon cœur d'en pouvoir être consumé. Ne vous plaignez donc pas, Madame, avec injustice, de cet admirable enchaînement, dont la Nature a joint d'une société commune les effets avec leurs causes. Cette connoissance imprévue est une suite de l'ordre qui compose l'harmonie de l'Univers ; et c'étoit une nécessité, prévue au jour natal de la création du monde, que je vous visse, vous connusse et vous aimasse ; mais, parce qu'il n'y a point de cause qui ne tende à une fin, le point auquel nous devions unir nos âmes étant arrivé, vous et moi tenterions en vain d'empêcher notre destinée. Mais admirez les mouvemens de cette prédestination. Ce fut à la pêche où je vous rencontrai : les filets, que vous dépliâtes en me regardant, ne vous annonçoient-ils pas ma prise ? Et, quand j'eusse évité vos filets, pouvois-je me sauver des hameçons pendus aux lignes de cette belle Lettre que vous me fîtes l'honneur de m'envoyer quelques jours après, dont chaque parole obligeante n'étoit composée de plusieurs caractères qu'afin de me charmer [1]? Aussi, je l'ai reçue avec des respects, dont je ferois l'expression, en disant que je l'adore, si j'étois capable d'adorer quelque autre chose que vous. Je la baisai au moins avec beaucoup de tendresse, et je m'imaginois, en pressant mes lèvres sur votre chère Lettre, baiser votre bel esprit dont elle est l'ouvrage. Mes yeux prenoient plaisir de repasser plusieurs fois sur tous les caractères que votre plume avoit marqués : insolens de leur fortune, ils attiroient chez eux toute mon âme, et, par de longs regards, s'y attachoient pour se joindre à ce beau crayon de la vôtre. Vous fussiez-vous imaginé, Madame, que, d'une feuille de papier, j'eusse pu faire un si grand feu? Il ne s'éteindra jamais pourtant, que le jour ne soit éteint pour moi! Que si mon âme et mon amour se partagent en deux soupirs, quand je mourrai, celui de mon amour partira le dernier. Je conjurerai, à l'agonie, le plus fidèle de mes amis de me réciter cette aimable Lettre; et, lorsqu'en lisant il sera parvenu à la fin, où vous vous abaissez jusqu'à vous dire *ma Servante*, je m'écrierai jusqu'à la mort : Ah! cela n'est pas possible, car moi-même j'ai toujours été,

    Madame,

        Votre très-humble, très-fidèle et très-obéissant Esclave,

            De Bergerac.

---

[1] Les charmes et les sortiléges étaient composés ordinairement avec des caractères magiques.

IX [1]

Madame,

Le souvenir que j'ai de vous, au lieu de vous réjouir, devroit vous faire pitié! Imaginez-vous un feu composé de glace embrasée, qui brûle à force de trembler, que la douleur fait tressaillir de joie, et qui craint autant que la mort la guérison de ses blessures. Voilà ce que je suis, lorsque je parle à vous. Je m'enquête aux plus habiles de ma connoissance, d'où vient cette maladie; ils disent que c'est Amour. Mais je ne le puis croire, à cause que ceux de mon âge ne sont guère travaillés de cette infirmité. Ils répondent que l'Amour est un enfant, et qu'il s'arrête à ses pareils; qu'il est malaisé à des enfans de se jouer longtemps avec du feu sans se brûler, et que leur poitrine est plus tendre que celle des hommes. Oh! Dieux, s'il est vrai, que deviendrai-je? Je n'ai point d'expérience, je hais les remèdes, j'aime la main qui me frappe, et enfin je suis attaqué d'un mal où je ne puis appeler le Médecin, qu'on ne se moque de moi. Encore, si vous n'aviez mon cœur, j'aurois le cœur de me défendre! Mais j'ai fait, par ce présent, que je n'oserois pas même me fier à vous, à cause que vous avez le cœur double. Songez donc à me donner le vôtre, car je suis d'une profession à être montré au doigt, si l'on vient à savoir que je n'ai point de cœur; et puis, voudriez-vous avouer une personne sans cœur pour votre passionné Serviteur?

---

[1] Les Lettres suivantes n'ont été recueillies et publiées qu'après la mort de Cyrano.

X

M.......

JE ne te vois qu'à demi, parce que je t'aime trop; et tu penses me voir trop, parce que tu ne m'aimes qu'à demi! Viens chez moi tout à l'heure, si tu veux convaincre de mensonge l'appréhension que j'ai de ne te voir jamais. Il y a déjà un jour que nous ne nous sommes vus! Un jour, bons Dieux! Ah! je ne le veux pas croire, ou bien il faut me résoudre à mourir. Penses-tu donc m'avoir laissé dans le cœur ton image assez achevée, pour se reposer sur elle de tout ce qu'elle me doit promettre de ta part? Il est vrai qu'elle y est, et très-véritable, encore qu'elle y est peinte fort bien; mais je n'oserois la présenter à mes yeux, parce que je m'imagine qu'il la faudroit tirer de mon cœur, et je ne sais si je l'y pourrois remettre sans toi. Je vois bien maintenant que je ne suis pas un Soleil, comme tu m'as souvent appelé; car les cadrans ne s'accordent pas au compte que je fais des heures : j'en compte plus de mille depuis ta cruelle absence de chez nous. Cependant tu ne regardes l'horloge que pour y apprendre l'heure de ton dîner, sans te soucier si celle que tu souhaites ne sera point peut-être ma dernière, ou, quand tu viendras faire de belles excuses, si tu me trouveras en vie pour les écouter!

XI

REGRET D'UN ÉLOIGNEMENT

Madame,

Dois-je pleurer, dois-je écrire, dois-je mourir? Il vaut mieux que j'écrive ; mon cornet me prêtera plus d'encre que mes yeux ne me fourniront de larmes; et, quand je penserois guérir de la tristesse de votre absence par ma mort, ce ne seroit pas me rapprocher de vous, puisque Paris est plus près de Saumur que Saumur des Champs-Élysées. Mais que vous écrirai-je, bons Dieux? Rien, sinon que j'espère bientôt faire voyage pour le Poitou ou pour l'Enfer ; que je vous prie de consoler mes amis de la perte qu'ils font, à cause de vous; et que, si vous souhaitez me mander quelque chose, vous adressiez vos lettres au Cimetière de Saint-Jacques[1] ; c'est là que votre Messager aura de mes nouvelles. Le Fossoyeur ou mon épitaphe lui apprendront mon logis et lui feront lire que, ne sachant où vous rencontrer en ce monde, je suis parti pour l'autre, étant bien assuré que vous y viendrez. Ce ne vous sera pas peu de consolation, quand vous trouverez, pour vous garantir des insolences du Diable, ce Diable,

Madame,

Votre Serviteur,

De Bergerac.

[1] Cyrano demeurait sans doute à cette époque dans le faubourg Saint-Germain, aux environs du palais du Luxembourg et de l'hôtel

XII

Madame,

Bien loin d'avoir perdu le cœur en vous voyant, comme prêchent les passionnés du siècle, je me trouve depuis ce jour-là beaucoup plus honnête homme. Mais comment aussi l'aurois-je perdu? Que comme, s'il eût appréhendé de n'être pas assez d'un pour tous vos coups, je le sentis palpiter à cet abord en tous mes artères[1], et c'étoit ce petit jaloux qui se reproduisoit indivisiblement en chaque atome de ma chair, afin qu'occupant tout seul mon corps tout entier, rien que lui ne participât à l'honneur d'être blessé de vous. Je ne dirai point non plus, comme le vulgaire, de même que si vous étiez un basilic, que ce furent vos yeux qui me firent mourir. Comme toutes vos armes ne sortirent pas de votre vue, toutes vos armes n'entrèrent pas par la mienne. Quand votre bouche me charmoit, c'étoit mon oreille qui m'en apportoit le poison; quand j'étois excité par l'aimable douceur de votre peau bien unie, c'étoit sur la déposition de mes mains que je me condamnois au feu. Votre beauté même ne faisoit pas grand effort contre moi, parce que votre visage, qui fut jadis son trône, étoit alors son cimetière; et tant de petits trous, qu'on y discerne, me sembloient être les fosses où la vérole avoit mis vos attraits en sépulture. Cependant la franchise pour qui Rome autrefois a risqué l'empire du monde, cette divine liberté, vous me l'avez ravie, et rien de ce qui chez l'âme se glisse par les sens n'en a fait

de Condé; car c'était au cimetière Saint-Jacques qu'on enterrait les personnes décédées dans le faubourg.

[1] Ce mot se prenait alors au masculin.

la conquête; votre esprit seul méritoit cette gloire; sa vivacité, sa douceur, son courage, valoient bien que je me donnasse à de si beaux fers. Je ne crois pas pourtant que vous soyez un Ange, car vous êtes palpable; je n'ai garde aussi de penser que vous soyez comme moi, puisque vous êtes insensible; cela me fait imaginer que vous êtes quelque chose au milieu du raisonnable et de l'Intelligible; j'aurois dit même que vous tenez de la nature humaine et divine, si, de tous les attributs qui sont nécessaires à la perfection du premier Être, et qui vous sont essentiels, celui de miséricordieuse ne vous manquoit. Oui, si l'on peut imaginer en une Divinité quelque défaut, je vous accuse de celui-là. Ce jour même que vous me blessâtes, vous me promîtes l'appareil, dans trois autres; outre que c'eût été donner remède trop tard à un mal qui gagne le cœur, encore n'y vîntes-vous pas, mais vous fîtes bien : car on doit se tenir caché, quand on a tué un homme. Sortez toutefois sans rien craindre, sortez, c'est une loi pour le vulgaire, qui ne vous regarde point. Il seroit fort nouveau qu'on recherchât un Tyran de la mort de son Esclave. Vous vous étonnez peut-être que moi-même j'escrime? Je le fais pourtant sans miracle; mais, aussi, l'homme a deux trépas à souffrir sur la terre : celui d'Amour et celui de Nature [1]. Je puis donc croire que, quand je commençai de vous aimer, je commençai de mourir, puisque la mort est définie la séparation de l'esprit et du corps, et que je perdis l'esprit au moment que je vous aimai. Mais quand, avec la peine d'amour, j'aurai encore subi celle où la condition d'animal nous astreint (quoique je ne sente plus les douleurs de la première), je ne laisserai pas de m'en souvenir éternelle-

---

[1] Cyrano avait dit à peu près les mêmes choses dans une autre *Lettre amoureuse* (*voy.* ci-dessus, p. 179) publiée par lui-même dans ses *Œuvres diverses*, édit. in-4. Cette lettre-ci, où l'on trouve plus d'un trait qui figure déjà dans la précédente, n'a paru qu'après sa mort, peut-être d'après un premier brouillon qui n'était pas destiné à voir le jour.

ment là-bas; et si on diffère de qualités en l'autre monde, comme en celui-ci, vous serez toujours ma Souveraine; et moi, fus-je entre les flammes qui dévoreront ma substance, je serai toujours.

Votre Serviteur très-ardent.

XIII

Madame,

Le mal que je souffre pour vous n'est point la mort asurément; et, toutefois, je me meurs : depuis que je vous ai vue, je brûle, je tremble, mon pouls est déréglé. C'est donc la fièvre? Hélas ! ce ne l'est point; car on la définit une disproportion querelleuse des qualités de l'animal, et c'est la parfaite harmonie de nos tempéramens qui m'a rendu malade. Quand je vous aperçus, il me sembla trouver ce mot, à la recherche de qui la Nature pousse tous les hommes; quand vous parlâtes, je m'écriai : « Voilà ce que j'ai voulu dire tant de fois ! » Mon cœur souffloit dans mes entrailles, frappoit contre les murs de sa prison et maudissoit le Ciel, qui, lui donnant l'envie et les moyens de reconnoître sa moitié, lui refusoit le pouvoir de la joindre après l'avoir trouvée. Cependant il s'est dépité de telle sorte, ce petit Souverain, de n'être pas absolu dans son empire, qu'il me refuse ses fonctions; il ne prend rien de mon foie, qui ne soit combustible; il arrête le mouvement de mes poumons, de peur d'en être rafraîchi; partout il envoie du fiel, et, si je dure encore trois jours en cet état, on verra peut-être mon corps s'allumer au milieu des rues; je suis déjà si sec, que la moindre étincelle qui me touchera, c'est fait de moi. Prévenez cet accident, Madame; venez à lui, puisqu'il ne peut aller à vous. Hélas! c'est un téméraire, c'est un Samson, qui ne se souciera pas de mourir étouffé sous les ruines de son palais, pourvu qu'il accable en tombant ceux qui l'empêchent de vous embrasser. Songez que la Nature, vous ayant fait capable de me blesser, vous a lié une jambe, de peur que vous ne puissiez emporter en fuyant le remède que vous me devez; et ces blessures ne sont point imaginaires; car enseignez-moi, je vous prie, un endroit de votre corps, où je puisse attacher ma vue, dont il ne soit sorti une flèche invisible qui m'a frappé? Y a-t-il sur vous un atome de chair qui ne soit coupable de ma mort, autant de fois que je le trouve beau? Vous me semblez un agréable hérisson, qui ne souffrez jamais qu'on se détache d'une épine que pour faire tomber sur d'autres. Votre front me flatte, vos yeux me promettent, votre bouche me rit, mais il survient à la traverse ma mauvaise Fortune qui me défend d'espérer. Opprimez, pour l'amour de moi, cette barbare; ne souffrez pas qu'une aveugle malicieuse triomphe de votre bonté! Votre visage me dit *oui*, cette cruelle me dit *non*. Vous feroit-elle mentir, la maraude? Elle ne sauroit, ou bien vous le voudrez. Ah! qu'elle seroit bravée, et que je serois heureux, si ce bien qu'une personne disgraciée de la Nature ne sauroit espérer que du caprice de cette folle, je le recevois de votre propre main! Car j'aimerois bien mieux vous être obligé qu'à mon ennemie. Je suis cependant entre les deux occupé à regarder, tantôt vous, tantôt elle, et je demande, en pleurant, qui me fera meilleur visage. Je l'espère de vous; et qui m'en demanderoit la raison, je ne sais, sinon que vous êtes belle. Je l'attends d'elle, à cause qu'elle ne se peut réconcilier avec moi, sinon par un plaisir dont la grandeur soit proportionnée à la grandeur des déplaisirs qu'elle m'a faits! Oh! Dieux, que notre bien est mal assuré, lorsqu'il est entre les mains d'une jeune fille et de la Fortune! Mais, si l'un et l'autre négligent de me guérir, j'aurai recours au Médecin de tous les grands maux : c'est la Mort ; oui, je mourrai! Peut-être qu'alors mon désastre vous attendrira ; que vous résisterez plus douloureusement aux traits de la mort que de l'amour, et qu'un jour, quand on demandera qui j'étois, vous ajouterez, aux larmes que l'humanité forcera vos yeux de donner, un petit soulèvement d'estomac aux mânes d'une personne qui vous a tant aimée. Ah! si ce bonheur accompagne mes cendres, que les pierres de mon tombeau seront légères dessus elles! Qu'elles attendront bien paisiblement le dernier jour du monde! qu'elles se lèveront de bon cœur, pour aller au Tribunal rendre compte de ma vie! J'irai toutefois ; je me plaindrai de votre barbarie, je demanderai à Dieu qu'il m'en fasse justice : il vous condamnera à brûler sous la terre, car j'ai brûlé dessus. Prévenez par là, cependant, Madame, un si rigoureux arrêt : brûlons d'amour! Cette flamme est si douce ; personne n'en est jamais mort. L'aimez-vous mieux par la main d'un autre que par moi, qui n'ai garde de vous faire du mal, puisque je suis,

Votre Serviteur?

D. C.

XIV

REPROCHE A UNE CRUELLE

Mademoiselle,

Je vous écris avec un sang barbare, afin que vous baigniez vos yeux dedans la source de ma vie. Que ne pouvez-vous le boire en le regardant! J'aurois plus obtenu de votre cruauté en une heure que je n'ai fait en

dix ans de votre affection, puisque par elle je verrois
unir mon âme à la vôtre. Figurez-vous donc, non-seulement mes idées peintes avec mon sang, mais mon sang,
comme il fumoit dans mes veines, encore imprimé des
idées qu'il a reçues de la douleur. Oui, je sentois, en
vous écrivant, mon cœur distiller par ma plume ; car, au
défaut des larmes, que mes infortunes ont épuisées, je
n'ai trouvé chez moi que cet esclave qui vous pût entretenir. Le Soleil, plus bilieux que vous, est pourtant plus
pitoyable : il ne consume aucune chose, tant qu'il y
trouve une larme ; mais vous êtes sans doute un soleil
hétéroclite ; et ce qui me le fait croire, c'est que celui
de là-haut ne loge qu'un mois dans une maison, et votre
hôte se plaint qu'il y en a trois que vous êtes au Gémini [1] ; c'est peut-être la raison qui m'a si longtemps
empêché de vous voir ; ou bien, pour passer des superstitions de jadis à celles d'à présent, et m'accommoder
aux bruits qui courent de votre conversion, je ne puis
maintenant vous voir, à cause que les Saints sont cachés
en Carême. Ma foi ! pourtant, faites arriver Pâques avant
la Semaine Sainte, ou bien je suis,

    Mademoiselle,

                    Votre Serviteur.

XV [2]

Madame,

Vous savez que je n'avois encore aucune connoissance
des fers où le Ciel m'avoit condamné, lorsqu'à la pêche

---

[1] Au signe des Gémeaux ; c'est-à-dire, probablement : que vous
me donnez un *alter ego*, un rival.

[2] Quelques détails de cette lettre, qui ne fut publiée qu'après la
mort de l'auteur, se retrouvent textuellement dans la VIIIe, où il

je vous vis la première fois ; certes, le hasard eût été bien grand, que, si proche des filets, je n'eusse pas été pris ! Et, quand j'eusse même échappé les filets, votre charmante lettre m'a fait assez connoître que je ne me fusse pas sauvé de vos lignes : elles me présentoient autant d'hameçons que de paroles, et chaque parole n'étoit composée de plusieurs caractères que pour m'ensorceler. Je reçus cette belle missive avec des respects dont je ferois l'expression en disant que je l'adore, si j'étois capable d'adorer quelque autre chose que vous. Je la baisai au moins, et je m'imaginois, en la baisant, baiser votre esprit même, duquel elle étoit l'ouvrage. Mes yeux prenoient plaisir de refaire invisiblement les mêmes lettres que votre plume avoit marquées : insolens de leur fortune, ils attiroient chez eux toute mon âme ; et, par de longs regards, s'attachoient à ce beau crayon de la vôtre, pour s'unir à leur idole ; mais, se sentant emprisonnés, ils pleuroient, afin que ces larmes, comme d'autres petits yeux qu'ils envoyoient à leur place, s'esquivassent à la file, puisqu'ils ne pouvoient sortir en corps. Vous fussiez-vous imaginé qu'une feuille de papier eût fait un si grand feu ? Il ne s'éteindra jamais pourtant, que le jour ne soit éteint pour moi. Si mon esprit et ma passion se partagent en deux soupirs ; quand je mourrai, celui de mon amour partira le dernier. Je conjurerai, à l'agonie, le plus fidèle de mes amis de me réciter cette chère lettre ; et, lorsqu'en lisant il sera parvenu à l'endroit où vous protestez d'être....., je m'écrierai : Cela n'est pas possible, Madame, car moi-même j'ai toujours été

Votre Esclave.

est aussi question d'une rencontre à la pêche, des filets et des hameçons. *Voy.* ci-dessus, p. 185 et 186. On peut donc supposer que celle-ci n'est que le brouillon de l'autre.

FIN DES LETTRES AMOUREUSES

ENTRETIENS POINTUS

PRÉFACE[1]

La Pointe n'est pas d'accord avec la raison : c'est l'agréable jeu de l'esprit, et merveilleux en ce point, qu'il réduit toutes choses sur le pied nécessaire à ses agrémens, sans avoir égard à leur propre substance. S'il faut que pour la Pointe l'on fasse d'une belle chose une laide, cette étrange et prompte métamorphose se peut faire sans scrupule, et toujours on a bien fait, pourvu qu'on ait bien dit : on ne pèse pas les choses ; pourvu qu'elles brillent, il n'importe ; et, s'il s'y trouve d'ailleurs quelques défauts, ils sont purifiés par le feu qui les accompagne. C'est pourquoi, Lecteur, ne blâme point ces contrariétés et faussetés manifestes, qui se trouveront quelquefois en ces Entretiens ; on n'a voulu que se divertir ; et tant de beaux esprits qui tiennent ici leur rang, se traitant ici quelquefois les uns les autres, et souvent eux-mêmes, de *stupides* et d'*insensés*, témoignent assez qu'ils ne veulent pas être crus, mais seulement admirés, et que ce plaisir est leur seul objet. Suis donc leurs intentions, mon cher Lecteur ; et, sans éplucher les choses, prends part à leurs divertissemens, qui te seront agréables ou dégoûtans, selon que tu leur seras semblable ou dissemblable. Au reste, j'ai déguisé leurs noms[2],

---

[1] Cette préface est de Cyrano, qui a voulu y faire lui-même l'éloge de la *pointe* et de l'équivoque, où il excellait.

[2] Nous avions, à une autre époque, écrit cette note, qui se fondait sur des recherches relatives à la petite école philosophique

afin que la liberté qu'ils se sont donnée ne leur puisse être nuisible, et que, sous le masque, se jouant de tous également, ils puissent descendre du théâtre parmi le peuple, sans courir les dangers où les pourroient mettre les ressentimens d'un brutal.

I

Timandre, parlant d'une arcade que l'on vouloit élever en un troisième étage pour joindre deux bâtimens opposés, fut averti par Socrate que c'étoit des desseins en l'air.

II

Le même Socrate dit fort bien, sur la mort inopinée d'un jeune homme, qui, tombant de foiblesse, étoit tombé sur la pointe d'un couteau qu'il tenoit en main : qu'il mouroit désespéré, puisqu'il se tuoit lui-même ; et partant, qu'il ne falloit pas s'étonner de sa mort, toutes actions de désespoir étant actions de foiblesse.

III

Platon, prenant un siége, comme en voulant exiger par force de Simarande ce qu'il lui demandoit, fut sollicité par Socrate de s'en servir plutôt comme d'un placet[1], pour le fléchir.

---

de Gassendi : « Il faudrait chercher les véritables noms de ces personnages dans la société intime des élèves de Gassendi, qui leur donnait parfois le ton et l'exemple de l'enjouement. Si Gassendi est ici Socrate, son disciple favori Jean Bernier serait Platon. Quant à Timandre, Phocion, Philogias, il faudrait choisir entre Chapelle, Sorbière, Molière, Valois, etc. » Mais, en préparant notre édition, nous sommes arrivé à une opinion un peu différente, et nous n'avons plus hésité à reconnaître Cyrano lui-même dans le personnage de Socrate. Voy. la *Notice historique*, p. LVII, en tête de notre édition des *Hist. com. des États et Empires de la Lune et du Soleil*.

[1] Tabouret sans bras et sans dossier; pliant.

IV

Socrate, parlant d'un Amoureux transi, qui, pour coucher avec une jeune fille, avoit veillé en vain toute une nuit et bâilloit le lendemain avec assoupissement, dit qu'il en viendroit à bout, puisqu'il s'avisoit de bâiller [1].

V

D'un autre, qui, sortant du grand chemin pavé, après avoir longtemps exercé son esprit, s'étonnoit de sa vivacité; il lui en découvrit la raison, alléguant que son esprit s'étoit aiguisé sur les grès.

VI

Le même assura, contre Épaminondas, qui tenoit le capuchon des Capucins pour une bonne pointe, que c'en étoit une très-pauvre.

VII

Et, sollicité de payer un obligeant ami de plusieurs pointes, il refusa de le faire, de peur qu'il ne s'en piquât.

VIII

Le Frère aîné de Socrate ne rencontra pas moins bien, lorsque, parlant d'une personne avancée par une Dame stupide et lubrique, il assura qu'il devoit encore aller plus loin, étant monté sur une si bonne bête.

IX

Cette pointe fut suivie d'une autre que fit Socrate,

---

[1] Dans *bâiller*, qui s'écrivait alors *baailler*, la première syllabe était longue; elle était brève dans *bailler*, signifiant *donner*.

lorsque, rendant raison de l'amour que les Dames ont pour les bêtes, au préjudice des gens d'esprit [1], il dit que les chevaux étoient de plus grand travail que les hommes

X

Épaminondas disoit d'un fripon d'Écolier qui vouloit escroquer son Maître à écrire, et se vantoit d'avoir du papier très-fin, qu'il avoit raison, puisque son papier devoit attraper l'Écrivain.

XI

Phocion, jeune frère de Socrate, parlant d'un autre qui mangeoit par les rues continuellement, il dit que c'étoit dîner en Ville.

XII.

Et Socrate, sur quelques discours avancés ensuite, s'étonna de ce que les Chrétiens étoient si faciles à corrompre, vu qu'ils étoient salés dès leur naissance [2].

XIII

Et poursuivit sa pointe contre un Sot bien reblanchi et magnifique du tout en canons [3], disant qu'il vouloit prendre les hommes comme les loups, c'est-à-dire dans les toiles.

XIV

Philogias, parlant d'un homme vêtu de vert, l'appeloit *Vert-Galant*.

---

[1] On sait que le marquis de Champcenetz a examiné la question *ex professo*, dans son *Petit traité de l'amour des femmes pour les sots* (Bagatelle, 1788, in-8).

[2] A cause du baptême, qui se fait avec de l'eau et du sel.

[3] Les *Précieuses ridicules* de Molière nous ont empêchés d'oublier ce que c'était que les *canons* des hauts-de-chausses de nos pères.

XV

Socrate, dans le même Entretien, ayant bu un grand verre d'eau pour se refaire, dit qu'il s'étoit rhabillé avec une pièce de verrerie.

XVI

Et, voyant un cheval qui, courant la bague, fientoit dans sa carrière, dit qu'il chioit sur le métier.

XVII

Pareillement, de Monsieur Lenfant [1], mal peint et sans bordure, il dit que c'étoit l'enfant gâté et débordé.

XVIII

D'un autre qui marchoit beaucoup, bien qu'il eût un trou à la tête, il dit qu'il couroit les rues, comme ayant la tête fêlée.

XIX

Et de lui-même, qui se plaisoit à l'amour des mâles, il assura qu'il en usoit ainsi, pour être honteux, au point de se cacher derrière les autres.

XX

Il assuroit aussi d'une femme parée de fleurs, qu'elle avoit ses fleurs [2].

---

[1] Trait satirique contre J. Lenfant, peintre au pastel et graveur au burin, né à Abbeville en 1615, mort en 1674.

[2] Le langage précieux avait déguisé sous cette expression figurée les mois ou époques des femmes.

XXI

Et qu'il faisoit bon offenser le Pape, vu qu'il avoit beaucoup d'indulgence.

XXII

Et, parlant d'une montre qu'on avoit volée, et qui ne pouvoit être retrouvée, il dit qu'elle ne reviendroit pas, étant assurément fort mal montée.

FIN DES ENTRETIENS POINTUS

POÉSIES

A MADEMOISELLE D'ARPAJON[1]

SONNET[2]

Le vol est trop hardi, que mon cœur se propose.
Il veut peindre un soleil, par les dieux animé ;
Un visage qu'Amour de ses mains a formé,
Où des fleurs du printemps la jeunesse est éclose ;

Une bouche où respire une haleine de rose,
Entre deux arcs flambants d'un corail allumé ;
Un balustre de dents, en perles transformé,
Au devant d'un palais où la langue repose ;

Un front où la pudeur tient son chaste séjour,
Dont la table polie est le trône du jour ;
Un chef-d'œuvre où s'est peint l'Ouvrier admirable :

Superbe, tu prétends par-dessus ses efforts !
L'éclat de ce visage est l'éclat adorable
De son âme qui luit au travers de son corps.

[1] Le duc d'Arpajon ayant eu plusieurs filles de deux lits différents, il est impossible de savoir celle à qui ce sonnet s'adresse.
[2] Ce sonnet, qui n'a été réimprimé dans aucune édition de Cyrano, se trouve à la suite de la dédicace au duc d'Arpajon, dans l'édition in-4° des *Œuvres diverses*.

POUR M. DASSOUCY

SUR LA MÉTAMORPHOSE DES DIEUX

MADRIGAL[1]

Plus puissant que jadis Orphée,
Qui, de chez les peuples sans yeux,
Ne put ramener que la fée,
Tu ramènes en terre les Dieux,
Malgré cette défense expresse
D'en avoir plus d'un parmi nous;
Mais, de peur qu'on les reconnoisse,
Tu les as déguisés en fous.

A M. LE VAYER BOUTIGNY

RONDEAU BURLESQUE[2]

Pour te louer, moy fais vers droslement
(Moy qui n'en fais, sinon par fondement),
Car, autrement, moy ne puis reconnoistre
Tant d'amitié qu'à moy toy fais paroistre ;
Escoute donc toy louer grandement.

---

[1] Ce madrigal se trouve, avec la signature *de Bergerac*, à la fin de la seconde édition de *l'Ovide en belle humeur* de M. Dassoucy, enrichi de toutes les figures burlesques (Paris, Guill. de Luynes, 1653, in-4°). Cette édition se termine par un triolet de Le Bret, qui fut depuis l'éditeur des Œuvres posthumes de Cyrano.

[2] Ce rondeau, que nous trouvons imprimé en tête de la tragédie

Toy fais bien vers, toy moult as jugement,
Toy ne fuis fille et bois aucunement,
Toy, bon amy, voudrois moy grand poëte estre
  Pour te louer.

Mais moy (Grand est!) point ne fais compliment;
Car moy ne peux; ains diray seulement
Qu'il n'est plus vray qu'aprentif n'est pas maistre,

Puisque ton coup d'essay me fait connoistre,
Que moy n'ay pas assez d'entendement
  Pour te louer.

LE PAUVRE MALADE[1]

STANCES

Magdelon, je suis bien malade,
J'ai les yeux cavés et battus,
La face terreuse et maussade,
Les genoux maigres et pointus;
Ceux qui me voyent par la rue,
Jaune comme vieille morue,
Cancter en amant fourbu,
Estiment que c'est la vérole
Qui me fait aller en bricole,
Et m'enivre sans avoir bu.

---

du *Grand Sélim, ou le Couronnement tragique* (Paris, Nic. de Sercy, 1645, in-4°), nous paraît être de Cyrano, qui était, à cette époque, très-porté au genre burlesque et au style gaulois, témoin le pastiche que débite le pédant Granger en manière de déclaration d'amour; *voy.* ci-après, p. 291. L'auteur du *Grand Sélim*, Le Vayer de Boutigny, a été le condisciple et l'ami de Cyrano.

[1] Nous attribuons à Cyrano cette pièce de vers, qui est impri-

Les beaux jours ne me sont donnés
Que pour m'éclairer sur la selle ;
J'ai toujours la roupie au nez,
J'ai l'embonpoint d'une escarcelle.
Morfondu, baveur et transi,
Si j'allois visiter ainsi
Votre beauté qui me travaille,
J'offenserois votre œil vainqueur,
Et vous ferois plus mal au cœur
Qu'un morveau [1] contre une muraille.

Hélas ! avant ma maladie,
J'étois frais comme un maquereau ;
J'avois la face rebondie,
J'étois souple comme un bourreau ;
Maintenant la toux m'atténue,
Je crache ma rate menue,
Je vomis des phlegmes tout verts,
Je sens ma fressure opilée,
J'en ai la fourchette avalée,
Et le triboulet [2] à l'envers.

Je ne suis plus entre les blonds,
Puisque ma tête se dépouille ;
On n'y voit plus mes cheveux longs,
Non plus que sur une citrouille ;
Les poux se sauvent sur mon dos :
Dessus cette carcasse d'os,
Cette canaille me ravaude ;
Je m'en fripe tout rechigné,

mée avec l'initiale C. dans le *Recueil de Poésies choisies*, publi
par son libraire, Charles de Sercy, en 1660, t. I, p. 335 et suiv.
Elle semble avoir été faite pendant sa dernière maladie, causée par
un coup qu'il avait reçu à la tête. Voy. la *Notice historique*.

[1] Crachat épais ; morve expectorée. A cette époque, on avait la
vilaine habitude de *cracher au mur*.

[2] C'est-à-dire, l'esprit la tête.

Et fais un minois renfrogné,
Comme un cuisinier qui s'échaude.

Que c'est une richesse extrême
D'être sain en sa pauvreté !
Mais c'est bien la pauvreté même
De n'avoir argent ni santé.
Un petit grenier est mon Louvre ;
Mon manteau jour et nuit me couvre ;
On me donne un drap en trois mois ;
Pour tous rideaux j'ai la muraille,
Avec une botte de paille
Dessus un matelas de bois.

Sitôt que le sommeil m'abat,
Les rats commencent leur tempête ;
Les chats célèbrent leur sabbat
Au haut du toit dessus ma tête ;
Je n'ai pu dormir de la nuit,
Tant ces galans m'ont fait de bruit
A l'élection de leur prince ;
Chacun vouloit donner sa voix,
Et tous opinoient à la fois
Dans le conseil de la province.

Seigneurs États, à la pareille,
Tenez vos assises plus loin ;
Ainsi l'amour qui vous réveille
Vous laisse dormir au besoin ;
Ainsi toujours, sur les gouttières,
La chatte, douce à vos prières,
Se laisse flairer les gigots,
Et, méprisant la jalousie,
Vous accorde la courtoisie,
Sans se cacher dans les fagots !

LE MINISTRE D'ÉTAT FLAMBÉ

EN VERS BURLESQUES[1]

Il faut bien qu'un chien de lutin
Me mette la puce en l'oreille,
De prôner dessus le destin
D'un Homme qui fait le mutin,
Qui se soûle d'une bouteille,
Qui ne sait ni grec ni latin,
Et qui n'est propre qu'à Marseille[2].

D'où diable me vient cette humeur?
Mon âme n'est-elle point dupée?
Moi qui ne suis qu'un escrimeur,
Suis-je bien devenu rimeur?
Où ma verve est-elle occupée?
Et faut-il, dans cette rumeur,
Joindre ainsi la plume à l'épée?

Page, vite, ôte-moi mon pot.
Il me servira d'écritoire;

---

[1] Cette mazarinade, qui a paru en 1649 (Paris, Jean Brunet, 16 pages in-4°) avec cette épigraphe : *Ridendo dicere verum quid vetat?* est incontestablement de Cyrano de Bergerac. La pièce est signée D. B., et ces initiales sont bien celles qu'il avait adoptées pour signer ses lettres et ses vers; on reconnaît son style, ses expressions et parfois ses idées; il avoue n'être qu'*un escrimeur* et s'excuse de joindre ainsi la plume à l'épée. A cette époque, Cyrano, ami de Dassoucy, raffolait du burlesque. On ne doit pas s'étonner qu'au commencement de la Fronde il soit resté fidèle au parti du prince de Conti et du duc de Beaufort, etc., qui furent ses premiers patrons.

[2] C'est-à-dire, propre à ramer sur les galères du roi.

Mais, pour bien barbouiller ce sot,
Non pas en style de Marot,
Mais en style bouffi de gloire,
Et pour le peindre en Astarot,
Cherche de l'encre la plus noire !

Sans savoir ni qui, ni comment,
Je sens en moi quelqu'un qui jase :
C'est une Muse assurément,
Qui, pour Mazarin seulement,
Me monte aujourd'hui sur Pégase....
Mais, à ce nom, quel changement !
Ce cheval tremble pour un aze¹.

Eh quoi ! plus je le veux pousser,
Et plus il se jette en arrière ;
Je ne puis le faire avancer.
Descendons, il le faut laisser,
Sans entrer dedans la carrière,
Et Mazarin, sans finesser²,
Lui pourroit sangler la croupière.

Laissons donc là tout cet atour.
J'entends déjà mon petit Page...
En as-tu ? Quel heureux retour !
Cette encre est noire comme un four...
Oh ! le favorable présage !
Ce mauvais Démon de la Cour
En aura dessus le visage.

Ah ! ah ! je vous tiens, Mazarin,
Esprit malin de notre France,
Qui, pour obséder son destin,

---

¹ Au féminin, c'est la femelle du lièvre ou du lapin ; au masculin, ce n'est qu'un âne.
² A la gasconne, pour *finasser*.

Faites, le soir et le matin,
Main basse dessus sa pitance :
A ce coup, vous serez très-fin,
Si vous évitez la potence.

Levez les yeux, regardez-moi,
Et n'usez d'aucun artifice :
Vous avez faussé votre foi,
Vous avez enlevé le Roi,
Vous avez trahi la justice,
Et vous avez fait, sans la loi,
Enchérir jusqu'au pain d'épice.

Vos malices ont eu leur cours,
Presque par toute la nature;
Vous avez fait cent méchans tours,
Vous avez finé[1] tous les jours
Et Créateur et créature,
Et vous avez fait à rebours
Le gaillard péché de luxure.

C'est où vous êtes trop savant,
Cardinal à courte prière :
Priape est chez vous à tout vent ;
Vous tranchez des deux bien souvent,
Comme un franc couteau de tripière,
Et ne laissez point le devant,
Sans escamoter le derrière.

Des clergeons[2], par vous caressés,
Vous ont tenu lieu de coquettes;
A cent pages intéressés
Que vos confidens ont dressés,
Vous avez compté des sornettes,

---

[1] Pour *affiné*, tromper en jouant au fin.
[2] Prestolets, abbés. Il y a *clergaux* dans Rabelais.

Et vous ne les avez laissés
Ni mains pures, ni grègues nettes [1].

Vous vous êtes servi d'un sort
Pour chiffonner fesses et mottes;
Pour enchâsser dedans un fort
Le généreux Duc de Beaufort [2];
Pour faire des sots et des sottes,
Et pour vous asservir d'abord
Et les caleçons et les cottes.

Au Sabbat, chaque vendredi,
Vous présentez une bougie;
Vous vous crevez, le samedi,
De chair, aussi bien qu'au jeudi;
Votre prière est une orgie,
Et Grandier, Fauste et Gaufredi [3],
Vous ont enseigné la magie.

Vous n'avez jamais eu chez vous
Que gens indignes de louange :
Vos Pages sont de jeunes fous;
Vos Estafiers, de vrais filous;
Votre Suisse, une bête étrange;

---

[1] Cette accusation semble se concilier avec une anecdote très-singulière de la jeunesse de Louis XIV, anecdote que La Porte n'a pas craint de rapporter dans ses *Mémoires*.

[2] La reine mère, Anne d'Autriche, fatiguée des insolences du duc de Beaufort (François de Vendôme), qui la bravait sans cesse, le fit enfermer au donjon de Vincennes, d'où il parvint à s'échapper en 1649.

[3] Faust ou Fauste, alchimiste allemand du quinzième siècle, était le prototype populaire des sorciers. Quant au malheureux Urbain Grandier, curé de Loudun, brûlé en 1634, Cyrano, dans sa lettre *pour les sorciers*, avait osé le justifier de l'accusation de sorcellerie. Louis Gofridi, curé de la paroisse des Acoules, à Marseille, avait été brûlé aussi comme sorcier, en 1611, à Aix, pour avoir ensorcelé et séduit Madeleine Mandols de la Palud.

Vos confesseurs, des loups-garous,
Et le Diable est votre bon ange.

La Seine et le Rhin, par vos lois,
Vont aussi mal que la Tamise.
Vous avez donné sur les doigts
Du Parlement deux ou trois fois,
Et, par la dernière entreprise,
Vous pensiez le mettre aux abois,
Ou du moins le mettre en chemise.

Hélas! quel complot inhumain!
Quelle étrange rodomontade!
Quel vœu passé de main en main,
De prier monsieur Saint-Germain [1],
De conduire cette boutade,
Et de mettre le lendemain
Tout Paris en capilotade!

Oui, vous tranchiez du Fierabras,
Et pensiez, dans ce mal extrême,
Nous couper et jambes et bras,
Nous égorger entre deux draps,
Traiter Noble et Bourgeois de même,
Et réduire le Mardi-gras,
Cette année, à faire carême.

Ce point n'étoit point débattu
Par les plus scrupuleuses âmes;
Vous trouviez moindre qu'un fétu
La résistance et la vertu
De nos filles et de nos femmes,

---

[1] Mathieu de Morgues, abbé de Saint-Germain, ancien aumônier de la reine Marie de Médicis et prédicateur de Louis XIII, n'avait plus alors le crédit qu'on lui supposait, en raison de ses écrits politiques; il vivait retiré aux Incurables; mais le cardinal Mazarin le consultait quelquefois et se servait de sa plume vénale. L'abbé de Saint-Germain, né en 1582, mourut en 1670.

Et vous prétendiez mettre à cu
Le renom de toutes nos Dames.

Au mot de Paris, les Romains[1]
En troubloient l'air de cris de joie,
Et les Sarmates inhumains[2],
Quoiqu'ils prennent à toutes mains,
Aimoient mieux en avoir la proie
Que d'en faire, avec les Germains,
Ce que les Grecs firent de Troie.

Jà déjà ces buffles du Rhin,
Et ces bonnets du Borysthène[3],
Ont mis en feu meule et moulin[4],
Où Daillé, Fauchet, Aubertin[5],
Font chanter à perte d'haleine ;
Et se sont promis, dans le vin,
D'y brûler un bras à la Seine.

Leur luxure et leur cruauté
Trouvent partout de la matière ;
C'est pour eux un point arrêté,
Que l'abondance et la beauté
Leur doivent une chère entière ;

[1] C'est-à-dire, les Italiens, et surtout les nobles romains, qui venaient chercher fortune auprès de leur compatriote Mazarin.

[2] Les Croates, ou Cravattes, corps de cavalerie légère allemande, qui avait été incorporé depuis 1636 dans l'armée française.

[3] Il y avait dans la cavalerie des Cravattes beaucoup de Polonais venus des bords du Borysthène (Dnieper), avec leur costume national.

[4] Les Allemands et les Polonais, comme on appelait les Cravattes, saccageaient les environs de Paris et menaçaient le village de Charenton ; il y a une mazarinade intitulée les *Combats donnés sur le chemin de Paris à Charenton et à Brie-Comte-Robert les 16 et 18 de ce mois* (février), où les Parisiens ont eu, en deux rencontres, plus de 600 cavaliers tués, blessés ou prisonniers.

[5] C'étaient les principaux ministres protestants, attachés au temple de Charenton.

Et, dans cette nécessité,
Tout est bordel et cimetière.

Jamais siècle n'a découvert
De plus grands abatteurs de quilles [1];
Par eux tout passage est ouvert :
Priape, comme Jean de Vert [2],
Prend sans quartier garçons et filles,
Et le grand Diable de Vauvert [3]
Auroit moins honni de familles.

Voilà le fruit de vos leçons,
Que pratiquent vos bons apôtres,
Par qui l'on voit en cent façons
Danser harnois et caleçons
Avec nos dames et les vôtres,
Et par qui filles et garçons
S'enfilent comme patenôtres!

Voilà les beaux charivaris
Dont votre faveur est suivie!
Faut-il que femmes et maris
Dans neuf mois entendent les cris
D'une race à peine assouvie,
Et qu'une moitié de Paris
En doive l'autre à Cracovie?

---

[1] C'est-à-dire, débauchés infatigables. On disait d'abord, dans le même sens, *beaux joueurs de quilles*; cette expression proverbiale est déjà employée par Clément Marot.

[2] Ce personnage, dont le nom devint proverbial en France, n'est autre que le fameux capitaine Jean de Weert, qui commandait l'armée bavaroise, et qui, après avoir défait le maréchal de Gassion, fut fait prisonnier par le duc de Saxe-Weimar, en 1638 : il resta plusieurs années enfermé dans le donjon de Vincennes. Il vivait encore à l'époque où cette mazarinade fut écrite.

[3] *Voy.* ci-dessus, p. 51, une note sur ce diable proverbial, que Cyrano cite plus d'une fois dans ses ouvrages.

Mais passons nos beaux tortillons [1]
Et ces grands casseurs de raquettes [2],
Qui volent comme papillons,
Qui courent comme postillons,
Après l'argent de nos layettes [3],
Et laissons tous ces cotillons
A la merci de ces braguettes.

Par vous, pernicieux Agent,
Nos chevaux jeûnent à la crèche ;
Vous avez volé notre argent :
Il n'est endroit où le sergent
N'ait fait quelque mortelle brèche,
Et par vous le peuple indigent
Ne sait de quel bois faire flèche [4].

Les impôts ont flux et reflux [5]
Sur nos précieuses tavernes,
Et, par vos injustes refus,
Vous avez rendu si confus
Tous les officiers subalternes,
Que ces pauvres gens ne vont plus
Que la nuit, comme des lanternes.

Un prince en vain vous demanda
Du secours pour la Catalogne [6],

---

[1] On appelle encore *tortillon* un galant qui *tortille* auprès des femmes.

[2] Vantards, fanfarons, comme ceux qui se vantaient d'avoir cassé beaucoup de raquettes au jeu de paume.

[3] Coffres

[4] Cette strophe rappelle le mot célèbre de Mazarin, qui se souciait peu d'être mis en chanson, pourvu que les impôts fussent bien payés : « Ils chantent, mais ils payent. »

[5] Expression tirée du jeu de cartes : *avoir flux*, c'est avoir l'avantage, par plusieurs cartes de même couleur.

[6] En 1647, le prince de Condé (Louis IIe du nom) avait été envoyé en Catalogne, où l'armée du roi, commandée par le comte d'Harcourt, venait de subir devant Lerida un cruel échec. Condé reprit

Et le siége de Lérida,
Qui nous fit chanter des *oui-da*[1] !
D'une folle et piteuse trogne [2],
Fit voir que l'argent n'aborda
Qu'au port de l'Hôtel de Bourgogne [3].

Ce fut lorsque les délicats
Virent bien votre perfidie,
Que vous riiez à tour de bras
Des farceurs dont vous faisiez cas,
Pour quelque sotte comédie,
Cependant qu'ailleurs nos soldats
Jouoient leur propre tragédie.

Les François étoient réjouis
Que notre France fût pourvue
D'un si grand nombre de louis [4] ;
Mais ils se sont évanouis
Par votre avarice imprévue,
Et les ont si bien éblouis,
Qu'ils en ont tous perdu la vue.

le siége de cette ville et fit ouvrir la tranchée au son des violons ; mais, faute d'argent et faute de renfort, il dut lever le siége de Lerida et battre en retraite.

[1] La triste issue de ce siége mémorable fit naître à la cour de France une foule de chansons satiriques ; l'une d'elles, la plus populaire, avait pour refrain *Oui-da*.

[2] Il y a *trougne*, qui rime avec *Catalougne* et *Bourgougne*. Cyrano écrivait, comme on sait, à la gasconne.

[3] C'est-à-dire, que l'argent destiné aux troupes du prince de Condé servit à entretenir la troupe italienne du théâtre de l'Hôtel de Bourgogne.

[4] On commença la fabrication des louis d'or en 1642. Le louis avait cours pour cinq livres ; le double louis, pour dix livres. Dans le *Recueil de quelques pièces contre le card. Mazarin* (Paris, 1649, in-4) :

On ne rencontre plus d'argent ;
Le peuple se trouve indigent,
Et dit qu'il est trop ridicule
De se voir les yeux éblouis,
De souffrir qu'un si méchant Jule
Nous ait coûté autant de louis.

Le marchand, partout endetté,
N'a plus personne à sa boutique ;
Cicéron [1] n'est plus écouté ;
Saint Côme [2] n'est plus consulté ;
Saint Yves [3] reste sans pratique ;
Et dans leur mérite enchanté
La Fortune leur fait la nique.

Le meilleur bocan [4] du Marais
Devient presque une solitude ;
La Decombe [5] y régente en paix :
Gens d'épée et gens de Palais,
N'y causent plus d'inquiétude,
Et Priape y casse du grès [6]
Aux filles qu'il mit à l'étude.

La poule d'Inde et le cochon
Ne leur doivent plus rien de rente [7] ;
Marotte, Cataut et Fanchon,
Qui vendent jusqu'à leur manchon,
Y sont vaines tables d'attente,
Et Babé, Margot et Nichon
N'y font pas plus que la servante [8].

---

[1] C'est-à-dire, l'avocat.

[2] C'est-à-dire, le chirurgien, parce que saint Côme était le patron des maîtres chirurgiens.

[3] C'est-à-dire, le procureur, parce que saint Yves était le patron des procureurs.

[4] Ou plutôt *boucan*, lieu de débauche. Le quartier du Marais était alors rempli de ces lieux-là.

[5] Célèbre *maîtresse de maison*, appareilleuse.

[6] Expression proverbiale : *casser du grès*, c'est travailler sans profit.

[7] Nous ne savons pas quelle était cette redevance que le dindon et le cochon payaient aux femmes de mauvaise vie.

[8] Les *galantes* que l'auteur nomme dans cette strophe étaient fort connues, surtout la *petite Nichon*, qui a eu les honneurs de deux ou trois mazarinades. Elles eurent beaucoup à souffrir pendant la guerre de Paris, comme on le voit dans la *Famine, ou les*

Le Bretilleux est sans chalands,
Morel n'enseigne plus à lire [1],
Boisseau n'étale plus d'écrans [2],
Martial ne vend plus de gants,
Rangou e ne sait plus qu'écrire [3],
Richard ne va plus chez les grands,
Et Vinot n'a plus de quoi frire [4].

Neuf-Germain ne dit pas un mot [5] :
Les Muses ne l'ont plus pour môme;
Le Savoyard plaint chaque écot [6];
L'Orviétan est pris pour sot [7] :
Il n'a ni théâtre ni baume ;
Et Cousin, Saumur et Sercot [8]
Ne gagnent plus rien à la paume.

Putains à cul, par le sieur de La Valize, chevalier de La Treille Paris, chez Honoré l'Ignoré, à la Fille qui truye, rue Sans-Bout, 1649, in-4).

[1] Morel était un professeur d'écriture et maître de langue.

[2] Jean Boisseau, peintre et enlumineur du roi, géographe et graveur, qui publiait les estampes de Claude Chastillon, entre autres, la *Topographie françoise* (Paris, 1641, in-fol.).

[3] L'industrie du sieur de Rangouze consistait dans les lettres ampoulées qu'il adressait à tous les grands personnages qui voulaient bien lui servir de Mécènes et le payer de ses éloges en bon argent.

[4] Vinot était un cuisinier renommé.

[5] Louis de Neuf-Germain, qui s'intitulait le *poëte hétéroclite* du duc d'Orléans, était plus d'à moitié fou ; ce qui ne l'a pas empêché de publier ses *Poésies et Rencontres*, en 2 vol. in-4.

[6] Philpot, ou Philippot, dit le *Savoyard*, dont il y a un portrait si burlesque dans les *Aventures du sieur Dassoucy*, composait des chansons joyeuses dont il faisait lui-même la musique, et les chantait sur un théâtre en plein vent, dressé au bas du pont Neuf, près de la rue Guénégaud.

[7] L'Orviétan, qui pendant plus de trente ans a tenu boutique sur le pont Neuf, vendait ses drogues, baumes et élixirs en chantant des chansons égrillardes et en faisant des grimaces : il avait succédé à Tabarin.

[8] Fameux paumiers et joueurs de paume.

Cardelin semble être perclus [1] :
Son corps n'opère plus merveille ;
Carmeline [2], en un coin reclus,
Voit ses policans [3] superflus ;
Le Coutelier même sommeille,
Et Champagne [4] ne coiffe plus
Que la poupée ou la bouteille.

Sur le Pont-Neuf, Cormier [5] en vain
Plaint sa gibecière engagée ;
La Roche [6] y prône pour du pain ;
La pauvre Foire Saint-Germain
Fait des cris comme une enragée,
Et les pages n'ont plus de main
Pour en escroquer la dragée.

Le crédit, par vous occupé,
Fait partout de sanglantes courses ;
Tout notre bonheur est fripé ;
Notre cher espoir est dupé ;
Nos malheurs n'ont plus de ressources,
Et notre heureux sort usurpé
A fait des ballons de nos bourses.

Vous étiez plus ferme qu'un roc,
Quand vous heurtiez quelque personne ;

---

[1] Farceur et baladin, qui eut d'abord ses tréteaux sur la place Dauphine, et qui fit ensuite partie de la troupe italienne avec Colle et Scaramouche. *Voy.* ci-dessus, p. 59.

[2] Dentiste du pont Neuf, dont il est question dans les *Aventures de Dassoucy*.

[3] Ou *pélicans* ; c'est une tenaille pour arracher les dents.

[4] Champagne eut une grande vogue, comme coiffeur de femmes, auprès des dames de qualité ; on assure qu'il faisait en même temps le métier de messager d'amours. *Voy.* son historiette dans Tallemant des Réaux.

[5] Cormier était aussi un des industriels bouffons du pont Neuf : il faisait des tours de gobelet et débitait des discours joyeux à son auditoire.

[6] Charlatan et bouffon italien, qui se qualifiait de *marquis della Rocca*.

Vous avez inventé le *hoc* [1]
Qui met la conscience au croc,
Dès l'instant même qu'on s'y donne,
Et le frère coiffé de froc
Vouloit l'être d'une couronne [2].

Vos nièces, trois singes ragots [3]
Qu'on vit naître de la besace,
Plus méchantes que les vieux Goths,
Et plus baveuses qu'escargots,
Prétendoient ici quelque place,
Et vous éleviez ces magots,
Pour nous en laisser de la race.

Elles avoient fait leurs adieux
A leurs parens de gueuserie,
Pour s'accoupler à qui mieux mieux
Aux Candales, aux Richelieux,
Aux grands maîtres d'artillerie,
Ravis de voir en d'autres lieux
Les singes et la singerie.

Vous n'avez point encor jeûné,
Ni vendredi saint, ni vigile ;
L'innocent, par vous condamné,
A bien plus souffert qu'un damné,
Que dis-je, un damné ? plus que mille ;
Ou, pour n'être pas malmené,
Il a fallu qu'il ait fait gille [4].

[1] Sorte de jeu de cartes (le *hoca*) qui avait été nouvellement introduit à la cour de France.

[2] On accusait le cardinal Mazarin de vouloir devenir roi de France.

[3] Les pauvres nièces de Mazarin figurent souvent dans les mazarinades, quoiqu'elles fussent bien jeunes et bien innocentes alors. Marie de Mancini était née à Rome en 1635, Hortense en 1646, et Marie-Anne ne faisait que de naître, si toutefois elle était née. Voy. le charmant et remarquable ouvrage de M. Amédée Renée, intitulé les *Nièces de Mazarin*.

[4] *Faire gille*, c'est s'enfuir, disparaître. On a donné à cette

Vous avez créé des impôts
Sur les plus simples marchandises ;
Vous avez fait mal à propos
Enchérir la liqueur des pots,
Pour qui je vendrois mes chemises,
Et prenez de notre repos
Les usures et les remises.

Vous voyez nos maux sans blêmir :
Ils frappent en vain votre oreille ;
Votre crédit veut s'affermir
Sur des taxes qui font frémir ;
Et, si votre fureur sommeille,
Pour nous empêcher de dormir,
Le Moine-bourru la réveille [1].

Par vous le Conseil infecté [2]
N'a plus rien de bon que la mine ;
Il se porte à l'extrémité,
Pour nous ôter la liberté
D'avoir ici quelque farine,
Et vous nous avez tout ôté,
Hormis la crainte de famine [3].

Quoi qu'aient pu faire vos suppôts
Pour nous envoyer la tempête,

---

expression proverbiale les étymologies les plus bizarres. *Gille* était un personnage de l'ancien théâtre, type de la niaiserie et de la poltronnerie.

[1] *Voy.* ci-dessus, p. 20 : « Je délie le Moine-bourru aux Avens de Noël. » On appelait ainsi un fantôme habillé en moine, qui courait les rues pendant la nuit et qui maltraitâît les passants. Les nourrices menaçaient du *Moine-bourru* les enfants mutins.

[2] C'est le Conseil de régence qui tenait séance au château de Saint-Germain, où était la cour.

[3] Pendant le siége ou le blocus de Paris, l'armée royale, qui interceptait toutes les routes, arrêtait les approvisionnements et menaçait de prendre la ville par famine. Il y a une vingtaine de mazarinades, auxquelles a donné lieu cette disette momentanée.

Parmi nos cris et nos sanglots
Nous mêlons pourtant quelques rôts;
Nous prenons du poil de la bête [1],
Qui fait enrager Atropos
Depuis les pieds jusqu'à la tête.

En effet, quoique dès longtemps
Vous voliez tout à tire-d'ailes,
Malgré vous et malgré vos dents,
Nos convois nous rendent contens [2],
Et tous nos Généraux fidèles
Font chez nous plus de pénitens
Que vous ne faites de querelles.

Vous pensiez, faute de morceaux,
Mettre à nos jours de courtes bornes,
Mais, depuis peu, chapons et veaux,
Bécasses, moutons, lapereaux,
Nous empêchent bien d'être mornes;
Paris est fourni de pourceaux
Et crève de bêtes à cornes.

Cependant la Pomme du Pin,
La Chasse, l'Écharpe, et la Coupe,
L'Aigle, les Faisans, le Dauphin,
Le Cormier et le Gros Raisin [3]
Ont toujours depuis quelque troupe,
Confuse de voir que le vin
N'y reproche rien à la soupe.

---

[1] Expression proverbiale qui signifie: Nous recommençons à boire de plus belle.

[2] Au moment où les Parisiens manquaient de pain, plusieurs grands convois de farine traversèrent les lignes de l'armée royale et ramenèrent la joie, avec l'abondance, dans la ville.

[3] C'étaient les noms des enseignes de différents cabarets en renom. Voy. l'*Histoire des hôtelleries et cabarets*, par MM. Francisque Michel et Edouard Fournier.

C'est là que nous bénissons tous
Nos ressentimens légitimes ;
Que nous voyons, à deux genoux,
Les traits qu'Apollon contre vous
Décoche tous les jours en rimes,
Et qu'il s'y boit autant de coups,
Que vous avez commis de crimes.

Mais c'est trop longtemps caqueter :
De toutes parts le peuple aborde,
Qui sans doute vient d'arrêter
Qu'on ne devoit point le traiter
Sur *à l'aide ! miséricorde !*
Qui nous a fait souvent chanter :
Qu'on peut être pendu sans corde.

Mes amis, quel étrange ennui !
Voilà déjà qu'on me l'enlève.
Il n'a plus d'espoir ni d'appui ;
Grès et leviers pleuvent sur lui,
Et, s'il n'en reçoit quelque trêve,
Maître Jean-Guillaume aujourd'hui [1]
N'officiera plus à la Grève.

L'y voilà, pour notre intérêt ;
Vite, bourreau, qu'on le secoue !
Tout va bien, maître Jean est prêt.
Ah ! parbleu, voilà qui me plaît !
O justice, que je te loue !
Mais, dans le bel état qu'il est,
Il nous fait encore la moue.

Par Dieu ! ne te rebute pas ;
Fais paroître ici ta vaillance,

---

[1] Il paraît, d'après ce passage, que le bourreau, ou maître des hautes œuvres, était alors désigné dans le peuple par le sobriquet de *maître Jean-Guillaume* ou de *maître Jean*.

Imprime tes pieds sur ses bras,
Tiens-t'y droit comme un échalas ;
Achève en lui notre souffrance,
Et ne te plains point d'être las
De faire du bien à la France.

Encore trois ou quatre coups,
Mon pauvre maître Jean-Guillaume ;
Pèse plus fort, contente-nous ;
Fais si bien avec tes genoux,
Que les carabins de Saint-Côme [1]
Écorchent vite, au gré de tous,
L'écorcheur de tout le royaume.

Allons bénir Dieu promptement
Dans l'église de Notre-Dame.
C'en est fait : ô l'heureux moment !
Le Bourgeois et le Parlement
Ne craindront jamais cet infâme ;
Le Bourreau prend son vêtement,
Et le Diantre gobe son âme !

ÉPITAPHE.

Ici gît pour longtemps ou plutôt pour jamais
Un homme dont chacun maudit la destinée.
   Dieu lui veuille donner la paix,
   De même qu'il nous l'a donnée !

---

[1] Les écoles de chirurgie étaient dans la rue des Cordeliers, près de l'église paroissiale de Saint-Côme.

FIN DES POÉSIES

LE PÉDANT JOUÉ

COMÉDIE

ACTEURS

GRANGER, pédant.
CHATEAUFORT, capitan.
MATHIEU GAREAU, paysan.
DE LA TREMBLAYE, gentilhomme amoureux de la fille du Pédant.
CHARLOT GRANGER, fils du Pédant.
CORBINELI, valet du jeune Granger, fourbe.
PIERRE PAQUIER, cuistre du Pédant, faisant le plaisant
FLEURY, cousin du Pédant.
MANON, fille du Pédant.
GENEVOTE, sœur de M. de La Tremblaye.
CUISTRES.

La scène est à Paris, au Collège de Beauvais [1].

---

[1] Ce collège, fondé en 1365 par Jean de Dormans, cardinal-évêque de Beauvais, chancelier de France, était situé dans la rue Saint-Jean-de-Beauvais, appelée alors rue du Clos-Bruneau. Il se composait, dans l'origine, de douze boursiers, d'un maître, d'un sous-maître et d'un procureur. Le nombre des boursiers, par suite de diverses fondations, fut porté plus tard à vingt-quatre, assistés de cinq chapelains et de deux clercs de chapelle. Voy. l'histoire de ce collège dans l'ouvrage de Jean Grangier, intitulé : *De l'Estat du Collège de Dormans, dit de Beauvais*, Paris, A. Taupinart, 1628, in-4°.

NOTES SUR LES ACTEURS

Granger. Le héros de cette comédie, composée ou du moins préparée par l'auteur pendant qu'il faisait ses humanités au collége de Beauvais, n'est autre que Jean Grangier, qui était alors principal de ce collége et professeur de rhétorique. Ce Grangier, né à Châlons-sur-Marne, vers 1576, n'existait plus quand la comédie de Cyrano fut représentée, car il mourut en 1643; mais son souvenir vivait encore dans l'université de Paris, où l'on ne parlait que de son éloquence, de son avarice, de son costume, de son mariage et d'une foule de particularités, que les écoliers se plaisaient à retrouver dans la pièce à laquelle ils firent sans doute un prodigieux succès. Jean Grangier, recteur de l'Université en 1611, professeur de langue latine au Collége Royal en 1617, avait eu, comme principal du collége de Beauvais, des luttes terribles à soutenir contre ses boursiers, qui l'accusaient de s'enrichir à leurs dépens et de mal administrer les biens du collége. Il avait été ordonné diacre, mais il n'était pas prêtre, à cause de sa vue basse; il dut obtenir des dispenses pour épouser sa servante, dont il avait plusieurs enfants. Ce fut à l'occasion de ce mariage que les boursiers se soulevèrent contre lui et s'efforcèrent de le renverser. Grangier tint bon et finit par l'emporter sur ses adversaires, qui se vengèrent de sa victoire en le ridiculisant. Voici en quels termes le principal du collége de Beauvais parle de cette révolte de ses élèves : « Je pensois les avoir vaincus de bons offices et de courtoisie, dit-il dans son mémoire sur l'*Estat du collége de Dormans, dit de Beauvais*, lorsque l'aposthème qu'ils avoient tenu cachée l'espace de dix ans s'est crevée tout à coup et

« jeté la boue de leurs demandes, qui feroit soulever l'estomac aux gens de bien. » Le mémoire où se trouve cette phrase, digne du personnage de la comédie, est le seul ouvrage écrit en français que Grangier ait publié; les autres sont en latin et témoignent de son érudition aussi bien que de son pédantisme. Nous ne savons quel fut l'acteur du théâtre de l'Hôtel de Bourgogne que Cyrano chargea de jouer le rôle du Pédant et qu'il styla lui-même de manière à faire une copie parfaite d'un célèbre original.

CHATEAUFORT. Cyrano, en nommant ainsi son capitan, aura voulu sans doute faire allusion à son ancien capitaine dans la compagnie des Gardes où il avait pris du service, le sieur de Carbon de Castel-Jaloux, qui devait être le prototype des capitans, à en juger par les faits et gestes des Gascons qu'il commandait. Cyrano appuie trop sur ce nom de *Châteaufort*, qu'il a donné à son personnage, pour n'y avoir pas entendu malice : « D'abord que quelqu'un viendra s'offrir, lui fait-il dire (scène IX du V° acte), demande-lui son nom, car, s'il s'appelle la *Montagne*, la *Tour*, la *Roche*, la *Bute*, *Fortchâteau*, *Châteaufort*, ou de quelque titre inébranlable, tu peux t'assurer que c'est moi. » Il est, au reste, assez singulier qu'un des meilleurs amis de Cyrano ait été justement M. de Châteaufort, « en qui, dit Lebret dans la préface des œuvres posthumes de Cyrano, la mémoire et le jugement sont si admirables et l'application si heureuse d'une infinité de belles choses qu'il sait. » Ce serait une étrange idée que d'avoir déguisé un ami en capitan de comédie.

GAREAU. « C'est le personnage le plus comique et le plus original de la pièce, disent les auteurs de l'*Histoire du Théâtre françois*; il est le premier paysan qu'on ait osé hasarder au théâtre avec le jargon de son village; cette invention est due à M. Cyrano, et celui-ci s'acquitte assez bien de son rôle pour avoir pu mériter les applaudissemens et exciter les auteurs à l'imiter. » Molière, en effet, n'a pas dédaigné de s'approprier ce type, alors nouveau, plein de vérité et de bon comique. Le nom de Mathieu Gareau est devenu proverbial pour désigner un paysan rusé et fin matois sous des apparences grossières et niaises. Ce mot semble formé du mot *gar*, anciennement *gars*, dans le sens de *bon compère*. On dit encore, en langage de paysan : C'est un *gar!*

DE LA TREMBLAYE. Il y avait, à cette époque, un sieur de La Tremblaye, Normand, à qui les poëtes ont adressé des vers et des dédicaces de livres.

CHARLOT GRANGER. Le mariage de Jean Grangier eut lieu en 1631, selon les uns, et en 1635, suivant les autres; mais les enfants n'avaient pas attendu le sacrement pour venir au monde. Ce Charlot avait peut-être été condisciple de Cyrano.

CORBINELI. C'est très-probablement Jean Corbinelli, qui était fils d'un Italien favori de Catherine de Médicis, lequel avait été secrétaire des commandements de la reine Marie de Médicis. Cet aimable et spirituel épicurien, que madame de Grignan appelait le *Mystique du Diable* et que madame de Sévigné comptait au nombre de ses correspondants ordinaires, était en relation d'amitié avec tous les littérateurs de son temps. Il a publié diverses compilations de différents genres, et il n'a pas oublié de faire figurer Cyrano de Bergerac et sa prose dans celle qui porte pour titre : *Extraits des plus beaux endroits des ouvrages des plus célèbres Auteurs de ce temps* (Paris, 1681, 5 vol. in-12). Ce fut sans doute pour se venger de ce que Cyrano l'avait mis en scène moins honorablement, avec son nom, dans la comédie du *Pédant joué*.

PIERRE PAQUIER. Nous croyons reconnaître dans ce cuistre maître Pierre Olivier, sous-maître du collége de Beauvais, qui resta fidèlement attaché au parti de Jean Grangier, dans la querelle des boursiers contre le principal. « Pour moi, dit Grangier dans son mémoire de l'*Estat du collége de Dormans*, je n'estois pas marry de ce qu'ils ne l'avoient engagé nommément au combat, sur l'espérance que j'avois qu'il seroit moyenneur de quelque bon accord et louable union, à quoi il s'est travaillé plusieurs fois dignement, mais sans fruict, pour ce qu'il est très-difficile, comme disoit un ancien, de persuader quelque chose raisonnable à un ventre qui n'a point d'oreilles. »

LE PÉDANT JOUÉ

COMÉDIE

ACTE PREMIER

SCÈNE PREMIÈRE
GRANGER, CHATEAUFORT, PAQUIER.

GRANGER.

Oh! par les Dieux jumeaux! tous les Monstres ne sont pas en Afrique. Et, de grâce, Satrape du Palais Stygial, donne-moi la définition de ton individu. Ne serois-tu point un être de raison, une chimère, un accident sans substance, un élixir de la matière première, un spectre de drap noir? Ah! tu n'es sans doute que cela, ou tout au plus un grimaud d'Enfer, qui fait l'école buissonnière[1].

CHATEAUFORT.

Puisque je te vois curieux de connoître les grandes choses, je veux t'apprendre les miracles de mon berceau. La Nature, se voyant incommodée d'un si grand nombre de Divinités, voulut opposer un Hercule à ces Monstres. Cela lui donna bien jusques à la hardiesse de s'imaginer qu'elle me pouvoit produire. Pour cet effet, elle empoigna les âmes de Samson, d'Hector, d'Achille, d'Ajax, de Cyrus, d'Épaminondas, d'Alexandre, de Ro-

---

[1] Il y a *bissonière* dans l'édition in-4° de 1654.

mule, de Scipion, d'Annibal, de Sylla, de Pompée, de
Pyrrhus, de Caton, de César et d'Antoine; puis, les ayant
pulvérisées, calcinées, rectifiées, elle réduisit toute cette
confection en un spirituel sublimé qui n'attendoit plus
qu'un fourreau pour s'y fourrer. Nature, glorieuse de sa
réussite[1], ne put goûter modérément sa joie ; elle cla-
bauda son chef-d'œuvre partout; l'Art en devint jaloux,
et, fâché, disoit-il, qu'une Teigneuse emportât toute seule
la gloire de m'avoir engendré, la traita d'ingrate, de superbe, lui déchira sa coiffe; Nature, de son côté, prit
son ennemi aux cheveux. Enfin, l'un et l'autre battit et
fut battu. Le tintamarre des démentis, des soufflets, des
bastonnades. m'éveilla; je les vis, et, jugeant que leurs
démêlés ne portoient pas la mine de prendre sitôt fin, je
me créai moi-même. Depuis ce temps-là, leur querelle
dure encore; partout vous voyez ces irréconciliables ennemis se prêter le collet, et les descriptions de nos Écrivains d'aujourd'hui ne sont lardées d'autre chose, que des
faits d'armes de ces deux Gladiateurs, à cause que, prenant à bon augure d'être né dans la guerre, je leur com-
mandai, en mémoire de ma naissance, de se battre jusqu'à la fin du Monde, sans se reposer. Donc, afin de ne pas
demeurer ingrat, je voulus dépêtrer la Nature de ces
Dieutelets, dont l'insolence la mettoit en cervelle. Je les
mandai, ils obéirent; enfin, je prononçai cet immuable
Arrêt : « Gaillarde troupe, quand je vous ai convoqués,
la plus miséricordieuse intention que j'eusse pour vous
étoit de vous annihiler; mais, craignant que votre impuissance ne reprochât à mes mains l'indignité de cette
victoire, voici ce que j'ordonne de votre sort. Vous autres
Dieux, qui savez si bien courir, comme Saturne, père du
Temps, qui, mangeant et dévorant tout, court à l'hôpital; Jupiter, qui, comme ayant la tête fêlée depuis le

[1] Il y a dans l'édition in-4° : *de son réussit*. On dit encore le *réussi* d'un tableau, d'une œuvre d'art.

coup de hache qu'il reçut de Vulcain, doit courir les rues ; Mars, qui, comme Soldat, court aux armes ; Phébus, qui, comme Dieu des vers, court la bouche des Poëtes ; Vénus, qui, comme Putain, court l'éguillette ; Mercure, qui, comme Messager, court la poste ; et Diane, qui, comme Chasseresse, court les bois ; vous prendrez la peine, s'il vous plaît, de monter tous sept à califourchon sur une Étoile. Là, vous courrez de si bonne sorte, que vous n'aurez pas le loisir d'ouvrir les yeux. »

PAQUIER.

En effet, les Planètes sont justement ces sept-là.

GRANGER.

Et des autres Dieux, qu'en fîtes-vous ?

CHATEAUFORT.

Midi sonna, la faim me prit, j'en fis un saupiquet pour mon dîner.

PAQUIER.

Domine, ce fut assurément en ce temps-là, que les Oracles cessèrent.

CHATEAUFORT.

Il est vrai ; et, dès lors, ma complexion prenant part à ce salmigondis de Dieux, mes actions ont été toutes extraordinaires ; car, si j'engendre, c'est en Deucalion ; si je regarde, c'est en Basilic ; si je pleure, c'est en Héraclite ; si je ris, c'est en Démocrite ; si j'écume, c'est en Cerbère ; si je dors, c'est en Morphée ; si je veille, c'est en Argus ; si je marche, c'est en Juif Errant ; si je cours, c'est en Pacolet [1] ; si je vole, c'est en Dédale ; si je m'arrête, c'est en Dieu Terme ; si j'ordonne, c'est en Destin. Enfin, vous voyez celui qui fait que l'histoire du Phénix n'est pas un conte.

---

[1] C'est le nom de l'écuyer dans le vieux roman des *Quatre fils Aymon.* Ce nom était devenu proverbial, pour désigner un homme vif, leste et bon coureur. Le valet de pied favori du prince de Condé se nommait ainsi. Voy. l'épître IX de Boileau.

GRANGER.

Il est vrai qu'à l'âge où vous êtes, n'avoir point de barbe, vous me portez la mine, aussi bien que le Phénix, d'être incapable d'engendrer. Vous n'êtes ni masculin, ni féminin, mais neutre : vous avez fait de votre dactile un trochée, c'est-à-dire que, par la soustraction d'une brève, vous vous êtes rendu impotent à la propagation des individus. Vous êtes de ceux dont le sexe féminin [1]

> Ne peut ouïr le nominatif,
> A cause de leur génitif,
> Et souffre mieux le vocatif
> De ceux qui n'ont point de datif
> Que de ceux dont l'accusatif
> Apprend qu'ils ont un ablatif.
> J'entends que le diminutif,
> Qu'on lit de vrai trop excessif
> Sur votre flasque génitif,
> Vous prohibe le conjonctif.
> Donc, puisque vous êtes passif,
> Et ne pouvez plus être actif,
> Témoin le poil indicatif
> Qui m'en est fort persuasif,
> Je vous fais un impératif
> De n'avoir jamais d'optatif
> Pour aucun genre subjonctif,
> De *nunc*, jusqu'à l'infinitif;
> Où je fais sur vous l'adjectif
> Du plus effrayant positif
> Qui jamais eût comparatif :
> Et, si ce rude partitif,
> Dont je ferai distributif,
> Et vous le sujet collectif,
> N'est le plus beau superlatif
> Et le coup le plus sensitif
> Dont homme soit mémoratif,
> Je jure par mon jour natif
> Que je veux, pour ce seul motif,
> Qu'un sale et sanglant vomitif,
> Surmontant tout confortatif,
> Tout lénitif, tout restrictif,

[1] Dans l'édition in-4° : *femel*.

Et tout bon corroboratif,
Soit le châtiment primitif
Et l'effroyable exprimitif
D'un discours qui serait fautif :
Car je n'ai le bras si chétif,
Ni, vous, le talon fuitif,
Que vous ne fussiez portatif
D'un coup bien significatif.

O visage! ô portrait naïf!
O souverain expéditif,
Pour guérir tout sexe lascif,
D'amour naissant, ou effectif!
Genre neutre, genre métif,
Qui n'êtes homme qu'abstractif,
Grâce à votre copulatif
Qu'a rendu fort imperfectif
Le cruel tranchant d'un ganif[1];
Si, pour soudre[2] ce locogrif[3],
Vous avez l'esprit trop tardif,
A ces mots soyez attentif.

Je fais vœu de me faire juif,
Au lieu d'eau de boire du suif,
D'être mieux damné que Caïf[4],
D'aller à pied voir le Cherif,
De me rendre à Tunis captif,
D'être berné comme escogrif,
D'être plus maudit qu'un tarif[5],
De devenir ladre et poussif,
Bref, par les mains d'un sort hâtif,
Couronné de cyprès et d'if,
Passer dans le mortel esquif
Au pays où l'on est oisif :
Si jamais je deviens rétif

---

[1] Cyrano écrit à la gasconne le mot *canif*, qui dérive du bas latin *canipulus*, et dont l'étymologie se combine peut-être avec le mot *gaine*.

[2] Pour : résoudre, *solvere*.

[3] Pour *logogriphe*. Un éditeur du dix-septième siècle a remplacé *locogrif*, qui lui a paru incorrect, par *jocogrif*.

[4] Sans doute le juge Caïphe, qui renvoya Jésus-Christ au tribunal de Pilate.

[5] La taxe des marchandises, à l'entrée des villes et sur les marchés.

A l'agréable exécutif
Un vœu dont je suis l'inventif,
Et duquel le préparatif
Est, beau sire, un bâton massif,
Qui sera le dissolutif
De votre demi-substantif ;
Car c'est mon vouloir décisif,
Et mon testament, mort ou vif.

Mais vous parler ainsi, c'est vous donner à soudre les emblèmes d'un Sphinx, c'est perdre son huile et son temps, c'est écrire sur la mer, bâtir sur l'arène[1] et fonder sur le vent. Enfin je connois que si vous avez quelque teinture des Lettres, ce n'est pas de celle des Gobelins[2] ; car, par Jupiter Ammon, vous êtes un ignorant.

CHATEAUFORT.

De Lettres ! Ah ! que me dites-vous ? Des âmes de terre et de boue pourroient s'amuser à ces vétilles ; mais, pour moi, je n'écris que sur les corps humains.

GRANGER.

Je le vois bien. C'est peut-être ce qui vous donne envie d'appuyer votre plume charnelle sur le parchemin vierge de ma fille. Elle n'en seroit pas contristée, la pauvrette : car une femme aujourd'hui aime mieux les bêtes que les hommes, suivant la règle : *As petit hæc*[3]. Vous aspirez aussi bien qu'Hercule à ses colonnes ivoirines[4], mais l'orifice, l'orée et l'ourlet de ses guêtres est pour vous un *Ne plus ultra*. Premièrement, à cause que vous êtes veuf d'une Pucelle qui vous fit faire plus de chemin

---

[1] Sable ; du latin *arena*.
[2] On croyait alors que les couleurs dont on usait pour la teinture des laines à la manufacture des Gobelins étaient plus brillantes et plus solides que d'autres, à cause de l'eau de la Bièvre qui servait à les mélanger.
[3] Despautères, lib. I, *de nom. gener.*
[4] Cuisses d'ivoire, au figuré, par allusion aux Colonnes d'Hercule.

en deux jours que le Soleil n'en fait en huit mois dans le Zodiaque. Vous courûtes de la Vierge au Chancre[1] en moins de vingt-quatre heures, d'où vous entrâtes au Verseau, sans avoir vu d'autre Signe en passant que celui du Capricorne. La seconde objection que je fais, est que vous êtes Normand : Normandie *quasi* venue du Nord pour mendier. De votre Nation, les Serviteurs sont traîtres, les Égaux insolens et les Maîtres insupportables. Jadis le blason de cette Province étoit trois Faux, pour montrer les trois espèces de faux qu'engendre ce Climat ; *scilicet*, faux Sauniers, faux Témoins, faux Monnoyeurs. Je ne veux point de Faussaires en ma maison. La troisième, qui m'est une raison invincible, c'est que votre bourse est malade d'un flux de ventre, dont la mienne appréhende la contagion. Je sais que votre valeur est recommandable et que votre mine seule feroit trembler le plus ferme manteau d'aujourd'hui ; mais, en cet âge de Fer, on juge de nous par ce que nous avons et non par ce que nous sommes. La pauvreté fait le vice ; et si vous me demandez : *Cur tibi despicior?* je vous réponds : *Nunc omnibus itur ad aurum*[2]. D'un certain riche Laboureur la charrue m'éblouit, et je suis tout à fait résolu que, puisque *hic dat or*[3], *I longum ponat* dans son *O commune*[4]. C'est pourquoi je vous conseille de ne plus approcher ma fille en Roi d'Égypte, c'est-à-dire qu'on ne vous voie point auprès d'elle dresser la pyramide à son intention. Quoique j'aime les règles de la Grammaire, je ne prendrois pas plaisir de vous voir accorder ensemble le masculin avec le féminin, et je craindrois que, *si duo*

---

[1] Du signe de la Vierge à celui du Cancer ; jeu de mots érotique.

[2] Allusion au célèbre proverbe latin : *non omnibus licet adire Corinthum*.

[3] Despautères, lib. I, *de nom. gener*.

[4] Allusion à deux règles de la prosodie de Despautères :
I longum pono...
O commune datur.

continuo jungantur fixa nec una, sit res[1] , un malévole[2] n'inférât : *Optant sibi jungere casus.*

CHATEAUFORT.

Il est vrai, Dieu me damne, que votre Fille est folle de mon amour, mais quoi ! c'est mon foible de n'avoir jamais pu regarder de femme sans la blesser. La petite gueuse toutefois a si bien su friponner mon cœur, ses yeux ont si bien su paillarder ma pensée, que je lui pardonne quasi la hardiesse qu'elle a prise de me donner de l'amour : « Généreux Gentilhomme, me dit-elle l'autre jour (la Pauvrette ne savoit pas mes qualités) l'Univers a besoin de deux Conquérans ; la race en est éteinte en vous, si vous ne me regardez d'un œil de miséricorde : comme vous êtes un Alexandre, je suis une Amazone ; faisons sortir de nous deux un Plus-que-Mars, de qui la naissance soit utile au genre humain, et dont les armes, après avoir dispersé la mort aux deux bouts de la Terre, fassent un si puissant Empire, que jamais le Soleil ne se couche pour tous ses Peuples. J'avois de la peine à me rendre entre les bras de cette passion ; mais enfin je vainquis, en me vainquant, tout ce qu'il y a de grand au monde, c'est-à-dire que je l'aimai ! Je ne veux pas pourtant que tant de gloire vous rende orgueilleux ; que deveniez insolent sur les petits ; mais humiliez-vous en votre néant, que j'ai voulu choisir pour faire hautement éclater ma puissance. Vous craignez, je le vois bien, que je ne méprise votre pauvreté ; mais, quand il plaira à cette épée, elle fera, de l'Amérique et de la Chine, une basse-cour de votre maison.

GRANGER.

O Microcosme de visions fanatiques ! *Vade retro* autrement, après vous avoir apostrophé du bras gauche

---

[1] Despautères, *Syntax.*, *regimen genitivi.*
[2] Malveillant ; du latin *malevolus.*

Addetur huic dexter, cui syncopa fiet ut alter [1] ; et, pour toute emplâtre de ces balafres, vous serez médicamenté d'un *Sic volo, sic jubeo, sic pro ratione voluntas* [2]. Loin donc d'ici, Profane, si vous ne voulez que je mette en usage, pour vous punir, toutes les règles de l'Arithmétique. Ma colère *primo* commencera par la Démonstration ; puis, marchera ensuite une Position de soufflets ; *Item*, une Addition de bastonnades ; *Hinc*, une Fraction de bras ; *Illinc*, une Soustraction de jambes. De là, je ferai grêler une Multiplication de coups, tapes, taloches, horions, fendans, estocs, revers, estramaçons, casse-museaux, si épouvantables, qu'après cela l'œil d'un lynx ne pourra pas faire la moindre Division, ni Subdivision, de la plus grosse parcelle de votre misérable Individu.

CHATEAUFORT.

Et moi, chétif Excommunié, j'aurois déjà fait sortir ton âme par cent plaies, sans la dignité de mon Être, qui me défend d'ôter la vie à quelque chose de moindre qu'un Géant ; et même je te pardonne, à cause qu'infailliblement l'ignorance de ce que je suis t'a jeté dans ces extravagances. Cependant me voici fort en peine, car pouvoit-il me méconnoître, puisque, pour savoir mon nom, il ne faut qu'être de ce monde [3] ? Sachez donc, Messire Jean, que je suis celui qu'on ne peut exterminer, sans faire une épitaphe à la Nature ; et le Père des Vaillans, puisqu'à tous je leur ai donné la vie.

[1] Granger ou plutôt Cyrano estropie cette citation, empruntée à la Syntaxe. Voici comme elle est dans Despautères (lib. II, *de nom. declin.*):
Addimus ut dexter, cui syncopa fiet ut asper.

[2] Le Pédant se souvient d'une règle de la Syntaxe de Despautères, exprimée dans ces deux vers, où il s'agit de la force qui gouverne une diction :

> Quæranti vires, sit pro ratione voluntas,
> Assiduusque usus magnorum grammaticorum.

[3] Dans cette phrase, Châteaufort se parle à lui même.

GRANGER.

Pardonnez, grand Prince, à mon peu de foi. Ce n'est pas....

CHATEAUFORT.

Relevez-vous, Monsieur le Curé, je suis content : choisissez vite où vous voulez régner, et cette main vous bâtira un Trône dont l'escalier sera fait des cadavres de six cents Rois.

GRANGER.

Mon Empire sera plus grand que le Monde, si je règne sur votre cœur. Protégez-moi seulement contre je ne sais quel Gentillâtre, qui a bien l'insolence de marcher sur vos brisées, et...

CHATEAUFORT.

Ne vous expliquez pas ! J'aurois peur que mes yeux en courroux ne jetassent des étincelles, dont quelqu'une par mégarde vous pourroit consumer. Un Mortel aura donc eu la témérité de se chauffer à même feu que moi, et je ne punirai pas les quatre Élémens qui l'ont souffert? Mais je ne puis parler, la rage me transporte, je m'en vais faire pendre l'Eau, le Feu, la Terre et l'Air, et songer au genre de mort dont nous exterminerons ce Pygmée qui veut faire le Colosse....

SCÈNE II

GRANGER, PAQUIER.

GRANGER.

Hé bien, *Petre*, ne voilà pas une digue que je viens d'opposer aux terreurs que me donne tous les jours Monsieur de La Tremblaye? car La Tremblaye, à cause de Châteaufort, Châteaufort, à cause de La Tremblaye, désisteront de la poursuite de ma Fille. Ce sont deux poltrons si éprouvés, que, s'ils se battent jamais, ils se demanderont tous deux la vie. Me voici cependant embarqué sur une mer où la moitié du monde fait naufrage. C'est l'amour chez moi, l'amour dehors, l'amour partout. Je n'ai qu'une Fille à marier, et j'ai trois Gendres prétendus. L'un se dit brave, je sais le contraire ; l'autre riche, mais je ne sais ; l'autre gentilhomme, mais il mange beaucoup. O Nature, vous croiriez vous être mise en frais, si vous aviez fagoté tant seulement trois belles qualités en un individu ! Ah ! Pierre Paquier, le monde s'en va renverser.

PAQUIER.

Tant mieux ; car autrefois j'entendois dire la même chose, que tout étoit renversé. Or, si l'on renverse aujourd'hui ce qui étoit renversé, c'est le remettre en son sens.

GRANGER.

Mais ce n'est pas encore là ma plus grande plaie : j'aime, et mon Fils est mon rival ! Depuis le jour que cette furieuse pensée a pris gîte au ventricule de mon cerveau, je ne mange pour toute viande qu'un *pœnitet, tædet, miscret*[1]. Ah ! c'en est fait, je vais me pendre !

PAQUIER.

Là, là, espérez en Dieu ; il vous assistera : il assiste bien les Allemands qui ne sont pas de ce Pays-ci...

GRANGER.

Si je l'envoyois à Venise[2] ? *Haud dubie*, c'est le meilleur. C'est le meilleur ? Oh ! oui, sans doute. Bien donc ! Dès demain je le mettrai sur mer.

PAQUIER.

Au moins, ne le laissez pas embarquer, sans attacher

---

[1] Pespautères, *Syntaxis*, reg. XVI.
[2] Granger n'écoute pas le cuistre et poursuit son idée au sujet de son fils ; les paroles qu'il prononce en se parlant à lui-même semblent se rapporter à l'ieu et amènent un coq-à-l'âne qui sent le blasphème.

sur lui de l'anis à la Reine, car les Médecins en ordonnent contre les vents.

GRANGER.

Va-t'en dire à Charlot Granger qu'il avole[1] subitement ici. S'il veut savoir qui le demande, dis-lui que c'est moi.

SCÈNE III

GRANGER, seul.

Donc sejongant[2] de nos Lares ce vorace Absorbeur de biens, chaque sol de rente que je soulois avoir deviendra parisis, et le marteau de la jalousie ne sonnera plus les longues heures de désespoir dans le clocher de mon âme. D'un autre côté, me puis-je résoudre au mariage, moi que les livres ont instruit des accidens qu'il tire à sa cordelle? Que je me marie ou ne me marie pas, je suis assuré de me repentir. N'importe! ma femme prétendue n'est pas grande : ayant à vêtir une haire, je ne la puis prendre trop courte. On dit cependant qu'elle veut plastronner sa virginité contre les estocades de mes perfections. Eh! à d'autres! un pucelage est plus difficile à porter qu'une cuirasse. Toutes les femmes ne sont-elles pas semblables aux arbres? pourquoi donc ne voudroit-elle pas être arrosée? *Ac primo*, comme les arbres, elles ont plusieurs têtes ; comme les arbres, si elles sont ou trop ou trop peu humectées, elles ne portent point ; comme les arbres, elles ont les fleurs auparavant les fruits ; comme les arbres, elles déchargent, quand on les secoue ; enfin Jean Despautères[3] le con-

---

[1] Accoure; en latin, *advolet*.

[2] Séparant; en latin, *sejungens*.

[3] La grammaire latine de Despautères, tirée de son grand ouvrage : *Commentarii grammatici*, et abrégée à l'usage des collèges (l'édition de Rouen, 1620, est intitulée : *Joannis Despauterii ninivitæ universa grammatica in commodiorem docendi et discendi usum redacta*), donne, en effet, cet exemple : *Arbor mala*, arbre mauvais, *fœmininum est* (nomen).

firme, quand il dit : *Arboris est nomen muliebre*. Mais je crois que Paquier a bu de l'eau du fleuve Lethé, ou que mon Fils s'approche à pas d'écrevisse. Je m'en vais *obviam*, droit à lui.

SCÈNE IV

CHARLOT, PAQUIER.

CHARLOT.

Je ne puis rien comprendre à ton galimatias.

PAQUIER.

Pour moi, je ne trouve rien de si clair.

CHARLOT.

Mais enfin me saurois-tu dire qui c'est qui me demande ?

PAQUIER.

Je vous dis que c'est moi.

CHARLOT.

Comment, toi ?

PAQUIER.

Je ne vous dis pas moi ; mais je vous dis que c'est moi, car il m'a dit en partant : « Dis-lui que c'est moi. »

CHARLOT.

Ne seroit-ce point mon Père, que tu veux dire ?

PAQUIER.

Eh ! vraiment oui. A propos, je pense qu'il a envie de vous envoyer sur la mer.

CHARLOT.

Eh ! quoi faire, Paquier ?

PAQUIER.

Il ne me l'a point dit ; mais je crois que c'est pour voir la campagne.

CHARLOT.

J'ai trop voyagé, j'en suis las.

PAQUIER.

Qui, vous? Je vais gager chapeau de cocu, qui est un des vieux de votre Père, que vous n'avez jamais vu la mer, que dans une huître à l'écaille !

CHARLOT.

Et toi, Paquier, en as-tu vu davantage ?

PAQUIER.

Oui-da; j'ai vu les Bons-Hommes [1], Chaillot, Saint-Cloud, Vaugirard.

CHARLOT.

Et qu'y as-tu remarqué de beau, Paquier ?

PAQUIER.

A la vérité, je ne les vis pas trop bien, pour ce que les murailles m'empêchoient.

CHARLOT.

Je pense, ma foi, que tes voyages n'ont pas été plus longs que sera celui dont tu me parles. Va, tu peux l'assurer que je ne désire pas...

SCÈNE V

GRANGER, CHARLOT, PAQUIER.

GRANGER.

Que tu demeures plus longtemps ici? Vite, Charlot, il faut partir. Songe à l'adieu dont tu prendras congé des Dieux Foyers, protecteurs du toit paternel; car demain l'Aurore porte-safran [2] ne se sera pas plutôt jetée des bras de Tithon dans ceux de Céphale, qu'il te faudra fier à la discrétion de Neptune guide-nefs. C'est à Venise où je t'envoie : *Tuus enim patruus* [3] m'a mandé qu'étant orbe [4]

---

[1] Le couvent des *Bonshommes de Nigeon* ou Minimes, fondé par la reine Anne de Bretagne, à Chaillot, au bord de la Seine.

[2] *Crocifera*.

[3] C'est un centon de Térence, qui veut dire : Enfin, ton oncle...

[4] Privé; du latin *orbus*.

d'hoirs mâles, il avoit besoin d'un personnage, sur la fidélité duquel il pût se reposer du maniement de ses facultés. Puis donc que tu n'as jamais voulu t'abreuver aux marais Fils de l'ongle du Cheval emplumé [1], et que la lyrique harmonie du savant Meurtrier de Python [2] n'a jamais enflé ta parole, essaye si, dans la marchandise [3], Mercure aux pieds ailés te prêtera son caducée. Ainsi, le turbulent Éole te soit aussi affable qu'aux pacifiques nids des alcyons ! Enfin, Charlot, il faut partir !

CHARLOT.

Pour où aller, mon Père ?

GRANGER.

A Venise, mon Fils.

CHARLOT.

Je vois bien, Monsieur, que vous voulez éprouver si je serois assez lâche pour vous abandonner, et par mon absence vous arracher d'entre les bras un Fils unique. Mais non, mon Père ; si vos tendresses sont assez grandes pour sacrifier votre joie à mon avancement, mon affection est si forte, qu'elle m'empêchera de vous obéir. Aussi, quoi que vous puissiez alléguer, je demeurerai sans cesse auprès de vous, et serai votre bâton de vieillesse.

GRANGER.

Ce n'est pas pour prendre votre avis, mais pour vous apprendre ma volonté, que je vous ai fait venir. Donc, demain je vous emmaillote dans un vaisseau, pendant que l'air est serein ; car, s'il venoit à nébulifier, nous sommes menacés, par les Centuries de Nostradamus [4], d'un temps fort incommode à la navigation.

---

[1] C'est-à-dire, la fontaine de l'Hippocrène que Pégase fit jaillir d'un coup de pied.

[2] Apollon, vainqueur du serpent Python.

[3] Dans le commerce.

[4] Depuis la fin du seizième siècle, les *Centuries de Nostradamus*, qu'on réimprimait encore de temps à autre, n'avaient plus la même

CHARLOT.

C'est donc sérieusement que vous ordonnez de ce voyage? Mais apprenez que c'est ce que je ne puis faire, et que je ne ferai jamais.

SCÈNE VI

FLEURY, GRANGER, PAQUIER.

FLEURY.

Eh bien, mon Cousin, notre Laboureur est-il arrivé? Ferons-nous ce mariage?

GRANGER.

Hélas! mon Cousin, vous êtes arrivé sous les présagieux auspices d'un oiseau bien infortuné. Soyez toutefois le fatal arbitre de ma noire ou blanche destinée et le fidèle étui de toutes mes pensées. Ce riche Gendre n'est pas encore venu! Je l'attendois ici; mais, lorsque je ne pensois vaquer qu'à la joie, je me vois investi des glaives de la douleur. Mon Fils est fou, mon Cousin; le pauvre Enfant doit une belle chandelle à saint Mathurin [1].

FLEURY.

Bon Dieu! depuis quand ce malheur est-il arrivé?

GRANGER.

Hélas! tantôt, comme je le caressois, il a voulu se jeter à mon visage, et dessiner à mes dépens le portrait d'un Maniaque sur mes joues. Il grommelle, en piétinant, qu'il n'ira point à Venise. Oh, oh! le voici! Cachons-nous et l'écoutons.

---

autorité pour la prédiction des événements historiques; mais on les citait et on les invoquait toujours au hasard, en thèse générale, pour leur faire dire toutes les sottises du monde, témoin les *Mazarinades*, qui font intervenir sans cesse Nostradamus et ses *Centuries*.

[1] Pour être guéri de la folie par l'invocation de ce saint.

SCÈNE VII

CHARLOT, FLEURY, GRANGER, CUISTRES.

CHARLOT.

Moi, j'irois à Venise! et j'abandonnerois la chose pour laquelle seulement j'aime le jour? J'irai plutôt aux Enfers! plutôt d'un poignard j'ouvrirai le sein de mon barbare Père! et plutôt, de mes propres mains, ayant choisi son cœur dans un ruisseau de sang, j'en battrai les murailles!

FLEURY.

Oh! grand Dieu! quelle rage!

CHARLOT.

Non, mon Père, je n'y puis consentir.

FLEURY, fuyant.

Liez-le, mon Cousin, liez-le! Il ne faut qu'un malheur.

GRANGER.

Piliers de classes, Tire-gigots, Ciseaux de portions [1], Exécuteurs de Justice Latine! *Adeste subito, adeste, ne dicam advolate.* Jetez-moi promptement vos bras achillains sur ce Microcosme erroné de chimères abstractives, et liez-le aussi fort que Prométhée sur le Caucase.

CHARLOT.

Vous avez beau faire, je n'irai point!

GRANGER.

Gardez bien qu'il n'échappe, il feroit un haricot de nos scientifiques substance!

---

[1] Ce sont les sobriquets qu'on donnait aux valets de collége et aux cuistres : *piliers de classes*, parce qu'ils faisaient la police dans les salles de classe; *tire-gigots*, parce qu'ils prenaient par les jambes l'écolier qu'on menait aux arrêts; *ciseaux de portions*, parce qu'ils découpaient au réfectoire la part de chacun; *exécu-*

CHARLOT.

Mais, mon Père, encore, dites-moi pour quel sujet vous me traitez ainsi ! Ne tient-il qu'à faire le voyage de Venise pour vous contenter? J'y suis tout prêt.

GRANGER

Osez-vous attenter au tableau vivant de ma docte machine, Goujats de Cicéron? Songez à vous ; *Iratus est Rex, Reginaque, non sine causa* [1]. Apprenez que j'en dis moins que je n'en pense, et que : *Supprimit Orator quæ rusticus edit inepte* [2].

CHARLOT.

Oui, mon Père, je vous promets de vous obéir en toutes choses ; mais, pour aller à Venise, il n'y faut pas penser.

GRANGER.

Comment, Frelons de collége, rouille de mon pain, cangrène de ma substance, cet obsédé n'a pas encore les fers aux pieds? Vite, qu'on lui donne plus d'entraves que Xerxès n'en mit à l'Océan, quand il le voulut faire esclave !

CHARLOT.

Ah ! mon Père, ne me liez point, je suis tout prêt à partir.

GRANGER.

Ah ! je le savois bien, que mon Fils étoit trop bien morigéné pour donner chez lui passage à la frénésie. Va, mon Dauphin, mon Infant, mon Prince de Galles ! Tu seras quelque jour la bénédiction de mes vieux ans. Excuse un esprit prévenu de faux rapports ; je te promets en récompense d'allumer pour toi mon amour au centuple, dès que tu seras là.

---

teurs de justice latine, parce qu'ils donnaient le fouet aux coupables.

[1] C'est un mauvais vers latin que fabrique Despautères, pour donner dans sa *Syntaxe* un exemple de la figure appelée *zeugma*.

[2] Vers de la *Syntaxe* de Despautères, *fig. IX, eclipsis*.

CHARLOT.

Où, là, mon Père ?

GRANGER.

A Venise, mon Fils.

CHARLOT.

A Venise, moi? Plutôt la mort!

GRANGER.

Au fou, au fou! Ne voyez-vous pas comme il m'a jeté de l'écume en parlant? Voyez ses yeux tout renversés dans sa tête! Ah! mon Dieu, faut-il que j'aie un enfant fou! Vite! qu'on me l'empoigne!

CHARLOT.

Mais encore, apprenez-moi pourquoi on m'attache ?

UN CUISTRE.

Parce que vous ne voulez pas aller à Venise.

CHARLOT.

Moi, je n'y veux pas aller? On vous le fait accroire. Hélas! mon Père, tant s'en faut! Toute ma vie j'ai souhaité avec passion de voir l'Italie, et ces belles contrées qu'on appelle le Jardin du Monde.

GRANGER.

Donc, mon Fils, tu n'as plus besoin d'Ellébore. Donc, ta tête reste encore aussi saine que celle d'un chou cabus après la gelée. Viens m'embrasser, viens, mon toutou, et va-t'en aussitôt chercher quelque chose de gentil et à bon marché, qui soit rare hors de Paris, pour en faire un présent à ton oncle; car je vais tout à cette heure te retenir une place au Coche de Lyon.

SCÈNE VIII

CHARLOT, seul.

Que de fâcheuses conjonctures où je me trouve embarrassé! Après toute ma feinte, il faut encore ou bandonner ma Maîtresse, c'est-à-dire mourir, ou me résoudre à vêtir un pourpoint de pierre : cela s'appelle Saint-Victor ou Saint-Martin [1].

SCÈNE IX

CORBINELI, CHARLOT.

CORBINELI.

Si vous me voulez croire, votre voyage ne sera pas long.

CHARLOT.

Ah ! mon pauvre Corbineli, te voilà ! Sais-tu donc bien les malheurs où mon Père m'engage ?

CORBINELI.

Il m'en vient d'apostropher tout le *Tu autem* [2]. Il vous envoie à Venise ; vous devez partir demain ; mais, pourvu que vous m'écoutiez, je pense que si le bonhomme, pour tracer le plan de cette Ville, attend votre retour, il peut dès maintenant s'en fier à la Carte. Il vous commande d'acheter ici quelque bagatelle à bon marché, qui soit rare à Venise, pour en faire un présent à votre Oncle : c'est un couteau qu'il vient d'émoudre pour s'égorger. Suivez-moi seulement.

---

[1] Les abbayes de Saint-Victor et de Saint-Martin des Champs avaient des cellules de réclusion et de pénitence, où les pères faisaient enfermer leurs fils rebelles et coupables de quelque action honteuse.

[2] Nous n'avons pas su découvrir dans quel discours de Cicéron se trouve le *Tu autem*, qui était devenu proverbial comme exemple de la figure de rhétorique nommée *apostrophe*.

ACTE II

SCÈNE PREMIÈRE

CHATEAUFORT, seul.

Il s'interroge et se répond lui-même.

Vous vous êtes battu? Et donc? Vous avez eu avantage sur votre ennemi?. Fort bien. Vous l'avez désarmé? Facilement. Et blessé? Hon. Dangereusement, s'entend? A travers le corps. Vous vous éloignerez? Il le faut! Sans dire adieu au Roi? Ha, a, a. Mais cet autre, mordiable! de quelle mort le ferons-nous tomber? De l'étrangler comme Hercule fit Anthée, je ne suis pas Bourreau. Lui ferai-je avaler toute la mer? Le monument d'Aristote est trop illustre pour un ignorant. S'il étoit Maquereau, je le ferois mourir en eau douce. Dans la flamme, il n'auroit pas le temps de bien goûter la mort. Commanderai-je à la Terre de l'engloutir tout vif? Non, car comme ces petits Gentillâtres sont accoutumés à manger leurs terres, celui-ci pourroit bien manger celle qui le couvriroit. De le déchirer par morceaux, ma colère ne seroit pas contente, s'il restoit de ce malheureux un atome après sa mort. O Dieu! je suis réduit à n'oser pas seulement lui défendre de vivre, parce que je ne sais comment le faire mourir!

SCÈNE II

GAREAU, CHATEAUFORT.

GAREAU.

Vartigué, vela de ces mangeux de petits Enfans! La

vegne de la Courtille : belle montre, et peu de rapport[1].

CHATEAUFORT.

Où vas-tu, bon homme?

GAREAU.

Tout devant moi.

CHATEAUFORT.

Mais je te demande où va le chemin que tu suis?

GAREAU.

Il ne va pas, il ne bouge.

CHATEAUFORT.

Pauvre rustre, ce n'est pas cela que je veux savoir. Je te demande si tu as encore bien du chemin à faire aujourd'hui?

GAREAU.

Nanain da, je le trouvarai tout fait.

CHATEAUFORT.

Tu parois, Dieu me damne, bien gaillard, pour n'avoir pas dîné?

GAREAU.

Dix nés? Qu'en fera-je de dix? il ne m'en faut qu'un.

CHATEAUFORT.

Quel Docteur! Il en sait autant que son Curé.

GAREAU.

Aussi si-je; n'est-il pas bian curé, qui n'a rien au ventre? Hé ! là, ris, Jean, on te frit des œufs. Testiguê, est-ce à cause qu'ous êtes Monsieu, qu'ous faites tant de menes? Dame, qui tare a, guare a. Tenez, n'avous point veu malva? Bonjou donc Monsieu, s'tules : Hé qu'est-ce donc? Je pense donc qu'ous me prandrais pour queuque inorant? Hé! si tu es riche, disné deux fois. Aga, quien,

[1] Ce proverbe parisien nous apprend que les vignes plantées sur les coteaux de Montmartre et de Belleville (surtout celles de la Courtille, située sur l'emplacement actuel de la rue Rochechouart, produisaient beaucoup de raisin qui ne mûrissait pas.

qui m'a angé de ce galouriau? Boneti sfesmon ! vela un homme bien vidé ; vela un angein de belle déguesne; vela un beau vaissiau, s'il avet deux saicles sur le cul. Par la morguoi, si j'avoüas une sarpe ci un bâton, je ferouas un Gentizome tout auqueu. C'est de la Noblesse à Maquieu Furon : Va te couché, tu souperas demain[1]. Est-ce donc, pelamor[2], qu'ous avez un engain de far au côté, qu'ous fetes l'Olbrius et le Vespasian? Vartigué, ce n'est pas encore come ça. Dame, acoutez, je vous dorois bian de la gaule par sous l'huis, mais, par la morguoi, ne me jouez pas des trogedies, car je vous ferouas du bezot. Jarnigué, je ne sis pas un gniais. J'ai été sans repruche Marguillier, j'ai été Beguiau, j'ai été Portofrande, j'ai été Chasse-Chien, j'ai été Guieu et Guiche, je ne sçai pus qui je sis. Mais ardé de tout ça, brerrrrr, j'en dis du Mirliro, permets que j'aie de Stic.

CHATEAUFORT.

Malheureux Excommunié, voilà bien du haut style.

GAREAU.

Monsieu de Marsilly[3] m'apelet bian son bâtar. Il ne s'en est pas falli l'époisseur d'un tornas, qu'il ne m'ait fait aprenti Conseillé. « Vien çà, ce me fit-il une fois, gros fils de Putain (car j'équions tout comme deux freres), je

---

[1] Proverbe dont nous ignorons l'origine, mais qui correspond à celui-ci : « Cet homme est comme la vieille noblesse; quand il a mangé sa soupe, il a plus d'à demi dîné. » On disait aussi : « Pauvre noblesse fait maigre crèche. »

[2] Il estropie le jurement favori des gens d'épée : *Par la mort!*

[3] Cyrano a voulu parler ici du vicomte de Marcilly, qui était mestre de camp de cavalerie, lorsqu'il embrassa l'état militaire, au sortir du collége. M. de Marcilly s'était distingué dans toutes les guerres du règne de Louis XIII; il avait conquis dans cent combats sa réputation de capitaine habile et intrépide; il devint maréchal des camps et armées du roi. On doit supposer qu'il appréciait la bravoure de Cyrano ; il aimait d'ailleurs les lettres, et il fut l'ami de Tristan l'Hermite, qui lui adressa plusieurs pièces de vers.

veux, ce fit-il, que tu venais, ce fit-il, autour de moi, ce fit-il, dans la Turquise[1], ce me fit-il. — O ! ce l'y fis-je, cela vous plait à dire. — Non est, ce me fit-il. — O ! si est, ce l'y fis-je. — O ! ce me fis-je à part moi : Écoute, Jean, ne faut point faire le bougre, faut sauter. » Dame, je ne fesi point de défigurance davantage, je me bouti avec li cahin-caha, tout à la maxite Françoase. Mais quand on gn'y est, on gn'y est. Bonnefi, pourtant je paraissi un sot basquié, un sot basquié je paraissi ; car Martin Binet... Et v'à propos Denis le Balafré, son Onque, ce grand ecné, s'en venit l'autre jour la remontée lantarner environ moi. Ah ! ma foi, ma foi, je pense que, Guieu marci, je vous l'y ramenis le plus biau chinfregniau sus le moustafa qu'oul l'y en demeuri les badigoines écarbouillées tant avaux l'hyvar. Que Guiebe aussi ! Tous les jours que Guieu feset, ce bagnoquier-là me ravaudet comme un Satan. C'étet sa Sœur qui épousit le grand Thiphoine. Acoutez, ol n'a que faire de faire tant l'enhasée, ol n'a goute ne brin de biau. Par ma fi, comme dit l'autre, ce n'est pas grand chance ; la Reine de Nior, malheureuse en biauté. Pour son homme, quand oul est des-habillé, c'est un biau cor-nu. Mais regardez un petit : ce n'étet encore qu'une varmene, et si ol feset déja tant la dévargondée, pour autant qu'ol savet luire dans les Sessiaumes, qu'on n'en savet chevir. Ol se carret comme un pou dans eune rogne. Dame, aussi ol avet la voix, reverence parlé, aussi finement claire qu'eune yau de roche. L'en diset que Monsieu le Curé avet bian trampé souvent son goupillon dans son benaiquié, mais ardé sont des médiseux, les faut laisser dire ; et pis, quand oul auret ribaudé un tantinet, c'est à ly à faire et à nous à nous taire ; pis qu'il donne bian la pollution aux autres, il ne l'oubli pas pour ly. Monsieur le Vicaire itou étet d'une humeur bian domicile et bian turquoise ; mais ardé.

[1] Turquie.

CHATEAUFORT.

Eh! de grâce, Villageois, achève-nous tes aventures du voyage de Monsieur de Marcilly.

GAREAU.

Oh, oh! ous n'êtes pas le Roi Minos, ous êtes le Roi Priant. O donc je voyagisme sur l'Or riant, et vers la Mardi Terre Année.

CHATEAUFORT.

Tu veux dire, au contraire, vers l'Orient, sur la Méditerranée?

GAREAU.

Eh bian, je me reprends, un var se reprend bian. Mais guian si vous pensiais que je devisiesme entendre tous ces tintamarres-là, comme vous autres Latiniseurs, Dame, nanain. Et vous, comme guiebe déharnachez-vous votre Philosophie? J'arrivismes itou aux deux trois de Gilles le Bâtard [1], dans la Transvilanie, en Béthliau de Galilene, en Harico [2], au Pays... et pis au Pays... au Pays... du Beurre.

CHATEAUFORT.

Que diable veux-tu dire? Au Pays du Beurre?

GAREAU.

Oui, au Pays du Beurre. Tanquia que c'est un Pays qui est mou comme beurre, et où les gens sont durs comme piare. Ah! c'est la Graisse [3]; eh bian, les gens n'y sont-ils pas bian durs, pis que ce sont les Grès? Et pis, après cela, je nous en allîmes, reverence parlé, en un Pays si loin, si loin, je pense que mon Maître apelet cela le Pays des Bassins [4], où le monde est noir comme des Antechrists. Ardé, je crois fixiblement que je n'eussiesmes pas encore cheminé deux glieues que j'eussiesmes trové le Paradis et l'Enfar. Mais, tenez, tout ce qui me

[1] Gibraltar.
[2] En Bethléem de Galilée, en Jéricho.
[3] La Grèce.
[4] Le pays des Abyssins, l'Abyssinie.

semblit de pus biau à voir, c'est ces petits Sarrasins d'Italise; cette petite grene d'andouille n'est pas pus grande que savequoi, et s'ils savont déjà parler Italian. Dame, je ne fesimes là gueres d'ordure. Je nous bandismes nos caisses tout au bout du monde dans la Turquise, moi et mon Maître. Par ma fi, pourtant, je disis bian tôt à mon Maître, qu'oul s'en revenît : « Eh! quement, quelle vilanie? Tous ces Turcs-là sont tretous Huguenots comme des chiens. » Oul se garmantet par escousse de leur bailler des exultations à la Turquoise.

CHATEAUFORT.
Il faut dire des exhortations à la Turque.

GAREAU.
O bian, tanquia qu'il les sarmonet comme il falet.

CHATEAUFORT.
Ton Maître savoit donc l'idiome Turc?

GAREAU.
Eh! vrament oui, oul savet tous ces Gérômes-là; les avet-il pas vus dans le Latin? Son frère itou étet bian savant, mais oul n'étet pas encore si savant, car n'en marmuset qu'oul n'avet appris le Latin qu'en François. C'étet un bon Nicolas qui s'en alet tout devant ly, hurlu, brelu: n'en eût pas dit qu'oul y touchet, et stanpandant oul marmonet toujours dans une bàtelée de livres. Je ne me sauras tenir de rire, quand je me ramenteu des noms si biscornus, et si, par le sanguoi, tout ça étet vrai, car oul étet moulé. D'auquns s'intiloient, s'intuloient... ouai? ce n'est pas encore comme ça;... s'inlutuloient..., j'y sis casi... S'intilutoient...; s'in, s'in, s'in... tanquia que je m'entends bian.

CHATEAUFORT.
Tu veux dire : s'intituloient?

GAREAU.
Oui, oui, s'in, s'in..., héla qui se faisoient comme vous

dites. Vela tout come il le défrinchet. Je ne sais pus où j'en sis : vous me l'avez fait pardre.

CHATEAUFORT.

Tu parlois du nom de ces livres.

GAREAU.

Ces livres donc, pis que les livres y a. Oüay? Ah! je sais bian; oul y avet des Amas de Gaules, des Cadets de Tirelire et des Aînés de Vigiles.

CHATEAUFORT.

Il faut dire, mon grand ami, des Amadis de Gaule, des Décades de Tite-Live, des Énéides de Virgile. Mais, poursuis.

GAREAU.

Oh! par le sangué, va-t'en charcher tes poursuiveux! Aga, qu'il est raisonnabe, aujourd'hi, il a mangé de la soupe à neuf heures. Eh! si je ne veux pas dire comme ça, moi? Tanquia qu'à la parfin je nous en revinsmes. Il apportit de ce Pays-là tant de guiamans rouges, des hemoroïdes vartes, et une grande épée qui ateindret d'ici à demain. C'est à-tout ces farremens que ces mangeux de petits enfans se batont en deuil. Il apportit itou de petits engingorniaux remplis de naissance, à celle fin de conserver, ce feset-il, l'humeur ridicule, à celle fin, ce feset-il, de vivre aussi longtemps que Maquieu Salé [1]. Tenez, n'avons point veu Niquedouille [2], qui ne sçauret rire sans montrer les dants?

CHATEAUFORT.

Je ne ris pas de la vertu de tes essences.

GAREAU.

O guian sçachez que les naissances ont de marveilleuses propretés. (Il le frappe). C'est un certain oignement dont les Ancians s'oignient quand ils étient morts, dont ils vivient si longuement. Mais, mourgué, il me viant de

[1] Mathusalem.
[2] Ancienne locution proverbiale, pour désigner un *nice, nicaise, niais, nigaud*, qui rit en ouvrant la bouche, sans mot dire.

souvenir que vous vouliais tantôt que je vous disi le nom de ces livres. Et je ne veux pas, moi ; et vous êtes un sot drès là ; et, testigué, ous êtes un inorant là dedans. Car, ventregué, si vous êtes un si bon diseux, morgué, tapons-nous donc la gueule comme il faut. Dame, il ne faut point tant de beurre pour faire un quartron. Et quien, et vela pour toi !

CHATEAUFORT.

Ce coup ne m'offense point ; au contraire, il publie mon courage invincible à souffrir. Toutefois, afin que tu ne te rendes pas indigne de pardon par une seconde faute, encore que ce soit ma coutume de donner plutôt un coup d'épée qu'une parole, je veux bien te dire qui je suis. J'ai fait en ma vie septante mille combats, et n'ai jamais porté botte qui n'ait tué sans confession. Ce n'est pas que j'aie jamais ferraillé le fleuret ; je suis adroit, la grâce à Dieu, et, partant, la science que j'ai des armes, je ne l'ai jamais apprise que l'épée à la main. Mais que cet avertissement ne t'effraye point ; je suis tout cœur, et il n'y a point, par conséquent, de place sur mon corps où tu puisses adresser tes coups sans me tuer. Sus donc, mais gardons la vue, ne portons point de même temps, ne poussons point de près, ne tirons point de seconde. Mais vite, vite, je n'aime pas tant de discours ; mardieu ! depuis le temps, je me serois mis en garde, j'aurois gagné la mesure, je l'aurois rompue, j'aurois surpris le fort, j'aurois pris le temps, j'aurois coupé sous le bras, j'aurois marqué tous les battemens, j'aurois tiré la flanconade, j'aurois porté le coup de dessous, je me serois allongé de tierce sur les armes, j'aurois quarté du pied gauche, j'aurois marqué feinte à la pointe et dedans et dehors, j'aurois estramaçonné, ébranlé, empiété, engagé, volté, porté, paré, riposté, quarté, passé, désarmé et tué trente hommes[1].

[1] Termes d'escrime. Les gentilshommes apprenaient à tirer

GAREAU.

Vrament, vrament, vela bian la musicle de Saint-Innocent, la pus grande piqué du monde. Quel embrocheux de limas! Et quien, quien, vela encore pour t'agacer! (Il le frappe encore.)

CHATEAUFORT.

Je ne sais, Dieu me damne, ce que m'a fait ce maraud : je ne me saurois fâcher contre lui. (Gareau le frappe.) Foi de Cavalier, cette gentillesse me charme. Voilà le faquin du plus grand cœur que je vis jamais. (Gareau le frappe encore.) Il faut nécessairement, ou que ce belître soit mon Fils, ou qu'il soit démoniaque. (Il est frappé derechef.) D'égorger mon Fils à mon escient, je n'ai garde ; de tuer un possédé, j'aurois tort, puisqu'il n'est pas coupable des fautes que le Diable lui fait faire. Toutefois, ô pauvre Paysan! sache que je porte à mon côté la mère nourrice des Fossoyeurs; que, de la tête du dernier Sophi, je fis un pommeau à mon épée; que, du vent de mon chapeau, je submerge une Armée navale, et que qui veut savoir le nombre des hommes que j'ai tués n'a qu'à poser un 9, et tous les grains de sable de la mer ensuite qui serviront de zéros. (Il est encore battu.) Quoi que tu fasses, ayant protesté que je gagnerois cela sur moi-même de me laisser battre une fois en ma vie, il ne sera pas dit qu'un maraud comme toi me fasse changer de résolution. (Gareau se retire en un coin du Théâtre, et le Capitan demeure seul.) Quelque faquin, de cœur bas et ravalé, auroit voulu mesurer son épée avec ce vilain; mais moi qui suis Gentilhomme, et Gentilhomme d'extraction, je m'en suis fort bien su garder. Il ne s'en est cependant quasi rien fallu, que je ne l'aie percé de mille coups, tant les noires va-

---

l'épée dans les *Académies,* qui étaient alors aussi nombreuses que les jeux de paume. Le seul livre technique qui ait été publié en France sur l'escrime, depuis le *Traité de l'Espée,* de Henri de Saint-Didier (1573), est intitulé le *Maistre d'Armes libéral,* par Charles Besnard (Rennes, 1653, in-4°, fig.).

peurs de la bile offusquent quelquefois la clarté des plus beaux génies. En effet, j'allois tout massacrer. Je jure donc aujourd'hui par cette main, cette main dispensatrice des Couronnes et des Houlettes, de ne plus dorénavant recevoir personne au combat, qu'il n'ait lu devant moi, sur le pré, ses lettres de noblesse; et, pour une plus grande prévoyance, je m'en vais faire promptement avertir Messieurs les Maréchaux[1] qu'ils m'envoient des Gardes pour m'empêcher de me battre ; car je sens ma colère qui croît, mon cœur qui s'enfle, et les doigts qui me démangent de faire un homicide. Vite, vite, des Gardes, car je ne réponds plus de moi! Et vous autres, Messieurs, qui m'écoutez, allez m'en querir tout à l'heure, ou, par moi, tantôt vous n'aurez point d'autre lumière à vous en retourner, que celle des éclairs de mon sabre, quand il vous tombera sur la tête ; et la raison est que je vais, si je n'ai un Garde, souffler d'ici le Soleil dans les Cieux comme une chandelle. Je te massacrerois, mais tu as du cœur et j'ai besoin de soldats. (Gareau, revenant, le frappe encore, et le Capitan s'en va.)

SCÈNE III

GRANGER, GAREAU, MANON, FLEURY.

MANON.

Quel démêlé donc, mon pauvre Jean, avois-tu avec ce Capitaine?

GAREAU.

Aga, ou me venet ravodé de sa Philosophie. Ardé, tenez, c'est tout fin dret comme ce grand cocsigruë de Monsieu du Meny, vous savez bian? qui avet ces grands penaches, quand je demeurois chez Mademoiselle de Carnay. Dame, pelamor, qu'oul étet brave comme le temps, qu'oul luiset dans le moulé, qu'oul jargonet par escousse des Anes

---

[1] Le tribunal des maréchaux de France ou de la connétablie avait charge d'apaiser les querelles entre gentilshommes et d'empêcher les duels. Voy. ci-après la note, p. 278.

à Batiste, des Pères Paticiers[1], il velet que je l'y fisiesmes tretous l'obenigna. Pelamor, itou, à ce que suchequient les médiseux, qu'avec Mademoirelle nostre Metraisse, il boutet cety-cy dans cety-là. (Ce n'est pas ce nonobstant, comme dit l'autre, pour ce chore là, car, ardé, bonne renommée vaut mieux que ceinture dorée.) Mais, par la morguoy sphesmon, c'étet un bel oisiau pour torner quatre broches, et pis étou l'en marmuset qu'oul étet un tantet tarabusté de l'entendement. Bonnefy, la barbe l'y étet venue devant eune bonne ville : ol l'y étet venue devant Sens. Ce Jean, qui de tout se mêle, il y a déjà eune bonne escousse da, s'en venit me ramener avos les échegnes eune houssene de dix ans. Vartigué, je n'étois pas Gentizome, pour me battre en deuil, mais... O donc c'étet Mademoirelle nostre Metraisse qui m'avet loüé, et stanpandant il voulut, ce dit-il, me faire, ce dit-il, enfiler la porte. « Oh ! ce me fit-il, je te feray bian enfiler la porte, ce fit-il. » Guian cette parole-là me prenit au cœur. « Oh ! par la morguoy, ce l'y fis-je, vous ne me ferais point enfiler la port ; et pis, au fons, ce l'y fis-je, si Mademoiselle veut que je l'enfile, je l'enfileray bian, mais non pas pour vous. »

GRANGER.

Or çà, notre Gendre, mettons toutes querelles sous le pied, et donnons-leur d'un oubli à travers les hypocondres. Si l'Hyménée porte un flambeau, ce n'est pas celui de la Discorde ; il doit allumer nos cœurs, non pas notre fiel : c'est le sujet qui nous assemble tous. Voilà ma fille, qui voudroit déjà qu'on dît d'elle et de vous : *Sub, super, in, subter, casu junguntur utroque, in vario sensu*[2].

MANON.

Mon Père, je ne suis pas capable de former des sou-

---

[1] Gareau appelle ainsi les Anabaptistes et les Péripatéticiens.

[2] Le Pédant fait à sa fille une application assez peu décente de la règle dix-septième de la *Syntaxe* de Despautères, en jouant sur des propositions qui représentent l'état d'une femme soumise à son mari. Les éditions modernes portent *viroque* au lieu de *utroque*.

haits, mais de seconder les vôtres ; conduisez ma main dans celle que vous avez choisie, et vous verrez votre Fille, d'un visage égal, ou descendre, ou monter.

GRANGER.

Rien donc ne nous empêche plus de conclure cet accord, aussitôt que nous saurons les natures de votre bien.

FLEURY.

Là donc, ne perdons point de temps.

GRANGER.

Vos facultés consistent-elles en rentes, en maisons ou en meubles ?

GAREAU.

Dame, oüy, j'ay très-bian de tout ça par le moyan d'un héritage.

GRANGER.

Qu'on donne promptement un siége à Monsieur. Manon, saluez votre mari. Cette succession est-elle grande ?

GAREAU.

Elle est de vint mille frans.

GRANGER.

Vite, Paquier, qu'on mette le couvert !

GAREAU. (Il se met dans une chaise.)

Là, là, vous moquez-vous ? Ra`ubez vostre bonet ; entre nous autres, il ne faut point tant de fresme, ny de simonies. Eh ! qu'est-ce donc ? Nostredinse n'en diret que je ne nous connoissiens plus. Quoy, ous avez bouté en obliviance de quand ous équiais au Chaquiau ? Parguene, alez, ous n'équiais qu'un petit Navet en ce temps-là, ous estes à cette heure-ci eune citroüille bian grosse. Vrament, laissez faire, je pense que, Guieu marcy, j'avons bian sarmoné de vous, feu nostre mainagere et moy. Si vous étet venu des cornes toutes les fois que les oreilles vous ont corné (ce que j'en dis pourtant, ce n'est pas que j'en parle, ce crois-je bian qu'ous en avez assez sans nous), tanquia que, ô! donc, pour revenir à nostre conte, jerniguoy, j'équiesmes tous deux de méchantes petites varmeines. J'alliesmes vreder avaux ces bois. Et y à propos, ce biau marle qui sublet si finement haut, eh bian, regardez, ce n'étet que le Clocu Fili Davi! Ous équiais un vray Juy d'Avignon en ce temps-là ; ous équiais tréjours à pandiller entour ces cloches, et y à sauter comme un maron. Oh bian, mais ce n'est pas le tout que des choux, il faut de la graisse.

GRANGER.

Avez-vous ici les contrats acquisitoires de ces héritages-là ?

GAREAU.

Nanain, vrament, et si l'on ne me les veut pas donner, mais je me doute bian de ce qu'oul y a. Testigué, je m'amuse bian à des papiers, moy! Hé, ardé, tous ces brinborions de contrats, ce n'est que de l'écriture qui n'est pas vraie, car ol n'est pas moulée. Hobian, acoutez là, c'est une petite sussion, qui est vrament bian grande da, de Nicolas Girard ; eh là, le père de ce petit Louis Girard, qui étet si semillant, ne vous sçauriais-vous recorder ? c'est ly qui s'alit neger à la grand mare. O bian, son Pere est mort, et si je l'avons conduit en tare, s'il a plu à Guieu, sans repruche, comme dit l'autre. Ce pauvre Guiebe étet allé dénicher des Pies sur l'Orme de la Comere Massée : dame, comme oul étet au copiau, le vela, bredi, breda, qui commence à griller tout avaux les branches, et cheit eune grande escousse, pouf, à la renvarse. Guieu benit la Cresquianté! je crois que le cœur l'y écarboüillit dans le ventre, car oul ne sonit jamais mot, ne groüillit, sinon qu'oul grimonit en trépassant : « Guiebe set de la Pie et des Piaux ! » O donc ly il étet mon Compere, et sa Femme ma Comere. Or ma Comere, pis que Comere y a, auparavant que d'avoir épousé mon Compere, avet épousé en preumieres nopces le Cousin de la Bru de Piare Olivier, qui touchet de bian près à Jean Hefiault, de par le Gendre du Biaufrere de son Onque. Or, cely-cy, retenez bian, avet eu des enfans de Jaqueline Brunet, qui mourirent sans enfans; mais il se trouve que le Neveu de Denis Gauchet avet tout baillé à sa Femme par contract de mariage, à celle fin de frustriser les heriquiers de Thomas Plançon, qui devient y rentrer, pis que sa Mere-grand n'avet rian laissé aux Mineux de Denis Vanel l'esné : or il se trouve que je somes parens en queuque magniere de la Veufve de Denis Vanel le jeune, et, par conséquent, ne devons-je pas avoir la sussion de Nicolas Girard [1] ?

GRANGER.

Mon ami, je fais ouvrir à ma conception plus d'yeux que n'en eut jamais le Gardien de la Vache Io [2], et je ne vois goutte en votre affaire.

GARRAU.

O Monsieu, je m'en vas vous l'éclarcir aussi finement claire que la voix des Enfans de Chœur de nostre vilage. Acoutez donc : il faut que vous sachiais que la Veufve de Denis Vanel le jeune, dont je somes parens en queuque magniere, étet Fille du second lit de Georges Marquiau, le Biaufrere de la Sœur du Neveu de Piare Brunet, dont j'avons tant fait mention; or, il est bian à clair que si le Cousain de la Bru de Piare Olivier, qui touchet de bian près à Jean Henault, de par le Gendre du Biaufrere de son Onque, étet Pere des enfans de Jaquelaine Brunet trépassés sans enfans, et qu'après tout ce tintamare-là, on n'avet rian laissé aux Mineux de Denis Vanel le jeune, j'y devons rentrer, n'est-ce pas ?

---

[1] « On nous a assuré, disent les auteurs de l'*Histoire du Théâtre François* (t. VIII, p. 9), qu'un habile avocat s'étoit, à ses heures de loisir, donné la peine d'examiner le droit de ce paysan et avoit reconnu qu'effectivement il avoit raison et que la succession en question devait lui appartenir.

[2] C'est-à-dire, Argus.

GRANGER.

Paquier, repliez la nappe. Monsieur n'a pas le loisir de s'arrêter[1]. Ma foi, beau Sire, depuis le jour que Cupidon ségregea[2] la lumière du Chaos, il ne s'est point vu sous le Soleil un démêlé semblable. Dédale et son Labyrinthe en ont bien dans le dos. Je vous remercie cependant de l'honneur qu'il vous plaisoit nous faire : vous pouvez promener votre charrue ailleurs que sur le champ virginal du ventre de ma Fille.

MANON.

Les Valets de la Fête vous remercissent.

FLEURY.

Vous avez bon courage, mais les jambes vous faillent.

GAREAU.

Ma foy voire; aussi bian, n'en velay-je pus. J'aime bian mieux eune bonne grosse Mainagere, qui vous travaille de ses dix doigts, que non pas de ces Madames de Paris qui se fesont courtiser des Courtisans. Vous verrais ces Galouriaux, tant que le jour est long, leur dire : *Mon cœur, mamour,* parcy, parlà. Je le veux bian. Le veux-tu bian? Et pis c'est à se sabouler, à se patiner, à plaquer les mains, au commencement sur les joues, pis sur le cou, pis sur les tripes, pis sur le brinchet, pis encore pus bas, et ainsi le visse glisse[5]. Stanpandant, moi qui ne veux pas qu'on me fasse des trogedies, si j'avoüas trouvé queuque Ribaut licher le morviau à ma Femme, comme cet affront-là frappe bian au cœur, peut-être que, dans le désespoir, je m'emporteroüas à jeter son chapiau par

---

[1] C'est ainsi que Panurge congédie Rondibilis, après lui avoir fait bon accueil. Voy. le *Pantagruel*, liv. III, chap. xxxi, xxxii et xxxiii.

[2] Sépara; en latin, *segregavit*. Granger, qui oublie un peu ici la Genèse, se souvient du poëme de Lucrèce, dans lequel Vénus est célébrée comme la véritable et seule créatrice des choses.

[5] L'édition originale écrit *le vitse glisse*. L'édition de 1658 porte encore : *vitse*. L'édition de Rouen, 1678, met sans façon : *le v.. se glisse*.

les frenestres, pis ce seret du scandale. Tigué, queuque gniais!

GRANGER.

O espérances futiles du concept[1] des Humains! De même que les Chats, tu ne flattes que pour égratigner, Fortune malicieuse!

SCÈNE IV[2]

CORBINELI, GRANGER, PAQUIER.

CORBINELI.

Elle n'est pas seulement malicieuse, elle est enragée[3]. Hélas! tout est perdu, votre Fils est mort.

GRANGER.

Mon Fils est mort! Es-tu hors de sens?

CORBINELI.

Non, je parle sérieusement. Votre Fils, à la vérité, n'est pas mort, mais il est entre les mains des Turcs.

GRANGER.

Entre les mains des Turcs? Soutiens-moi, je suis mort!

CORBINELI.

A peine étions-nous entrés en bateau pour passer de la Porte de Nesle[4] au quai de l'École...

---

[1] Intelligence; du latin, *conceptus*.

[2] Voici la fameuse scène que Molière a empruntée, souvent littéralement, à Cyrano, pour la placer dans les *Fourberies de Scapin* (acte II, scène XI), représentées seize ans après la première édition du *Pédant joué*, en 1671.

[3] Corbineli répond à l'interpellation que Granger vient d'adresser à la Fortune.

[4] La vieille Tour de Nesle, à laquelle attenait la Porte de Nesle, qui servait de communication du pont Neuf au nouveau quartier construit sur le terrain du Pré aux Clercs, ce rendez-vous permanent des écoliers de l'Université, ne fut démolie qu'après la représentation du *Pédant joué*, vers 1652; les ruines et les anciens fossés

GRANGER.

Et qu'allois-tu faire à l'École, Baudet?

CORBINELI.

Mon Maître, s'étant souvenu du commandement que vous lui avez fait d'acheter quelque bagatelle qui fût rare à Venise et de peu de valeur à Paris, pour en régaler son Oncle, s'étoit imaginé qu'une douzaine de cotrets n'étant pas chers, et ne s'en trouvant point, par toute l'Europe, de mignons comme en cette ville, il devoit en porter là : c'est pourquoi nous passions vers l'École pour en acheter; mais à peine avons-nous éloigné la côte, que nous avons été pris par une Galere Turque.

GRANGER.

Eh! de par le cornet retors de Triton, Dieu marin! qui jamais ouït parler que la mer fût à Saint-Cloud? qu'il y eût là des galères, des pirates, ni des écueils?

CORBINELI.

C'est en cela que la chose est plus merveilleuse ; et, quoique l'on ne les aie point vus en France que là, que sait-on s'ils ne sont point venus de Constantinople jusques ici entre deux eaux?

PAQUIER.

En effet, Monsieur, les Topinambours, qui demeurent quatre ou cinq cents lieues au delà du Monde, vinrent bien autrefois à Paris; et, l'autre jour encore, les Polonois enlevèrent bien la Princesse Marie, en plein jour, à l'hôtel de Nevers, sans que personne osât branler [1].

---

de cette porte subsistèrent jusqu'en 1659; le roi les vendit alors au cardinal Mazarin, pour y fonder un collége.

[1] Ce passage, qui concerne le mariage de Louise-Marie de Gonzague avec Jean Casimir V, roi de Pologne, semblerait indiquer que la comédie est contemporaine de ce mariage, qui eut lieu en 1645 à Paris, par ambassadeur. Les Polonais attachés à l'ambassade avaient vivement ému la curiosité des Parisiens, auxquels ils laissèrent pourtant d'assez mauvais souvenirs. On allait les voir manger à l'hôtel de Vendôme, où ils logeaient : un jour, ils fer-

CORBINELI.

Mais ils ne se sont pas contentés de ceci : ils ont voulu poignarder votre Fils...

PAQUIER.

Quoi ! sans confession ?

CORBINELI.

S'il ne se rachetoit par de l'argent.

GRANGER.

Ah ! les misérables ! c'étoit pour incuter [1] la peur dans cette jeune poitrine.

PAQUIER.

En effet, les Turcs n'ont de garde de toucher l'argent des Chrétiens, à cause qu'il a une croix [2].

CORBINELI.

Mon Maître ne m'a jamais pu dire autre chose, sinon : « Va-t'en trouver mon Père, et lui dis... » Ses larmes, aussitôt suffoquant sa parole, m'ont bien mieux expliqué, qu'il n'eût su faire, les tendresses qu'il a pour vous.

GRANGER.

Que diable aller faire aussi dans la galère d'un Turc ? D'un Turc ! *Perge.*

CORBINELI.

Ces Écumeurs impitoyables ne me vouloient pas accorder la liberté de vous venir trouver, si je ne me fusse jeté aux genoux du plus apparent d'entre eux. « Eh ! Monsieur le Turc, lui ai-je dit, permettez-moi d'aller

mèrent les portes et firent grand'peur aux assistants, en tirant leurs cimeterres. *Voy.* les *Histor.* de Tallemant des Réaux, édition de M. Paulin Paris, t. III, p. 304.

[1] Faire entrer de force; en latin, *incutere.*

[2] Autrefois, en effet, la plupart des monnaies de France et des autres États chrétiens portaient une croix avec une légende pieuse, comme celle-ci, qui se trouve sur les monnaies royales jusqu'au milieu du seizième siècle : *Sit nomen Domini benedictum.* Vers cette époque, on remplaça le signe de la croix par les armes du roi ou du prince qui frappait monnaie à son effigie.

avertir son Père, qui vous envoiera tout à l'heure sa rançon. »

GRANGER.

Tu ne devois pas parler de rançon. Ils se seront moqués de toi?

CORBINELI.

Au contraire ; à ce mot, il a un peu rasséréné sa face. « Va, m'a-t-il dit ; mais, si tu n'es ici de retour dans un moment, j'irai prendre ton Maître dans son Collége, et vous étranglerai tous trois aux antennes de notre navire. » J'avois si peur d'entendre encore quelque chose de plus fâcheux, ou que le Diable ne me vînt emporter étant en la compagnie de ces Excommuniés, que je me suis promptement jeté dans un esquif, pour vous avertir des funestes particularités de cette rencontre.

GRANGER.

Que Diable aller faire dans la galère d'un Turc?

PAQUIER.

Qui n'a peut-être pas été à confesse depuis dix ans.

GRANGER.

Mais penses-tu qu'il soit bien résolu d'aller à Venise?

CORBINELI.

Il ne respire autre chose.

GRANGER.

Le mal n'est donc pas sans remède. Paquier, donne-moi le réceptacle des instrumens de l'immortalité, *Scriptorium scilicet*[1].

CORBINELI.

Qu'en désirez-vous faire?

GRANGER.

Écrire une lettre à ces Turcs.

CORBINELI.

Touchant quoi?

---

[1] C'est-à-dire, l'écritoire.

GRANGER.

Qu'ils me renvoient mon Fils, parce que j'en ai affaire; qu'au reste ils doivent excuser la jeunesse, qui est sujette à beaucoup de fautes; et que, s'il lui arrive une autre fois de se laisser prendre, je leur promets, foi de Docteur, de ne leur en plus obtondre[1] la faculté auditive.

CORBINELI.

Ils se moqueront, par ma foi, de vous.

GRANGER.

Va-t'en donc leur dire, de ma part, que je suis tout prêt de leur répondre par-devant Notaire, que le premier des leurs qui me tombera entre les mains, je le leur renvoierai pour rien... Ah! que Diable, que Diable aller faire en cette galère?... Ou dis-leur qu'autrement, je vais m'en plaindre à la Justice. Sitôt qu'ils l'auront remis en liberté, ne vous amusez ni l'un ni l'autre, car j'ai affaire de vous.

CORBINELI.

Tout cela s'appelle dormir les yeux ouverts.

GRANGER.

Mon Dieu! faut-il être ruiné à l'âge où je suis? Va-t'en avec Paquier; prends le reste du teston que je lui donnai pour la dépense il n'y a que huit jours... Aller sans dessein dans une galère!... Prends tout le *reliquat* de cette pièce... Ah! malheureuse géniture, tu me coûtes plus d'or que tu n'es pesant!... Paye la rançon, et ce qui restera, emploie-le en œuvres pies... Dans la galère d'un Turc!... Bien, va-t'en!... Mais, misérable, dis-moi, que Diable allois-tu faire dans cette galère?... Va prendre, dans mes armoires, ce pourpoint découpé[2] que quitta feu mon Père l'année du grand hiver[3]...

---

[1] Fatiguer, assourdir; en latin, *obtundere*.

[2] A découpures et à taillades, ancienne mode des habits sous Louis XIII. *Voy.* les estampes d'Abraham Bosse.

[3] C'est l'année 1658 qu'on appelait ainsi.

CORBINELI.

A quoi bon ces fariboles? Vous n'y êtes pas. Il faut tout au moins cent pistoles pour sa rançon.

GRANGER.

Cent pistoles! Ah! mon Fils, ne tient-il qu'à ma vie, pour conserver la tienne? Mais cent pistoles!.., Corbineli, va-t'en lui dire qu'il se laisse pendre sans dire mot; cependant qu'il ne s'afflige point, car je les en ferai bien repentir.

CORBINELI.

Mademoiselle Genevote n'étoit pas trop sotte, qui refusoit tantôt de vous épouser, sur ce que l'on l'assuroit que vous étiez d'humeur, quand elle seroit esclave en Turquie, de l'y laisser.

GRANGER.

Je les ferai mentir... S'en aller dans la galère d'un Turc! Hé, quoi faire, de par tous les Diables, dans cette galère? O galère, galère, tu mets bien ma bourse aux galères!

SCÈNE V

PAQUIER, CORBINELI

PAQUIER.

Voilà ce que c'est que d'aller aux galères. Qui Diable le pressoit? Peut-être que, s'il eût eu la patience d'attendre encore huit jours, le Roi l'y eût envoyé en si bonne compagnie, que les Turcs ne l'eussent pas pris.

CORBINELI.

Notre *Domine* ne songe pas que ces Turcs me dévoreront?

PAQUIER.

Vous êtes à l'abri de ce côté-là, car les Mahométans ne mangent point de porc.

SCÈNE VI

GRANGER, CORBINELI, PAQUIER.

GRANGER.

Tiens, va-t'en, emporte tout mon bien ! (Granger revient lui donner une bourse, et s'en retourne en même temps.)

SCÈNE VII

CORBINELI, CHARLOT.

CORBINELI, frappant à la porte de La Tremblaye.

Montjoye Saint-Denis[1] ! Ville gagnée ! *Accede*, Granger le jeune, *accede*. O le plus heureux des hommes ! ô le plus chéri des Dieux ! Tenez, prenez, parlez à cette bourse, et lui demandez ce que je vaux.

CHARLOT.

Allons vite, allons inhumer cet argent, mort pour mon Père, au coffre de Mademoiselle Genevote : ce sera de bon cœur, et sans pleurer, que je rendrai les derniers devoirs à ce pauvre trépassé. Et cependant admirons la médisance du Peuple, qui juroit que mon Père, bien loin de consentir au mariage de Mademoiselle Genevote et de moi, prétendoit lui-même à l'épouser ; et voici que pour découvrir l'imposture des calomniateurs, il envoie de l'argent pour faire les frais de nos cérémonies.

SCÈNE VIII

GRANGER, PAQUIER.

GRANGER.

Fortune, ne me regarderas-tu jamais qu'en rechignant ? Jamais ne riras-tu pour moi ?

---

[1] C'était l'ancien cri de guerre et de victoire des rois de France.

PAQUIER.

Ne savez-vous pas qu'elle est sur une roue, Damoiselle Fortune? Elle seroit bien ladre, d'avoir envie de rire. Mais, Monsieur, assurément que vous êtes ensorcelé?

GRANGER.

As-tu quelquefois entendu frétiller sur le minuit dans ta chambre quelque chose de noir?

PAQUIER.

Vraiment, vraiment. Tantôt j'entends traîner des chaînes à l'entour de mon lit; tantôt je sens coucher entre mes draps une grande masse lourde; tantôt j'aperçois à notre âtre une Vieille toute ridée se graisser, puis, à califourchon sur un balai, s'envoler par la cheminée; enfin, je pense que notre Collége est l'Icon, le Prototype et le Père-grand du Château de Bicêtre [1].

GRANGER.

Il seroit donc à propos, ce me semble, de prendre garde à moi. Quelque incube pourroit bien venir habiter avec ma fille, et faire pis encore, butinant les reliques de mon chétif et malheureux *Gaza* [2]. Ma foi! pourtant, Diables follets, si vous attendez cela pour dîner, vous n'avez qu'à dire Grâces : je m'en vais faire prendre à toutes mes chambres chacune une médecine d'Eau bénite. Ils pourroient bien toutefois me voler d'un côté, quand je les conjurerois de l'autre. N'importe, Paquier; va-t'en chercher,

---

[1] Cet ancien château du duc de Berry, frère de Charles V, ayant été brûlé et saccagé par les Cabochiens en 1410, n'était plus qu'une ruine hantée par les voleurs et les vagabonds lorsque Louis XIII voulut le faire reconstruire, en 1634, pour y mettre un hôpital destiné aux soldats estropiés et invalides. Mais ce projet fut suspendu aussitôt que commencé, et les bâtiments qu'on avait déjà élevés ne servirent qu'à recueillir un plus grand nombre de gens sans aveu, qui s'y retiraient en foule, car personne n'osait approcher de ces masures, qu'on disait habitées par des larves et des démons. Ce fut seulement en 1656 que le roi y fit établir l'Hôpital général des pauvres.

[2] Trésor, *magot*.

sous mes grandes armoires, un vieux livre de Plain-Chant; déchire-le par morceaux, et en attache un feuillet à chaque avenue de ma chambre, comme aux portes, aux fenêtres, à la cheminée, et principalement enduis-en un certain coffre-fort, fidèle dépositaire de mon magasin. Écoute, écoute, Paquier : il vient de me souvenir que les Démons s'emparent des trésors égarés ou perdus. De peur que quelqu'un d'eux ne vienne à se méprendre, souviens-toi bien d'écrire, sur la pièce de game[1] qui couvre la serrure, mais en gros caractères : *Il n'est égaré, ni perdu, car je sais bien qu'il est là.* Je me veux divertir de ces pensées mélancoliques : ces imaginations sépulcrales usent bien souvent l'âme auparavant le corps. Paquier, *adesto*, va-t'en au logis de ma toute belle navre-cœur : souhaite-lui de ma part le bonjour, qu'elle ne me donne pas; parle-lui avantageusement de mon amour, et surtout ne l'entretiens que de feux, de charbons et de traits. Va vite, et reviens m'apporter la réponse.

SCÈNE IX

PAQUIER, GENEVOTE.

PAQUIER, seul.

De feux, de charbons et de traits? Cela n'est pas si aisé qu'on diroit bien.

GENEVOTE, arrivant.

Comment se porte ton Maître, Paquier?

PAQUIER.

Il se porte comme se portoit saint Laurent sur le gril : roussi, noirci, rôti, et tout cela par feu.

GENEVOTE.

Je ne sais pas s'il souffre ce que tu dis; mais je te puis

[1] On écrirait maintenant *came*, par corruption; car le véritable mot, indiqué par le sens, est *game*, puisqu'il s'agit de désigner au figuré les pièces qui font *jouer* une mécanique.

assurer que, du jour qu'il commença de m'aimer, je commençai de mériter la couronne du martyre. O Paquier, fidèle témoin de ma passion, dis à ton Maître que sa chère et malheureuse Genevote verse plus d'eau de ses yeux que sa bouche n'en boit ; qu'elle soupire autant de fois qu'elle respire, et que...

PAQUIER.

Mademoiselle, je vous prie, laissons là toutes ces choses ; parlons seulement de ce dont mon Maître m'a commandé de vous entretenir. Dites-moi, avez-vous beaucoup de bois pour l'hiver ? car mon Maître ne se peut passer de feu.

GENEVOTE.

Sans mentir, j'aurois bien le cœur de roche, s'il n'étoit pénétrable aux coups des perfections de ton Maître.

PAQUIER.

Bon Dieu ! quel coq-à-l'âne ! Répondez-moi catégoriquement ; n'avez-vous jamais vu de feu Saint-Elme ?

GENEVOTE.

Je ne sais de quoi tu me parles ; je voudrois seulement que Monsieur Granger...

PAQUIER.

Vous ne savez donc pas que votre fréquentation a rempli mon Maître de feu sauvage ?

GENEVOTE.

Mon pauvre Paquier, si tu m'aimes, je te supplie, entretiens-moi d'autre chose ; parle-moi de l'amour que ton Maître me porte.

PAQUIER.

Ce n'est pas là ce dont j'ai à vous parler. Mais à quoi Diable vous sert de tourner ainsi la Truie au foin[1] ? Dites-

---

[1] Expression proverbiale qui signifie : « Changer de propos, de discours. »

moi donc, ferez-vous, cette année, du feu grégeois à la Saint-Jean[1] ?

GENEVOTE.

Plût à Dieu que je pusse découvrir ma flamme à ton Maître, sans l'offenser! car je brûle pour lui...

PAQUIER.

Ah! bon, cela.

GENEVOTE.

D'un amour si violent, que je souhaiterois qu'une moitié de lui devînt une moitié de moi-même; mais la glace de son cœur...

PAQUIER.

Eh bien, ne voilà pas toujours quitter notre propos? Et tout cela, de peur que votre âme ne prenne feu parmi tant d'autres. Mais, ma foi, il n'en ira pas ainsi. Il y a trois feux dans le Monde, Mademoiselle : le premier est le feu central; le second, le feu vital ; et le troisième, le feu élémentaire. Ce premier en a trois sous soi, qui ne diffèrent que par les accidens; le feu de collision, le feu d'attraction et le feu de position[2].

GENEVOTE.

As-tu fait dessein de continuer tes extravagances jusques au bout du Jugement[3] ?

PAQUIER.

Mais vous-même, avez-vous fait dessein de me faire enrager jusques à la fin du Monde? Vous me venez parler de l'amour que vous portez à mon Maître : voilà de belles sottises ! Ce n'est pas cela qu'on vous demande. Je veux seulement que vous sachiez que Monsieur Granger n'est

[1] C'est probablement par amour du grec que Paquier confond le *feu grégeois* avec le feu de la Saint-Jean.
[2] Cyrano se moque ici de la philosophie scolastique et de son jargon, qu'il ridiculise en le mettant dans la bouche de ce cuistre Quant à lui, selon le système d'Épicure et de Gassendi, il ne reconnaissait sans doute que les atomes de la chaleur ou du feu.
[3] C'est-à-dire, jusqu'à la fin du jugement dernier.

qu'un feu follet, depuis qu'il vous a vue; que bientôt, aussi bien que lui, vous arderez, s'il plaît à Dieu, du feu Saint-Antoine¹, et que... Mais où Diable pêcher de nouveau feu? Ah! par ma foi, j'en tiens, Mademoiselle. Feu votre père et feu votre mère avoient-ils fort aimé feu leurs parens? Car feu le père et feu la mère de Monsieur Granger avoient chéri passionnément feu les trépassés; et je vous jure que le feu est une chose si inséparable de mon Maître, qu'on peut dire de lui, quoiqu'il soit plein de vie : Feu le pauvre Monsieur Granger, Principal du Collége de Beauvais. Or çà, il me reste encore les *charbons* et les *traits*.

GENEVOTE.

Je souhaiterois autant de science qu'en a ton Maître, pour répondre à son Disciple.

PAQUIER.

Oh! Mademoiselle, je vous souhaiterois, non point autant de science, mais autant de charbons de peste, et de clous, qu'il en a. Quoi! vous en riez? Et je vous proteste, moi, qu'à force de brûler, il s'est tellement noirci le corps, que, si vous le voyiez, vous le prendriez plutôt pour un grand charbon que pour un Docteur. J'en suis maintenant aux *traits*.

GENEVOTE.

Tu lui pourras témoigner combien je l'aime, si tu l'as compris par mes discours; et cependant je suis bien assurée que son affection n'est pas réciproque.

PAQUIER.

Pour cette particularité, Mademoiselle, vous avez tort de vous en mettre en peine; car il proteste tout haut de se ressentir des traits que vous lui jouez; de réverbérer sur vous les traits dont vous le navrez; et, de peur que, par

¹ Le feu Saint-Antoine, qui avait été la terreur du moyen âge, n'était plus, à cette époque, qu'une maladie hémorroïdale plus ou moins douloureuse.

trait de temps, les traits de votre visage ne soient offensés des traits de la Mort, il vous peint avec mille beaux traits d'esprit dans un livre intitulé : *La très-belle, très-parfaite et très-accomplie Genevote, par son très-humble, très-obéissant et très-affectionné serviteur*, GRANGER.

GENEVOTE.

Tu diras à ton Maître que j'étois venue ici pour le voir, mais que l'arrivée de ce Capitaine m'a fait en aller. Je reviendrai bientôt. Adieu.

SCÈNE X

CHATEAUFORT, PAQUIER.

CHATEAUFORT.

Eh ! mon Dieu, Messieurs, j'ai perdu mon Garde. Personne ne l'a-t-il rencontré ? Sans mentir, j'en fera reproche à la Connétablie, d'avoir fié à un jeune homme garde d'un Diable comme moi[1]. Si j'allois maintenant rencontrer ma Partie, que seroit-ce ? Il faudroit s'égorger comme des bêtes farouches. Pour moi, encore que je sois vaillant, je ne suis point brutal. Ce n'est pas que je craigne le combat; au contraire, c'est le pain quotidien que je demande à Dieu tous les jours en me levant. On le verra, on le verra; car, par la Mort, aussitôt que j'aurai retrouvé ce Garde qui me gardoit, je proteste de désobéir à quiconque, hormis à ce pauvre Garde, me voudroit détourner de tirer l'épée. Holà ! Garde-mulet, ne l'as-tu

[1] Quand deux gentilshommes s'étaient provoqués en duel et que les maréchaux de France, formant le tribunal de la connétablie du Palais, en avaient eu avis, un garde ou exempt de ce tribunal conciliateur recevait mission de surveiller de près les adversaires et de s'opposer à toute rencontre entre eux. Ils ne sortaient qu'accompagnés du garde de la connétablie, jusqu'à ce qu'ils eussent promis solennellement de ne pas vider leur différend par la voie des armes. *Voy.* ci-dessus, p. 260.

point vu passer, mon Garde? C'est un Garde que les Maréchaux de France m'ont envoyé pour m'empêcher de faire un duel, le plus sanglant qui jamais ait rougi l'herbe du Pré aux Clercs [1]. Ventre! que dira la Noblesse, de moi, quand elle saura que je n'ai pas eu le soin de bien garder mon Garde? O toi donc, malheureux petit homme, va-t'en signifier à tous les Braves qu'ils aient à me laisser en patience dorénavant, pour ce qu'encore que mon Garde ne soit pas ici, je suis sensé comme l'ayant. Je lui donnois deux pistoles par jour ; et, si je le puis retrouver, je promets à mon bon Ange un cierge blanc de dix livres, et, à lui, de lui donner par jour quatre pistoles au lieu de deux. Enfin, je le rendrai si content de moi, qu'il ne souffrira pas que je m'échappe de lui, ou ce sera le plus ingrat homme du monde.

PAQUIER.

Eh bien, Monsieur, qu'importe, puisque vous voulez tuer votre ennemi, que ce Garde vous ait abandonné? Vous pouvez, à cette heure, vous battre sans obstacle.

CHATEAUFORT.

Oh! chien de myrmidon, chien de filou, chien de grippe-manteau, chien de traîne-gibet, que tu es brute en matière de démêlés! Où sera donc la foi d'un Cavalier? Quoi! tu te figures que je sois si peu sensible à l'honneur, que de me résoudre à tromper lâchement, perfidement, traîtreusement, la vigilance d'un honnête homme qui me gardoit, et qui, à l'heure que je parle, ne s'attend nullement que je me batte? Ah! plutôt le Ciel échappe à ses liens, pour tomber sur ma tête! Moi, aggraver la faute d'un imprudent par une plus grande! Si je pensois qu'un seul homme se le fût imaginé, pour me venger d'un Individu sur toute l'espèce, j'envoie-

---

[1] Le Pré aux Clercs, qui se couvrait tous les jours de constructions destinées à former un nouveau quartier de l'Université, avait été, sous Louis XIII, le théâtre ordinaire des duels.

rois défendre au Genre humain d'être vivant dans trois jours.

PAQUIER.

Adieu, adieu.

CHATEAUFORT.

Va toi-même à Dieu, poltron, et lui dis de ma part que je lui vais envoyer bientôt tout ce qui reste d'hommes sur la Terre.

ACTE III

SCÈNE PREMIÈRE

PAQUIER, GRANGER.

PAQUIER.

Car, par les feux je l'ai brûlée, par les charbons je l'ai entêtée, et par les traits je l'ai percée.

GRANGER.

Ah! Paquier, tu t'es aujourd'hui surpassé toi-même. N'espère pas toutefois de lauréole condigne à cet exploit. Un tel service mérite des empires, et la Fortune, cette ennemie de la Vertu, ne m'en a pas donné. Mais viens, chez ma Maîtresse, me voir entrer dans la Place, dont tu m'as ouvert la brèche.

PAQUIER.

Ne courez point si vite : vous cherchez votre âne, quand vous êtes dessus. Ne vous ai-je pas dit qu'elle vous doit venir trouver ici?

GRANGER.

Il m'en souvient. Je n'ai donc plus qu'à choisir lequel me siéra le mieux de mes habits pontificaux. (Il ouvre un grand bahut, d'où il tire de vieux habits, avec un miroir, etc.) O Déesse Paphienne! sois-moi en aide et confort en cette présente mienne tribulation ! Et vous, sacrés haillons de mes Ancêtres, qui ne gagnez des crottes qu'aux bons jours, vous qui n'avez point vu le jour depuis celui du mariage de mon Bisaïeul : qu'il n'y ait, sur votre texte [1], tache, trou, balafre ou déchirure, qui ne reçoive un sanglot, une larme et une quérimonie particulière! Amour, flamme follette, qui n'es jamais qu'au bord d'un précipice; ardent [2], qui brilles pour nous éblouir; feu, qui brûles et ne consumes point; guide aveugle, qui crèves les yeux à ceux que tu conduis; bourreau, qui fais rire en tuant; poison que l'on boit par les yeux; assassin, que l'Ame introduit dans sa maison par les fenêtres ; Amour, petit poupard, c'est à tes côtés douillettement frétillans que je viens perager [3] les reliques de la journée ! Plantons-nous diamétralement devant ce chef-d'œuvre vénitien [4], et faisons avec un compte exact la revue de tous les traits de mon visage. Que le poil de ma barbe qui paroîtra hors d'œuvre soit châtié comme un passe-volant [5] ! Essayons quel personnage il nous siéra mieux de représenter devant elle, de Caton ou de Momus? (Il rit et il pleure en même temps.) Je tâche à rire et à pleurer sans intervalle, et je n'en puis venir à bout. Mais que viens-je de voir? Quand je ris, ma mâchoire, ainsi que la muraille d'une ville battue en ruine, découvre à côté droit une brèche à passer vingt hommes. C'est pourquoi, mon visage, il vous faut styler à ne plus rire qu'à gauche; et, pour cet effet, je vais marquer, sur mes joues, de petits points que je défends à ma bouche, quand je rirai, d'outre-passer. On m'a dit que j'ai la voix un peu cassée; il faut surprendre avec l'oreille mon image en ce miroir, avant qu'elle se

[1] Tissu; équivoque sur les mots latins *textum* et *textus*.
[2] Feu follet.
[3] Achever; en latin, *peragere*.
[4] Miroir de Venise.
[5] Faux soldat, qui se présentait aux revues, pour toucher la paye au profit du capitaine. Le passe-volant était puni du fouet ou de la marque.

taise : *Je salue très-humblement le bastion des grâces et la citadelle des rigueurs de Mademoiselle Genevote.* Ai-je parlé trop haut ou trop bas? Il seroit bon, ce me semble, d'avoir des lieux communs tout prêts pour chaque passion que je voudrai vêtir. Il faudra faire éclater, selon que je serai bien ou mal reçu, le dédain, la colère ou l'amour. Ça, pour le *Dédain :*

« Quoi ! tu penserois que tes yeux eussent féru ma poitrine au défaut de la cuirasse ? Non, non, tes traits sont si doux, qu'ils ne blessent personne. Quoi ! je t'aurois aimée, chétif égout de la concupiscence, vase de nécessité, pot de chambre du Sexe masculin? Hélas ! petite gueuse, regarde-moi seulement, admire, et te tais. »

Pour la *Colère :* « Oh! trois et quatre fois Mégère impitoyable, puisse le Ciel en courroux ébouler, sur ton chef, des hallebardes, au lieu de pluie ! Puisses-tu boire autant d'encre que ton amour m'a fait verser de larmes! Puisses-tu cent fois le jour servir aux chiens de muraille pour pisser ! Enfin, puisse la Destinée tisser la trame de tes jours avec du crin, des chardons et des étoupes ! »

Pour l'*Amour :* « Soleil, principe de ma vie, vous me donnez la mort, et déjà je ne serois plus qu'une Ombre vaine et gémissante qui marqueroit de ses pas la rive blême de l'Achéron, si je n'eusse redouté de faire périr en moi votre amour, qui ne doit pas moins vivre que sa cause. Peut-être, ô belle Tigresse ! que mon chef neigeux vous fait peur? Je sais bien aussi que les jeunes ont dans les yeux moins de rouge et plus de feu que nous; que vous aimez mieux notre bourse au singulier qu'au pluriel ; qu'au déduit amoureux une Femme est insatiable, et que, si la première nuit *optat ut excedat digito*, la seconde nuit elle en veut *pede longior uno*. Mais sachez qu'un jour l'âge, ayant promené sa charrue sur les roses et sur les lys de votre teint, fera de votre front un grimoire en arabe, et que jeunes et vieux sont quotidiennement épitaphés, à cause que : *Compositum simplexque modo simili gradiuntur*[1].

SCÈNE II

GRANGER, PAQUIER, GENEVOTE.

GRANGER.

Mademoiselle, soyez-vous venue autant à la bonne heure que la grâce aux Pendus, quand ils sont sur l'échelle !

GENEVOTE.

Est-ce l'Amour qui vous a rendu criminel? Vraiment, la faute est trop illustre pour ne vous la pas pardonner. Toute la pénitence que je vous en ordonne, c'est de rire avec moi d'un petit conte que je suis venue ici pour vous faire. Ce conte, toutefois, se peut appeler une histoire, car rien ne fut jamais plus véritable. Elle vient d'arriver, il n'y a pas deux heures, au plus facétieux personnage de Paris, et vous ne sauriez croire à quel point elle est plaisante. Quoi ! vous n'en riez pas ?

GRANGER.

Mademoiselle, je crois qu'elle est divertissante au delà de ce qui le fut jamais. Mais...

GENEVOTE.

Mais vous n'en riez pas ?

GRANGER.

Ah, ah, ah, ah, ah !

GENEVOTE.

Il faut, avant que d'entrer en matière, vous anatomiser ce Squelette d'homme et de vêtement, aux mêmes termes qu'un Savant m'en a tantôt fait la description.

---

[1] Despautères, lib. II, *regulæ generales, de regulari nominum declinatione*.

Voici l'heure environ que le Soleil se couche, c'est l'heure aussi, par conséquent, que les lambeaux de son manteau se viennent rafraîchir aux étoiles. Leur Maître ne les expose jamais au jour, parce qu'il craint que le Soleil, prenant une matière si combustible pour le berceau du Phénix, ne brûlât et le nid et l'oiseau. Ce manteau donc, cette cape, cette casaque, cette simarre, cette robe, cette soutane, ce lange ou cet habit (car on est encore à deviner ce que c'est, et le Syndic des Tailleurs y demeureroit *à quia*) fait bien dire aux gausseurs qu'il fait peur aux larrons en leur montrant la corde. Certains Dogmatistes disent avoir appris par tradition qu'il fut apporté du Caire, où on le trouva dans une vieille cave, à l'entour de je ne sais quelle momie, sous les saintes masures d'une pyramide éboulée. A la vérité, les figures grotesques que les trous, les pièces, les taches et les filets y composent bizarrement, ont beaucoup de rapport avec les figures hyéroglyphiques des Égyptiens. C'est un plaisir sans pareil de contempler ce fantôme arrêté dans une rue. Vous y verrez amasser cent Curieux et tout en extase disputer de son origine : l'un soutenir que, l'Imprimerie ni le papier n'étant pas encore trouvés, les Doctes y avoient tracé l'histoire universelle ; et, sur cela, remontant de Pharamond à César, de Romule à Priam, de Prométhée au premier Homme, il ne laissera pas échapper un filet qui ne soit au moins le Symbole de la décadence d'une Monarchie. Un autre veut que ce soit le tableau du Chaos ; un autre, la métempsycose de Pythagore ; un autre, divisant ses guenilles par chapitres, y trouvera l'Alcoran divisé par azoares ; un autre, le Système de Copernic ; un autre, enfin, jurera que c'est le Manteau du Prophète Élie, et que sa sécheresse est une marque qu'il a passé par le feu. Et moi, pour vous blasonner cet écu, je dis qu'il porte de Sable, engrêlé sur la bordure, aux Lambeaux sans nombre. Du manteau, je passerois aux habits ; mais je pense qu'il suffira de dire que chaque pièce de son accoutrement est un Antique. Venons de l'étoffe à la doublure, de la gaîne à l'épée, et de la châsse au Saint ; traçons en deux paroles le crayon de notre ridicule Docteur. Figurez-vous un rejeton de ce fameux Arbre Cocos, qui seul fournit un pays entier des choses nécessaires à la vie. Premièrement, en ses cheveux, on trouve de l'huile, de la graisse et des cordes de Luth; sa tête peut fournir de corne les Couteliers, et son front, les Négromanciens, de grimoire à invoquer le Diable; son Cerveau, d'enclume ; ses yeux, de cire, de vernis et d'écarlate; son visage, de rubis; sa gorge, de clous; sa barbe, de décrottoires [1] ; ses doigts, de fuseaux; sa peau, de lime; son haleine, de vomitif ; ses cautères, de pois ; ses dartres, de farine; ses oreilles, d'ailes à moulin ; son derrière, de vent à le faire tourner ; sa bouche, de four à ban [2] ; et sa personne, d'âne à porter la mounée [3]. Pour son nez, il mérite bien une égratignure particulière. Cet authentique nez arrive partout un quart d'heure devant son Maître; dix Savetiers, de raisonnable rondeur, vont travailler dessous à couvert de la pluie. Eh bien, Monsieur, ne voilà pas un joli Ganimède? et c'est pourtant le Héros de mon histoire. Cet honnête homme régente une Classe dans l'Université. C'est bien le plus faquin, le plus chiche, le plus avare, le plus sordide, le plus mesquin... Mais riez donc !

GRANGER.

Ah, ah, ah, ah, ah !

GENEVOTE.

Ce vieux Rat de Collége a un Fils, qui, je pense, est le recéleur des perfections que la Nature a volées au père. Ce chiche-pénard, ce radoteur...

---

[1] Cure-dents.
[2] Four banal, où l'on cuisait le pain de tout un fief, de tout un quartier, de tout un village.
[3] Mouture; par contraction, de *moulinée*.

GRANGER.

Ah! malheureux, je suis trahi! C'est sans doute ma propre histoire qu'elle me conte. Mademoiselle, passez ces épithètes, il ne faut pas croire tous les mauvais rapports, outre que la vieillesse doit être respectée.

GENEVOTE.

Quoi! le connoissez-vous?

GRANGER.

Non, en aucune façon.

GENEVOTE.

Oh bien, écoutez donc. Ce vieux Bouc veut envoyer son fils en je ne sais quelle ville, pour s'ôter un Rival; et, afin de venir à bout de son entreprise, il lui veut faire accroire qu'il est fou. Il le fait lier et lui fait ainsi promettre tout ce qu'il veut. Mais le fils n'est pas longtemps créancier de cette fourbe. Comment, vous ne riez point de ce vieux Bossu, de ce maussade à triple étage?

GRANGER.

Baste, baste, faites grâce à ce pauvre Vieillard!

GENEVOTE.

Or, écoutez le plus plaisant. Ce Goutteux, ce Loup-garou, ce Moine-bourru...

GRANGER.

Passez outre; cela ne fait rien à l'histoire.

GENEVOTE.

Commanda à son fils d'acheter quelque bagatelle pour faire un présent à son oncle le Vénitien, et son fils, un quart d'heure après, lui manda qu'il venoit d'être pris prisonnier par des Pirates Turcs, à l'embouchure du Golfe des Bons-Hommes [1]; et, ce qui n'est mal plaisant, c'est que le bon homme aussitôt envoya la rançon. Mais

[1] Entre Chaillot et l'île des Cygnes.

il n'a que faire de craindre pour sa pécune : elle ne courra point de risque sur la Mer du Levant.

GRANGER.

Traître Corbineli, tu m'as vendu ! mais je te ferai donner la salle [1]. Il est vrai, Mademoiselle, que je suis interdit; mais jugez aussi, par le trouble de mon visage, de celui de mon âme. L'image de votre beauté joue incessamment, dans mon cœur, à remue-ménage. Ce n'est pas toutefois du désordre d'un esprit égaré que je prétends mériter ma récompense ; c'est de la force de ma passion, que je prétends vous prouver par quatre figures de Rhétorique, les Antithèses, les Métaphores, les Comparaisons et les Argumens. Et, pour les déplier, écoutez parler l'*Antithèse*.

Si, mais je ne dis point *si* ; il est plus véritable que la vérité ; *Si*, dis-je, l'amère douceur et la douce amertume, le poison médicinal et la médecine empoisonnée, qui partent sans sortir de vous, ô Monstre indéfectueux, n'embrasoient mon esprit en le glaçant, et n'y faisoient tantôt vivre, tantôt mourir, un immortel petit Géant (j'appelle ainsi les flammes visibles, dont le plus grand et le plus petit des Dieux m'échauffe et me fait trembler); ou *si* ces aveugles clairvoyans (je veux dire vos yeux, belle Tigresse, ces innocens coupables,) se publiant, sans dire mot, amis ennemis de l'esclave liberté des hommes, n'avoient contraint volontairement mon Génie dans la libre prison de votre sorcière beauté, lui qui faisoit gloire auparavant d'une fermeté constante en son inconstance ; *Si*, dis-je, tout cela n'avoit fait faire et défaire à mes pensées beaucoup de chemin en peu d'espace ; *Si*, bref, vous ne m'aviez apporté des ténèbres par vos rayons, *je* n'aurois pas appelé de mon Juge à mon Juge, pour demander ce que je ne veux pas obtenir : c'est, pitoyable Inhu-

---

[1] Dans les colléges, cette expression proverbiale signifiait *donner le fouet* parce que l'exécution avait lieu dans une salle à ce destinée.

maine, la santé mortelle d'une aigre-douce maladie, qu'on rendroit incurable, si on la guérissoit.

GENEVOTE.

Comment appelez-vous cette Figure-là?

GRANGER.

Nos Ancêtres jadis la baptisèrent *Antithèse*.

GENEVOTE.

Et, moi, qui la confirme aujourd'hui, je lui change son nom, et lui donne celui de *Galimatias*.

GRANGER.

Voici la *Métaphore*, et la *Comparaison*, qui viennent à vos pieds demander audience.

GENEVOTE.

Faites-les entrer.

GRANGER.

Tout ainsi qu'un neigeux torrent, fier enfant de l'Olympe, quand son chenu coupeau acravanté d'orages, et courbant sous le faix des froidureux cotons, franc qu'il se voit de l'étroite conciergerie[1], où le calme le tenoit serf, *qua data porta ruit*[2], va ravager insolemment le sein fertile des pierreuses campagnes, et, déshonorant sans vergogne, par le guéret champêtre, la perruque dorée de Cérès aux pâles couleurs, fait brouter illec le troupeau écaillé, où le coutre tranchant du ménager Laboureur pieça se promenoit : ainsi mes espérances, ne pouvant plus tenir contre l'impétuosité de mon déplaisir, l'Huissier[3] de ma tristesse, tenant en main la baguette de mes douleurs ; j'ai débarricadé mes clameurs, lâché la bride à mes sanglots, donné de l'éperon à mes larmes, et

---

[1] Prison, en généralisant le nom de la Conciergerie du Palais, où étaient les prisons du Parlement de Paris.

[2] Citation d'un vers de l'*Énéide*, lib. I.

Qua data porta, ruunt.....

[3] L'édition in-4° porte *le Huissier*, ce qui prouve que l'*h* était alors aspirée dans ce mot-là.

fouetté mes cris devant moi. Ils feront bon voyage, car il me semble que je vois déjà la Sentinelle avancée de votre bonté paroître entre les créneaux et sur la plate-forme de vos grâces, qui crie à mes soupirs : *Qui va là?* Puis, ayant appelé le Caporal de votre jugement, donné l'alarme au Corps de garde de vos pudicités, demandé le mot du guet à mes soupirs, les avoir reconnus pour amis, laissé passer à cause du paquet de persévérance, et bref, les articles de bonne intention signés de l'Amant et de l'Aimée, voir la Paix universelle entre les deux États de notre foi matrimoniale régner ès Siècles des Siècles[1].

GENEVOTE.

Amen.

GRANGER.

Donc, pour nous y acheminer, soyez comme un Jupiter qui s'apaise par de l'encens ; je serai comme Alexandre à vous en prodiguer. Soyez de même que le Lion qui se laisse fléchir par les larmes ; je serai de même qu'Héraclite à force de pleurer. Soyez tout ainsi que le naphte auprès du feu ; et je serai tout ainsi que le mont Etna qui ne sauroit s'éteindre. Soyez ne plus ne moins que le bon terroir, qui rend ce qu'on lui prête ; et je serai ne plus ne moins que Triptolème à vous ensemencer. Soyez ainsi que les abeilles, qui changent en miel les fleurs ; et les fleurs de ma Rhétorique, ainsi que celles d'Attique, se chargeront de Manne. Soyez telle en fermeté que la rémore qui bride la nef au plus fort de la tempête ; et je serai tel que le Vaisseau de Caligula qui en fut arrêté. *Ne multus sim.* Soyez à la façon des trous qui ne refusent point de mortier ; et je serai à la façon de la truelle qui bouchera votre crevasse.

GENEVOTE.

Vraiment, Monsieur, quoique vous soyez incomparable, vous n'êtes pas un homme sans comparaison.

---

[1] Allusion à la formule finale des oremus : *in sæcula sæculorum*.

GRANGER.

Ce n'est pas par la métaphore seule, pain quotidien des Scholares, que je prétends capter votre bénévolence : voyons si mes argumens trouveront forme à votre pied ; car, si ce contingent métaphysique avoit couru du *possibile ad factum*, je jure par toutes les eaux infernales, par les palus trois fois saints du Cocyte et du Styx, par la couronne de fer de l'enfumé Pluton, par l'éternel cadenas du Silence, par la béquille de Vulcain, bref, par l'enthousiasme prophétique du tripier[1] Sibyllin, de vous rendre en beauté, non point la Déesse Paphienne, mais celle qui fera honte à celle-là. Et, pour en descendre aux preuves, j'argumente ainsi. Du monde, la plus belle partie, c'est l'Europe. La plus belle partie de l'Europe, c'est la France, *secundum Geographos*. La plus belle Ville de la France, c'est Paris. Le plus beau Quartier de Paris, c'est l'Université, *propter Musas*. Le plus beau Collége de l'Université, je soutiens, à la barbe de Sorbonne, de Navarre et de Harcourt[2], que c'est Beauvais, *quasi* beau à voir. La plus belle chambre de Beauvais, c'est la mienne. *Atqui*, le plus beau de ma Chambre, c'est moi. *Ergo*, je suis le plus beau du monde. *Et hinc infero* que, vous, pucelette mignardelette, mignardelette pucelette, étant encore plus belle que moi, il seroit, je dis, *Sole ipso clarius*, que, vous incorporant au Corps de l'Université, en vous incorporant au mien, vous seriez plus belle que le plus beau du monde.

GENEVOTE.

Vraiment, si j'avois dormi une nuit auprès de vous, je serois docte comme Hésiode, pour avoir dormi sur le Parnasse.

GRANGER.

Mais j'ai d'autres armes encore qui sont toutes neuves

---

[1] Plus étymologique que *trépied*; du latin, *tripus*.
[2] Principaux collèges de Paris à cette époque.

à force d'être vieilles, dont je présume outre-percer votre tendrelette poitrine. C'est l'éloquence du franc Gaulois[1]. Or, oyez.

Et déa Reyne de haut parage, Mie de mes pensées, Cresme, Fleur et Parangon des Infantes, vous qui chevauchez par illec du fin faiste de cestuy vostre magnifique et moult doucereux palefroy, jouxte lequel gesir souliez en bonne couche; prenez esmoy de ma desconvenuë. Las! oyez le méchef d'un dolent moribond, qui, crevé d'anhan sur un chetif grabat, oncques ne sentit au cœur joye. Point ne boutez en sourde obliviance cil à qui pieça Fortune porte guignon. Las! hélas! acconfortez un pauvret en marisson, à qui il conviendra soy gendarmer contre soy, s'occire, ou se desconfire par quelque autre tour de malengin, se ne vous garmentez de luy donner soulas, car de finer ainsi pieça ne luy chaut. Or, soyez ma Pucelle aux yeux vairs[2] comme un Faucon; quant à moy, je seray votre coint Damoisel, qui, par rémunération d'une si grande mercy, se aucune chose avez à besogner de son avoir, à tout son tranchant glaive il redressera vos torts, et défera vos griefs; il desconfira des Chevaliers felons; il hachera des Andriaques; il fera des Chappelis inénarrables; il martellera des Paladins, ores à dextre, ores à senestre; bref, tant et si beau joustera, qu'il n'y aura pièce de fiers, orgueilleux, outrecuidez et démesurez Géants, lesquels, en dépit des armes Fées, et du Haubert de fine trempe, il ne pourfende jus les arçons. Quel esbaudissement de voir adonc issir le sang, à grand randon, du flanc pantois de l'ende-

---

[1] A cette époque, les romans à grand style et à grands sentiments avaient complètement détrôné les anciens romans de chevalerie, qui ne se lisaient plus et qui pourrissaient sur les étalages du Pont-Neuf. La connaissance de la vieille langue était donc reléguée parmi les défroques de la pédanterie. Ce fut Chapelain qui essaya de remettre en vogue et en honneur la littérature *gauloise*.

[2] De couleur changeante; en latin, *varii*. C'était la beauté par excellence au moyen âge.

mené Sarrasin ; et pour festoyement de cas tant beau, se voir léans guerdoné d'un los de pleniere Chevalerie !

GENEVOTE.

Monsieur, il est vrai, je ne le puis céler, c'est à ce coup que je rends les armes. Enfin, je m'abandonne tout à vous ; usez de moi aussi librement que le chat fait de la souris ; rognez, tranchez, taillez, faites-en comme des choux de votre jardin.

PAQUIER.

Je trouve pourtant bien du *distinguo* entre les Femmes et les choux, car des choux la tête en est bonne, et des Femmes, c'est ce qui n'en vaut rien.

GRANGER.

Auriez-vous donc agréable, Mademoiselle, lorsque la Nuit au visage de More aura, de ses baillons noirs, embéguiné le minois souffreteux de notre Zénith, que je transporte mon individu aux Lares domestiques de votre toit, pour humer à longs traits votre éloquence melliflue, et faire sur votre couche un Sacrifice à la Déesse tutélaire de Paphos ?

GENEVOTE.

Oui, venez, mais avec une échelle, et montez par ma fenêtre, car mon frère serre tous les jours les clefs de notre maison sous son chevet.

GRANGER.

Oh ! que ne suis-je maintenant Julius César, ou le Pape Grégoire[1], qui firent passer le Soleil sous leur férule ! Je ne le reculerois, ni ne l'arrêterois en Thyeste ou en Josué[2] ; mais je le contraindrois de marquer minuit à six heures.

---

[1] Allusion au calendrier julien, dressé par Jules César, et au calendrier grégorien, réformé par le pape Grégoire XIII.

[2] Le soleil recula devant le forfait d'Atrée, qui fit manger à son frère Thyeste le corps de son propre fils ; Josué, chef du peuple hébreu, arrêta le soleil, pour achever de poursuivre ses ennemis.

SCÈNE III

GENEVOTE, LA TREMBLAYE, GRANGER le jeune, CORBINELI.

GENEVOTE.

Je pensois aller plus loin vous faire rire; mais je vois bien qu'il me faut décharger ici.

GRANGER le jeune.

Aux dépens de mon Père?

GENEVOTE.

C'est bien le plus bouffon personnage de qui jamais la tête ait dansé les sonnettes [1]; et moi, par contagion, je suis devenue facétieuse, jusques à lui permettre d'escalader ma chambre. A bon entendeur, salut. Il se fait tard; les machines sont peut-être déjà en chemin; retirons-nous.

SCÈNE IV

LA TREMBLAYE, CORBINELI.

LA TREMBLAYE.

Va donc avertir Mademoiselle Manon. Tout va bien, la bête donnera dans nos panneaux, ou je suis un mauvais Chasseur. (Il heurte à la porte de Manon.)

SCÈNE V

LA TREMBLAYE, CORBINELI, MANON.

LA TREMBLAYE.

Je m'en vais amasser de mes amis pour m'assister, en cas que son Collége voulût le secourir. Mais une autre difficulté m'embarrasse; c'est que je crains, si je ne suis

---

[1] La danse des sonnettes était une danse de bouffon.

arrivé assez tôt, qu'il n'entre dans la chambre de ma sœur; et, comme enfin elle est fille, qu'elle n'ait de la peine à se dépêtrer des poursuites de ce Docteur échauffé; et qu'au contraire, s'il trouve la fenêtre fermée, contre la parole qu'il a reçue d'elle, qu'il ne s'en aille, pensant que ce soit une burle [1].

CORBINELI.

Oh! de cela n'en soyez point en peine, car je l'arrêterai, en sorte qu'il ne courra pas fort vite escalader la chambre, et n'osera, pour quelque autre raison que je vous tais, retourner en son logis. C'est pourquoi je vais m'habiller pour la Pièce.

LA TREMBLAYE.

J'étois venu pour imaginer avec vous un moyen de hâter notre mariage; mais votre Père lui-même nous en donne un fort bon. (Il lui parle bas à l'oreille.) Il va tout à l'heure assiéger notre Château, pour voir ma sœur; et moi, je...

MANON.

C'est par là qu'il s'y faut prendre, n'y manquez pas. Adieu.

ACTE IV

SCÈNE PREMIÈRE

GRANGER, PAQUIER, CORBINELI.

GRANGER.

Tout est endormi chez nous d'un somme de fer; tout y ronfle jusqu'aux grillons et aux crapauds. Paquier,

---

[1] Plaisanterie, niche; de l'italien *burla*.

avance ton échelle : mais que c'est bien pour moi l'Échelle de Jacob, puisqu'elle me va monter au Paradis d'Amour.

PAQUIER.

Je crois que voici la maison... Ah! je suis mort! C'est ma faute, je ne lui avois pas donné assez de pied. (Il tombe, ayant appuyé son échelle sur le dos de Corbineli.)

GRANGER.

Monte encore un coup, pour voir si elle est bien appuyée. (Il l'y met encore et monte.)

PAQUIER.

J'ai peur d'avoir donné trop de pied. Comment, je ne rencontre point de mur! (Il nage des bras dans la nuit, pour toucher le mur.) Notre machine tiendroit-elle bien toute seule? *Domine*, plantez vous-même votre échelle, je n'y oserois plus toucher.

GRANGER.

Vade retro, mauvaise bête; je l'appliquerai bien moi-même. Je pense que j'y suis, voici la porte; je la connois aux clous, sur chacun desquels j'ai composé jadis maintes bonnes épigrammes. *Scande,* pour essayer si elle est ferme.

PAQUIER.

Ah! misérable que je suis! on vient d'arracher les dents à mon échelle. (Corbineli transpose l'échelle d'un côté et d'autre avec tant d'adresse, que Paquier, faisant aller sa main à droite et à gauche, frappe toujours un des côtés de l'échelle, sans trouver d'échelons.) Miséricorde! mon échelle vient d'enfanter. Qui l'auroit engrossie? Ne seroit-ce point moi, car j'ai monté dessus? Mais quoi! l'enfant est déjà aussi gros que la mère.

GRANGER.

Tais-toi, Paquier! J'ai vu tout à l'heure passer je ne sais quoi de noir. C'est peut-être une de ces Larves au teint noir, dont nous parlions tantôt, qui vient pour m'effrayer?

PAQUIER.

Domine, on dit que, pour épouvanter le Diable, il faut témoigner du cœur; toussez deux ou trois fois, vous vous rassurerez. (Granger tousse.)

GRANGER.

Qui es-tu?

PAQUIER.

Un peu plus haut.

GRANGER.

Qui es-tu?

PAQUIER.

Encore plus fort.

GRANGER.

Qui es-tu donc?

PAQUIER.

Chantez un peu, pour vous rassurer. (Granger chante.) Bon; fort. Faites accroire au Spectre que vous ne le craignez point. *Domine*, c'est un Diable huguenot, car il ne se soucie point de la Croix.

GRANGER.

Il a peur lui-même, car il n'ose parler. Mais, Paquier, ne seroit-ce point mon ombre? car elle est vêtue tout comme moi, fait tous mes mêmes gestes; recule quand j'avance, avance quand je recule. Il faut que je m'éclaircisse. Notre-Dame! elle me frappe! (Il donne un coup et Corbineli le lui rend; Corbineli entre vîtement avec un passe-partout, et Granger court après pour entrer aussi.)

PAQUIER.

Monsieur, il se peut faire que les ombres de la nuit, étant plus épaisses que celles du jour, sont aussi plus robustes, et qu'ainsi elles pourroient frapper les gens. Entrez, voilà la porte ouverte.

GRANGER.

Ma foi, l'ombre est plus habile que moi. Écoutez donc! Me voici, c'est moi!

PAQUIER.

Non, vraman da, ce n'est pas mon Maître qui est chez vous, ce n'est que son ombre. Que Diable, Monsieur, votre ombre est-elle folle de marcher devant vous, et d'entrer toute seule en un logis où elle ne connoît personne? Oh! assurément que nous nous sommes trompés, car, si c'étoit une ombre, la Lune l'auroit faite, et cependant la Lune ne luit pas. Hélas! *profecto*, je le viens de trouver; nous en étions bien loin. C'est votre Ame, car ne vous souvient-il pas qu'hier vous la donnâtes à Mademoiselle Genevote? Or, n'étant plus à vous, elle vous aura quitté; cela est bien visible, puisque nous la rencontrons en chemin, qui s'y en va. Ah! perfide Ame, vous ne deviez pas trahir un Docteur de la façon! Ce qu'il en avoit dit n'étoit qu'en riant; cependant vous l'abandonnez pour une niaiserie!... Je m'en vais bien voir si c'est elle; car, si ce l'est, peut-être qu'en la flattant un peu, elle se repentira de sa faute. Je t'adjure, par le Grand Dieu vivant, de me dire qui tu es.

CORBINELI, par la fenêtre.

Je suis le grand Diable Vauvert [1]. C'est moi qui fais dire la Patenôtre du Loup; qui noue l'aiguillette aux nouveaux Mariés; qui fais tourner le sas; qui pétris le gâteau triangulaire; qui rends invisibles les frères de la Rose-Croix; qui dicte aux Rabins la Cabale et le Talmud; qui donne la Main de gloire, le Trèfle à quatre, la Pistole volante, le Guy de l'an neuf, l'Herbe de fourvoiement, la Graine de fougère, le Parchemin vierge, les Gamahés, l'Emplâtre magnétique. J'enseigne la composition des brevets, des sorts, des charmes, des sigilles, des ca-

---

[1] Tout ce couplet, débité par Corbineli, n'est qu'un résumé littéral du discours débité par le sorcier Agrippa dans la XII° des Lettres diverses, *pour les Sorciers*. Voy. ci-dessus cette lettre, où sont expliqués, soit dans le texte, soit dans les notes, la plupart des termes et des usages fantastiques dont il est question ici.

17.

ractères, des talismans, des images, des miroirs, des figures constellées. Je prêtai à Socrate un Démon familier; je fis voir à Brutus son mauvais Génie; j'arrêtai Drusus, à l'apparition d'un Lutin; j'envoie les Démons familiers, les Esprits, les Martinets[1], les Gobelins, le Moine-bourru, le Loup-garou, la Mule-ferrée, le Marcou, le Cauchemar, le roi Hugon, le Connétable, les Hommes noirs, les Femmes blanches, les Ardens, les Lemures, les Farfadets, les Ogres, les Larves, les Incubes, les Succubes, les Lamies, les Fées, les Ombres, les Mânes, les Spectres, les Fantômes. Enfin, je suis le Grand Veneur de la forêt de Fontainebleau.

GAREAU.

Ah! Paquier, qu'est ceci?

PAQUIER.

Voilà un Démon qui n'a pas eu toute sa vie les mains dans ses pochettes.

GRANGER.

Qu'augures-tu de cette vision?

PAQUIER.

Que c'est un Diable femelle, puisqu'il a tant de caquet.

GRANGER.

En effet, je crois qu'il n'est pas méchant; car j'ai remarqué qu'il ne nous a dit mot, jusques à ce qu'il s'est vu armé d'un corselet de pierre [2].

PAQUIER.

Ma foi, Monsieur, ne craignez point les Diables, jusques à ce qu'ils vous emportent. Pour moi, je ne les appréhende que sur les épaules des femmes.

---

[1] Le grand diable se nommant *maître Martin*, les petits diables étaient des *martinets*.

[2] C'est-à-dire : jusqu'à ce qu'il se soit caché derrière une muraille.

SCÈNE II

LA TREMBLAYE, GRANGER, PAQUIER, CHATEAUFORT.

LA TREMBLAYE.

Aux voleurs! aux voleurs! Vous serez pendus, coquins! Ce n'est pas d'aujourd'hui que vous vous en mêlez. Peuple, vous n'avez qu'à chanter le *Salve :* le Patient est sur l'échelle[1].

PAQUIER.

En mourra-t-il, Monsieur?

LA TREMBLAYE.

Tu t'y peux bien attendre.

PAQUIER.

Seigneur, ayez donc pitié de l'âme de feu mon pauvre Maître Nicolas Granger : si vous ne le connoissez, Seigneur, c'est ce petit homme qui avoit un chapeau à grand bord, et un haut-de-chausse à la culotte.

GRANGER.

Au secours, Monsieur de Châteaufort! C'est votre ami Granger, que La Tremblaye veut poignarder!

CHATEAUFORT, par la fenêtre.

Qui sont les canailles qui font du bruit là-bas? Si je descends, je lâcherai la bride aux Parques.

LA TREMBLAYE.

Soldats, qu'on leur donne les osselets[2]!

GRANGER.

Ah! Monsieur de Château-très-fort, envoyez, de l'ar-

---

[1] C'était l'usage, dans les exécutions, que le confesseur qui assistait le patient et qui l'aidait à monter sur l'échelle de la potence, donnât à l'assistance le signal des prières pour les trépassés.

[2] Espèce de torture infligée aux voleurs et aux accusés, pour leur faire avouer la vérité. On leur mettait des os ou des cailloux entre les doigts, que l'on serrait ensuite plus ou moins avec des cordes.

senal de votre puissance, la foudre craquetante sur la témérité criminelle de ces chétifs myrmidons!

CHATEAUFORT, descendu sur le Théâtre.

Vous voilà donc, marauds! Hé! ne savez-vous pas qu'à ces heures muettes, j'ordonne à toutes choses de se taire, hormis à ma renommée? Ne savez-vous pas que mon épée est faite d'une branche des ciseaux d'Atropos? Ne savez-vous pas que si j'entre, c'est par la brèche; si je sors, c'est du combat; si je monte, c'est dans un trône; si je descends, c'est sur le pré; si je couche, c'est un homme par terre; si j'avance, ce sont mes conquêtes; si je recule, c'est pour mieux sauter; si je joue, c'est au Roi dépouillé; si je gagne, c'est une bataille; si je perds, ce sont mes ennemis; si j'écris, c'est un cartel; si je lis, c'est un arrêt de mort; enfin, si je parle, c'est par la bouche d'un canon? Donc, Pendard, tu savois ces choses, et tu n'as pas redouté mon tonnerre? Choisis toi-même le genre de ton supplice; mais dépêche-toi de parler, car ton heure est venue.

LA TREMBLAYE.

Ah! quelle frénésie!

GRANGER.

Monsieur de Châteaufort, *a minori ad majus*. Si vous traitez de la sorte un malheureux, que feriez-vous à votre rival?

CHATEAUFORT.

Mon rival! Jupiter ne l'oseroit être avec impunité.

GRANGER.

Cet homme ose donc plus que Jupiter!

CHATEAUFORT.

Ce grimaud, ce fat, ce farfadet! Docteur, vous avez grand tort: je l'allois faire mourir avec douceur; maintenant que ma bile est échauffée, sans vous mettre au hasard d'être accablé du Ciel qui tombera de peur, je ne le saurois punir. N'avez-vous point su cet estramaçon, dont les siècles ont tant parlé? Certain fat avoit marché dans mon ombre, mon tempérament s'en alluma, je laissai tomber celui de mes revers, qu'on nomme l'archi-épouvantable, avec un tel fracas, que, le vent seul de ma tueuse ayant étouffé mon ennemi, le coup alla foudroyer les omoplates de la Nature. L'Univers, de frayeur, de carré qu'il étoit, s'en ramassa tout en une boule; les Cieux en virent plus de cent mille étoiles; la Terre en demeura immobile; l'Air en perdit le vent; les Nues en pleurèrent; Iris en prit l'écharpe; le Soleil en courut comme un fou; la Lune en dressa les cornes; la Canicule en enragea; le Silence en mordit ses doigts; la Sicile en trembla; le Vésuve en jeta feu et flamme; les Fleuves en gardèrent le lit; la Nuit en porta le deuil; les Fous en perdirent la raison; les Chimistes en gagnèrent la pierre[1]; l'Or en eut la jaunisse; la Crotte en sécha sur le pied; le Tonnerre en gronda; l'Hiver en eut le frisson; l'Été en sua; l'Automne en avorta; le Vin s'en aigrit; l'Écarlate en rougit; les Rois en eurent échec et mat; les Cordeliers en perdirent leur latin; et les noms Grecs en vinrent au duel[2].

LA TREMBLAYE.

Pour éviter un semblable malheur, je vous fais commandement de me suivre. Allons, Monsieur l'Archi-épouvantable, je vous fais prisonnier, à la requête de l'Univers.

CHATEAUFORT.

Vous voyez, Docteur, pour ne vous pas envelopper dans le désastre de ce coquin, j'ai pu me résoudre à lui pardonner.

---

[1] Les *chimistes* ou alchimistes qui cherchent la pierre philosophale ou la pierre bénite.

[2] Il joue sur le mot *duel*, qui est un terme de la grammaire servant à désigner dans les déclinaisons et les conjugaisons grecques deux personnes ou deux choses.

SCÈNE III

MANON, GRANGER, PAQUIER, LA TREMBLAYE, CHATEAUFORT.

MANON.

Ah! Monsieur de La Tremblaye, mon cher Monsieur, donnez la vie à mon père, et je me donne à vous! Bon Dieu! j'étois dans le Collége, attendant qu'il fût arrivé pour fermer les portes de notre montée, lorsque j'ai entendu un grand bruit dans la rue. Le cœur m'a dit qu'indubitablement il avoit eu quelque mauvaise rencontre. Hélas! mon bon Ange ne m'avertit point à faux! Il est vrai, Monsieur, qu'il mérite la mort, d'avoir été surpris en volant votre maison; mais je sais bien aussi que tous les Gentilshommes sont généreux, et tous les généreux, pitoyables. Vous m'avez autrefois tant aimée : ne puis-je, en devenant votre femme, obtenir la grâce de mon père? Si vous croyez que ceci soit dit seulement pour vous amuser, allons consommer notre mariage, pourvu qu'auparavant vous me promettiez de lui donner la vie. Encore qu'il ne témoigne pas d'y consentir, excusez-le, Monsieur; c'est qu'il a le cœur un peu haut, et tout homme courageux ne fléchit pas facilement ; mais, pour lui sauver la vie, je ferois bien pis que de lui désobéir.

GRANGER.

O Dieux! quelle fourbe! Sans doute la misérable est d'intelligence avec son traître d'Amoureux. Non, non, ma Fille, non, vous ne l'épouserez jamais.

MANON.

Ah! monsieur de La Tremblaye, arrêtez! Je connois, à vos yeux, que vous l'allez tuer. Bon Dieu! faut-il voir massacrer mon Père devant moi, ou mourir ignominieusement par les mains de la Justice? Donc, à l'âge où je suis, il faut que je perde mon Père? Eh! pour l'amour de

Dieu, mon Père, mon pauvre Père, sauvez-vous, sauvant la vie et l'honneur à vos enfans. Vous voyez que La Tremblaye est un brutal, qui ne vous pardonnera jamais si vous ne devenez son beau-père? Pensez-vous que votre mort ne me touche point? O Dame, si est. Sachez que je ne vous survivrois guère, et que même, pour vous sauver d'un péril encore moindre que celui-ci, je ne balancerois point de me prostituer; à plus forte raison, pour vous sauver du gibet, n'ayant qu'à devenir la Femme d'un brave Gentilhomme, pourquoi ne le ferois-je pas?

GRANGER.

Quo vertam[1], mes Amis, l'optique de ma vue et de mes espérances? C'est à vous, Monsieur de La Tremblaye. *Ne reminiscaris delicta nostra*[2]. Je me reposois sur la protection de Châteaufort, et je croyois que ce tranche-montagne...

CHATEAUFORT.

Que diable voulez-vous que je fasse? Perdrai-je tous les hommes, pour un?

GRANGER.

Oserois-je en ce piteux état vous offrir ma Fille et demander votre Sœur? Je sais que, si vous ne détournez les yeux de mes fautes, je cours fortune de rester un pitoyable raccourci des catastrophes humaines.

LA TREMBLAYE.

Désirer cela, c'est me le commander. Mais n'oublions pas à punir ce grotesque Rodomont de son impertinence.
(La Tremblaye frappe, et Châteaufort compte les coups.)

CHATEAUFORT.

Un, deux, trois, quatre, cinq, six, sept, huit, neuf, dix, onze, douze.... Ah! le rusé, qu'il a fait sagement! S'il en eût donné treize, il étoit mort!

[1] C'est-à-dire : où tourner? de quel côté tournerai-je?
[2] Paroles de quelque oraison.

LA TREMBLAYE.

Voilà pour vous obliger à ce meurtre. (Il le jette à terre d'un coup de pied.)

CHATEAUFORT.

Aussi bien, me voulois-je coucher.

LA TREMBLAYE.

Allons chez nous passer l'accord.

GRANGER.

Entrez toujours, je vous suis. Je demeure ici un moment pour donner ordre que nous ayons de quoi nous ébaudir.

SCÈNE IV

GRANGER, PAQUIER, CORBINELI.

GRANGER.

Paquier, va-t'en *subito* m'accerser[1] les Confrères d'Orphée[2]. Mais, d'abord que tu leur auras parlé, reviens et amène-les ; car c'est un lieu où je te défends de prendre racine, encore que la viande aérée de ces Messieurs, aussi bien que le chef de Méduse, ait droit de te pétrifier[3] ou t'immobiliser par la même force dont usa le Violon Thracien[4] pour tenir les bêtes pendues à son harmonie. Pour toi, Corbineli, je te pardonne ta fourbe, en faveur de ma conjonction matrimoniale.

CORBINELI.

Monsieur, c'est aujourd'hui Sainte-Cécile[5]. Si Paquier ne trouve leurs maisons aussi vides que leurs instru-

---

[1] Appeler, attirer; en latin, *accersire*.
[2] C'est-à-dire les *musiciens*.
[3] Toutes les éditions posthumes portent *immortaliser*.
[4] C'est Orphée, qui attirait, aux sons de sa lyre, les bêtes féroces et les rochers de la Thrace.
[5] Fête des musiciens.

mens, je veux devenir as de pique. Et puis, le pauvre garçon a bien des affaires : il doit aller en témoignage.

CRANGER.

En témoignage ! et pourquoi ?

CORBINELI.

Un homme de son pays fut hier déchargé de ce fardeau qui n'est jamais plus léger que quand il pèse beaucoup. Des coupe-jarrets l'attaquèrent ; l'autre cria ; mais ses cris ne furent autre chose que l'oraison funèbre de son argent : ils lui ôtèrent tout, jusques à ne lui laisser pas même la hardiesse de les poursuivre. Il soupçonne son Hôte d'avoir été de la cabale[1] ; l'Hôte soutient qu'il n'a point été volé, et prend Paquier à témoin, qui s'est offert à lui.

GRANGER.

Eh bien, Paquier, que diras-tu, par ta foi, quand tu seras devant le Juge ?

PAQUIER.

« Monsieur, dirai-je en levant la main, j'entendis, comme je dormois bien fort, du monde dans notre rue crier tout bas tant qu'il pouvoit : *Aux Voleurs!* Dame, je me levai sans me grouiller[2], je mis mon chapeau dans ma tête, j'avallai mon châssis[3], je jetai ma tête dans la rue, et, comme je vis que je ne vis rien, je m'en retournai coucher tout droit. » Mais, *Domine*, au lieu de m'envoyer quérir des Baladins, il seroit bien plus méritoire et bien plus agréable à Dieu de me faire habiller. Quelle honte sera-ce qu'on me voie aux noces fait comme un gueux, sachant que je suis à vous ? *Induo veste Petrum dic aut vestem induo Petro*[4] ; je m'appelle Pierre, Monsieur.

[1] Dans le sens de *complot*.
[2] Remuer, branler ; du bas latin *grollare*.
[3] J'abaissai le châssis de la fenêtre.
[4] Exemple emprunté à la Syntaxe de Despautères.

GRANGER.

Tu peux donc bien te résoudre à rogner un morceau de l'Arc-en-Ciel, car je ne sache point d'autre étoffe payée au Marchand, pour te vêtir. La Lune six fois n'a pas rempli son Croissant depuis la maudite journée que je te caparaçonnai de neuf.

PAQUIER.

Monsieur, *Sæpe quidem docti repetunt bene præposituram*[1]. C'est-à-dire que toute la Nature vous prêche, avec Jean Despautères, de m'armer tout de nouveau d'un bon lange de bure.

GRANGER.

Va, console-toi, la pitié me surmonte, je te ferai bientôt habiller comme un Pape. Premièrement, je te donnerai un chapeau de fleurs, une laisse de chiens courans, un panache de cocu, un collet de mouton, un pourpoint de tripe-Madame, un haut-de-chausse de rats en paille, un manteau de dévotion, des bats d'âne, des chausses d'hypocras, des bottes d'escrime, des aiguillons de la chair ; bref, une chemise de chartre, qui te durera longtemps, car je suis assuré que tu la doubleras d'un buffle. Cependant, Corbineli, tu vois un pirate d'amour : c'est sur cette mer orageuse et fameuse que j'ai besoin pour guide du phare de tes inventions. Certaine voix secrète me menace, au milieu de mes joies, d'un brisant, d'un banc ou d'un écueil. Penses-tu que ma Maîtresse revoie mon Fils sans rallumer des flammes qui ne sont

---

[1] C'est évidemment une citation empruntée à Despautères, mais nous n'avons pas réussi à l'y découvrir, à moins que Paquier n'ait commenté par un vers de sa façon la règle suivante :

Barbarus haud fies apponens præposituras.

Dans la grande édition de Despautères (1537, in-f°), on lit ensuite cette phrase, qui semble correspondre au vers que Cyrano a mis dans la bouche de Paquier : « Si quis contra regulas dictas doctissimos parcè imitetur, ubi usurpaverunt contrarium... »

pas encore éteintes? Ah! c'est une plaie nouvellement fermée, qu'on ne peut toucher sans la rouvrir. Toi seul peux démêler les sinueux détours d'un si léthifère dédale; toi seul peux devenir l'Argus qui me conservera cette Io. Fais donc, je te supplie, toi qui es l'astre et la constellation de mes félicités, que mon Fils ne soit plus rétrograde à ma volonté. Mais, si tu veux que l'embryon de tes espérances, devenant le plastron de mes libéralités, fasse métamorphoser ta bourse en un microcosme de richesses, et ta poche en corne d'abondance; fais, dis-je, que mon coquin de Fils prenne un verre au collet, de si bonne sorte qu'ils en tombent tous deux sur le cul. Je présage un sinistre succès à mes entreprises, s'il assiste à cette Fête : c'est pourquoi enfonce-le dans un Cabaret où le jus des tonneaux le puisse entretenir jusques à demain matin. Voici de l'or, voici de l'argent; regarde si, par un prodige surnaturel, je ne fais pas bien dans ma poche conjonction du Soleil et de la Lune sans éclipse [1]. Prends, ris, bois, mange, et surtout fais-le trinquer jusques à l'ourlet! Qu'il en crève, n'importe! Ce ne sera que du vin perdu.

CORBINELI.

Le voici, comme si Dieu nous le devoit. Permettez que je lui parle un peu particulièrement, car votre mine effarouchante ne l'apprivoiseroit pas.

SCÈNE V

CORBINELI, GRANGER le jeune, PAQUIER.

CORBINELI.

Je vous allois chercher. Vous ne savez pas? On vient de condamner votre raison à mort. En voulez-vous appeler? J'ai moi-même reçu les ordres de vous enivrer;

[1] Dans la langue hermétique, l'or, c'est le soleil; l'argent, c'est la lune.

mais, si j'en suis cru, vous blesserez votre ennemi de sa propre épée. Il prétend, le pauvre homme, faire tantôt les noces de votre Sœur avec Monsieur de La Tremblaye, et le contrat des siennes avec Mademoiselle Genevote. Craignant donc que votre présence n'apportât beaucoup d'obstacles à la perfection de ses desseins, il m'a donné charge de vous soûler au Cabaret ; et je trouve, moi, que c'est un acheminement le meilleur du monde pour l'exécution de ce que je vous ai tantôt mandé par celui que je vous ai envoyé.

GRANGER le jeune.

Quoi! pour contrefaire le mort ?

CORBINELI.

Oui, car je lui persuaderai que, dans l'écume du vin, vous avez pris querelle, que... (Il lui parle bas à l'oreille.) Mais vite, allez promptement étudier vos postures ; nous amuserons cependant, Paquier et moi, votre Père, pour donner du temps à votre feinte ivrognerie. Venez ici même représenter votre personnage, et nous lui ferons accroire qu'en suite votre querelle.....

SCÈNE VI

CORBINELI, GRANGER, PAQUIER.

CORBINELI.

Oh! Monsieur, je ne sais ce que vous avez fait à Dieu, mais il vous aime bien. Votre Fils est à la Croix blanche[1], avec deux ou trois de vos Pensionnaires qui le traitent. Il n'aura pas ajouté quatre verres de vin à ceux qu'il a pris, que nous lui verrons la cervelle tournée en Zodiaque.

[1] Cabaret célèbre, à l'enseigne de la *Croix blanche*. C'était là que se réunissaient les poëtes et les libertins, pour *faire la débauche* c'est-à dire pour converser en buvant.

PAQUIER.

Avouez, Monsieur, que Dieu est bon ; voilà sans doute la récompense de la Messe que vous lui fîtes dire, il n'y a que huit jours.

SCÈNE VII

LA TREMBLAYE, GRANGER, CORBINELI, PAQUIER.

LA TREMBLAYE.

Je vous venois quérir, on n'attend plus que vous.

GRANGER.

J'entrois au moment que vous êtes sorti. Mais, ma foi, mon Gendre, si nos conviés sont infectés du venin de la Tarentule, ils chercheront pour aujourd'hui d'autres Médecins que les Sectateurs d'Amphion, et le goulu Saturne eût bien pu dévorer Jupiter, si les Curètes eussent entonné leurs charivaris aussi loin d'Ida que ces Luthériens égratigneront leurs chanterelles *procul* de nos Pénates. Mais, au lieu de cet ébat, j'ai pourpensé d'exhiber un intermède de Muses fort jovial. C'est l'effort le plus argut qu'on se puisse fantasier. Vous verrez mes grimauds scander les échines du Parnasse têtu, avec des pieds de Vers ; tantôt, à coups d'*Ergo*, déchirer le visage aux erreurs populaires ; *Nunc*, à Pégase faire litière de fleurs de Rhétorique ; *Hinc*, d'un fendant tiré par l'hexamètre sur les jarrets du pentamètre, le rendre boiteux pour sa vie ; *Illinc autem*, un de mes Humanistes, avec un boulet d'étopée [1], passer au travers des hypocondres de l'ignorance ; celui-ci, de la carne d'une période, fendre au Discours démembré le crâne jusques aux dents ; un autre *denique*, à force de pointes bien aiguës, piquer les épigrammes au cul.

---

[1] *Ethopæia*, figure de rhétorique.

LA TREMBLAYE.

Je vous conseille de prendre là-dessus le conseil de Corbineli ; il est Italien ; ceux de sa nation jouent la Comédie en naissant ; et, s'il est né jumeau, je ne voudrois pas gager qu'il n'ait farcé dans le ventre de sa Mère.

GRANGER.

Oh! oh! j'aperçois mon Fils ivre.

CORBINELI.

Hélas! Monsieur, il a tant bu, que je pense qu'il feroit du vin à deux sous, en soufflant dans une aiguière d'eau.

SCÈNE VIII

GRANGER le jeune, GRANGER le père, LA TREMBLAYE, CORBINELI, PAQUIER.

GRANGER le jeune.

L'hôtesse, je ne vous dois rien, je vous ai tout rendu. Miracle, miracle! je vois des étoiles en plein jour. Copernic a dit vrai, ce n'est pas le Ciel, en effet, c'est la Terre qui tourne. Ah! que n'étois-je Grue depuis la tête jusques aux pieds, j'aurois goûté ce nectar le long temps qu'il auroit été à baigner le long tuyau de cette gorge. Corbineli, dis-moi, suis-je bien enluminé, à ton avis ? Si mon visage étoit un calendrier, mon nez rouge y marqueroit bien la double Fête que je viens de chômer. Çà, çà, courage, mon bréviaire est à demi dit ; j'ai commencé à *Gaudeamus*, et j'en suis à *Lætatus sum*. Garçon, encore chopine, et puis plus : blanc ou clairet, il n'importe ! mais qu'ils demeurent en paix, car, à la première querelle, je les mets hors de chez moi. C'est pour s'être enivrés de blanc et de clairet, que la rose et le lis sont rois des autres fleurs. Vite donc, haut le coude ! Dans la soif où je suis, je te boirois, toi, ton Père et tes Aïeux, s'ils étoient dans mon verre. Buvez toujours, compagnons, buvez toujours; vous ne sauriez rien perdre : on donne à la Croix blanche douze rubis pour la valeur d'une pinte de vin. En effet, voyez un peu comme on devient riche à force de boire : je pensois n'avoir qu'une maison tantôt, j'en vois deux maintenant. C'est la vertu du vin qui fait tous ces prodiges. Sans mentir, Démocrite étoit bien fou de croire que la vérité fût dans un puits; n'avoit-il pas ouï dire *in vino veritas?* Mais lui, qui rioit toujours, il pouvoit bien ne l'avoir dit qu'en riant. Nature en sera bernée; elle, qui nous a donné à chacun deux bras, deux pieds, deux mains, deux oreilles, deux yeux, deux naseaux, deux rognons et deux fesses, ne nous aura donné qu'une bouche? Encore, n'est-elle pas tout à fait destinée à boire : nous en mangeons, nous en baisons, nous en crachons et nous en respirons. Ah! qu'heureuse entre les Dieux est la Renommée d'avoir cent bouches! C'est pour s'en bien servir que la mienne ne dit mot; car, sympathisant à mon humeur, elle boit toujours sans relâche et mange tout, jusqu'à ses paroles. La Parque fera bien de me laisser longtemps sur la terre, car, si elle me mettoit dedans, j'y boirois tout le vin, avant qu'il fût en grappe. Point d'eau, point d'eau, si ce n'est au moulin, non plus que de ces vendanges qui se font à coups de bâton. La seule pensée m'en fait serrer les épaules : fi de la pomme et des pommiers!

GRANGER.

Une pomme, en effet, ligua les Dieux l'un contre l'autre; une pomme ravit la femme à Ménélas; une pomme d'un grand empire ne fit qu'un peu de cendres; une pomme fit du Ciel un hôpital d'Insensés; une pomme fit à Persée égorger trois pauvres filles; une pomme empêcha Proserpine de sortir des Enfers; une pomme mit en feu la maison de Théodose; enfin, une pomme a causé le péché de notre premier Père, et par conséquent tous les maux du Genre humain.

GRANGER le jeune.

Que vient faire ici ce Neptune avec sa fourche ? Contente-toi d'avoir, par ton eau rouge, attrapé Pharaon. Le bon nigaud, surpris par la couleur, te prenant pour du vin, te but et se noya. Çà, Compère au trident, c'est trop faire des tiennes ; tu boiras en eau douce aussi bien que ton recors de Triton que voilà.

PAQUIER.

Voyez-vous, Monsieur l'ivrogne, je ne suis point recors, je suis homme de bien.

GRANGER le jeune.

Quoi, tu me répliques, Crapaud de mer ! (Il le frappe, et Granger le père s'enfuit.)

PAQUIER.

Oh ! ma foi, je dirai tout.

SCÈNE IX

LA TREMBLAYE, GRANGER le jeune.

LA TREMBLAYE.

Marchez, marchez, il faut bien que la passion éborgne étrangement votre bon Père, car il étoit bien aisé de juger que ni vos yeux, ni vos gestes, ni vos pensées, ne sentoient point le vin. Mais encore je n'ai pas su ce que vous prétendez par cette galanterie ?

GRANGER le jeune.

Je vous l'apprendrai chez vous.

ACTE V

SCÈNE PREMIÈRE
GRANGER, PAQUIER.

GRANGER.

Quoi ! tout ce que j'ai vu...

PAQUIER.

N'est que feinte.

GRANGER.

Donc mes yeux, donc mes oreilles...

PAQUIER.

Vous ont trompé.

GRANGER.

Conte-moi donc la série et la concaténation[1] des projets qu'ils machinent.

PAQUIER.

Que diantre, que vous avez la tête dure ! Je vous ai dit que votre fils a contrefait l'ivrogne, afin que tantôt Corbineli vous persuade plus facilement qu'ayant pris querelle dans les fumées de la débauche, il se sera battu et aura été tué sur la place.

GRANGER.

Mais *cui bono*[2] toute cette machine de fourbes ?

PAQUIER.

Cui bono ? Je m'en vais vous l'apprendre. C'est qu'é-

---

[1] Enchaînement ; en latin, *concatenatio*.
[2] *Cui bono* signifie : A quoi bon ? C'est un spécimen du latin familier qui se parlait dans les colléges.

tant ainsi trépassé, Mademoiselle Genevote, laquelle a pris langue des conjurés, doit feindre qu'elle avoit promis au défunt de l'épouser vif ou mort, et qu'à moins de s'être acquittée de sa parole, elle n'ose vous donner la main. Corbineli, là-dessus, vous conseillera de lui faire épouser le cadavre (au moins de faire toutes les cérémonies qu'on observe dans l'action des épousailles), afin qu'étant ainsi libre de sa promesse, elle vous la puisse engager. Donc, comme ils s'y attendent bien, quand vous leur aurez fait prêter la foi conjugale, votre fils doit ressusciter et vous remercier du présent que vous lui aurez fait.

GRANGER.

Donc, la mine est éventée, et j'en suis obligé à Paquier, mon *Factotum*. Je ne te donnerai point une couronne civique à la façon des Romains, quoique tu aies sauvé la vie à un Bourgeois, honorable homme, Maître Mathieu Granger, ayant pignon sur rue; mais je te donne un impôt sur la pitance de mes Disciples [1]. Voici l'heure à laquelle ces Pêcheurs s'empêtreront dans leurs propres filets. Justement, j'aperçois le Fourbe qui vient. Considère à ton aise la tempête du Port.

SCÈNE II

CORBINELI, GRANGER, PAQUIER.

CORBINELI.

Serai-je toujours Ambassadeur de mauvaises nouvelles?

---

[1] On accusait Grangier de malversations au détriment des boursiers de son collége. Il se défend de cette accusation dans son mémoire sur l'État de ce collége, en disant que non-seulement les boursiers ont reçu *augmentation de gages* sous son principalat, mais encore qu'il n'a jamais accepté de *pots-de-vin* à son profit : « Aussi, dit-il, me suis-je imposé cette loi inviolable, en laquelle j'ay ce bonheur d'estre secondé de nostre Procureur de ne recevoir

Votre fils est mort. Au sortir d'ici, étant (comme vous savez) un peu plus gai que de raison, il a choqué d'un S un Cavalier qui passoit. L'un et l'autre se sont offensés ; ils ont dégaîné, et, presque en même temps, votre fils est tombé mort, traversé de deux grands coups d'épée. J'ai fait porter son corps...

GRANGER.

Quoi ! la fortune réservoit au déclin de mes ans le spectacle d'un revers si lugubre ! Misérable individu, je te plains, non point pour t'être acquitté de bonne heure de la dette où nous nous obligeons tous en naissant ; je te plains, ô trois et quatre fois malheureux ! de ce que tu as oecumbé d'une mort où l'on ne peut rien dire qui n'ait déjà été dit ; car, de bon cœur, je voudrois avoir donné un talent[1] et que tu eusses été mangé des mouches à ces vendanges dernières : j'aurois composé là-dessus une épitaphe, la plus acute[2] qu'aient jamais vantée les siècles pristins[3].

PAQUIER.

A-t-il eu le temps de se reconnoître ? Est-il bien mort ?

CORBINELI.

Si bien mort, qu'il n'en reviendra point.

GRANGER.

Corbineli, appelle Mademoiselle Genevote. Elle diminuera mes douleurs, en les partageant. Vraiment oui, c'est aux Pèlerins de Saint-Michel qu'il faut apporter des coquilles !

---

aucun present de ceux qui tiennent du bien de nous, non pas un poulet des champs, ni une bouteille de muscat, en forme d'estrene de la ville. »

[1] *Talentum*, monnaie de compte chez les anciens, laquelle variait selon les pays et les époques. On l'estimait à plus de 4,000 livres, du temps de Grangier.

[2] La mieux aiguisée ; en latin, *acuta*.

[3] Anciens ; en latin, *pristina sæcula*.

SCÈNE III

GÉNEVOTE, GRANGER, PAQUIER, CORBINELI.

GRANGER.

Mon fils a vécu, Mademoiselle, et je dirois qu'il vit encore, si j'avois achevé un Poëme que je médite sur le genre de son trépas. Je vous avertis, toutefois, que vous seriez sacrilége si vous lamentiez la fin d'un homme qui, pour une vie méchante et périssable, en recouvre une dans mes cahiers, immortelle et tranquille.

GÉNEVOTE.

Quoi ! Monsieur Granger n'est plus? Nous étions trop bien unis pour être sitôt séparés ! Je veux, comme lui, sortir de la vie : mais, d'autant que la Nature, qui nous a mis au jour sans notre consentement, ne nous permet pas de le quitter sans le sien, je veux sortir de la vie et rester entre les vivans ; c'est-à-dire que, dès aujourd'hui, je vais faire dans un Cloître un solennel sacrifice de moi-même. Je n'ignore pas, Monsieur, ce que je dois à votre affection ; mais l'honneur, qui me défend de manquer à ma foi, ne me défend pas de manquer à mon amour ; et je vous jure que si, par un impossible, ces deux incidens ne souffroient point de répugnance, je me sacrifierois de tout mon cœur à votre désir.

GRANGER.

Oui, ma Cythérée, oui, vous pouvez m'épouser et garder votre parole. Il faut, pour vous rendre quitte de votre promesse, que vous l'épousiez mort. Nous passerons le Contrat et ferons le reste des cérémonies; puis, quand ainsi vous serez libre de votre serment, nous procéderons tout à loisir à notre Mariage.

CORBINELI.

Il semble que vous soyez inspiré de Dieu, tant vous parlez divinement.

GRANGER.

Une seule chose m'arrête : c'est qu'étant un miracle, vous n'en fissiez un; que vous ne rendiez la vie à ceux qui ne sont pas morts, et que vous ne fissiez arriver céans la Résurrection avant Pâques?

CORBINELI, tout bas.

O puissant Dieu des fourbes, ma corde vient de rompre; fais que je la renouvelle, en sorte, par ton moyen, qu'elle vaille mieux qu'une neuve!

GRANGER.

Et toi, tu me trahis, fugitif infidèle du parti de mon amour! Toi que j'avois élu pour la boîte, l'étui, le coffre et le garde-manger de toutes mes pensées! Tu m'es Cornélius Tacitus, au lieu de m'être Cornélius Publius[1].

PAQUIER.

Choisis lequel tu aimes le mieux, d'être assommé ou pendu.

CORBINELI.

J'aime mieux boire.

GRANGER.

Ce n'étoit pas assez de m'avoir volé au nom des Turcs, il falloit ajouter une nouvelle trahison! Et de son corps, donc, menteur infâme, qu'en as-tu fait?

CORBINELI.

Ma foi! là-dessus, je m'éveillai.

GRANGER.

Que veux-tu dire, tu t'éveillas?

CORBINELI.

Vraiment oui; il ne me fut pas possible de dormir da-

---

[1] Le Pédant joue sans doute sur le rapprochement des deux noms de Tacitus et Publius, qui n'ont d'ailleurs aucun sens historique. Cette phrase signifie : « Tu gardes le silence, au lieu de parler. »

vantage, car votre fils faisoit un tonnerre de Diable, avec une assiette dont il tambourinoit sur la table.

GENEVOTE.

Et moi, j'ai fait semblant de croire que votre fils étoit mort, pour vous faire goûter, quand vous le reverriez, un plus pur contentement par l'opposition de son contraire.

GRANGER.

Quoi qu'il en soit, Mademoiselle, le fiel importun de mes angoisses n'est que trop adouci par le miel sucré d'un si friand discours. Mais, pour ce fourbe de Corbineli, il faut avouer que c'est un grand menteur.

CORBINELI.

J'affecte, pour moi, d'être remarqué par le titre de Grand, sans me soucier que ce soit celui de grand menteur, grand ivrogne, grand politique, grand Czar, grand Cam, grand Turc, grand Mufti, grand Vizir, grand Tephterdat [1], Alexandre le Grand ou grand Pompée. Il ne m'importe, pourvu que cette épithète remarquable m'empêche de passer pour médiocre.

GRANGER.

Tu t'excuses de si bonne grâce, que je serois presque en colère que tu ne m'eusses point fâché. Je t'ordonne pourtant, pour pénitence, de nous exhiber le spectacle de quelque intrigue, de quelque Comédie. J'avois mis en jeu mon Paranymphe des Muses, mais Monsieur de La Tremblaye n'a pas trouvé bon que rien se passât sur ces matières, sans prendre ton avis.

CORBINELI.

En effet, votre déclamation n'eût pas été bonne, parce qu'elle est trop bonne. Ces doctes antiquités ne sont pas

---

[1] Defterdar, ministre des finances de Turquie. L'éditeur de 1741 avait mis *Teftedar*. On écrivait, au dernier siècle, *Teftardar* et *Tefterdar*.

proportionnées à l'esprit de ceux qui composent les membres de cette compagnie. J'en sais une Italienne, dont le démêlement est fort agréable. Amenez seulement ici Monsieur de La Tremblaye, votre Fils et les autres, afin que je distribue les rôles sur-le-champ.

GRANGER.

Extemplo, je les vais congréger.

SCÈNE IV

GENEVOTE, CORBINELI.

GENEVOTE.

La corde a manqué, Corbineli.

CORBINELI.

Oui, mais j'en avois plus d'une. Je vais engager notre bon Seigneur dans un Labyrinthe où de plus grands Docteurs que lui demeureroient à *quia*.

SCÈNE V

GRANGER, PAQUIER, GENEVOTE, CORBINELI.

GRANGER.

Au feu! au feu!

GENEVOTE.

Où est-ce? où est-ce?

GRANGER.

Dans la plus haute région de l'air, selon l'opinion des Péripatéticiens. Eh bien, ne suis-je pas habile à la riposte? N'ai-je pas guéri le mal aussitôt que je l'ai eu fait? Ma langue est une vipère qui porte le venin et la thériaque tout ensemble; c'est la pique d'Achille qui seule peut guérir les blessures qu'elle a faites; et, bien loin de ressembler aux Bourreaux de la Faculté de Médecine, qui, d'une égratignure, font une grande plaie, d'une grande plaie je fais moins qu'une égratignure.

CORBINELI.

Nous perdons autant de temps que si nous ne devions pas aujourd'hui faire la Comédie ! Je m'en vais instruire ces gens-ci de ce qu'ils auront à dire. Je te donnerois bien des préceptes, Paquier, mais tu n'aurois pas le temps d'apprendre tant de choses par cœur; je prendrai soin, me tenant derrière toi, de te souffler ce que tu auras à dire. Vous, Monsieur, vous paroîtrez durant toute la Pièce; et, quoique d'abord votre personnage semble sérieux, il n'y en a pas un si bouffon.

GRANGER.

Qu'est ceci? Vous m'engagez à soutenir des rôles dans vos Batelages, et vous ne m'en racontez pas seulement le Sujet.

CORBINELI.

Je vous en cache la conduite, parce que, si je vous l'expliquois à cette heure, vous auriez bien le plaisir maintenant de voir un beau démêlement, mais non pas celui d'être surpris. En vérité, je vous jure que, lorsque vous verrez tantôt la péripétie d'une intrigue si bien démêlée, vous confesserez vous-même que nous aurions été des Idiots, si nous vous l'avions découvert. Je veux toutefois vous en ébaucher un raccourci. Donc, ce que je désire vous représenter est une véritable histoire, et vous le connoîtrez, quand la Scène se fermera. Nous la posons à Constantinople, quoiqu'elle se passe autre part. Vous verrez un homme du tiers état, riche de deux enfans, et de force quarts d'écus; le fils restoit à pourvoir; il s'affectionne d'une Demoiselle de qualité, fort proche parente de son beau-frère; il aime, il est aimé, mais son Père s'oppose à l'achèvement mutuel de leurs desseins. Il entre en désespoir; sa Maîtresse, de même. Enfin, les voilà prêts, en se tuant, de clore cette Pièce; mais ce Père, dont le naturel est bon, n'a pas la cruauté de souffrir, à ses yeux, une si tragique aventure : il prête son consentement aux volontés du Ciel, et fait les Cérémonies du mariage, dont l'union secrète de ces deux cœurs avoit déja commencé le Sacrement.

GRANGER.

Tu viens de rasseoir mon âme dans la chaire pacifique d'où l'avoient culbutée mille appréhensions cornues. Va paisiblement conférer avec tes Acteurs; je te déclare Plénipotentiaire de ce Traité comique. Toi, Paquier, je te fais le Portier effroyable de l'introïte de mes lares[1]. Aie cure de les propugner[2] de l'introïte du Fanfaron, du Bourgeois et du Page, qui, sachant qu'on fait ici des jeux[3], ne manqueront pas d'y transporter leurs ignares personnes. Je te mets là des monstres en tête, qu'il te faut combattre diversement. Tu verras diverses sortes de visages. Les uns t'aborderont froidement; et, si tu les refuses, aussitôt glaive en l'air, et forceront la porte avec brutalité : le moins de résistance que tu feras, c'est le meilleur. Il t'en conviendra voir d'autres, la barbe faite en garde de poignard, aux moustaches rubantées, au crin poudré, au manteau galonné, qui, tout échauffés, se présenteront à toi; si tu t'opposes à leur torrent, ils te traiteront de fat ; se formaliseront que tu ne les connois pas. Dès qu'ils t'auront arraisonné de la sorte, juge qu'ils ont trop bonne mine pour être bien méchans; avale toutes leurs injures ; mais, si la main entreprend d'officier pour la langue, souviens-toi de la règle : *Mobile pro fixo*[4]. D'autres, pour s'introduire, demanderont à parler à quelque Acteur pour affaire d'importance et qui ne se peut

[1] Entrée de ma maison ; en latin, *larium introïtus*.
[2] Défendre; en latin, *propugnare*.
[3] C'est l'ancien terme, emprunté au latin (*ludus, ludi*), qui servait à désigner une représentation scénique en général.
[4] Encore une règle de la Syntaxe de Despautères.

remettre; d'autres auront quelques hardes à leur porter : à tous ceux-là, *nescio vos*. D'autres, comme les Pages, environnés chacun d'un Écolier, d'un Courtaut [1], et d'une Putain, viendront pour être admis; reçois-les. Ce n'est pas que cette race de Pygmées puisse de soi rien effectuer de terrible, mais elle iroit conglober un torrent de canailles armées, qui déborderoit sur toi, comme un essaim de guêpes sur une poire molle. *Vale, mi care*.

SCÈNE VI

PAQUIER, seul.

O ma foi! c'est un étrange métier que celui de Portier! Il lui faut autant de têtes qu'à celui des Enfers, pour ne point fléchir; autant d'yeux qu'à Argus, pour bien veiller; autant de bouches qu'à la Renommée, pour parler à tout le monde; autant de mains qu'à Briarée, pour se défendre de tant de gens; autant d'âmes qu'à l'Hydre, pour réparer tant de vies qu'on lui ôte; et autant de pieds qu'à un Cloporte, pour fuir tant de coups.

SCÈNE VII

PAQUIER, CHATEAUFORT.

PAQUIER.

Voici mon coup d'essai. Courage! j'en vais faire un chef-d'œuvre.

CHATEAUFORT.

Bourgeois, ho! holà, ho! bourgeois. Vous autres malheureux, ne représentez-vous pas aujourd'hui céans quelques coyonneries et jolivetés?

---

[1] Au propre, chien courtaud, dont la queue et les oreilles sont écourtées; au figuré, c'est une courte épée.

PAQUIER.

Salva pace, Monsieur, mon Maître n'appelle pas cela comme cela.

CHATEAUFORT.

Quelque momie[1], quelque fadaise? Vite, vite, ouvre-moi!

PAQUIER.

Je pense qu'il ne vous faut pas ouvrir, car vous avez la barbe faite en garde de poignard, vous ne m'avez pas abordé froidement; vous n'avez pas dégainé, ni vous n'êtes pas Page.

CHATEAUFORT.

Ah! vertubleu, poltron, dépêche-toi ; je ne suis ici que par curiosité.

PAQUIER.

Vous ne faites point du tout comme il faut.

CHATEAUFORT.

Morbleu! mon camarade, de grâce, laisse-moi passer!

PAQUIER.

Eh! vous faites encore pis; vraiment, il ne faut pas prier.

CHATEAUFORT.

Savez-vous ce qu'il y a, petit godelureau? Je veux être fricassé comme Judas, si je me soucie, ni de vous, ni de votre Collège; car, après tout, j'ai encore une centaine de maisons, châteaux, s'entend, dont la moindre.... Mais je ne suis point discoureur. Ouvre-moi vite, si tu ne me veux obliger de croire qu'il n'entre céans que des coquins, puisqu'on m'en refuse l'abord. Cap-de-biou, et que penses-tu que je sois? un nigaud! Mardi, j'entends le jargon et le galimatias. Il est vrai que j'ai sur moi une mauvaise cape, mais, en récompense, je porte à mon côté une bonne tueuse, qui fera venir sur le pré tout le plus résolu de la troupe.

[1] Pour *mom rie*, d'où l'on avait tiré *momon*, farce de carnaval.

PAQUIER.

Vous raisonnez là tout comme ceux qui ne doivent point entrer.

CHATEAUFORT.

De grâce, pauvre homme, que j'aille du moins dire à ton Maître que je suis ici, et qu'il me rende un mien Goujat[1] qui s'est enfui sans congé.

(Il en viendra d'autres qui désireront parler à quelque Acteur pour affaire d'importance.)

PAQUIER.

Je ne sais plus comme il faut dire à ceux-là. Ah! Monsieur, à propos, vous ne devez pas entrer.

CHATEAUFORT.

Ventre! je vous dis encore que je ne suis ici que par promenade. Penses-tu donc, veillaque[2], qu'un Gentilhomme de qualité....

PAQUIER.

Domine, Domine, accede celeriter. Vous ne m'avez point dit ce qu'il falloit répondre à ceux qui parlent de promenade.

SCÈNE VIII

GAREAU, PAQUIER, CHATEAUFORT.

GAREAU.

O parguenè sfesmon, vela bian débuté. Et pensé-vous don que set un parsenage comme les autres, à bâtons rompus? Dame, nanain. C'est eun homme qui sçait peu et prou. Comment, oul dit d'or, et s'oul n'a pas le bec jaune. C'est le Garçon de cet homme qui en sçait tant.

---

[1] Le valet d'un soldat se nommait *goujat*, qui était devenu un terme de mépris, puisqu'on appelait *gouge* une femme de mauvaise vie. Ce mot, qu'on a voulu faire dériver de l'hébreu, a pour étymologie la *goie* (*goia*), plus tard *gouje*, espèce de fauchon ou de serpe que le valet d'un homme d'armes portait à la guerre.

[2] Vil coquin.

Vela le Maître tout craché, vela tout fin dret son arman-brance.

CHATEAUFORT.

J'aurois déjà fait un crible du ventre de ce coquin ; mais j'ai crainte de faillir contre les règles de la Comédie, si j'ensanglantois la Scène.

GAREAU.

Vartigué, qu'ous êtes considerant ; ous avez mangé de la soupe à neuf heures[1].

CHATEAUFORT.

J'enrage de servir ainsi de borne dans une rue !

GAREAU.

O ma foy, ous estes bian delicat en barbes, ous n'aimez ny la rue ni la patiance[2].

SCÈNE IX

GRANGER, GAREAU, CHATEAUFORT, PAQUIER.

GRANGER.

Quels climats sont allés habiter nos Rosciens[3] ? L'Antipode, ou notre Zénith ? Je vous décoche le bon jour, Chevalier du grand revers, et vous, l'homme à l'héritage, salut et dilection !

GAREAU.

Parguene, je sis venu nonobstant pour vous défrincher ma sussion encore eune petite escousse : excusez l'importunance, da ; car c'est la Mainagere de mon Onque qui ne feset que huyer environ moy, que je venis. Que velez-vous que je vous dise ? ol feset la guieblesse. « Ah ! vramant, se feset-elle à part soy, Monsieur Granger, pis qu'il set tout, c'est à ly à savoir ça. Va-t'en, va, Jean, il te dorra un consille là-dessus. » Dame, j'y sis venu.

[1] Locution proverbiale, signifiant : Vous avez de bonne heure pris vos précautions.
[2] Ce sont deux noms d'herbes, qui font équivoque.
[3] Acteurs ; du nom de Roscius, célèbre comédien romain.

GRANGER.

O mon cher ami! par Apollon claire-face qui communique sa lumière aux choses les plus obscures! ne nous veuille rejeter dedans le creux manoir de cette spelonque[1] généalogique!

GAREAU.

Parguene, Monsieu, sacoutez don eum tantet, et vous orez si je ne vous la boute pas aussi à clair qu'un cribe.

GRANGER.

Ma parole est aussi tenable qu'un Décret du Destin.

GAREAU.

Oh bian, comme dit Pilatre, *quod scrisi, quod scrisi* : n'importe, n'importe, ce nianmoins, tanquia, qu'odon, comme dit l'autre, vela eunc petite douceur que nostre Mère-grand vous envoye. (Il lui présente une fressure de veau pendue au bout d'un bâton.)

GRANGER.

Va, cher ami, je ne suis point Jurisconsulte mercenaire.

GAREAU.

Là, là, prenez trejours ; vaut mieux un tian que deux tu l'auras.

GRANGER.

Je te dis encore un coup que je te remercie.

GAREAU.

Prenez, vous dis-je! Vous ne sçavez pas qui vous prendra[2].

GRANGER.

Eh fi! Champêtre hétérogène[3], prends-tu mes vêtemens pour la marmite de ta maison?

---

[1] Caverne; en latin, *spelunca*.
[2] Locution proverbiale.
[3] Composé de divers éléments; en latin, *heterogeneus*.

GAREAU.

Oh, oh, tredinse, il ne sera pas dit que j'usions d'obliviance ; cor que je siomes petits, je ne somes pas vilains.

GRANGER.

Veux-tu donc me diffamer *à capite ad calcem*[1] ?

GAREAU.

Bonnefy, vous le prendrais. Je sais bian, comme dit l'autre, que je ne sis pas digne d'estre capable, mais stanpandant oul n'y a rian qui ressembe si bian à eun Chat qu'eune Chatte. Bonnefy, vous le prendrais da, car on me huiret ; et pis, vous en garderiais de la rancœur encontre moy.

GRANGER.

O vénérable confrère de Pan, des Faunes, des Sylvains, des Satyres et des Driades, cesse enfin, par un excès de bonne volonté, de diffamer mes ornemens, et je te permets, par rémunération, de rester spectateur d'une invention théâtrale la plus hilarieuse du monde.

CHATEAUFORT.

J'y entre aussi, et, pour récompense, je te permets, en cas d'alarme, de te mettre à couvert sous le bouclier impénétrable de mon terrible nom.

GRANGER.

J'en suis d'accord, car que sauroit refuser un mari le jour de ses noces ?

PAQUIER, à Châteaufort.

Mais, Monsieur, je voudrois bien savoir qui vous êtes, vous qui vouliez entrer ?

CHATEAUFORT.

Je suis le fils du Tonnerre, le frère aîné de la Foudre, le cousin de l'Éclair, l'oncle du Tintamarre, le neveu de Caron, le gendre des Furies, le mari de la Parque, le

[1] De la tête aux pieds.

ruffien de la Mort, le père, l'ancêtre et le bisaïeul des Éclaircissemens.

PAQUIER.

Voyez si j'avois tort de lui refuser l'entrée ! Comment un si grand homme pourroit-il passer par une si petite porte? Monsieur, on vous souffre, à condition que vous laisserez là vos parens; car, avec le bruit, le tonnerre et le tintamarre, on ne pourroit rien entendre.

CHATEAUFORT.

Garde-toi bien une autre fois de te méprendre. D'abord que quelqu'un viendra s'offrir, demande-lui son nom; car, s'il s'appelle la Montagne, la Tour, la Roche, la Butte, Fort-Château, Châteaufort, ou de quelque autre titre inébranlable, tu peux t'assurer que c'est moi.

PAQUIER.

Vous portez plusieurs noms, pource que vous avez plusieurs pères. (Ils entrent.)

SCÈNE X

CORBINELI, GRANGER, CHATEAUFORT, PAQUIER, GAREAU, LA TREMBLAYE, GRANGER le jeune, GENEVOTE, MANON.

CORBINELI, à Granger.

Toutes choses sont prêtes; faites seulement apporter un siége et vous y colloquez, car vous avez à paroître pendant toute la Pièce.

PAQUIER, à Châteaufort.

Pour vous, ô Seigneur de vaste étendue, plongez-vous dans celle-ci; mais gardez d'ébouler sur la compagnie, car nos reins ne sont pas à l'épreuve des pierres, des montagnes, des tours, des rochers, des buttes et des châteaux.

GRANGER.

Çà donc, que chacun s'habille. Eh quoi ! je ne vois point de préparatifs ! Où sont donc les masques des Satyres ? les chapelets et les barbes d'Hermites ? les trousses des Cupidons ? les flambeaux poiraisins[1] des Furies ? Je ne vois rien de tout cela.

GENEVOTE.

Notre action n'a pas besoin de toutes ces simagrées. Comme ce n'est pas une fiction, nous n'y mêlons rien de feint, nous ne changeons point d'habit ; cette place nous servira de théâtre, et vous verrez toutefois que la Comédie n'en sera pas moins divertissante.

GRANGER.

Je conduis la ficelle de mes désirs au niveau de votre volonté. Mais déjà le feu des gueux[2] fait place à nos chandelles. Çà, qui de vous le premier estropiera le silence ?

COMMENCEMENT DE LA PIÈCE

GENEVOTE.

« Enfin, qu'est devenu mon Serviteur ?

GRANGER le jeune.

« Il est si bien perdu, qu'il ne souhaite pas de se re-
« trouver.

GENEVOTE.

« Je n'ai point encore su le lieu ni le temps où com-
« mença votre passion.

GRANGER le jeune.

« Hélas ! ce fut aux Carmes, un jour que vous étiez au
« Sermon. »

[1] De poix résine.
[2] C'est le soleil, dans la langue burlesque.

GRANGER le Père, interrompant.

Soleil, mon Soleil, qui tous les matins faites rougir de honte la céleste Lanterne, ce fut au même lieu que vous donnâtes échec et mat à ma pauvre liberté. Vos yeux, toutefois, ne m'égorgèrent pas du premier coup; mais cela provint de ce que je ne sentois que de loin l'influence porte-trait de votre rayonnant visage; car ma rechignante destinée m'avoit colloqué superficiellement à l'ourlet de la sphère de votre activité.

CORBINELI.

Je pense, ma foi, que vous êtes fou de les interrompre : ne voyez-vous pas bien que tout cela est de leur personnage?

GRANGER le jeune.

« Toutes les espèces de votre beauté vinrent en gros
« assiéger ma raison ; mais il ne me fut pas possible de
« haïr mes ennemis, après que je les eus considérés. »

GRANGER le Père, interrompant.

Allons, ma Nymphelette, il est vergogneux aux Filles de colloquiser *diu et privatim* avec tant vert Jouvenceau. Encore, si c'étoit avec moi ; ma barbe jure de ma sagesse, mais avec un petit cajoleur !...

CORBINELI.

Que diable! laissez-les parler, si vous voulez, ou bien nous donnerons votre rôle à quelqu'un qui s'en acquittera mieux que vous !

GENEVOTE, à Granger le jeune.

« Je m'étonne donc que vous ne travaillez plus coura-
« geusement aux moyens de posséder une chose pour qui
« vous avez tant de passion.

GRANGER le jeune.

« Mademoiselle, tout ce qui dépend d'un bras plus fort

« que le mien, je le souhaite et ne le promets pas. Mais,
« au moins, suis-je assuré de vous faire paroître mon
« amour par mon combat, si je ne puis vous témoigner
« ma bonne fortune par ma victoire. Je me suis jeté au-
« jourd'hui plusieurs fois aux genoux de mon Père, le
« conjurant d'avoir pitié des maux que je souffre ; et je
« m'en vais savoir de mon Valet s'il lui a dit la résolu-
« tion que j'avois prise de lui désobéir, car je l'en avois
« chargé. Viens çà, Paquier! As-tu dit à mon Père que
« j'étois mal résolu, malgré son commandement, de pas-
« ser outre? »

PAQUIER.

Corbineli, souffle-moi!

CORBINELI, tout bas.

« Non, Monsieur, je ne m'en suis pas souvenu. »

PAQUIER.

« Non, Monsieur, je ne m'en suis pas souvenu.

GRANGER le jeune.

« Ah! maraud, ton sang me vengera de ta perfidie! »
(Il tire l'épée sur lui.)

CORBINELI.

Fuis-t'en donc, de peur qu'il ne te frappe!

PAQUIER.

Cela est-il de mon rôle?

CORBINELI.

Oui.

PAQUIER.

« Fuis-t'en donc, de peur qu'il ne te frappe! »

GRANGER le jeune.

« Je sais qu'à moins d'une couronne sur la tête, je ne
« saurois seconder votre mérite.

GENEVOTE.

« Les Rois, pour être Rois, ne cessent pas d'être Hom-
« mes ; pensez-vous que... »

GRANGER le Père, interrompant.

En effet, les mêmes appétits qui agitent un ciron agitent un éléphant ; ce qui nous pousse à battre un support de marmite fait à un Roi détruire une Province ; l'ambition allume une querelle entre deux Comédiens, la même ambition allume une guerre entre deux Potentats. Ils veulent de même que nous, mais ils peuvent plus que nous...

CORBINELI.

Ma foi, je vous enchainerai !

GRANGER le jeune.

« On croira...

GENEVOTE.

« Suffise qu'on croie toutes choses à votre avantage. A
« quoi bon me faire tant de protestations d'une amitié
« dont je ne doute pas ? Il vaudroit bien mieux être pendu
« au cou de votre Père, et, à force de larmes et de prières,
« arracher son consentement pour notre mariage.

GRANGER le jeune.

« Allons-y donc ! Monsieur, je viens vous conjurer d'a-
« voir pitié de moi, et...

GENEVOTE.

« Et moi, vous témoigner l'envie que j'ai de vous faire
« bientôt grand-Père... »

GRANGER.

Comment ? grand-Père ! Je veux bien tirer de vous une propagation de petits individus ; mais j'en veux être cause prochaine et non pas cause éloignée.

CORBINELI.

Ne vous tairez-vous pas ?

GRANGER.

Cœur bas et ravalé, n'as-tu point de honte de consumer l'avril de tes jours à cajoler une Fille?

CORBINELI.

Ne voyez-vous pas que l'ordre de la Pièce demande qu'ils disent tout cela?

GRANGER.

« Ils n'ont pas assez de bien l'un pour l'autre; je ne
« souffrirai jamais...

GENEVOTE.

« Non, non, Monsieur, je suis d'une condition qui
« vous défend d'appréhender la pauvreté. Je souhaiterois
« seulement que vous eussiez vu une terre que nous avons
« à huit lieues d'ici. La solitude agréable des bois, le
« vert émaillé des prairies, le murmure des fontaines,
« l'harmonie des oiseaux, tout cela repeintureroit de noir
« votre poil déjà blanc.

PAQUIER.

« Mademoiselle, ne passez pas outre, voilà tout ce
« qu'il faut à Charlot. Il ne sauroit mourir de faim, s'il
« a des bois, des prés, des oiseaux et des fontaines, car
« les arbres lui serviront à se guérir du mal des mou-
« ches, les prés lui fourniront de quoi paître, et les oi-
« seaux prendront le soin de chiffler [1], quand il ira boire à
« la fontaine.

GRANGER.

« Ah! sirénique larronnesse des cœurs! Je vois bien que
« vous guettez ma raison au coin d'un bois, que vous la
« voulez égorger sur le pré, ou bien, l'ayant submergée
« à la fontaine, la donner à manger aux oiseaux.

GRANGER le jeune.

« Je suis venu...

[1] Pour *siffler;* le peuple dit encore *chiffler.*

PAQUIER.

« J'ai vu, j'ai vaincu ! dit César, au retour des Gau-
« les [1].

GRANGER le jeune.

« Vous conjurer...

PAQUIER.

« Dieu vous fasse bien, Monsieur l'Exorciste ! Mon
« Maître n'est pas démoniaque.

GRANGER le jeune.

« Par les services que je vous ai faits...

PAQUIER.

« Et par celui des morts, qu'il voudroit bien vous avoir
« fait faire.

GRANGER le jeune.

« De reprendre la vie que vous m'avez prêtée.

PAQUIER.

« Il étoit bien fou de vous prêter une chose dont on
« n'a jamais assez !

GRANGER le jeune.

« Prenez ce poignard ! (Il tire un poignard.) Père déna-
« turé, faites deux homicides par un meurtre ; écrivez
« le destin de ma Maîtresse avec mon sang, et ne per-
« mettez pas que la moitié d'un si beau couple expire
« de... Mais à quoi bon tant de discours ? Frappez ! Qu'at-
« tendez-vous ? »

CORBINELI.

Répondez donc, si vous voulez ! Qu'est-ce ? Êtes-vous
trépassé ?

GRANGER.

Ah ! que tu viens de m'arracher une belle pensée ! Je
rêvois quelle est la plus belle figure, de l'Antithèse ou
de l'Interrogation.

[1] *Veni, vidi, vici.* Voilà le mot historique.

CORBINELI.

Ce n'est pas cela dont il est question.

GRANGER.

Et je ruminois encore à ces Spéculateurs, qui tant de fois ont fait faire à leurs rêveries le plongeon dans la mer, pour découvrir l'origine de son flux et de son reflux, mais pas un à mon goût n'a frappé dans la visière. Ces raisons salées me semblent si fades, que je conclus qu'infailliblement...

CORBINELI.

Ce n'est pas de ces matières-là, vous dit-on, dont il est question. Nous parlons de marier Mademoiselle et votre Fils, et vous nous embarquez sur la mer !

GRANGER.

Quoi ! parlez-vous de mariage avec cet hobereau ? Êtes-vous orbe[1] de la faculté intellectuelle ? Êtes-vous hétéroclite d'entendement, ou le microcosme parfait d'une continuité de chimères abstractives ?

CORBINELI.

A force de représenter une Fable, la prenez-vous pour une vérité ? Ce que vous avez inventé vous fait-il peur ? Ne voyez-vous pas que l'ordre de la Pièce veut que vous donniez votre consentement ? Et toi, Paquier, surtout maintenant, garde-toi bien de parler, car il paroît ici un Muet que tu représentes ! Là donc, dépêchez-vous d'accorder votre Fils à Mademoiselle. Mariez-les.

GRANGER.

Comment, marier ? C'est une Comédie ?

CORBINELI.

Eh bien, ne savez-vous pas que la conclusion d'un Poëme Comique est toujours un mariage ?

---

[1] Privé; du latin *orbus*.

GRANGER.

Oui; mais comment seroit-ce ici la fin? Il n'y a pas encore un acte de fait.

CORBINELI.

Nous avons uni tous les cinq en un, de peur de confusion : cela s'appelle pièce à la Polonoise.

GRANGER.

Ah! bon... « Comme cela, je te permets de prendre « Mademoiselle pour légitime épouse.

GENEVOTE.

« Vous plaît-il de signer les articles? Voilà le Notaire « tout prêt.

GRANGER.

« *Sic ita sanè*, très-volontiers. » (Il signe.)

PAQUIER.

J'enrage d'être muet, car je l'avertirois.

FIN DE LA COMÉDIE

CORBINELI.

Tu peux parler, maintenant : il n'y a plus de danger.

GRANGER.

Eh bien, Mademoiselle, que dites-vous de notre Comédie?

GENEVOTE.

Elle est belle ; mais apprenez qu'elle est de celles qui durent autant que la vie. Nous vous en avons tantôt fait le récit comme d'une histoire arrivée, mais elle devoit arriver. Au reste, vous n'avez pas sujet de vous plaindre, car vous nous avez mariés vous-même, vous-même vous avez signé les articles du Contrat. Accusez-vous seulement d'avoir enseigné le premier à fourber : vous fîtes accroire aux Parens de votre Fils qu'il étoit fou, quand vous vîtes qu'il ne vouloit point entendre au voyage de Venise ; cette insigne fausseté lui montra le chemin de celle-ci ; il crut qu'il ne pouvoit faillir, en imitant un si bon Père.

CORBINELI.

Enfin, c'est une pilule qu'il vous faut avaler.

LA TREMBLAYE.

Vous l'avalerez, ou, par la mort...

GAREAU.

Ah ! par ma fy, je sommes logés à l'enseigne *de J'en tenons*. Parmanda, j'en avoüas queuque souleur, que cette petite Ravodière-là l'y grimoneret queuque trogédie. Eh bian, ne vela pas notre putain de Mainagère toute revenue ? Feüe la pauvre defunte, devant Guieu set son âme da ! m'en baillit eun jour d'eune belle vredée. Par ma fiquette ! ol me boutit à Cornüaille en tout bian et tout honneur. Stapandant la bonne chienne qu'ol estet... Aga, eh! ous estes don de ces saintes sucrées-là ? Bonnefy, je le voyas bian, qu'ous aviais e nez torné à la friandise. Or, un jour qu'il plut tant : « Jacqueline, ce l'y fis-je tout en gaussant, il fait cette nuit clair de l'eune, il fera demain clair de l'autre. » Enfin, tanquia, qu'odon, ce nonobstant, après ça, ô dame, éclaircissez-moi à dire : tanquia que je m'en revenis tout épouvanté tintamarrer à nostre huis. A la parfin, je me couchis tout fin nu auprès de nostre bonne femme. Un tantet après que je me fusis rabougri tout en un petit tapon, je sentis queuque chose qui groüillet. « Jacqueline, ce l'y fis-je, je pense qu'il y a queuqu'un couché. — Oüi, ce me fit-elle, je t'en réponds, et que guiantre y auret-il ? » Eune bonne escousse après, je sacoute encore fretiller : « Han, Jacquelaine, il y a là queuqu'un. » J'allongis ma main, je tâtis. « Hoüay ! ce fis-je, eune tête, deux têtes ! » Pis, frougonant entre les draps : « Deux jambes, quatre jambes : han ! Jacquelaine, il y a là queuqu'un. — Eh !

Piarre, que tu es fou, ce me fit-elle, tu contes mes jambes deux foüas ! » Parguene, je ne me contentis point, je me levis ; dame, je découvris le pot aux roses. « Oh ! oh ! vilaine, ce ly fis-je, qu'est-ce que ça ? *Fili Davi*[1] ! Ton ribaud sera étripé ! — Vrament, Jean, ce me fit-elle, garde-t'en bian ; c'est ce pauvre Maistre Louis, le barbier, qui venet de saigner eun Malade de tout là-bas ; il estet tout rede de fret, et avet encore bian du vilain chemain à passer. Il m'exhorsisoit d'allumer du feu ; dame, comme tu sais, le bois est char ; je lui ai dit qu'il se venît plutôt réchauffer environ moi : il ne feset que de s'y bouter, quand tu es venu. — Allons, allons, ce ly fis-je, Maistre Louis, on vous apranra de venir coucher avec les Femmes des gens. » Dame, je ne fus ni fou, ni étourdi : je le claquis bel et biau, et le portis sur mes épaules jusqu'à moiquié chemain de sa mairou : « Mais n'y revenez pas eune autre foüas ! Car, parguene, s'il vous arrive, je vous porterai encore eune escousse aussi loin. » Eh bian, regardez, il ne faut qu'eun malheur. Cette petite dévargondée m'en eût peut-être fait autant : c'est pourquoi bon jour et bon soir, c'est pour deux foüas.

CORBINELI.

C'est maintenant à vous, Monsieur, pour combler la félicité de ces nouveaux Mariés, d'augmenter leur revenu de celui d'un Empire. Il vous sera bien aisé, puisque vous faites chanceler la couronne d'un Monarque en le regardant.

CHATEAUFORT.

Je donne assez, quand je n'ôte rien, et je leur ai fait beaucoup de bien de ne leur avoir point fait de mal.

---

[1] Gareau se souvient d'avoir entendu chanter dans une antienne : *Filius Davidis*, et il le répète à sa manière en guise d'exclamation ou de juron.

GRANGER le jeune.

Mon petit cœur, il est fort tard : allons nous mettre au lit.

PAQUIER.

Je n'ai donc plus qu'à faire venir la Sage-Femme, car vous allez entrer en travail d'enfant.

LA TREMBLAYE.

Je n'oserois quasi prendre la hardiesse de vous consoler.

GRANGER.

N'en prenez pas la peine, je me consolerai bien moi-même. *O Tempora! ô Mores!*

FIN DU PÉDANT JOUÉ.

NOTE SUR LE *PÉDANT JOUÉ*

Quoiqu'il soit incontestable que J. Grangier, principal du collége de Beauvais, a servi de type au héros de cette comédie, nous sommes porté à croire que Cyrano emprunta aussi plusieurs traits de caractère à un autre Pédant qu'il avait eu occasion de connaître à Toulouse ou dans quelque ville du midi de la France. Nous avons trouvé, dans le recueil, si rare et si précieux, des Lettres de Lebret, son ami, une lettre qui roule tout entière sur ce Pédant. Lebret le connaissait également; il nous fait de lui un portrait fort plaisant, qui ressemble assez au personnage mis en scène par Cyrano. On peut supposer que c'est de là que l'auteur de la comédie a pris l'idée de représenter son Pédant amoureux. Voici la curieuse lettre de Lebret :

A MONSIEUR DE *****

Je n'ai jamais, Monsieur, été assez familier avec le *Pédant*, dont vous parlez, pour en faire un détail digne de votre curiosité, outre qu'il en falloit essuyer beaucoup de méchantes sottises, pour lui en entendre dire une bonne. Il y avoit des temps où il se précautionnoit si heureusement, qu'il eût pu passer pour tout autre chose que ce qu'il étoit. Monsieur de ... étoit l'unique qui sût faire la différence des momens où l'on pouvoit s'en divertir à coup sûr. Aussi, est-ce de lui que j'ai appris quantité d'impertinences, dont la vieille ivrognesse de la rue de ... n'étoit pas une des moins burlesques. Ceux qui hantoient le Pédant s'étoient bien aperçus qu'il avoit quelque chose d'extraordinaire dans l'esprit, parce qu'on le vit tout à coup avec des gants, se poudrer souvent et ne se plus moucher avec les doigts. De sorte que l'on ne douta point qu'il n'y eût de la passion sur le jeu, et toute la peine fut d'en découvrir le sujet, qui se manifesta enfin par un repas qu'il fit chez la vieille, où l'on s'aperçut un jour qu'il avoit envoyé six perdrix et six bouteilles de vin. Tout Pédant, comme vous savez, est naturellement avare, et celui-là l'étoit au suprême degré : cet excès de dépense fit connoître celui de sa passion. Ce que Monsieur de...

n'eut pas plutôt su, qu'il mit toutes choses en œuvre pour en devenir le confident, et il y réussit. Quelque complaisance néanmoins qu'il fût obligé de lui témoigner, pour être honoré de la conservation d'un si digne emploi, il ne put s'empêcher d'en rire ouvertement toutes les fois qu'il en trouva l'occasion, car ce n'étoit qu'à cette condition qu'il étoit complaisant ; de sorte qu'un jour, entre autres, il le railla sur l'âge de la belle et sur la perte qu'elle avoit presque faite de ses deux luminaires : de quoi le Pédant ne se fâcha point. Mais, divisant la réponse en deux points, il lui dit, quant au premier, que *Gallina vecchia facea buon brodo*. Et quand au second, que ce n'étoit pas un si grand défaut dans sa maitresse, qu'il ne fût encore plus grand dans l'Amour même, qui étoit tout à fait aveugle. Cela réjouit extrêmement le Confident, qui lui demanda comment il la défendroit de la réputation d'aimer la crapule et de n'avoir point d'esprit. « C'est, répliqua le Pédant, dont je me mets d'autant moins en peine, que je prétends avoir de l'esprit pour elle et pour moi, et qu'à l'égard du reste, tout le monde sait que *sine Cerere et Baccho friget Venus*. Sur le tout, elle a de l'argent. » Vous voyez par tout ce discours le génie de l'animal, qui avoua dans la suite que la vieille lui avoit rendu le centuple des perdrix et du vin, qu'il avoit fait porter chez elle, où il alloit tous les jours faire ripaille. Cela donna lieu au Confident, qui vouloit voir jusqu'où pourroit aller la momerie, de lui proposer un bal. Le Pédant reçut agréablement la proposition, et n'y mit point d'autre condition que de le faire *inter privatos parietes*. Le Confident se figuroit déjà les caprioles du Pédant, comme le plus bel endroit de cette comédie, mais il ne tint pas parole : il aima mieux une partie à la campagne. J'y fus invité ; la vieille en fit les frais, le Pédant y mangea *ut octo*, et avoua ingénument qu'il n'étoit sobre que chez lui. Mais, parce qu'il y avoit une inscription italienne sur la cheminée de la salle du banquet, la vieille, qui étoit devenue curieuse de belles choses depuis l'assiduité du Pédant auprès d'elle, voulut en savoir la signification. Le Pédant dit que c'étoit une devise ; le Confident soutint que ce n'étoit qu'une inscription, et parla des devises si joliment, au gré de la vieille, à qui même il en dit quelques-unes, qu'elle l'écouta préférablement au Pédant. Il en eut du chagrin qu'il dissimula, et nous demanda une devise pour son cachet. Le Confident, voulant que cela me donnât le moyen de payer mon écot, me vanta comme un homme qui s'y entendoit. En effet, je fis toutes les façons nécessaires en cas pareil. Je veux dire que je rêvois, grattois ma tête, et, après un tour de jardin, je lui apportai celle d'un fromage sous la voûte d'une cave, avec ces paroles : *Virtus crescit in umbra*, pour signifier que, comme le fromage se rafine dans l'obscurité de la cave, la passion du Pédant augmentoit par la nécessité où sa condition le réduisoit de ne voir la belle que le soir. Cette devise le charma et m'attira ses louanges et celles de la vieille. Mais, lorsque Monsieur de ... et moi pensions être au comble de notre joie, nous nous en trouvâmes malheureusement à la fin. Car le Pédant, voyant que cette devise m'avoit si peu coûté, me pria de lui en faire une pour mettre sur sa cheminée. J'avois pris de M. de Boissière [1] celle du fromage, de sorte que je n'allai pas chercher cette autre plus loin. Mais je m'arrêtai inconsidérément à celle du chien qui lèche une marmite, avec ces paroles : *Trahit sua quemque voluptas*. Car, la lui ayant envoyée le lendemain, il en devint furieux : il tourna, il menaça, il rompit avec son Confident, et, par ce grand éclat, rendit ses amours si publiques, que les parens de la vieille lui firent dire de porter ses inclinations autre part. Il est extrêmement poltron ; de sorte que, la peur l'ayant saisi, il ne se crut en sûreté qu'à Paris, où Monsieur de ... feignit qu'il étoit mort de faim, et qu'on l'avoit enterré à Saint-Jacques-la-Boucherie, avec cette épitaphe :

> Tu qui me jacentem vides
> In macello, quare rides?
> Heu infelix Parasitus
> Arte ventris tam peritus,
> Hic extruxi pro sacello
> Sepulturam in macello,
> Et ut semper requiescam
> Quæro requiem ubi escam.

Cette épitaphe est encore de M. de Boissière, qui la fit autrefois pour le fameux Mamurra [2], dont, à son exemple, tous les beaux esprits du temps écrivirent tant de choses si plaisantes, et de qui notre Pédant est une copie si parfaite, que l'on peut justement lui appliquer tout ce que l'on a dit de l'original. J'en saurai peut-être davantage à mon retour de Toulouse, parce que je verrai Monsieur de..., qui a toujours quelque nouveauté en ce genre-là, et qui sera bien aise de me donner le moyen de vous témoigner que je suis, Monsieur, votre, etc.

---

[1] Lebret dit, dans une autre lettre, que M. de Boissière, « gentilhomme qui a l'esprit très-beau, fort réglé, et également universel, » composa beaucoup de devises, qui « ont passé pour excellentes, et dont Courbé imprima autrefois deux petits volumes. »

[2] Pierre de Montmaur, fameux parasite et bel esprit, mort en 1648, à l'âge de soixante-treize ans. Sallengre a recueilli, dans l'*Histoire de Montmaur* (la Haye, 1715, 2 vol. in-8), toutes les pièces de vers satiriques composées à son sujet.

LA MORT D'AGRIPPINE

TRAGÉDIE

LE LIBRAIRE AU LECTEUR

Mon cher Lecteur, après vous avoir donné l'impression d'un si bel ouvrage, j'ai cru vous devoir un volume des Lettres du même auteur pour satisfaire entièrement votre curiosité. Il y en a qui contiennent des descriptions ; il y en a de satyriques ; il y en a de burlesques ; il y en a d'amoureuses, et toutes sont dans leur genre si excellentes et si propres à leurs sujets, que l'Auteur paraît aussi merveilleux en prose qu'en vers. C'est un jugement que vous en ferez, non pas avec moi, mais avec tous les hommes d'esprit qui connoissent la beauté du sien. Je fais rouler la presse avec autant de diligence qu'il m'est possible pour vous en donner le commencement, et à moi celui de vous faire avouer que je vous ai dit la vérité[1].

[1] Cet avis du libraire, qui ne se trouve que dans la première édition in-4°, publiée en 1654, est évidemment de Cyrano de Bergerac lui-même. Le privilége du roi porte la date du 16 décembre 1653. Cette édition, tirée à grand nombre, fut épuisée presque aussitôt ; car tout le monde voulait voir les impiétés qu'on accusait l'auteur d'y avoir mises. Tallemant des Réaux raconte à ce sujet l'anecdote suivante (édit. in-12, t. X, p. 190) : « Un fou, nommé Cyrano, fit une pièce de théâtre intitulée la *Mort d'Agrippine*, où Séjanus disait des choses horribles contre les Dieux. La pièce étoit un pur galimatias. Sercy, qui l'imprima, dit à Bois-Robert qu'il avoit vendu l'impression en moins de rien. « Je m'en étonne, dit Bois-Robert. — Ah! Monsieur, reprit le libraire, il y a de belles impiétés. »

A MONSEIGNEUR
LE DUC D'ARPAJON

Monseigneur,

Quoique *Agrippine soit sortie du sang de ces Princes qui naissoient seulement pour commander aux hommes, et qui ne mouroient que pour être appelés au rang des Dieux, ses disgrâces l'ont rendue encore plus célèbre que la gloire de son berceau. Il semble qu'elle n'ait eu le grand Auguste pour aïeul qu'afin de sentir avec plus d'affection le regret de se voir dérober l'Empire, son légitime patrimoine. César ne l'avoit honorée de l'alliance de Tibère que pour l'attacher de plus près à son Tyran; et ne lui avoit donné pour Mari le plus grand Héros de son siècle que pour en faire la plus affligée et la plus inconsolable de toutes les veuves; de sorte qu'ayant toujours vécu dans la douleur et la persécution, il est certain qu'elle préféreroit le repos du tombeau à cette seconde vie que je lui donne, si, voulant l'exposer au jour, je lui cherchois un moindre Protecteur que celui qui dans la conservation de Malte l'a été de toute l'Europe* [1]

---

[1] « En 1645, disent les auteurs du *Dictionnaire historique* de Moreri (édit. de 1749), lorsque le Turc menaçoit l'île de Malte, avec des forces formidables, il alla volontairement au secours de cette île : et, ayant été élu chef des conseils du Grand Maître et généralissime des armées de la Religion, il pourvut si bien à la sûreté de Malte, que, par reconnaissance, le Grand Maître Jean-Paul Lascaris, et l'Ordre, lui accordèrent ce privilège singulier, pour lui et pour tous ses descendans aînés, de porter, sur le tout de leurs armes, celles de la Religion, avec l'écu posé sur la croix octogone, les ex-

Quelque maligne que soit la Planète qui domine au sort de mon Héroïne, je ne crois pas qu'elle puisse lui susciter des ennemis qu'impuissans, quand elle aura le secours de Votre Grandeur : Vous, Monseigneur, que l'Univers regarde comme le Chef d'un Corps qui n'est composé que de parties nobles, qui avez fait trembler jusque dans Constantinople le Tyran d'une moitié de la Terre, et qui avez empêché que son Croissant, dont il se vantoit d'enfermer le reste du Globe, partageât la souveraineté de la Mer avec celui de la Lune. Mais tant de glorieux succès ne sont point des miracles pour une personne dont la profonde sagesse éblouit les plus grands Génies, et en faveur de qui Dieu semble avoir dit, par la bouche de ses Prophètes, que le Sage auroit droit de commander aux Astres [1]. Agrippine, Monseigneur, qui pendant le cours de sa vie les a sans relâche expérimentés contraires, effarouchée encore aujourd'hui de la cruauté des Empereurs qui ont poursuivi son Ombre jusque chez les morts, entre les bras de qui se pouvoit-elle jeter avec plus de confiance qu'entre ceux d'un redoutable Capitaine, dont le seul bruit des armes a garanti et rassuré Venise, cette puissante République, où la liberté Romaine s'est conservée jusqu'en nos jours [2] ? Recevez-la donc, s'il vous plaît, Monseigneur, favorablement ; accordez un asile à cette Princesse, qu'elle n'a pu trouver dans un Empire qui lui appartenoit. Je sais que, faisant profession d'une inviolable fidélité pour notre Monarque, vous la blâmerez peut-être d'avoir conspiré contre son Souverain,

trémités saillantes, et qu'un de leurs fils, au choix du père, seroit chevalier en naissant et grand'croix à l'âge de seize ans. » Le vicomte d'Arpajon, qui était allé à Malte avec deux mille hommes levés à ses frais, revint en France pour recevoir du roi, en 1651, le brevet de duc et pair, comme récompense de son zèle chevaleresque et de son dévouement chrétien.

[1] *Vir sapiens dominabitur astris.* (Note de l'auteur.)
[2] La résistance héroïque des chevaliers de Malte, qui opposaient une barrière invincible à l'invasion des Turcs en Europe, rassura la république de Venise, que semblaient déjà menacer les flottes ottomanes.

quoiqu'elle n'ait poursuivi la mort de Tibère que pour venger celle de Germanicus, et qu'elle n'ait été infidèle Sujette que pour être fidèle à son Époux; mais, en faveur de sa vertu, elle espère cette grâce de votre bonté, dont elle ne sera pas ingrate; car elle m'a promis que sa reconnoissance publiera partout les merveilleux éloges de votre vertu, qui donne plus d'éclat à votre sang[1] *qu'elle n'en a reçu de lui, encore que a source en soit Royale ; ceux de votre prudence dans les négociations les plus importantes de l'État, que l'on nous propose comme un portrait achevé de la Sagesse; ceux de votre valeur dans les combats, dont elle règle les événemens, au préjudice du pouvoir absolu que la Fortune s'en est réservé ; et ceux enfin,* Monseigneur, *de votre courage, qui n'a jamais vu de péril qu'au-dessous de lui. Ces considérations me font espérer que la généreuse Agrippine ayant été présente à toutes les victoires de son Héros, elle n'ignore pas en quels termes elle doit parler des vôtres, et je suis même certain qu'elle leur rendra justice, sans qu'on l'accuse de flatterie; car, si vous êtes d'un mérite à ne pouvoir être flatté, elle est aussi d'un rang à ne pouvoir flatter. Mais,* Monseigneur, *que pourroit-elle dire qui ne soit connu de toute la terre? vous l'avez vue presque entière, en victorieux*[2]*, et, par un prodige inouï, votre visage même n'y est guère moins connu que son nom. Souffrez donc que je vous offre cette Princesse, sans vous rien promettre d'elle, que cet aveu public qu'elle vient vous faire, qu'enfin elle a trouvé un Héros plus grand que*

---

[1] Les rois d'Aragon et les comtes de Toulouse, dont quelques-uns ont régné en Jérusalem. (*Note de l'auteur.*)

[2] Monseigneur le duc d'Arpajon a commandé en France, en Alsace, Flandre, Lorraine, Italie, Roussillon, Malte, Venise, Pologne, etc. (*Note de l'auteur*.)

* Beys, en dédiant au duc d'Arpajon la comédie des *Illustres Fous*, en 1633, avait fait aussi la nomenclature des campagnes de cet intrépide général d'armée : « Ce n'est pas seulement de votre naissance, Monseigneur, lui dit-il, que nous tirons des preuves de votre sagesse, mais les actes de votre vie nous en donnent des témoignages éclatants, et la France, la Pologne, l'Italie, l'Alsace, la Lorraine, Malte et le Roussillon en ont été les théâtres magnifiques. »

Germanicus. Au reste, elle cessera de déplorer ses malheurs, si par le tableau de sa pitoyable aventure elle vous donne au moins quelque estime de sa constance ; et moi, je me croirai trop bien récompensé du présent que je lui fais de cette seconde vie, si, n'étant plus que mémoire, elle vous fait souvenir que je suis,

MONSEIGNEUR,

*Votre très-humble, très-obéissant,
et très-passionné serviteur,*

DE CYRANO BERGERAC

ACTEURS

TIBÈRE, Empereur de Rome.
SÉJANUS, Favori de Tibère.
NERVA, Sénateur, Confident de l'Empereur.
TÉRENTIUS, Confident de Séjanus.
AGRIPPINE, Veuve de Germanicus.
CORNÉLIE, sa Confidente.
LIVILLA, Sœur de Germanicus, et Bru de l'Empereur.
FURNIE, sa Confidente.
TROUPE DE GARDES.

La Scène est à Rome, dans une Salle du Palais de Tibère.

LA MORT D'AGRIPPINE

VEUVE

DE GERMANICUS

TRAGÉDIE

ACTE PREMIER

SCÈNE PREMIÈRE

AGRIPPINE, CORNÉLIE.

AGRIPPINE.

Je te vais retracer le tableau de sa gloire ;
Mais feins encore après d'ignorer son histoire,
Et, pour me rendre heureuse une seconde fois,
Presse-moi de nouveau de conter ses exploits ;
Il doit être en ma bouche aussi bien qu'en mon âme,
Pour devoir chaque instant un triomphe à sa Femme.
Mais ne te fais-je point de discours superflus ?
Je t'en parle sans cesse.

CORNÉLIE.

Il ne m'en souvient plus,
Et j'attends....

AGRIPPINE.

Apprends donc comment ce jeune Alcide
Fut des Géans du Rhin le superbe homicide,
Comment, à ses côtés faisant marcher la mort,
Il échauffa de sang les Rivières du Nord.

Mais, pour voir les dangers où dans cette conquête
La grandeur de son âme abandonna sa tête,
Pour voir ce que son nom en emprunta d'éclat,
Écoute le récit de son dernier combat.
Déjà notre Aigle en l'air balançoit le tonnerre
Dont il devoit brûler la moitié de la terre,
Quand on vint rapporter au grand Germanicus
Qu'on voyoit l'Allemand, sous de vastes écus,
Marcher par un chemin couvert de nuits sans nombre :
« L'éclat de notre acier en dissipera l'ombre ! »
Dit-il. Et pour la charge il lève le signal.
Sa voix donne la vie à des corps de métal.
Le Romain par torrens se répand dans la plaine ;
Le Colosse du Nord se soutient à grand'peine :
Son énorme grandeur ne lui sert seulement
Qu'à montrer à la Parque un plus grand logement ;
Et, tandis qu'on heurtoit ces murailles humaines,
Pour épargner le sang des Légions Romaines,
Mon Héros, ennuyé du combat qui traînoit,
Se cachoit presque entier dans les coups qu'il donnoit.
Là, des bras emportés ; là, des têtes brisées ;
Des troupes, en tombant, sous d'autres écrasées,
Font frémir la campagne au choc des combattans,
Comme si l'Univers trembloit pour ses enfans.
De leurs traits assemblés l'effroyable descente
Forme entre eux et la nue une voûte volante,
Sous qui ces fiers Tyrans, honteux d'un sort pareil,
Semblent vouloir cacher leur défaite au Soleil.
Germanicus y fit ce qu'un Dieu pouvoit faire,
Et Mars, en le suivant, crut être téméraire.
Ayant fait du Germain la sanglante moisson,
Il prit sur leurs Autels leurs Dieux même à rançon,
Afin qu'on sût un jour, par des exploits si braves,
Qu'un Romain dans le Ciel peut avoir des esclaves.
Oh ! quel plaisir de voir, sur des monceaux de corps,
Qui marquoient du combat les tragiques efforts,

Dans un livre d'airain la superbe Victoire
Graver Germanicus aux fastes de la gloire!
CORNÉLIE.
Votre Époux, soumettant les Germains à ses Lois,
Ne voulut que leur nom pour prix de ses exploits.
AGRIPPINE.
Du Couchant à l'Aurore ayant porté la guerre,
Notre Héros parut aux deux bouts de la terre,
En un clin d'œil si prompt, qu'on peut dire aujourd'hui
Qu'il devança le jour qui couroit devant lui.
On crut que, pour défendre en tous lieux notre Empire,
Ce Jupiter sauveur se vouloit reproduire,
Et, passant comme un trait tant de divers climats,
Que, d'un degré du Pôle, il ne faisoit qu'un pas.
Dans ces Pays brûlés où l'arène volante
Sous la marche des siens étoit étincelante,
De cadavres pourris il infecta les airs ;
Il engraissa de sang leurs stériles déserts,
Afin que la moisson, pouvant naître en ces Plaines,
Fournît de nourriture aux Légions Romaines ;
Que par cet aliment notre peuple orgueilleux
Suçât avec leur sang quelque amitié pour eux ;
Et qu'un jour le succès d'un combat si tragique
Pût réconcilier l'Europe avec l'Afrique.
Enfin tout l'Univers il se seroit soumis ;
Mais il eut le malheur de manquer d'ennemis.
Mon cher Germanicus étoit donc sur la terre
Le souverain Arbitre et de paix et de guerre,
Et se trouvoit si haut par-dessus les humains,
Que son pied se posoit sur le front des Romains,
Alors qu'en Orient, terminant sa carrière,
Dans la source du jour il perdit la lumière,
Et pour un lit superbe, à son dernier sommeil,
Il s'alla reposer au berceau du Soleil.
Voilà comme il vécut, et je te veux encore
Peindre dans son couchant cet Astre que j'adore,

Afin que le malheur de mon illustre Époux,
Par ces tristes tableaux, réveille mon courroux,
Et que, par les horreurs de la fin de sa vie,
Je m'excite à haïr ceux qui l'ont poursuivie.

CORNÉLIE.

C'est accroître vos maux.

AGRIPPINE.

Ne me refuse pas
D'écouter le récit d'un si sanglant trépas,
Où mon cœur, déchiré de Bourreaux invisibles,
En iroit émouvoir les rochers insensibles.
Tibère, qui voyoit les pleurs de l'Univers
Conjurer mon Époux de le tirer des fers,
Et qui savoit assez qu'au milieu des batailles
Ses Amis lui seroient de vivantes murailles ;
Comme un acier tranchant, comme un brûlant tison,
Du filet de ses jours il approcha Pison.
Pison part, il s'avance, et, dans chaque Province
Qu'il oyoit retentir des armes de mon Prince,
Par des coups non sanglans, des meurtres de la voix,
Ce lâche ternissoit l'éclat de ses exploits ;
Mais, semblable au rocher, qui, battu de l'orage,
De la mer qui le bat semble être le naufrage,
Le nom de mon Héros, par le choc affermi,
Réfléchissoit les coups dessus son ennemi.
Il arrive, et mon Prince, ignorant sa malice,
D'un véritable amour payoit son artifice,
Quand nous vîmes tomber ce demi-Dieu Romain,
Sous l'invisible coup d'une invisible main.
Une brûlante fièvre allume ses entrailles ;
Il contemple, vivant, ses propres funérailles ;
Ses artères[1], enflés d'un sang noir et pourri,
Regorgent du poison dont son cœur est nourri.

---

[1] Le mot *artere* n'était pas encore devenu féminin.

A qui le considère, il semble que ses veines
D'une liqueur de feu sont les chaudes fontaines,
Des Serpens enlacés qui rampent sur son corps,
Ou des chemins voûtés qui mènent chez les morts.
La terre en trembla même, afin que l'on pût dire
Que sa fièvre causoit des tourmens à l'Empire.

CORNÉLIE.

Jamais la mort ne vint d'un pas si diligent.

AGRIPPINE.

Et Pison toutefois le trouve encor trop lent ;
Pour le précipiter, joignant le sortilége,
Du poison, sans horreur, il monte au sacrilége,
Et donne à terrasser, par des charmes couverts,
Le Démon des Romains au Démon des Enfers.
Ainsi l'Enfer, les Cieux, la Nature et l'Envie,
Unirent leurs fureurs contre une seule vie.

CORNÉLIE.

Ah ! ne condamnez point la lâcheté du sort !
Pour perdre un si grand Homme, il faut plus d'une mort.

AGRIPPINE.

D'un rouge ténébreux sa chair ensanglantée
Fut le triste témoin, que Nature irritée
Produisit du poison, afin de se purger
Du crime dont à Rome on eût pu la charger.

CORNÉLIE.

Les auteurs de sa mort méritoient ses supplices.

AGRIPPINE.

Je saurai les punir avecque leurs complices ;
Pison est déjà mort, et bientôt l'Empereur,
Livilla, Séjanus, sentiront ma fureur :
Ce couple criminel qu'un adultère assemble,
S'étant joints pour le perdre, expireront ensemble,
Ils suivront mon Époux, ces lâches ennemis,
Qui, de tous mes enfans, ne m'ent laissé qu'un fils !

20.

SCÈNE II

SÉJANUS, AGRIPPINE, CORNÉLIE.

SÉJANUS.

Madame, la nouvelle en est trop assurée :
L'Empereur ce matin est sorti de Caprée ;
Il marche droit à Rome, accompagné des siens,
Des Soldats allemans et des Prétoriens ;
Et l'on croit que demain nous verrons à nos portes
Trois de ses Légions et cinquante Cohortes.

AGRIPPINE.

C'est un sujet de joie et non pas de douleur.
Ennuyé de l'attendre, il court à son malheur,
Et n'approche de Rome en homme de courage,
Que pour nous épargner la peine du voyage.
Vois comme aveuglément il vient chercher l'Autel.
Frappons! cette victime attend le coup mortel ;
Mais gardons, qu'échappant au couteau du Ministre,
Sa fuite ne devienne un présage sinistre.

SÉJANUS.

Sans avancer nos jours, pour avancer sa mort,
Regardons son naufrage à couvert dans le port,
Et gauchissons de sorte, en montant à l'Empire,
Que selon le succès nous puissions nous dédire.
L'Empereur, qui connoît tous vos desseins formés,
Ignore que je trempe à ce que vous tramez ;
Il m'écrit qu'il espère, assisté de ma brigue,
Joindre avec le Sénat tout le peuple à sa Ligue.
Ce trait de confiance est un gage assuré
Qu'il ne soupçonne point que j'aye conjuré.
Ainsi, quoi que d'affreux son courroux entreprenne,
Je vous tiendrai toujours à couvert de sa haine :
Prononcez son Arrêt irrévocablement,
Mais, parmi tant d'écueils, hâtons-nous lentement,

AGRIPPINE.

Conduis ma destinée ! Aussi bien, la Fortune,
Triomphans ou vaincus, nous doit être commune :
Mais sache, si de moi tu prétends disposer,
Que le Trône est le Temple où je dois t'épouser.
Informe Livilla du retour de Tibère,
De peur que sa surprise effarouche son Père,
Moi, j'irai cependant solliciter nos Dieux :
Ils me doivent secours, puisqu'ils sont mes Aïeux.

SCÈNE III

AGRIPPINE, CORNÉLIE.

AGRIPPINE.
Qu'en dis-tu, Cornélie ? Enfin....

CORNÉLIE.
                              Enfin, Madame,
Du traître Séjanus deviendrez-vous la Femme ?
Faut-il que l'assassin de votre cher Époux
Se trace par son crime un chemin jusqu'à vous ?
Que dans son meurtrier votre Mari se treuve,
Et vienne se sauver dans le lit de la Veuve ?
Quoi ! n'entendez-vous point le grand Germanicus,
Porté sur un monceau de cadavres vaincus,
S'écrier des Enfers : « Femme ingrate et perfide,
Tu vas joindre ma race avec mon homicide ? »
Voilà comme il se plaint, ce Héros outragé,
Que sa Veuve en dix ans n'a pas encor vengé.

AGRIPPINE.
Moi, de mes ennemis je deviendrois la Mère !
Moi, qui les dois punir du crime de leur Père,
Rouge encor de mon sang, il viendroit, l'assassin,
En qualité d'Époux me présenter la main !
Donc, mes Fils en mes flancs ne pourroient trouver place,
Sans augmenter le nom du Bourreau de ma race !

Donc, avec eux naîtroit, malgré tout mon amour,
L'exécrable devoir de les priver du jour!
Donc, ces infortunés, sans le pouvoir connoître,
Seroient mes ennemis avant même que d'être,
Deviendroient criminels entre les mains du Sort,
Et, pour avoir vécu, mériteroient la mort!
Du plus vil des Romains je me ferois un Maître!
Et, Veuve d'un Héros, j'épouserois un traître!
Ah! ne m'accuse point de tant de lâcheté,
Et pénètre un peu mieux dans mon cœur irrité.
Vois jusqu'où doit aller le courroux d'Agrippine,
Qui l'oblige à flatter l'auteur de sa ruine;
Et combien il est grand, puisque, pour l'occuper,
Étant ce que je suis, je m'abaisse à tromper.
Oui, j'abhorre ce Monstre; après l'avoir ravie,
Pour le tuer encor, je lui rendrois la vie;
Et je voudrois qu'il pût, sans tout à fait périr,
Et sans cesse renaître, et sans cesse mourir.
Mais, hélas! je ne puis me venger de Tibère
Que par la seule main de mon lâche adversaire;
Car Séjanus vainqueur lui percera le flanc,
Ou Séjanus vaincu payera de son sang.
Si Tibère demeure, alors je suis vengée;
Si contre Séjanus la Fortune est rangée,
Je verrai, satisfaite, entrer au monument
De mon Époux meurtri[1] le premier instrument.
Mais Livilla paroît... J'évite sa présence:
Elle hait ma rencontre, et la sienne m'offense.

SCÈNE IV

LIVILLA, SÉJANUS, TÉRENTIUS.

LIVILLA.

J'ai beau voir en triomphe un Empereur Romain

---

[1] Assassiné, tué. Cette vieille acception du mot *meurtri* était hors d'usage depuis longtemps.

S'avancer contre nous, le tonnerre à la main ;
Ce n'est pas l'ennemi que je crains davantage.

SÉJANUS.

Ah ! dites-moi son nom. Cette longueur m'outrage ;
Vous le plaindrez plutôt que vous ne le craindrez,
Et j'attends, pour agir, ce que vous résoudrez.

LIVILLA.

Écoute ! Auparavant qu'un refus m'ait blessée,
Sur tout ce que tu crains applique ta pensée,
Propose-toi le fer, la flamme et le poison,
Fais jusque dans ton cœur descendre ta raison,
Et t'informe de lui, quoi que je te demande,
S'il est prêt d'accorder tout ce qu'il appréhende.

SÉJANUS.

Il est tout prêt, Madame, à remplir vos souhaits.

LIVILLA.

Encore un coup, prends garde à ce que tu promets ;
Ce que je veux sera peut-être ta ruine.

SÉJANUS.

N'importe, parlez ! C'est ?...

LIVILLA.

          C'est la mort d'Agrippine.

SÉJANUS.

D'Agrippine ? Madame, hélas ! y pensez-vous ?

LIVILLA.

D'Agrippine, ma Sœur, qui conspire avec nous.
Mon mari, sous ma haine, est tombé pour victime ;
Mon cœur, après cela, ne connoît plus de crime.
Jeune encore, et timide, en mon timide sein,
Il osa me pousser à ce noble dessein.
Et toi, perfide Amant, dont l'amour me diffame...

SÉJANUS.

Tremperai-je ma main dans le sang d'une Femme ?

LIVILLA.

Je fais, pour m'animer à ce coup plein d'effroi,
Des efforts bien plus grands que tu n'en fais sur toi :
J'entends de toutes parts le Sexe et la Nature,
Qui me font de ce meurtre une horrible peinture ;
Mais, Femme, je pourrai voir du sang sans horreur,
Et, parente, souffrir qu'on égorge ma Sœur !
Je l'ai trop offensée, et la mort qui m'effraie
Est le seul appareil qui peut fermer sa plaie.
On voit fumer encor, de ses plus chers Parens,
Sur la route d'Enfer, les vestiges sanglans ;
Rien qu'un cercueil ne couvre un acte de la sorte,
Et pour elle ou pour moi c'est la fatale porte
Par qui le Sort douteux, d'un ou d'autre côté,
Mettra l'un des partis en pleine liberté.
Encor, si mon trépas satisfaisoit sa haine !
Mais de ta mort peut-être elle fera ma peine,
Puisqu'elle a découvert, au gré de son courroux,
A l'éclat de ma flamme, un passage à ses coups.
Donc, pour me conserver, conservant ta personne,
Sauve-moi des frayeurs que sa rage me donne.

SÉJANUS.

Non, non, détrompez-vous de ces vaines frayeurs,
Elle croit l'Empereur cause de ses malheurs ;
Je l'ai persuadée.

LIVILLA.

Elle feint de le croire ;
Pour un temps, sur sa haine elle endort sa mémoire,
Mais crains-la d'autant plus qu'elle craint de s'ouvrir;
C'est pour elle trop peu de te faire mourir,
Si, par ta mort toi-même assouvissant sa rage,
Tu n'en es l'instrument et n'en hâtes l'ouvrage.
Quoi ! je t'ai de mon Frère immolé jusqu'au nom,
Sur son fameux débris élevé ton renom,

Et chassé, pour complaire à toi seul où j'aspire,
De mon lit et du jour l'héritier de l'Empire !
Je semblois un Lion sur le trône enchaîné,
Qui t'en gardoit l'abord, comme à toi destiné.
J'ai fait à ton amour, au péril de la tombe,
Des Héros de ma race un funeste hécatombe,
Et, ne préjugeant pas obtenir les souhaits
D'un si grand criminel que par de grands forfaits,
On m'a vu promener, encor jeune, encor fille,
Le fer et le poison par toute ma famille,
Et rompre tous les nœuds de mon sang, de ma foi,
Pour n'être plus liée à personne qu'à toi.
Chaque instant de ma vie est coupable d'un crime !...
Paye au moins tant de sang du sang d'une victime !
Je n'en brûle de soif qu'afin de te sauver
Ou bras qu'à ton malheur ce sang fera lever.
Dse donc, ou permets, quand on joindra notre âme,
Que je sois ton Mari, si tu n'es que ma Femme.

SÉJANUS.

Du précipice affreux prêt à nous engloutir,
Agrippine et son rang nous peuvent garantir ;
Prodiguons sa puissance à terrasser Tibère :
Quand elle aura sans nous détruit notre adversaire,
Nous trouverons par elle un trône dans le port,
Et serons en état de songer à sa mort.

LIVILLA.

Tu m'en donnes parole ? Eh bien, je suis contente ;
L'espoir que j'en aurai flattera mon attente ;
A Jupiter vengeur je vais offrir des vœux,
Si pourtant d'un tel coup j'ose parler aux Dieux,
Car le crime est bien grand de massacrer Tibère !

SÉJANUS.

Tibère, ce tyran qui fit mourir ton père ?

LIVILLA.

Ah ! le traître en mourra ! Fais, fais-moi souvenir,

Quand d'injustes remords viendront m'entretenir,
Afin de s'opposer au meurtre de Tibère,
Que Tibère est celui qui fit mourir mon père !

SCÈNE V
SÉJANUS, TÉRENTIUS.

TÉRENTIUS.

Immoler Agrippine à l'objet de ton feu !
La victime sera plus noble que le Dieu.

SÉJANUS.

Que vous connoissez mal le sujet qui m'enflamme !

TÉRENTIUS.

Quoi ! Livilla n'est point...

SÉJANUS.

           Non, je la hais dans l'âme ;
Et, quoiqu'elle m'adore et qu'elle ait à mes vœux
Immolé son époux, son frère et ses neveux,
Je la trouve effroyable ; et, plus sa main sanglante
Exécute pour moi, plus elle m'épouvante ;
Je ne puis à sa flamme apprivoiser mon cœur,
Et jusqu'à ses bienfaits me donnent de l'horreur ;
Mais j'aime sa Rivale avec une couronne,
Et je brûle du feu que son éclat lui donne ;
De ce bandeau Royal les rayons glorieux
Augmentent la beauté des rayons de ses yeux ;
Et, si l'âge flétrit l'éclat de son visage,
L'éclat de sa couronne en répare l'outrage.
Enfin, pour exprimer tous ses charmes divers,
Sa foi me peut en dot apporter l'Univers.
Quoique de son époux ma seule jalousie,
Par les mains de Pison, ait terminé la vie,
Elle a toujours pensé que des raisons d'État
Ont poussé l'Empereur à ce lâche attentat.

Ainsi, Térentius, un royal Hyménée
Doit bientôt à son sort unir ma destinée :
Un diadème au front en sera le lien.

TÉRENTIUS.

Le cœur d'une Amazone étoit digne du tien.

SÉJANUS.

Tel, jaloux de mon rang, tenteroit ma ruine,
Qui n'osera choquer un époux d'Agrippine :
Ce nœud m'affermira dans le trône usurpé ;
Et son fils, qui me hait, dans sa fureur trompé,
Au profond de son âme arrêtant sa colère,
Craindra de s'attaquer au mari de sa mère,
Ou, forcé[1] de le perdre, avec moins de courroux
Elle en pardonnera le meurtre à son époux.
Mais allons préparer, dans la pompe célèbre
Du retour de Tibère, une pompe funèbre.

ACTE II

SCÈNE PREMIÈRE

TIBÈRE, NERVA.

TIBÈRE.

Oui, la Couronne enferme et cache beaucoup plus
De pointes sous le front qu'il n'en paroît dessus !

---

[1] Dans l'édition originale, on lit *forcée*, se rapportant à Agrippine ; mais le vers est faux, et la correction se trouve indiquée naturellement. C'est Séjanus qui se verra *forcé* de perdre le fils d'Agrippine : il y a là une ellipse tout à fait latine.

De ma triste grandeur j'ai vu Rome idolâtre :
Mais que j'ai, pour régner, d'ennemis à combattre !

NERVA.

C'est trop te défier de ton noble destin :
Agrippine te hait ; mais elle est femme, enfin.

TIBÈRE.

Que de justes frayeurs s'emparent de mon âme !
Le grand Germanicus me combat dans sa femme.
De ce Prince au tombeau le nom ressuscité
Semble accourir aux vœux qui l'ont sollicité;
Sous mon trône abattu, ce nouvel Encelade,
Du profond des Enfers, à ma Cour rétrograde,
Et jette un cri si haut, que, du bruit effrayé,
Je doute s'il foudroie ou s'il est foudroyé.
Par un souffle brûlant que sa rage respire,
Il émeut la révolte au sein de mon Empire ;
Et le perfide encor, pour braver mes desseins,
Me combat à couvert dans le cœur des Romains.

NERVA.

D'un tout si dangereux perds le dangereux reste !

TIBÈRE.

Je sais bien qu'Agrippine à mes jours est funeste :
Mais, si, sans l'achever, ma haine l'entreprend,
Le courroux qui l'anime en deviendra plus grand,
Et si, dans le Sénat, on la trouve innocente,
Je la force à venger cette injure sanglante.

NERVA.

Que me dis-tu, Seigneur ? Elle est coupable.

TIBÈRE.

En quoi ?

NERVA.

D'être ou d'avoir été plus puissante que toi.
Elle ramène au choc les bandes alarmées,

Casse ou nomme à son gré les Empereurs d'Armées [1],
Montre en Caligula son aïeul renaissant,
Intimide le foible, achète le puissant,
Emplit ton cabinet de ses pensionnaires :
Enfin, jusqu'à ta Garde et tes Légionnaires,
Fallùt-il se noircir d'une lâche action,
Sont généralement à sa dévotion.
Elle est ambitieuse, elle te croit coupable...
Crains qu'elle ne corrompe un serviteur de table;
Rarement un grand Roi, que l'on peut envier,
Échappe du poison donné par l'héritier.

TIBÈRE.

O Ciel! si tu veux perdre un Empereur de Rome,
Que son trépas au moins soit l'ouvrage d'un homme!

NERVA.

César, pour prévenir ses desseins furieux...
Elle est dans ton palais... Qu'on l'égorge à tes yeux!

TIBÈRE.

L'équité nous oblige à plus de retenue :
On ne l'a qu'accusée, et non pas convaincue.

NERVA.

Le sceptre qu'en tes mains dispute son renom,
Dans tes mains ébranlé, ne tient plus qu'à ton nom ;
Cours le prix d'une gloire, en gloire sans seconde :
Au bout de la carrière est le trône du monde.
Mais, encor qu'il puisse être à tous deux destiné,
Qui l'atteindra plus tôt y sera couronné.
En partant le premier, devance donc sa course,
Et coupe les ruisseaux du torrent dès sa source.
Quoi! supporteras-tu, sans honte ou sans effroi,
Que l'Empire balance entre une femme et toi?

---

[1] Les armées romaines décernaient souvent le titre d'*imperator* à leurs généraux.

Perds, perds cette orgueilleuse, avant qu'elle connoisse
De ton règne ébranlé la mortelle foiblesse.
Un soupçon de révolte, à l'apparence joint,
Est un crime d'État qu'on ne pardonne point.
César, il la faut perdre!

TIBÈRE.

Oui, Nerva, je la donne,
Sans rien examiner, au bien de ma couronne :
Elle mourra!

NERVA.

César...

TIBÈRE.

Elle mourra... Mais, Dieux!
Comment me dérober au Peuple furieux?
Car, si de ce combat j'emporte la victoire,
Son sang pour la venger peut jaillir sur ma gloire :
C'est un foudre grondant, suspendu, prêt à choir,
Qu'au-dessus de ma tête il ne faut pas mouvoir.

NERVA.

Non, Seigneur, non, sa perte est et sûre et facile.

TIBÈRE.

Il faut donc l'engager à sortir de la ville...

NERVA.

Elle iroit, la superbe, en cent climats divers
Promener la révolte aux bouts de l'Univers,
Et, jetant du discord la semence féconde,
Armeroit contre toi les deux moitiés du monde :
Elle uniroit les bras de tout le Genre humain,
Joindroit les deux Soleils du Parthe et du Germain,
Provoqueroit la Paix à te faire la guerre,
Et sur toi seul enfin renverseroit la terre.

TIBÈRE.

Pour l'empêcher d'agir, il faut la rassurer ;
Si son crime paroît, feindre de l'ignorer ;

Et puis, quand nous aurons le secours que j'espère,
La mienne à découvert bravera sa colère.
Mais la voici!... N'importe! il la faut régaler
D'une offre dont l'éclat suffit pour l'aveugler.
Vois comme son front cache et montre sa vengeance,
Et dans quelle fierté la superbe s'avance!
Pour me tromper encore, elle vient en ces lieux.
Mais écoute-nous feindre, à qui feindra le mieux.

SCÈNE II

TIBÈRE, AGRIPPINE, SÉJANUS, NERVA, TÉRENTIUS.

AGRIPPINE.

Ton retour imprévu, tes gardes redoublées,
Trois fortes Légions près de Rome assemblées,
M'ont fait avec raison craindre quelque attentat,
Ou contre ta personne ou contre ton État :
C'est pourquoi, dans un temps suspect à ma Patrie,
Où le Romain troublé s'attroupe, s'arme et crie,
J'amène à ton secours mes proches, mes amis,
Et tous ceux que mon rang me peut avoir soumis.

TIBÈRE, bas, à Nerva.

L'impudente, Nerva!...
(Haut.)
Généreuse Princesse,
Je ne puis par ma bouche exprimer ma tendresse,
Car un moindre présent que le trône d'un Roi
Ne sauroit m'acquitter de ce que je te doi :
De Rome, à ce dessein, j'approche mon Armée,
Pour forcer cette esclave, au joug accoutumée,
D'adorer, dans ton fils, ce Prince bien-aimé,
L'image d'un héros qu'elle a tant estimé.
Oui, je viens sur son front déposer ma couronne,
Et quiconque osera choquer ce que j'ordonne,

C'est un traître, un mutin, qu'en vassal plein de cœur
J'immolerai moi-même au nouvel Empereur.

AGRIPPINE.

Qui renonce à sa gloire en offrant sa couronne,
Il en acquiert, César, plus qu'il n'en abandonne.
Tu m'estimes beaucoup de me la présenter,
Mais je m'estime trop pour pouvoir l'accepter.
C'est en la refusant qu'on s'en doit rendre digne;
Je veux que l'Univers en juge par ce signe.

TIBÈRE.

Auguste, ton aïeul, contre les droits du sang,
M'adopta pour monter après lui dans son rang :
Quoique avecque ton sexe il connût ton audace,
Il n'osa te choisir pour occuper sa place;
Il eut peur, connoissant combien, sans se flatter,
La machine du monde est pesante à porter,
Que, d'un poids inégal à la grandeur de l'âme,
Cet énorme fardeau tombât sur une femme,
Et qu'un sceptre, appuyé d'une si foible main,
Soutînt mal la grandeur de l'Empire Romain.
Mais, quoique sa prudence, en bravant la Nature,
T'ait ravi la couronne avec beaucoup d'injure,
Puisque aujourd'hui son sang, en tes bras affoibli,
A dans ceux de ton fils ses forces rétabli [1],
Je le veux élever, par droit héréditaire,
Après un interrègne, au trône de son père.

AGRIPPINE.

Fille du grand César que je dois imiter,
Je le cède au Héros, qu'il crut le mériter,

---

[1] Dans l'édition in-4°, et dans les éditions suivantes, ces deux vers sont imprimés d'une manière fautive qui les rend inintelligibles :

   Puisque aujourd'hui son sang en tes bras affoiblis
   A dans ceux de ton fils ses forces rétablies.

L'éditeur de 1741, en corrigeant le second vers, en a dénaturé le sens et détruit l'énergie; voici ce vers, qui ne se rapporte plus au précédent :

   A dans ceux de son fils tous ses droits rétablis.

Pour montrer, par un choix aussi grand, aussi juste,
Que je suis et du sang et de l'esprit d'Auguste.

TIBÈRE.

Et par cette raison son esprit et son sang
Sont des droits à ton fils pour monter à mon rang;
J'en ai le diadème; et, d'une foi sincère,
Je le veux rendre au fils, l'ayant reçu du père.

AGRIPPINE.

Avec un diadème, on n'attache pas bien
Un cœur tout généreux qui veut aimer pour rien.

TIBÈRE.

Pour te la conserver, j'ai reçu la couronne;
Je te la rends, Princesse.

AGRIPPINE.

          Et moi, je te la donne.

TIBÈRE.

Mais, comme j'en dispose au gré de tes parents,
C'est moi qui te la donne.

AGRIPPINE.

          Et moi, je te la rends.
As-tu droit d'espérer que cette âme hautaine
En générosité succombe sous la tienne?

TIBÈRE.

Écoute dans ton sein ton cœur te démentir.

AGRIPPINE.

Qui choisit par raison ne se peut repentir.

TIBÈRE.

Tu me hais, et tu veux éteindre par envie
La plus belle action dont éclate ma vie.
Ah! pardonne à l'honneur du Monarque des Rois,
Ou de ton père en nous respecte au moins le choix!

AGRIPPINE.

Aux siècles à venir, quelque jour, à ta gloire,

Nos neveux étonnés apprendront, dans l'histoire,
Qu'un Roi de sa couronne a dépouillé son front ;
Et ces mêmes neveux, à ma gloire, apprendront
Que ce Prince en fit l'offre à la seule personne
Qui pouvoit refuser l'éclat d'une couronne,
Et que l'ordre des Dieux lui voulut désigner,
De peur qu'un si bon Roi ne cessât de régner.

TIBÈRE.

Règne, je te l'ordonne, et, régnant, fais connoître
Que tu sais m'obéir encor, comme à ton Maître.

AGRIPPINE.

Règne, je te l'ordonne, et, respectant ma loi,
Obéis, pour montrer que tu n'es plus mon Roi ;
Règne, et, puisque tu veux me rendre Souveraine,
Montre, en m'obéissant, que je suis déjà Reine ;
Reprends donc ta couronne ; aussi bien, couronner
Celle qui te commande, est ne lui rien donner.

TIBÈRE.

Tâche, mon Séjanus, d'ébranler sa constance,
Toi qui lis dans mon cœur et vois ce que je pense,
Tu lui découvriras les secrets de mon cœur
Et les vastes desseins que j'ai pour sa grandeur.

SCÈNE III

SÉJANUS, AGRIPPINE, TÉRENTIUS.

SÉJANUS.

Lorsque contre soi-même avec nous il conspire,
Quelle raison vous meut à refuser l'Empire ?

AGRIPPINE.

Alors que dans ton sein mon portrait fut tracé,
Le portrait de Tibère en fut-il effacé ?
Ou, désaccoutumé du visage d'un traître,
L'as-tu vu sans le voir et sans le reconnoître ?

Je t'excuse pourtant! Non, tu ne l'as point vu :
Il étoit trop masqué pour être reconnu !
Un homme franc, ouvert, sans haine, sans colère,
Incapable de peur, ce n'est point là Tibère ;
Dans tout ce qu'il paroît, Tibère n'est point là ;
Mais Tibère est caché derrière tout cela.
De monter à son trône il ne m'a poursuivie
Qu'à dessein d'épier s'il me faisoit envie ;
Et, pour peu qu'à son offre il m'eût vu balancer,
Conclure aveuglément que je l'en veux chasser ;
Mais, quand il agiroit d'une amitié sincère,
Quand le ressentiment des bienfaits de mon père
Ou quand son repentir eût mon choix appelé
A la possession du bien qu'il m'a volé,
Sache que je préfère à l'or d'une couronne
Le plaisir furieux que la vengeance donne.
Point de sceptre aux dépens d'un si noble courroux
Et du vœu qui me lie à venger mon époux !
Mais, bien loin qu'acceptant la suprême puissance,
Je perde le motif d'une juste vengeance,
Je veux qu'il la retienne, afin de maintenir
Agrippine et sa race au droit de le punir.
Si je l'eusse accepté, ma vengeance assouvie
N'auroit pu sans reproche attenter sur sa vie,
Et je veux que le rang, qu'il me retient à tort,
Me conserve toujours un motif pour sa mort.
D'ailleurs, c'est à mon fils qu'il remettoit l'Empire :
Est-ce au nom de sujet où ton grand cœur aspire?
Penses-y mûrement : quel que soit ton dessein,
Tu ne m'épouseras que le sceptre à la main.
Mais adieu! Va sonder où tend tout ce mystère,
Et confirme toujours mon refus à Tibère.

SCÈNE IV

SÉJANUS, TÉRENTIUS.

TÉRENTIUS.

Par les cuisans soucis où flotte l'Empereur,
Du péril où tu cours mesure la grandeur ;
Crains que, dans le complot, comme un sage Interprète,
De la moitié connue il passe à la secrète ;
Car je veux que, le Ciel secondant tes souhaits,
Tu mènes ta victoire où tendent tes projets.
D'une marche du trône Agrippine approchée,
La soif de se venger non encore étanchée,
Et par un si grand coup ne redoutant plus rien,
Elle voudra du sang, et peut-être le tien ;
Peut-être qu'en ton lit, aux bras de l'Hyménée,
Le fer, de son époux, attend la destinée ;
Que sa douleur secrète espère, en te tuant,
Venger son mari mort sur son mari vivant,
Et qu'à ce cher époux, qui règle sa colère,
Elle veut immoler le vainqueur de Tibère?
Donc, pour sauver ta tête, abandonne la Cour!...
Tu connois la Fortune et son funeste amour?

SÉJANUS.

Mettre les voiles bas, n'ayant point perdu l'Ourse !...
Je suis trop ébranlé pour retenir ma course ;
Je veux monter au trône ou m'en voir accabler,
Car je ne puis si tard commencer à trembler.

TÉRENTIUS.

Superbe, ta naissance y met un tel obstacle,
Que pour monter au trône il te faut un miracle.

SÉJANUS.

Mon sang n'est point Royal, mais l'héritier d'un Roi
Porte-t-il un visage autrement fait que moi?

Encor qu'un toit de chaume eût couvert ma naissance,
Et qu'un Palais de marbre eût logé son enfance,
Qu'il fût né d'un grand Roi, moi d'un simple Pasteur,
Son sang auprès du mien est-il d'autre couleur?
Mon nom seroit au rang des héros qu'on renomme,
Si mes prédécesseurs avoient saccagé Rome ;
Mais je suis regardé comme un homme de rien,
Car mes prédécesseurs se nommoient gens de bien.
Un César, cependant, n'a guère bonne vue :
Dix degrés sur sa tête en bornent l'étendue ;
Il ne sauroit au plus faire monter ses yeux
Que depuis son berceau jusques à dix aïeux.
Mais moi, je rétrograde aux cabanes de Rome,
Et depuis Séjanus jusques au premier homme :
Là, n'étant pas borné du nombre ni du choix,
Pour quatre Dictateurs, j'y rencontre cent Rois.

TÉRENTIUS.

Mais le crime est affreux de massacrer son Maître!

SÉJANUS.

Mais on devient au moins un magnifique traître.
Quel plaisir sous ses pieds de tenir aux abois
Celui qui sous les siens fait gémir tant de Rois!
Fouler impunément des têtes couronnées,
Faire du Genre humain toutes les destinées,
Mettre aux fers un César, et penser dans son cœur :
« Cet Esclave jadis étoit mon Empereur! »

TÉRENTIUS.

Peut-être, en l'abattant, tomberas-tu toi-même.

SÉJANUS.

Pourvu que je l'entraîne avec son diadème,
Je mourrai satisfait, me voyant terrassé
Sous le pompeux débris d'un trône renversé.
Et puis, mourir n'est rien; c'est achever de naître !
Un Esclave hier mourut pour divertir son Maître ;

Aux malheurs de la vie on n'est point enchaîné,
Et l'âme est dans la main du plus infortuné.

TÉRENTIUS.

Mais n'as-tu point d'horreur pour un tel parricide?

SÉJANUS.

Je marche sur les pas d'Alexandre et d'Alcide,
Penses-tu qu'un vain nom de traître, de voleur,
Aux hommes demi-Dieux doive abattre le cœur?

TÉRENTIUS.

Mais d'un coup si douteux peux-tu prévoir l'issue?

SÉJANUS.

De courage et d'esprit cette trame est tissue.
Si, César massacré, quelques nouveaux Tyrans
Élevés par mon crime au trône où je prétends,
Songent à s'emparer du pouvoir monarchique,
J'appellerai pour lors le Peuple en République,
Et je lui ferai voir que par des coups si grands
Rome n'a point perdu, mais changé ses Tyrans.

TÉRENTIUS.

Tu connois cependant que Rome est Monarchique,
Qu'elle ne peut durer dans l'Aristocratique,
Et que l'Aigle Romaine aura peine à monter,
Quand elle aura sur soi plus d'un homme à porter.
Respecte et crains des Dieux l'effroyable tonnerre!

SÉJANUS.

Il ne tombe jamais en hiver sur la terre.
J'ai six mois pour le moins à me moquer des Dieux,
Ensuite je ferai ma paix avec les Cieux.

TÉRENTIUS.

Ces Dieux renverseront tout ce que tu proposes.

SÉJANUS.

Un peu d'encens brûlé rajuste bien des choses.

TÉRENTIUS.

Qui les craint ne craint rien.

SÉJANUS.

Ces enfans de l'effroi,
Ces beaux riens qu'on adore, et sans savoir pourquoi,
Ces altérés du sang des bêtes qu'on assomme,
Ces Dieux que l'homme a faits, et qui n'ont point fait l'hom- [me,
Des plus fermes États ce fantasque soutien,
Va, va, Térentius, qui les craint ne craint rien.

TÉRENTIUS.

Mais, s'il n'en étoit point, cette machine ronde....

SÉJANUS.

Oui, mais s'il en étoit, serois-je encore au monde?

SCÈNE V

SÉJANUS, TÉRENTIUS, LIVILLA.

LIVILLA.

Quoi! tu restes à Rome, et le foudre grondant
Ne pourra t'éveiller, si ce n'est en tombant?
Fuis, fuis, tout est perdu!

SÉJANUS.

L'Empereur sait la trame?

LIVILLA.

Tout est perdu, te dis-je!

SÉJANUS.

Ah! poursuivez, Madame!

LIVILLA.

Tu n'as plus qu'un moment!

SÉJANUS.

Mais, de grâce, pourquoi?
Tibère.....

LIVILLA.

Au nom des Dieux, Séjanus, sauve-toi!

SÉJANUS.

Apprenez-nous au moins qui vous rend si troublée.

LIVILLA.

J'ai honte de l'effroi dont je suis accablée :
Mais on peut bien trembler, quand le Ciel tremble aussi !
Écoute donc sur quoi je m'épouvante ainsi.
Des mains du Victimaire aujourd'hui nos hosties,
Le couteau dans la gorge, en fureur sont parties ;
L'Aruspice a trouvé le cœur défectueux,
Les poumons tout flétris, et le sang tout bourbeux ;
La chair du sacrifice, au brasier petillante,
Distilloit sur l'autel une liqueur puante ;
Le bœuf n'a pas été mortellement atteint ;
L'encensoir allumé par trois fois s'est éteint ;
Il est sorti de terre une vaine figure ;
On n'a point vu manger les oiseaux de l'Augure ;
Le Sacrificateur est chû mort en riant ;
Le Temple s'est fermé du côté d'Orient ;
Il n'a tonné qu'à droite, et, durant cette extase,
J'ai vu nos Dieux-foyers renversés de leur base.

SÉJANUS.

Quoi! ces présages vains étonnent ton courroux?
Ils sont contre Tibère, et non pas contre nous.
Si les Dieux aux Mortels découvroient leurs mystères,
On en liroit au Ciel les brillans caractères.
Mais, quoi qu'il en puisse être, il sera glorieux
D'avoir fait quelque chose en dépit de nos Dieux ;
Car, si notre fureur succombe à la fortune,
Au moins, dans les transports d'une rage commune,
Nous poursuivrons Tibère avec tant de courroux,
Que l'on verra suer le Destin contre nous.

LIVILLA.

Le Destin grave tout sur des tables de cuivre :
On ne déchire pas les feuillets d'un tel livre.

SÉJANUS.

Achevons donc le crime où ce Dieu nous astreint ;
C'est lui qui le commet, puisqu'il nous y contraint.

LIVILLA.

Mon esprit est remis, et ton noble courage,
Quoi qu'annonce le Ciel, est un heureux présage.
Allons de cent Argus Tibère environner ;
Arrêtons les avis qu'on lui pourroit donner ;
Et, puisqu'il ne tient pas tout le secret encore,
Coupons vers nôtre bout la moitié qu'il ignore.

ACTE III

SCÈNE PREMIÈRE
AGRIPPINE, CORNÉLIE.

AGRIPPINE.

Sanglante Ombre qui passe et repasse à mes yeux,
Fantôme dont le vol me poursuit en tous lieux :
Tes travaux, ton trépas, ta lamentable histoire,
Reviendront-ils sans cesse offenser ma mémoire ?
Ah! trêve, cher Époux! Si tu veux m'affliger,
Prête-moi pour le moins le temps de te venger !

CORNÉLIE.

Il vient vous consoler de sa cruelle absence.

AGRIPPINE.

Il vient, il vient plutôt me demander vengeance.
Te souvient-il du temps qu'au fort de ses douleurs,
Entouré dans son lit de ses amis en pleurs,

Il crioit : « O Romains, cachez-moi cette offrande!
C'est un bras, non des yeux, que mon sort vous demand
Mes plus grands ennemis n'ont rien tant désiré,
Que de me voir un jour digne d'être pleuré
A de plus hauts pensers élevez donc votre âme :
Pleurer Germanicus, c'est le venger en femme.
On me plaindra partout où je suis renommé :
Mais, pour vous, vengez-moi, si vous m'avez aimé!
Car, comme il est honteux à qui porte une épée
D'avoir l'âme à pleurer mollement occupée,
Si du sang répandu sont les pleurs d'un Romain,
J'espère que vos yeux seront dans votre main.
Forcez donc mes bourreaux de soupirer ma perte ;
C'est la seule douleur qui me doit être offerte.
Oui, cherchez, poursuivez, jusqu'à la terre ouvrir :
La terre parlera pour vous les découvrir.
Que par les yeux sanglans de cent mille blessures,
Leurs corps défigurés pleurent mes aventures,
Et que Pison, le traître... » A ce mot de Pison,
Son âme abandonna sa mortelle prison,
Et s'envola mêlée au nom de ce perfide,
Comme pour s'attacher avec son homicide....
Enfin, je l'ai vu pâle, et mort entre mes bras ;
Il demanda vengeance, et ne l'obtiendroit pas!
Un si lâche refus...

CORNÉLIE.

L'aimez-vous?

AGRIPPINE.

Je l'adore.

CORNÉLIE.

Madame, cependant Tibère vit encore !

AGRIPPINE.

Attends encore un peu, mon déplorable Époux !
Tu le verras bientôt expirant sous mes coups,
Et, ravi par le sort aux mains de la Nature,

Son sang à gros bouillons croître chaque blessure !
Son esprit, par le fer, dans son siége épuisé,
Pour sentir tout son mal, en tous lieux divisé;
Entre cent mille éclairs de l'acier qui flamboie,
Gémissant de douleur, me voir pâmer de joie,
Et n'entendre, percé de cent glaives aigus,
Que l'effroyable nom du grand Germanicus !...
Qu'il est doux, au milieu des traits qu'on nous décoche,
De croire être offensé, quand la vengeance approche !
Il semble que la joie au milieu de mes sens
Reproduise mon cœur partout où je la sens.
Pour former du Tyran l'image plus horrible,
Chaque endroit de mon corps devient intelligible,
Afin que, tout entière en cet accès fatal,
Je renferme, je sente et comprenne son mal;
Usurpant les devoirs de son mauvais génie,
Je l'attache aux douleurs d'une lente agonie ;
Je compte ses sanglots, et j'assemble en mon sein
Les pires accidens de son cruel destin ;
Je le vois qui pâlit ; je vois son âme errante
Couler dessus les flots d'une écume sanglante ;
L'estomac enfoncé de cent coups de poignard,
N'avoir pas un ami qui lui jette un regard :
S'il pense de sa main boucher une blessure,
Son âme s'échapper par une autre ouverture ;
Enfin, ne pouvant pas m'exprimer à moitié,
Je le conçois réduit à me faire pitié.
Vois quels transports, au sein d'une femme offensée,
Cause le souvenir d'une injure passée !
Si la Fortune, instruite à me désobliger,
M'ôtoit tous les moyens de me pouvoir venger,
Plutôt que me résoudre à vaincre ma colère,
Je m'irois poignarder dans les bras de Tibère ;
Afin que, soupçonné de ce tragique effort,
Il attirât sur lui la peine de ma mort.
Au moins, dans les Enfers j'emporterois la gloire

De laisser, quoique femme, un grand nom dans l'histoire...
Mais le discours sied mal à qui cherche du sang.

CORNÉLIE.

Vous!

AGRIPPINE.

Oui, moi, de César je veux percer le flanc,
Et jusque sur son trône hérissé d'hallebardes,
Je veux, le massacrant au milieu de ses Gardes,
Voir couler par ruisseaux, de son cœur expirant,.
Tout le sang corrompu dont se forme un Tyran!

SCÈNE II

TIBÈRE, AGRIPPINE, CORNÉLIE, Troupe de Gardes.

TIBÈRE, la surprenant.

Poursuivez...

AGRIPPINE.

Quoi, Seigneur?

TIBÈRE.

Le propos détestable
Où je vous ai surprise.

AGRIPPINE.

Ah! ce propos damnable
D'une si grande horreur tous mes sens travailla,
Que l'objet du fantôme en sursaut m'éveilla.

TIBÈRE.

Quoi! cela n'est qu'un songe, et l'horrible blasphème
Qui choque des Césars la majesté suprême
Ne fut dit qu'en dormant?

AGRIPPINE.

Non, César, qu'en dormant.
Mais les Dieux, qui pour lors nous parlent clairement,

Par de certains effets dont ils meuvent les causes,
En nous fermant les yeux, nous font voir toutes choses.
Ecoute donc, Seigneur, le songe que j'ai fait,
Afin que le récit en détourne l'effet.
Je réclamois des Dieux la sagesse profonde
De régir par tes mains les affaires du monde,
Quand les sacrés pavots, qui nous tombent des Cieux,
D'un sommeil prophétique ont attaché mes yeux;
Après mille embarras d'espèces mal formées,
Que la chaleur vitale entretient de fumées,
Je ne sais quoi de blême, et qui marchoit vers moi,
A crié par trois fois : « César, prends garde à toi! »
Un grand bruit aussitôt m'a fait tourner visage,
Et j'ai vu de César la pâlissante image,
Qui couroit hors d'haleine en me tendant les bras...
Oui, César, je t'ai vu menacé du trépas.
Mais, comme à ton secours je volois, ce me semble,
Nombre de meurtriers qui couroient tous ensemble
T'ont percé sur mon sein ; Brutus les conduisoit,
Qui, loin de s'étonner du grand coup qu'il osoit :
« Sur son trône, a-t-il dit, hérissé d'hallebardes,
Je veux, le massacrant au milieu de ses Gardes,
Voir couler par ruisseaux, de son cœur expirant,
Tout le sang corrompu dont se forme un Tyran! »
J'en étois là, Seigneur, quand tu m'as entendue.

TIBÈRE.

La réponse est d'esprit et n'est pas mal conçue.

AGRIPPINE.

Ah! César, il n'est plus d'asile en ta maison.
Quoi! tu tiens pour suspects de fer et de poison
Jusques à tes parens, avec qui la Nature
T'attache par des nœuds d'immortelle tissure?
Connois mieux Agrippine et cesse d'opprimer,
Avec ceux que ton sang oblige de t'aimer,
Ceux que soutient ton rang.... Séjanus, par exemple,

Superbe, sanguinaire, homme à brûler un Temple ;
Mais qui pour ton salut accepteroit la mort,
Ne peut être accusé, ni soupçonné qu'à tort !
Et cependant, César, un fourbe, un lâche, un traître,
Pour gagner en flatteur l'oreille de son Maître,
Peut te dire aujourd'hui.....

(Séjanus entre, sans être vu d'Agrippine ni de Tibère.

SCÈNE III

TIBÈRE, AGRIPPINE, SÉJANUS.

AGRIPPINE continue sans voir Séjanus.

Séjanus te trahit,
Il empiète à pas lents ton trône et l'envahit,
Il gagne à son parti les familles puissantes,
Il se porte héritier des maisons opulentes,
Il brigue contre toi la faveur du Sénat.

SÉJANUS, bas.

O Dieux ! elle m'accuse !

AGRIPPINE.

Il renverse l'État,
Il sème de l'argent parmi la populace.

SÉJANUS, bas, à Agrippine, en se jetant aux pieds de l'Empereur.

Nous périrons, Madame, et sans implorer grâce !
Oui, Seigneur, il est vrai, j'ai conjuré !

TIBÈRE.

Qui ? toi !

AGRIPPINE.

On peut te dire pis encor de lui, de moi.....
Mais, à de tels rapports, il est d'un Prince sage
De ne pas écouter un foible témoignage.

SÉJANUS, bas.

Imprudent ! qu'ai-je fait ? Tout est désespéré !

TIBÈRE.

Mais enfin Séjanus lui-même a conjuré?
Il l'avoue?

SÉJANUS.

Oui, Seigneur.

TIBÈRE.

L'eussiez-vous cru, Princesse?

SÉJANUS.

J'ai conjuré cent fois ta profonde sagesse,
De ne point écouter ces lâches ennemis
Qui te rendent suspects Agrippine et son Fils.
Ne souffre pas, Seigneur, qu'une âme déloyale
Dégorge son venin sur la Maison Royale.
Tout le Palais déjà frémit de cet affront,
Et ta Couronne même en tremble sur ton front ;
Rome en est offensée, et le Peuple en murmure.
Préviens de grands malheurs, César; je t'en conjure ;
Je t'en conjure encor par l'amour des Romains,
Et par ces tristes pleurs dont je mouille tes mains !

TIBÈRE.

Comment?

SÉJANUS.

Tes Légions qui s'approchent de Rome
Réveillent en sursaut la Ville d'un grand somme ;
Elle croit que tu veux abreuver ses remparts
De ce qui reste encor du sang de nos Césars,
Et qu'après tant de sang que ta soif se destine,
Tu viens pour te baigner dans celui d'Agrippine.
Le Peuple en tous ses bras commence à se mouvoir,
Il fait aux plus sensés tout craindre et tout pouvoir.
Pour te l'ôter de force, il résout cent carnages ;
Autour de ton Palais il porte ses images;
Il brave, il court, il crie, et, presque à ton aspect,
Menace insolemment de perdre tout respect.

Étouffe en son berceau la révolte naissante.
(Il arrête Agrippine, qui veut sortir.

TIBÈRE.

Agrippine, arrêtez! Si le désordre augmente,
Un désaveu public, aux yeux de ces mutins,
En vous justifiant, calmera nos destins.
Vos efforts feront voir si le ver qui vous ronge
Méditoit le récit d'un complot ou d'un songe;
Éteignez au plus tôt le feu que je prévoi,
Ou bien résolvez-vous à périr avec moi.
(Se tournant vers Séjanus.)
C'est pour l'intimider; les rayons de ma vue,
Comme ceux du Soleil, résoudront cette nue.

SÉJANUS.

Il seroit à propos qu'on te vît escorté :
De grands desseins par là souvent ont avorté.

SCÈNE IV

SÉJANUS, AGRIPPINE, CORNÉLIE.

SÉJANUS.

Que vous m'avez fait peur!

AGRIPPINE.

Que vous m'avez troublée!
Je sens mon âme encor de surprise accablée.
Confesser au Tyran la conjuration!

SÉJANUS.

Mais! vous, lui révéler la conspiration!
J'ai cru que votre cœur vous prenoit pour un autre;
J'en ai senti mon front rougir au lieu du vôtre,
Et j'appelois déjà la mort avec fierté,
Pour épargner ma honte à votre lâcheté,
Pour en perdre au tombeau la funeste mémoire,
Et pour ne pas enfin survivre à votre gloire;

Oui, j'allois, sans lâcher ni soupir ni sanglot,
Moi seul, pour mourir seul, m'accuser du complot,
Et, vous justifiant, quoique mon ennemie,
Combler par mon trépas votre nom d'infamie !

AGRIPPINE.

Vous m'offensez, cruel, par cet emportement.
Mon amour en dépôt vous tient lieu de serment,
Puisque c'est une Loi du Dieu qui nous assemble,
Que, si vous périssez, nous périssions ensemble.

SÉJANUS.

Si j'ai de grands soupçons, ce n'est pas sans sujet :
Ce que j'espère est grand, et mon sort est abject !
Vous faites relever le bonheur de ma vie
D'un bien que l'Univers regarde avec envie ;
Et c'est pourquoi je tremble au front de l'Univers,
Quand dessus mon trésor je vois tant d'yeux ouverts.
Oui, j'ai peur qu'Agrippine, ici-bas sans seconde,
Élevée au sommet de l'Empire du Monde,
Comme un prix de Héros, comme une autre Toison,
Ne réchauffe le sang de quelque autre Jason ;
Et cette peur, hélas ! doit bien être soufferte
En celui que menace une si grande perte.

AGRIPPINE.

Non, croyez, Séjanus, avec tous les humains,
Que je ne puis sans vous achever mes desseins [1],
Et que vous connoîtrez dans peu, comme moi-même,
Si véritablement Agrippine vous aime.

SÉJANUS.

Enfin, quoi que César puisse faire aujourd'hui,
La peur dont j'ai tremblé retombera sur lui.

---

[1] Dans l'édition in-4°, on lit en marge : *Vers équivoques*. C'est sans doute une note que l'auteur avait mise sur son manuscrit pour servir de renseignement à l'actrice chargée du rôle d'Agrippine.

Il faut que je me rende auprès de sa personne,
De peur qu'un entretien si secret ne l'étonne.
Vous, sortez en public pour tromper le Tyran,
Et guérissez un mal qui n'est pas assez grand :
Contre trois Légions qui frappent à nos portes,
Tous les Prétoriens et cinquante Cohortes,
Nos gens épouvantés ne feroient que du bruit,
Et n'en recueilleroient que la mort pour tout fruit.
Attendons que l'aspect d'un Astre moins contraire,
Dedans son île infâme, entraîne encor Tibère.

SCÈNE V

AGRIPPINE, CORNÉLIE, LIVILLA.

LIVILLA.

La Discorde, allumant son tragique flambeau,
Vous consacre, Madame, un spectacle assez beau,
Et je viens, comme Sœur, prendre part à la joie
Que, lassé de vos maux, le Destin vous envoie.
Le Peuple, soulevé pour un exploit si grand,
Vous tient comme en ses bras à couvert du Tyran,
Et ce transport subit, aveugle et plein de zèle,
Témoigne que les Dieux sont de votre querelle...

AGRIPPINE.

Les Dieux sont obligés de venger mon Époux,
Si les Dieux ici-bas doivent justice à tous ;
Deux partis ont chargé leur Balance équitable :
Agrippine outragée et Tibère coupable.

LIVILLA.

Pour se bien acquitter, ils vous couronneront.

AGRIPPINE.

Ils s'acquitteront bien, quand ils me vengeront !
C'est la mort que je veux, non le rang du monarque.

LIVILLA.

Se joindre à Séjanus n'en est pas une marque!

AGRIPPINE.

Je fais encore pis : je me joins avec vous.

LIVILLA.

Vous nous aviez longtemps caché votre courroux!

AGRIPPINE.

Je règle à mon devoir les transports de mon âme.

LIVILLA.

Au devoir, en effet, vous réglez votre flamme;
Car, comme l'amour seul est le prix de l'amour,
Séjanus vous aimant, vous l'aimez à son tour.

AGRIPPINE.

Il vous sied mieux qu'à moi d'aimer un Adultère,
Après l'assassinat d'un Époux et d'un Frère.

LIVILLA.

Sont-ils ressuscités pour vous le révéler?

AGRIPPINE.

S'ils sortoient du cercueil, ils vous feroient trembler!

LIVILLA.

Cette ardeur dont j'embrasse et presse leur vengeance
De l'Envie et de vous sauve mon innocence.

AGRIPPINE.

Si sans exception votre main les vengeoit,
Vous verseriez du sang qui vous affoibliroit :
Mais, quand vous vengerez leurs Ombres magnanimes,
Vous leur déroberez tout au moins deux Victimes.

LIVILLA.

Vous pourriez m'attendrir par de telles douleurs,
Qu'enfin j'accorderois Séjanus à vos pleurs.

AGRIPPINE.

Si, m'en faisant le don, vous faites un miracle,
J'en promets à vos yeux le tragique spectacle!

Mais il vous est utile, et vous le garderez
Pour le premier Époux dont vous vous lasserez.

LIVILLA.

Quiconque ose inventer ce crime abominable,
Du crime qu'il invente il a l'esprit capable!...

AGRIPPINE.

Votre langue s'emporte! apaisez sa fureur....
Ce n'est pas le moyen d'acquérir un vainqueur,
Que vous dites m'aimer avec tant de constance,
Car, s'il m'aime, il reçoit la moitié de l'offense.

LIVILLA.

Séjanus vaut beaucoup! Vous devez l'estimer?

AGRIPPINE.

Son mérite est trop grand, pour pouvoir m'exprimer.
Mais, Tibère étant mort, que nous avons en butte,
Séjanus à son tour sera notre dispute :
Il doit être immolé pour victime, entre nous,
Ou bien de votre Frère, ou bien de mon Époux.
Adieu donc, et, de peur que dans la solitude
Votre jaloux soupçon n'ait de l'inquiétude,
J'engage à ma parole un solennel serment,
Que je sors, sans dessein d'aller voir votre Amant.

SCÈNE VI

LIVILLA, seule.

Dites, dites le vôtre, Agrippine infidèle,
Qui, de Germanicus oubliant la querelle,
Devenez, sans respect des droits de l'amitié,
De son lâche Assassin l'exécrable moitié!
Femme indigne du nom qui soutient votre race,
Et qui du grand Auguste avez perdu la trace.

Rougissez, en voyant votre Époux au tombeau,
D'étouffer sa mémoire au lit de son Bourreau!...
Mais, que dis-je, insensée? Ah! mon trouble est extrême!
Ce reproche honteux rejaillit sur moi-même,
Puisque, de rang égal, et Filles d'Empereurs,
Nous tombons, elle et moi, dans les mêmes erreurs.
Elle aime ce que j'aime, et, quoi que je contemple
De lâche dans son cœur, son cœur suit mon exemple;
Et puis, il s'est donné!.... Mais le traître est-il sien?
M'ayant fait sa maîtresse, a-t-il droit sur mon bien?
Non, si par son Hymen ma naissance j'affronte,
J'en cueillerai la gloire, ayant semé la honte;
Pour me le conserver, je hasarderai tout;
Je n'entreprendrai rien, que je ne pousse à bout,
Rien, par qui dans sa mort mon bras ne se signale,
Si je puis découvrir qu'il serve ma rivale.
Qu'il y pense, ou bientôt des effets inhumains
Feront de son supplice un exemple aux Romains.
Oui, par les Dieux vengeurs, lâche, je te proteste,
Si ton manque de foi me paroît manifeste,
Qu'avant que le Soleil ait son char remonté,
Tu seras comme ceux qui n'ont jamais été!

ACTE IV

SCÈNE PREMIÈRE
TIBÈRE, SÉJANUS.

TIBÈRE.

Enfin Rome est soumise, et mes troupes logées
Sont autour du Palais en bataille rangées,
Et je puis foudroyer, d'un bras victorieux,
Ces superbes Tyrans qui s'osent prendre aux Dieux;

Je dois, par Agrippine, ouvrir leurs sépultures :
Sa mort décidera toutes nos aventures.

SÉJANUS.

Seigneur, daigne en son sang le tien considérer !

TIBÈRE.

Quand j'ai de mauvais sang, je me le fais tirer.

SÉJANUS.

Prends garde aussi de perdre Agrippine innocente !
D'un coup si dangereux la suite m'épouvante ;
Rome publie à faux, par de si prompts effets,
Que, pour t'abandonner à de plus grands forfaits,
Tu chasses le témoin de qui l'aspect t'affronte,
Et punis la vertu dont l'éclat te fait honte.

TIBÈRE.

Quoi ! la craindre, et n'oser mettre un terme à ses jours !
Ou bien, la laisser vivre, et la craindre toujours !
L'un m'est trop dangereux, l'autre m'est impossible.

SÉJANUS.

Seigneur, comme elle rend son abord accessible,
Qu'un Espion fidèle évente ses secrets :
Je m'offre à cet emploi.

TIBÈRE.

Je l'ai mandée exprès.
Ce langage muet des yeux avecque l'âme
Me pourra découvrir le complot qu'elle trame ;
Je feindrai de savoir qu'elle en veut à mes jours,
Afin que, si son front pâlit à ce discours,
Il soit, pour la convaincre, un indice contre elle ;
Ou, si, plein de fierté, son front ne la décèle,
Me croyant en secret du complot averti,
Elle abandonne au moins l'intérêt du parti.
Brisons là, Séjanus ! Je la vois qui s'avance.....
A la faire parler, observe ma prudence.

SCÈNE II

TIBÈRE, SÉJANUS, AGRIPPINE, CORNÉLIE.

TIBÈRE.

Quoi ! barbare ! vouloir ton Père assassiner,
Au moment glorieux qu'il te va couronner?
N'appréhendes-tu point, âme fière, âme ingrate,
Qu'au feu de mon amour ta lâcheté n'éclate,
Et qu'en l'air cette main qui m'assassinera
Ne rencontre la main qui te couronnera?

AGRIPPINE.

Moi, Seigneur?

TIBÈRE.

  Toi, perfide!

AGRIPPINE.

    Enfin, qui le dépose?

TIBÈRE.

Demande à Séjanus. Il en sait quelque chose.

SÉJANUS.

J'étois présent, Madame, à ce triste rapport.

TIBÈRE.

D'où vient qu'à ce discours tu te troubles si fort?

AGRIPPINE.

Pour paroître innocente, il faut être coupable :
D'une prompte réplique on est bien plus capable,
Parce que l'on apporte, au complot déclaré,
Contre l'accusateur un esprit préparé.

TIBÈRE.

Défends, défends-toi mieux!

AGRIPPINE.

    Je pourrois l'entreprendre;
Mais je t'offenserois, si j'osois me défendre;

22.

Ce seroit une preuve à la Postérité,
Que ta mort étoit juste et pleine d'équité,
Si ton cœur témoignoit par la moindre surprise
Soupçonner ma vertu de l'avoir entreprise.
Je veux donc à ta gloire épargner cet affront.
Tu vois mon innocence, et la lis sur mon front...
Agrippine, César, attenter sur ta vie !
Non, tu ne le crois pas ! Mais ce Monstre d'envie,
Dont le souffle ternit la candeur de ma foi,
A sans doute aposté des témoins contre moi ;
Car tout Rome connoît qu'il veut par ma ruine
Élever sa maison sur celle d'Agrippine.

TIBÈRE.

Tout ce déguisement ne te peut garantir ;
Ton jour est arrivé, superbe, il faut partir,
Et l'État en péril a besoin de ta tête.

AGRIPPINE.

Faut-il tendre le col ? Qu'on frappe ! je suis prête.
Tibère étant ici, je vois l'Exécuteur !...
Mais apprends-moi mon crime et mon accusateur.

TIBÈRE.

Tu débauches le Peuple à force de largesses,
Tu gagnes dans le Camp mes Soldats par promesses,
Tu parois en public, tu montes au Sénat,
Tu brigues pour les tiens les Charges de l'État.

AGRIPPINE.

Tibère ne reproche à mon âme Royale
Que d'être généreuse, affable et libérale,
Et, comme criminelle, à mort il me poursuit !

TIBÈRE.

La Vertu devient crime en faisant trop de bruit.

AGRIPPINE.

Elle passe du moins pour cela sous ton règne.

TIBÈRE.

Mon amour paternel à tes Fils le témoigne.

AGRIPPINE.

Cet amour paternel les a tout glorieux
Élevés, de ta table, à la table des Dieux,
Et de si beaux festins tu régales les nôtres,
Qu'après ceux de Tibère ils n'en goûtent plus d'autres!

TIBÈRE.

Romain, j'ai la bonté d'être le Protecteur
De celle qui me tient pour un empoisonneur;
Je suis enfant d'Auguste.

AGRIPPINE.

    Il m'en souvient, Tibère!
Tu naquis dans ce temps qu'à mon bienheureux Père,
Toute chose à l'envi succédant à la fois,
Fortune lui donnoit des enfans à trois mois.

TIBÈRE.

Si je ne tiens de lui le jour que je respire,
Au moins, comme à son Fils, il m'a laissé l'Empire;
Et ce sage Empereur nous rendit, par son choix,
Toi, l'esclave soumise, moi, le maître des Lois.

AGRIPPINE.

Ne fais point vanité d'un choix illégitime :
Son orgueil te choisit, et non pas son estime;
Il te donna l'Empire, afin que l'Univers
Regrettât le malheur d'avoir changé ses fers.

TIBÈRE.

Parricide, ton Père éprouve ton audace!

AGRIPPINE.

Tu respectes mon Père en détruisant sa race!
Tu lui bâtis un Temple, et, consacrant ce lieu,
Tu n'y fais immoler que les Parens du Dieu!
Ce n'est pas dans le tronc d'une Idole muette
Que reposent son âme et sa forme secrète;

C'est dans moi, c'est dans ceux qui sortent de mon flanc
Et qui s'y sont formés de son céleste sang.
Ne crois pas mes douleurs de criminelles fautes,
Que pousse le regret du Sceptre que tu m'ôtes,
Mais, écoute, Tyran : la cause de mon deuil,
C'est d'entendre gémir l'écho d'un vain cercueil,
Une Ombre désolée, une image parlante,
Qui me tire la robe avec sa main tremblante ;
Un Fantôme tracé dans l'horreur de la nuit,
Que j'entends sangloter au chevet de mon lit,
Le grand Germanicus, dont les Mânes plaintives
M'appellent, pour le suivre, aux infernales rives,
Et de qui, quand je dors, d'un pas rempli d'effroi,
Le Spectre soupirant vient passer devant moi.
Je te suis, mon Époux ! Mais j'attends, pour descendre,
Que j'aye réchauffé de sang ta froide cendre,
Aux pieds de ta Statue immolé ton Bourreau,
Et de son corps sanglant rempli ton vain tombeau !
Que si le Ciel injuste est sourd à ma requête...

TIBÈRE.

Ton bras, à son défaut, attaquera ma tête ?

AGRIPPINE.

Qui m'empêche, Tyran, si c'étoit mon dessein,
De plonger tout à l'heure un poignard dans ton sein ?
(Elle tire un poignard, qu'elle jette aux pieds de l'Empereur.)
Mais vis en sûreté ; la Veuve d'un Alcide
Rougiroit de combattre un Monstre si timide.

TIBÈRE.

En découvrant ainsi ta noire intention,
Et travaillant toi-même à ta conviction,
Tu t'épargnes la gêne [1].

AGRIPPINE.

    Ah ! si je suis blâmable,
Mon orgueil, non pas moi, de mon crime est coupable !

[1] Cyrano écrit *gehenne*, la torture.

Et mon cœur, échauffé de ce sang glorieux,
Qui se souvient encor d'être sorti des Dieux,
Au nom de *parricide*, ardent et plein de flamme,
Tâche, par son transport, d'en repousser le blâme;
Et, sans voir que mon Prince est mon accusateur,
Il révolte ma voix contre mon Empereur.

TIBÈRE.

Ah! si mon sang t'émeut, il mérite ta grâce;
L'orgueil n'est pas un crime aux enfans de ma race.
Mais, comme d'un soupçon la noirceur s'effaçant
Laisse encor quelque tache au nom de l'innocent,
De peur que trop de jour, dessillant ma paupière,
Dans mon cœur malgré moi jette trop de lumière,
J'abandonne des lieux où je crains de trop voir...
Reste ici par mon ordre, avecque plein pouvoir.
Pour ton Fils, je l'emmène; il sera, dans Caprée,
De notre intelligence une chaîne assurée.
La mollesse de Rome énerve un jeune Esprit,
Et sa fleur, sans éclore, en bouton s'y flétrit.

SCÈNE III

AGRIPPINE, SÉJANUS, CORNÉLIE.

AGRIPPINE.

Oh! qu'il est à propos de savoir se contraindre!
Mais comment se forcer, quand on ne sauroit craindre?
Dans mon abaissement incapable d'effroi,
César me semble encor bien au-dessous de moi;
Le nom de mon Mari, mon rang et ma naissance,
Enflent tous mes discours d'une mâle assurance.
La Terre a beau plier sous cet Usurpateur,
Mon sang me fait régner sur ce lâche Empereur;
Encor qu'insolemment le superbe me brave,
Je ne puis m'abaisser à flatter mon esclave.
Quoi! mon Fils à Caprée!

SÉJANUS.

O Ciel !

AGRIPPINE.

Ah ! Séjanus !
La fureur me saisit, je ne me connois plus....
Vois-tu pas son dessein ?

SÉJANUS.

Ce rusé politique
Le cache aux yeux de Rome et de la République ;
Son amitié travaille à le faire oublier :
De l'asile qu'il donne il se fait le geôlier,
Et, vous désunissant à faux titre de Père,
Ote la Mère au Fils et le Fils à la Mère.
Ah ! Madame, il est temps de faire agir la main,
Dont le coup doit un Maître à l'Empire Romain.
Allez descendre au camp ! Mutinez les gens d'armes,
Faites-les souvenir d'avoir porté les armes,
D'avoir en cent climats planté nos pavillons,
Et fauché par la mort tant d'affreux bataillons,
Sans qu'il reste à pas un, pour vingt ans de services,
Que des cheveux blanchis, de larges cicatrices,
Des cadavres entés dessus des membres morts,
Et des troncs survivant la moitié de leurs corps.
Pour les piquer d'honneur, vous direz, de leurs pères,
Que vous les avez vus parmi nos adversaires,
Pêle-mêle entassés, et sanglans qu'ils étoient,
S'enterrer sous le poids des corps qu'ils abattoient,
Percer des escadrons les murailles ferrées,
Faire avec un bras seul plus que deux Briarées,
Et qu'au lit de la mort ces vaincus triomphans
Vous ont recommandé leurs malheureux enfans ;
Que c'est bien la raison que vous serviez de Mère
A ceux dont votre Époux étoit jadis le Père ;
Que tout son patrimoine il leur avoit laissé,
Mais que le testament par César fut cassé.

Allez, cela fini, de rang en rang paroître,
Flatter chaque Soldat, feindre de le connoître,
Et, jetant à la foule une somme d'argent,
Protestez qu'au Palais, d'un œil si diligent,
On veille vos discours, vos pensers, votre vie,
Qu'un don plus généreux attireroit l'envie;
Mais qu'en un grand dessein s'ils vous veulent aider,
Et vous mettre en état de pouvoir commander,
Vous leur restituerez ce fameux héritage
Que leur Père mourant leur laissait en partage.

CORNÉLIE.

Si leur âme en suspens semble encore hésiter,
Vous saurez par ces mots leur courage exciter.
« Quoi! vous, mes compagnons, dont l'ardente colère
« Fit trembler autrefois le trône de Tibère,
« Qui dispensiez la vie et la mort aux humains,
« Qui portiez des combats la fortune en vos mains,
« Qui vouliez au Tyran arracher la couronne
« Pour des crimes légers dont le couvroit son trône,
« Vous semblez l'adorer dessus son trône assis,
« Quand il est devenu le bourreau de ses Fils !
« Où s'en est donc allé cette noble furie,
« Et ce feu qui veilloit au bien de la patrie?
« Le Ciel, d'un coup de foudre, épargneroit vos mains,
« S'il osoit usurper la Charge des Romains.
« Marchez donc sans trembler sur les pas d'une femme!
« Épuisez d'un vieillard ce qui lui reste d'âme :
« Que si d'un esprit foible en cet illustre emploi
« Vous craignez le péril, ne frappez qu'après moi !»
Ce discours achevé, du haut de leur tribune,
Avec un front égal attendez la fortune.

AGRIPPINE, à Séjanus.

Mais, sans que de l'État nous déchirions le flanc,
Que le sang de Tibère épargne tant de sang !

Laisse-moi l'attaquer seule en face de Rome;
Il ne mérite pas de tomber sous un homme.

SÉJANUS.

Madame, en ma faveur, ne vous exposez point!
Attendons au parti le Soldat qui se joint;
Du plus sûr au plus prompt ne faites point d'échange.

AGRIPPINE.

Périsse l'Univers, pourvu que je me venge!

SÉJANUS.

Oui, vous serez vengée, oui, Madame, et bientôt!
Votre aïeul dans le Ciel le demande assez haut,
Et, du fond des Enfers, votre Époux vous le crie.
Mais, pour un malheureux, conservez votre vie.
Vous me l'avez promis!

AGRIPPINE.

   Oui, va, je m'en souviens!
Mais une Ombre qui crie empêche nos liens.

SÉJANUS.

Eh quoi! Germanicus peut-il trouver étrange
Que sa Veuve se donne à celui qui la venge?

AGRIPPINE.

Non, sa Veuve, à son gré, te fera son Époux;
Tu seras son Rival, sans qu'il en soit jaloux;
Il joindra de son nom la force à ton audace,
Pourvu qu'en le vengeant tu mérites sa place.
A ces conditions que je passe avec toi,
Dessous le sceau d'Hymen je t'engage ma foi.
Mais il faut, si tu veux que le contrat s'observe,
Vengeant Germanicus, le venger sans réserve;
Et, quand ton bras aura ses Mânes consolés,
Et tous ses meurtriers à son Ombre immolés,
Mes faveurs envers toi pour lors seront si grandes,
Que je t'épouserai, si tu me le demandes [1].

[1] On a laissé ici dans l'édition originale une note que l'auteur

SÉJANUS.

Quoi ! vous m'aimez, Madame, et je l'apprends de vous !
Quoi ! je puis espérer d'être un jour votre Époux,
Et l'excès du plaisir, dont mes sens sont la proie,
Ne me sauroit encor faire expirer de joie !
Si le Sort ne veut pas que je meure d'amour,
Ni que sans votre aveu je sois privé du jour,
Du moins je vous dirai, jusqu'au soupir extrême :
Voyez mourir d'amour Séjanus qui vous aime.

AGRIPPINE.

Adieu ! ma Sœur approche ; ôte-lui les soupçons
Qu'elle pourroit avoir que nous la trahissons.

SÉJANUS.

Ah ! Madame, elle peut vous avoir écoutée !...
Elle marche à grands pas et paroît transportée.

SCÈNE IV

SÉJANUS, LIVILLA.

LIVILLA.

« Si le Sort ne veut pas que je meure d'amour,
Ni que sans votre aveu je sois privé du jour,
Du moins je vous dirai, jusqu'au soupir extrême :
Voyez mourir d'amour Séjanus qui vous aime !... »
Mais, toi, me hais-tu, lâche, autant que je te hais,
Et que veut ma fureur te haïr désormais ?
Tu l'as prise pour moi, cette aimable Princesse ?
Tu pensois me parler et me faire caresse ?
Comme je suis pour toi de fort mauvaise humeur,
Tu prenois des leçons à fléchir ma rigueur ?
Ingrat, tu punis bien ce que fit mon courage,
Quand je sacrifiai mon Époux à ta rage !

---

n'avait sans doute mise sur son manuscrit que pour aider l'intelligence des comédiens : *Vers qui cachent un autre sens.*

Est-ce trop peu de chose, et, pour te mériter,
A des crimes plus grands faut-il encor monter?
J'ai tué mes Neveux, j'ai fait périr mon Frère,
Et je suis sur le point d'égorger mon Beau-Père!
Du creux de ton néant, sors, Séjanus, et vois
Le trône où mes forfaits t'ont élevé, sans toi!
Si pour des coups si grands tu te sens trop timide,
Rends-moi l'Assassinat, rends-moi le Parricide,
Et, pour me rendre un crime encor plus déplaisant,
Traître, rends-moi l'amour dont je t'ai fait présent!

SÉJANUS.

Comment agir, Madame, avec une Princesse
Dont il faut ménager l'esprit avec adresse ;
A qui tous nos desseins paroîtroient furieux,
Sans le bandeau d'Amour qui lui couvre les yeux?
Hélas! si dans mon sein vous voyez la contrainte,
Dont déchire mon cœur cette cruelle feinte ;
Quand la haine me force à trahir l'amitié,
Peut-être en cet état vous ferois-je pitié?...
Les larmes, dont je feins vouloir prendre son âme,
Lui montrent ma douleur, bien plutôt que ma flamme.

LIVILLA.

O Dieux! qu'on a de peine à prononcer l'arrêt,
Quand on veut condamner un ennemi qui plaît!
Je t'abhorre, je t'aime, et ma raison confuse,
Comme un Juge irrité, soi-même se récuse ;
Ton crime parle en vain, je n'ose l'écouter !
J'ai peur qu'il ne me force à n'en pouvoir douter !
Quoique sensiblement ta trahison m'offense,
Je me la cache, afin d'arrêter ma vengeance ;
Ou, si plus clairement il me faut exprimer,
Je me la cache, afin de te pouvoir aimer !...
C'en est trop, Séjanus, ma douleur est contente ;
La plus foible raison suffit pour une Amante,

Et, malgré mon soupçon contre toi si puissant,
Parce que je t'aimai, je te crois innocent.
Adieu ! Vois l'Empereur, assiége sa personne ;
Qu'en tous lieux ton aspect l'épouvante et l'étonne !

SÉJANUS.

Je sais que l'Empereur ne peut être averti
Du nom des Conjurés qui forment le parti ;
Cependant plus ma course approche la barrière,
Plus mon âme recule, et me tire en arrière.

LIVILLA.

Va, va, ne tremble point ! Aucun ne te trahit.

SÉJANUS.

Une secrète horreur tout mon sang envahit :
Je ne sais quoi me parle, et je ne puis l'entendre ;
Ma raison dans mon cœur s'efforce de descendre ;
Mais, encor que ce bruit soit un bruit mal distinct,
Je sens que ma raison le cède à mon instinct :
Cette raison pourtant redevient la maîtresse.
Frappons, voilà l'hostie[1], et l'occasion presse !
Aussi bien, quand le coup me pourroit accabler,
Séjanus peut mourir, mais il ne peut trembler.

---

[1] Ce synonyme poétique de *victime* (*hostia*) reparaît sans cesse dans les tragédies contemporaines de Corneille. Mais on s'effaroucha de le trouver dans la pièce de Cyrano, qu'on accusait généralement d'être un libertin, c'est-à-dire un impie. La Monnoye rapporte l'anecdote suivante dans ses additions au *Menagiana* (édition de 1715, t. II, p. 25) : « Un jour qu'on jouoit l'*Agrippine*, des badauds, avertis qu'il y avoit des endroits dangereux, après les avoir tous ouïs sans émotion, enfin, lorsque Séjan, résolu à faire périr Tibère qu'il regardoit déjà comme sa victime, vient dire sur la fin de la quatrième scène du IVe acte :

Frappons, voilà l'hostie !

ne manquèrent pas de s'écrier. « Ah ! le méchant ! ah ! l'athée ! « comme il parle du Saint Sacrement ! »

SCÈNE V

LIVILLA.

L'intrigue[1] est découvert, les lâches m'ont trahie !
Ils m'en ont fait l'affront ; ils en perdront la vie ;
D'un esprit satisfait je les verrai mourir,
Et périrai contente, en les faisant périr.
O vous ! mes chers Neveux, mon Époux et mon Frère,
Ma fureur a trouvé le moyen de vous plaire :
Pour vous rendre le faix du tombeau plus léger,
De tous vos assassins elle va vous venger ;
Et, par des coups si grands, si pleins, si légitimes,
Que je serai comprise au nombre des victimes !
Mais le temps que ma bouche emploie à soupirer
Prête à nos criminels celui de respirer.
Hâtons-nous, car enfin, du jour qu'ils me trahissent,
Ils me l'ont dérobé, cet air dont ils jouissent !

ACTE V

SCÈNE PREMIÈRE

TIBÈRE, LIVILLA, FURNIE.

TIBÈRE.
Un homme, qu'en dormant la Fortune éleva....

LIVILLA.
Que de l'obscurité ton amitié sauva....

TIBÈRE.
Séjanus, dont la tête, unie à ma personne,

---

[1] Ce mot s'employait alors au masculin plutôt qu'au féminin : nous pensons, en dépit de l'étymologie (*tricæ*), accréditée par Ménage, qu'on a dit d'abord *intriquet*, dans le sens de pièces de bois (*trique* ou *triquet*), assemblées et enchevêtrées.

Emplissoit avec moi le rond de ma couronne,
En vouloit à mes jours! Il en mourra, l'ingrat!

LIVILLA.

Par sa punition, assure ton État.

TIBÈRE.

Je veux qu'en son trépas la Parque s'étudie
A prolonger sa peine au delà de sa vie;
Qu'il meure, et qu'un sanglot ne lui soit point permis!
Qu'il arrête les yeux de tous ses ennemis,
Et qu'il soit trop peu d'un, pour la douleur entière,
Dont il doit servir seul d'espace et de matière!

LIVILLA.

A quelque extrémité qu'aille son châtiment,
Tu te venges d'un traître encor trop doucement.
Mais, Seigneur, sans péril, le pourras-tu détruire,
Et n'est-il plus, le lâche, en état de te nuire?

TIBÈRE.

Il est pris, le superbe : on instruit son procès,
Et je le vois trembler de son dernier accès.
Aussitôt que ta bouche, à l'État secourable,
M'eut découvert l'auteur de ce crime exécrable,
Pour l'éloigner des siens avecque moins d'éclat,
J'ai fait dans mon palais assembler le Sénat;
Mais c'est avec dessein d'attirer ce perfide,
Et pouvoir en ses yeux lire son parricide.
Les convoqués sont gens à ma dévotion.
Le Consul est instruit de mon intention;
On fait garde partout, et, partout sous les armes,
Le Soldat tient la Ville et le peuple en alarmes :
Cependant, au Palais le coupable arrêté,
Et du rang de Tribun par ma bouche flatté,
Vient d'entrer au Sénat, pour sortir au supplice :
Il n'a plus d'autres lieux à voir qu'un précipice[1].

---

[1] Allusion à la Roche Tarpéienne, du haut de laquelle on précipitait les criminels d'État.

LIVILLA.

Seigneur, et d'Agrippine, en a-t-on résolu?
Tu dois l'exterminer, de pouvoir absolu :
Cet esprit insolent, d'un trop heureux mensonge,
Croit t'avoir sur son crime endormi par un songe.

TIBÈRE.

Ce songe fabuleux ne m'a point endormi;
Au dessein de la perdre il m'a plus affermi :
De l'attentat qui trouble une âme embarrassée,
La parole est toujours auprès de la pensée;
Et le cœur, agité par quelque grand dessein,
Ébranle malgré soi la bouche avec le sein.
Non, ma Fille, elle court à son heure dernière,
Et, sans qu'elle le sache, on la tient prisonnière.
J'ai corrompu ses gens, dont l'escorte sans foi
La garde jour et nuit, non de moi, mais pour moi ;
Et ses plus confidens, que mon épargne[1] arrête,
A mes pieds, si je veux, apporteront sa tête.
Mais je la flatte, afin que son arrêt fatal,
Quand il la surprendra, lui fasse plus de mal.

SCÈNE II

NERVA, TIBÈRE, LIVILLA.

NERVA.

Seigneur, il est jugé ; quand on a lu la lettre,
Sans que pour lui personne ait osé s'entremettre,
Comme si son malheur étoit contagieux,
Chacun, de son visage, a détourné les yeux.
Ce puissant Séjanus, si grand, si craint naguère,
Cette Divinité du noble et du vulgaire,

[1] Les officiers du souverain étaient pensionnés et payés sur son *épargne*, ou sur ses revenus particuliers. Il y avait alors, en France, des trésoriers de l'Épargne du roi.

A qui le Peuple au Temple appendoit des tableaux,
A qui l'on décernoit des triomphes nouveaux,
Qu'on regardoit au Trône avec idolâtrie,
Nommé par le Sénat : *Père de la Patrie*,
Dans un Corps où pour tel chacun l'avoit tenu,
N'a point trouvé d'enfans qui l'ayent reconnu ;
Ils l'ont condamné tous d'une voix unanime
Au supplice du roc, pour expier son crime.
Ce coupable est déjà dans la cour descendu,
Où par l'Exécuteur ton ordre est attendu.

LIVILLA.

César, au nom des Dieux, commande qu'on l'amène !
Il importe à ta vie, il importe à ma haine,
Qu'avant le coup fatal nous puissions nous parler ;
Car j'ai d'autres secrets encore à révéler.

TIBÈRE.

Fais qu'il monte, Nerva !

SCÈNE III

TIBÈRE, LIVILLA.

LIVILLA.

Cette haute indulgence
Me surprend et m'oblige à la reconnoissance.
Afin donc que César demeure satisfait,
Et que ma courtoisie égale son bienfait,
Je lui veux découvrir le plus grand des complices.

TIBÈRE.

Par son nom, Livilla, couronne tes services.

LIVILLA.

Ouvre les yeux sur moi, Tyran, c'est Livilla !

TIBÈRE.

La fureur de ma Bru passeroit jusque-là !

LIVILLA.

Appelles-tu fureur un acte de justice?

TIBÈRE.

Donc, de mon assassin ma Fille est la complice?

LIVILLA.

Non, je ne la suis pas, Tibère : il est le mien ;
J'ai formé l'attentat, mais le malheur est sien.
Du massacre d'un Monstre, il sort assez d'estime,
Pour disputer l'honneur d'en avoir fait le crime.
Oui, ce fut moi, Tyran, qui l'armai contre toi !

TIBÈRE.

La Femme de mon Fils conspirer contre moi !

LIVILLA.

Moi, Femme de ton Fils, moi, Fille de ton Frère,
J'allois, te poignardant¹, toi, mon Oncle et mon Père,
Par cent crimes en un, me donner le renom
De commettre un forfait qui n'eût point eu de nom !
Moi, ta Nièce, ta Bru, ta Cousine, ta Fille,
Moi, qu'attachent partout les nœuds de ta Famille,
Je menois en triomphe à ce coup inhumain
Chacun de tes parens t'égorger par ma main !
Je voulois profaner, du coup de ma vengeance,
Tous les degrés du sang et ceux de l'alliance,
Violer dans ton sein la Nature et la Loi ;
Moi seule, révolter tout ton sang contre toi,
Et montrer qu'un Tyran, dans sa propre famille,
Peut trouver un Bourreau, quoiqu'il n'ait qu'une Fille.
J'ai tué mon Époux, mais j'eusse encor fait pis,
Afin de n'être plus la Femme de ton Fils ;
Car j'avois dans ma couche à ton Fils donné place,
Pour être en mes enfans maîtresse de ta race,
Et pouvoir à mon gré répandre tout ton sang,
Lorsqu'il seroit contraint de passer dans mon flanc.
Si je t'ai découvert la révolte secrète

¹ Il y a *te poignarder* dans toutes les éditions : nous nous sommes permis un changement que le sens grammatical indiquait.

Dont le couple maudit complotoit ta défaite,
C'est que mon cœur, jaloux de leurs contentemens,
N'a pu que par le fer désunir ces amans ;
Et, dans mon désespoir, si je m'accuse encore,
C'est pour suivre au tombeau Séjanus, que j'adore.
Ose donc, ose donc quelque chose de grand !
Je brûle de mourir par les mains d'un Tyran.

TIBÈRE.

Oui, tu mourras, perfide, et, quoique je t'immole,
Pour punir ta fureur, je te tiendrai parole :
Tu verras son supplice, il accroîtra ton deuil ;
Tes regards étonnés le suivront au cercueil ;
Il faut que par tes yeux son désastre te tue,
Et que toute sa mort se loge dans ta vue.
Observez-la, Soldats ; faites garde en ces lieux ;
Et, pendant les transports de leurs tristes adieux,
Qu'on la traîne à la mort, afin que sa tendresse,
Ne pouvant s'assouvir, augmente sa tristesse !

SCÈNE IV
LIVILLA, FURNIE.

LIVILLA.

Eh bien, Furnie ! eh bien ? Le voilà, ce grand jour,
Ce jour dont la lumière éteindra mon amour !
Mais elle m'abandonne, et n'oseroit m'entendre.
Déjà de mon destin chacun se veut déprendre [1],
Et, comme si des morts j'avois subi la loi,
Les vivans ont horreur de s'approcher de moi.

SCÈNE V
LIVILLA, SÉJANUS, NERVA.

LIVILLA.

Enfin, sur le penchant de ta propre ruine,
Ni l'amour de César, ni l'amour d'Agrippine,

---

[1] Détacher.

Ni pour tes intérêts tout le Peuple assemblé,
Ni l'effort du parti dont notre Aigle a tremblé,
Ne peuvent racheter ni garantir ta tête
Du tonnerre grondant que ma vengeance apprête ;
Ton trépas est juré, Livilla l'entreprend,
Et la main d'une femme a fait un coup si grand.

SÉJANUS.

Nous devant assembler sous la loi d'Hyménée,
Me pouvois-je promettre une autre destinée ?
Vous êtes trop savante à perdre vos Époux !...
On se joint à la mort, quand on se joint à vous !

LIVILLA.

Ton amour m'enseigna ce crime abominable.
Peut-on être innocent, lorsqu'on aime un coupable ?
J'eus recours aux forfaits pour t'attacher à moi !....
Tu n'épouseras point Livilla malgré toi,
Mais Agrippine aussi ne sera point ta femme.
Ne pouvant étouffer cette ardeur qui t'enflamme,
Sans t'arracher la vie où loge ton amour,
J'ai mieux aimé, barbare, en te privant du jour,
Précipiter le vol de mon heure fatale,
Que de te voir heureux aux bras de ma rivale !

SÉJANUS.

La mort, dont vous pensez croître mon désespoir,
Délivrera mes yeux de l'horreur de vous voir.
Nous serons séparés : est-ce un mal dont je tremble ?

LIVILLA.

Tu te trompes encor, nous partirons ensemble !
La Parque, au lieu de rompre, allongera nos fers ;
Je t'accompagnerai jusque dans les Enfers :
C'est dans cette demeure, à la pitié cachée,
Que mon ombre, sans cesse à ton ombre attachée,
De son vol éternel fatiguera tes yeux,
Et se rencontrera, pour ta peine, en tous lieux.

Nous partirons ensemble, et d'une égale course
Mon sang avec le tien ne fera qu'une source,
Dont les ruisseaux de feu, par un reflux commun,
Pêle-mêle assemblés, et confondus en un,
Se joindront, chez les Morts, d'une ardeur si commune,
Que la Parque y prendra nos deux âmes pour une.
Mais Agrippine vient ! Ses redoutables yeux,
Ainsi que de ton cœur, me chassent de ces lieux.

SCENE VI

AGRIPPINE, SÉJANUS, NERVA.

AGRIPPINE.

Demeure, Séjanus! On te l'ordonne, arrête!
Je te viens annoncer qu'il faut perdre la tête :
Rome en foule déjà court au lieu de ta mort.

SÉJANUS.

D'un courage au-dessus des injures du sort,
Je tiens qu'il est si beau de choir pour votre cause,
Qu'un si noble malheur borne tout ce que j'ose ;
Et déjà mes travaux sont trop bien reconnus,
S'il est vrai qu'Agrippine ait pleuré Séjanus.

AGRIPPINE.

Moi, pleurer Séjanus? Moi, te pleurer, perfide?
Je verrai d'un œil sec la mort d'un parricide.
Je voulois, Séjanus, quand tu t'offris à moi,
T'égorger par Tibère, ou Tibère par toi ;
En feignant tous les jours de t'engager mon âme,
Tous les jours en secret je dévidois ta trame....

SÉJANUS.

Il est d'un grand courage et d'un cœur généreux,
De ne point insulter au sort d'un malheureux....
Mais j'en sais le motif : pour effacer la trace
Des soupçons qui pourroient vous joindre à ma disgrâce,

Vous bravez mes malheurs, encor qu'avec regret,
Afin de vous purger d'être de mon secret :
Madame, ce n'est pas connoître mon génie,
Car j'aurois fort bien su mourir sans compagnie.

AGRIPPINE.

Ne t'imagine pas que, par un feint discours,
Je tâche vainement à prolonger mes jours !
Car, puisqu'à l'Empereur ta trame est découverte,
Il a su mon complot, et résolu ma perte ;
Aussi j'en soutiendrai le coup sans reculer.
Mais je veux de ta mort pleinement me soûler,
Et goûter à longs traits l'orgueilleuse malice
D'avoir par ma présence augmenté ton supplice.

SÉJANUS.

De ma mortalité je suis fort convaincu ;
Eh bien, je dois mourir, parce que j'ai vécu.

AGRIPPINE.

Mais as-tu de la mort contemplé le visage ?
Conçois-tu bien l'horreur de cet affreux passage ?
Connois-tu le désordre où tombent leurs accords,
Quand l'âme se déprend des attaches du corps ?
L'image du tombeau, qui nous tient compagnie,
Qui trouble de nos sens la paisible harmonie,
Et ces derniers sanglots, dont avec tant de bruit
La Nature épouvante une âme qui s'enfuit ?
Voilà de ton destin le terme épouvantable.

SÉJANUS.

Puisqu'il en est le terme, il n'a rien d'effroyable.
La mort rend insensible à ses propres horreurs.

AGRIPPINE.

Mais une mort honteuse étonne les grands cœurs !

SÉJANUS.

Mais la mort nous guérit de ces vaines chimères !

AGRIPPINE.

Mais ta mort pour le moins passera les vulgaires.
Écoute les malheurs de ton dernier soleil ;
Car je sais de ta fin le terrible appareil.
De joie et de fureur la populace émue
Va, pour aigrir tes maux, en repaître sa vue ;
Tu vas sentir chez toi la mort s'insinuer,
Partout où la douleur se peut distribuer :
Tu vas voir les enfans te demander leurs pères,
Les femmes, leurs maris, et les frères, leurs frères.
Qui, pour se consoler, en foule s'étouffans,
Iront voir à leur rage immoler tes enfans.
Ton fils, ton héritier, à la haine de Rome,
Va tomber, quoiqu'enfant, du supplice d'un homme,
Et, te perçant du coup qui percera son flanc,
Il éteindra ta race et ton nom dans son sang :
Ta fille, devant toi, par le Bourreau forcée [1],
Des plus abandonnés blessera la pensée,
Et de ton dernier coup la Nature en suspens
Promènera ta mort en chacun de tes sens.
D'un si triste spectacle es-tu donc à l'épreuve ?

SÉJANUS.

Cela n'est que la mort et n'a rien qui m'émeuve !

AGRIPPINE.

Et cette incertitude où mène le trépas ?

SÉJANUS.

Étois-je malheureux, lorsque je n'étois pas ?
Une heure après la mort, notre âme évanouie
Sera ce qu'elle étoit une heure avant la vie.

AGRIPPINE.

Mais il faut, t'annonçant ce que tu vas souffrir,
Que tu meures cent fois, avant que de mourir.

[1] Selon la loi romaine, une fille vierge ne pouvant être mise à

SÉJANUS.

J'ai beau plonger mon âme et mes regards funèbres
Dans ce vaste néant et ces longues ténèbres,
J'y rencontre partout un état sans douleur,
Qui n'élève à mon front ni trouble ni terreur ;
Car, puisque l'on ne reste, après ce grand passage,
Que le songe léger d'un légère image,
Et que le coup fatal ne fait ni mal ni bien ;
Vivant, parce qu'on est ; mort, parce qu'on n'est rien ;
Pourquoi perdre à regret la lumière reçue,
Qu'on ne peut regretter, après qu'elle est perdue ?
Pensez-vous m'étonner par ce faible moyen,
Par l'horreur du tableau d'un être qui n'est rien ?
Non, quand ma mort au Ciel luiroit dans un Comète [1],
Elle me trouvera dans une ferme assiette :
Sur celle des Catons je m'en vais enrichir,
Et, si vous en doutez, venez me voir mourir.
Marchez, Gardes !

AGRIPPINE.

Marchez ! Je te rends grâce, ô Rome !
D'avoir d'un si grand cœur partagé ce grand Homme ;
Car je suis sûre au moins d'avoir vengé le sort
Du grand Germanicus par une grande mort.

SCÈNE VII

TIBÈRE, AGRIPPINE.

TIBÈRE.

Je vous cherche, Madame, avec impatience,
Et viens vous faire part du fruit de ma vengeance :

---

mort, parce qu'elle avait en quelque sorte un caractère sacré, le bourreau la violait avant de l'exécuter.

[1] C'était encore un point très-controversé, en grammaire, que le genre des comètes : on avait de bonnes raisons à produire pour le masculin comme pour le féminin : ce dernier enfin triompha, par un dernier effort des puristes contre les savants.

Séjanus par sa mort vous va faire raison,
Et venger hautement votre illustre Maison.

AGRIPPINE.

César, je te rends grâce, et te suis obligée :
Du traitre Séjanus enfin tu m'as vengée !
Tu payes mon Époux de ce que je lui doi...
Mais quel bras aujourd'hui me vengera de toi ?
La suite de sa mort m'assurant de la sienne,
Ma vengeance voloit tout entière à la tienne ;
Mais, dans ce grand projet dont j'attendois mon bien,
Son trépas imprévu n'a point causé le tien.
Où sera mon recours ? Ma Famille outragée,
Sur le tombeau d'un seul, n'est qu'à demi vengée.
Si je veux donc m'en faire une entière raison,
Ta tête, pour victime, est due à ma Maison :
Oui, je dois t'arracher et l'Empire et la vie,
Par cent coups redoublés contenter mon envie,
Séjanus abattu, renverser son appui,
Te noyer dans son sang, t'immoler dessus lui.
Et, d'une main cruelle, en desserrant ta vue,
Te contraindre de voir que c'est moi qui te tue !

TIBÈRE.

Ah ! c'est trop, Agrippine !

AGRIPPINE.

                Ah ! c'est encor trop peu !
Il faut que ton esprit, aveuglé de son feu,
Tombant, pour me punir, dans un transport infâme,
Comble tes lâchetés du meurtre d'une femme !

TIBÈRE.

Mais je t'ai convaincue, et ton crime avéré
Rend ton arrêt sans tache, et mon front assuré !

AGRIPPINE.

Comme je sais, Tyran, ce que ton cœur estime,
Que le crime te plaît à cause qu'il est crime ;

Si le trépas m'est dû, j'empêche ton transport
De goûter le plaisir d'en commettre à ma mort.

TIBÈRE.

Moi! te donner la mort! J'admire ton audace!
Depuis quand avec nous es-tu rentrée en grâce?
Pour allonger tes maux, je te veux voir nourrir
Un trépas éternel, dans la peur de mourir.

AGRIPPINE.

Enfin, lâche Empereur, j'aperçois ta foiblesse
A travers l'épaisseur de toute ta sagesse,
Et du déguisement dont fait ta vanité
Un spécieux prétexte à ta timidité.
Quoi! Tyran, tu pâlis? Ton bras en l'air s'arrête,
Lorsque d'un front sans peur je t'apporte ma tête?
Prends garde, mon Bourreau, de ne te point troubler!
Tu manqueras ton coup, car je te fais trembler! [ferme,
Que d'un sang bien plus chaud, et d'un bras bien plus
De tes derniers soleils j'accourcirois le terme!
Avec combien de joie et combien de vigueur
Je te ferois descendre un poignard dans le cœur!
En tout cas, si je tombe au deçà de l'ouvrage,
Je laisse encore un fils héritier de ma rage,
Qui fera, pour venger les maux que j'ai soufferts,
Rejaillir jusqu'à moi ton sang dans les Enfers!

TIBÈRE.

Qu'on l'ôte de mes yeux, cette ingrate Vipère!

AGRIPPINE.

On te nommoit ainsi, quand tu perdis ton Père!

TIBÈRE.

Enfin, persécuté de mes proches Parens,
Et dedans ma Famille, au milieu des Serpens,
J'imiterai, superbe, Hercule en ce rencontre [1].

---

[1] Ce mot était des deux genres dans le style poétique; mais le masculin paraissait déjà étrange aux grammairiens.

AGRIPPINE.

O le digne rapport d'Hercule avec un Monstre !

TIBÈRE.

Qu'on égorge les siens, hormis Caligula !

AGRIPPINE.

Pour ta perte, il suffit de sauver celui-là.

SCÈNE VIII

TIBÈRE.

D'elle et de Séjanus les âmes déloyales
Arriveront ensemble aux plaines infernales ;
Mais, pour Térentius, à l'un et l'autre uni,
Perdant tout ce qu'il aime, il est assez puni

SCÈNE DERNIÈRE

TIBÈRE, NERVA.

NERVA.

César !

TIBÈRE.

Eh bien, Nerva ?

NERVA.

J'ai vu la catastrophe
D'une femme sans peur, d'un soldat philosophe.
Séjanus a, d'un cœur qui ne s'est point soumis,
Maintenu hautement ce qu'il avoit promis ;
Et Livilla de même, éclatante de gloire,
N'a pas d'un seul soupir offensé sa mémoire.
Enfin, plus les Bourreaux qui les ont menacés..

TIBÈRE.

Sont-ils morts l'un et l'autre ?

NERVA.

Ils sont morts.

TIBÈRE.

C'est assez.

TABLE DES MATIÈRES

Avertissement de l'Éditeur. v

LETTRES DIVERSES.

I. Contre l'Hiver.	5
II. Pour le Printemps.	9
III. Pour l'Été.	13
IV. Contre l'Automne.	17
V. Description de l'Aqueduc ou la fontaine d'Arcueil. .	21
VI. Sur le même sujet.	24
VII. Sur l'ombre que faisoient des arbres dans l'eau. .	28
VIII. Description d'un Cyprès.	30
IX. Description d'une Tempête.	32
X. Pour une Dame rousse.	35
XI. D'une Maison de campagne.	40
XII. Pour les Sorciers.	45
XIII. Contre les Sorciers.	52
XIV. A Monsieur Gerzan, sur son *Triomphe des Dames*	65
XV. Le Duelliste.	67
XVI. Sur un recouvrement de santé.	69
XVII. D'un Songe.	70
XVIII. Contre les Frondeurs.	82
XIX. Thésée à Hercule.	99
XX. Sur une Enigme que l'auteur envoyoit à M. de *****	103
XXI. Au sot Lecteur, et non au sage.	107
XXII. Sur le faux bruit qui courut de la mort d'un grand Guerrier.	108
XXIII. Pour Soucidas, contre un l'artisan qui avoit refusé de lui prêter de l'argent.	112
XXIV. Sur le blocus d'une Ville.	113

LETTRES SATIRIQUES.

I. Contre un Poltron.	115
II. Contre un Médisant.	118
III. A Mademoiselle ****.	120
IV. Contre un Ingrat.	122

V. Contre Soucidas. 121
VI. Contre M. de V..... 128
VII. Consolation à un Ami, sur l'éternité de son beau-père. 132
VIII. Contre un Pilleur de pensées. 134
IX. Sur le même sujet. 136
X. Contre un gros Homme. 140
XI. Contre Scarron. 144
XII. A Messire Jean. 150
XIII. Contre un Pédant. 153
XIV. Contre le Carême. 157
XV. A Monsieur le Coq 161
XVI. A un Comte de bas aloi. 163
XVII. Contre un Liseur de romans. 164
XVIII. Contre les Médecins. 166
XIX. Contre un faux Brave. 172

LETTRES AMOUREUSES.

I. A Madame ****** 174
II. Autre. 176
III. Autre. 177
IV. Autre. 178
V. Autre. 180
VI. Autre. 182
VII. Autre. 183
VIII. Autre. 185
IX. Autre. 187
X. Autre 188
XI. Regret d'un éloignement. 189
XII. Autre. 190
XIII. Autre. 192
XIV. Reproche à une cruelle. 194
XV. Autre. 195

Entretiens pointus. 197

POÉSIES.

A Mademoiselle d'Arpajon. 203
Pour M. Dassoucy, sur la *Métamorphose des Dieux* 204
A M. Le Vayer de Boutigny. 204
Le pauvre Malade. 205
Le Ministre d'État flambé. 208
Le Pédant joué, comédie. 225
La Mort d'Agrippine, tragédie. 345

FIN DE LA TABLE.

www.ingramcontent.com/pod-product-compliance
Lightning Source LLC
Chambersburg PA
CBHW070930230426
43666CB00011B/2385